Das Konzept der Ermittlung von Marktmacht im Telekommunikationsrecht in der Europäischen Union, Deutschland und den USA

Europäische Hochschulschriften

Publications Universitaires Européennes
European University Studies

Reihe II
Rechtswissenschaft

Série II Series II
Droit
Law

Bd./Vol. 4060

PETER LANG
Frankfurt am Main · Berlin · Bern · Bruxelles · New York · Oxford · Wien

Dirk Schrameyer

Das Konzept der Ermittlung von Marktmacht im Telekommunikationsrecht in der Europäischen Union, Deutschland und den USA

PETER LANG
Europäischer Verlag der Wissenschaften

Bibliografische Information Der Deutschen Bibliothek
Die Deutsche Bibliothek verzeichnet diese Publikation in der Deutschen Nationalbibliografie; detaillierte bibliografische Daten sind im Internet über <http://dnb.ddb.de> abrufbar.

Zugl.: Frankfurt (Main), Univ., Diss., 2004

D 30
ISSN 0531-7312
ISBN 3-631-53252-0

www.peterlang.de

Vorwort

Die Abgrenzung der sachlich und räumlich relevanten Märkte ist Voraussetzung für die Anwendbarkeit sektorspezifischer Maßnahmen der Ex-ante-Regulierung auf Telekommunikationsmärkten in der Europäischen Union und Deutschland.

Die Arbeit stellt das neue EU-Kommunikationsrecht dar und untersucht welche Vorgaben es für den Bereich der Marktabgrenzung und Ermittlung des Beherrschungsgrades macht. Das EU-Kommunikationsrecht bildet die Grundlage für das nach Abschluss der Arbeit am 26. Juni 2004 in Kraft getretene, neue Telekommunikationsgesetz (TKG von 2004). Die Arbeit wurde vor ihrer Veröffentlichung an das neue TKG angepasst. Es wird untersucht, wie diese gemeinschaftsrechtlichen Vorgaben in das deutsche Recht umzusetzen sind bzw. im TKG von 2004 umgesetzt wurden.

Voraussetzung für die Anwendbarkeit der ex-ante Regulierung nach dem EU-Kommunikationsrecht ist ein von der EU-Kommission mit Hilfe einer Empfehlung und mit Leitlinien gesteuertes und kontrolliertes Marktdefinitions- und Markanalyseverfahren. Dieses dient dazu festzustellen, ob auf dem jeweiligen Markt für elektronische Kommunikationsdienste „wirksamer“ Wettbewerb besteht. Fehlt dieser, so sind den Unternehmen, die auf dem jeweiligen Markt über beträchtliche Marktmacht verfügen, geeignete Verpflichtungen aufzuerlegen. Der neue EU-Rechtsrahmen für Kommunikationsdienste und –netze enthält damit detaillierte Vorgaben zur Ermittlung von Marktmacht (Marktabgrenzung und Vorliegen beträchtlicher Marktmacht) auf Kommunikationsmärkten. Das deutsche TKG von 2004 hat diese Vorgaben im Wesentlichen übernommen. Auch das wird in der Arbeit dargestellt.

Das Konzept der Ermittlung von Marktmacht im europäischen und deutschen Telekommunikationsrecht wird im Einzelnen dargestellt.

Dieses Konzept wird in der Arbeit mit dem entsprechenden Konzept im U.S. amerikanischen Telekommunikationsrecht verglichen. Neben den Grundsätzen und Methoden zur Ermittlung von Marktmacht im europäischen bzw. deutschen und U.S. amerikanischen Telekommunikationsrecht werden auch konkrete Einzelprobleme der Praxis der Marktabgrenzung und Ermittlung des Beherrschungsgrades im Telekommunikationsrecht im Einzelnen dargestellt. Hierbei wird auch die Entscheidungspraxis der Regulierungsbehörde für Telekommunikation und Post (RegTP), der EU-Kommission und der Federal Communications Commission (FCC) behandelt.

Der Rechtsvergleich mit den U.S.A. ist hilfreich, weil die U.S. amerikanische Regulierungsbehörde für die Telekommunikationsmärkte (FCC) einen zeitlichen Vorlauf bei der Regulierung marktbeherrschender bzw. dominanter Unternehmen hat. So hat sie bereits im Jahre 1995 den bis dahin dominierenden U.S. amerikanischen Telekommunikationsanbieter (AT&T) aus der ex-ante Regulierung entlassen. Es wird dargestellt, welche und wie im U.S. amerikanischen Telekommunikationsrecht entwickelte Lösungen für die Probleme im Zusammenhang mit der Marktabgrenzung und Ermittlung des Beherrschungsgrades auf Telekommunikationsmärkten auf den europäischen bzw. deutschen Ordnungsrahmen für Telekommunikation übertragen werden können. Dazu werden Übereinstimmungen und Unterschiede herausgearbeitet. Unter Berücksichtigung der aus diesem Rechtsvergleich gewonnen Erkenntnisse werden Vorschläge gemacht, wie bei der Ermittlung von Marktmacht auf Telekommunikationsmärkten in Deutschland zukünftig vorgegangen werden sollte.

Mein besonderer Dank gilt meinem Doktorvater, Herrn Professor Dr. Joachim Scherer, LL.M., für die Möglichkeit der Promotion zu diesem aktuellen Thema und die mir gewährte Freiheit bei der Bearbeitung des Themas. Mein herzlicher Dank gilt auch meinem Zweitkorrektur, Herrn Professor Dr. Helmut Kohl, insbesondere auch für die schnelle Durchsicht der Arbeit.

Last but not least, möchte ich mich bei meinen Eltern für deren in jeder Hinsicht uneingeschränkte Unterstützung bedanken.

Köln, August 2003 Dirk Schrameyer

Inhaltsverzeichnis

Literaturverzeichnis

Alfter, Mette
Untersagungskriterien in der Fusionskontrolle – SLC Test versus Marktbeherrschende Stellung – Eine Frage der Semantik?, WuW 2003, S. 20ff.

Alkas, Hasan
Preisbündelung auf Telekommunikationsmärkten aus regulierungsökonomischer Sicht,
WIK-Diskussionsbeitrag Nr. 219,
WIK, 2001

Areeda, Phillip E./Hovenkamp, Herbert/Solow, John L.
Antitrust Law, An Analysis of Antitrust Principles and Their Application,
Volume IIA,
Little, Brown and Company, 1995

Arndt, Helmut
Anpassung und Gleichgewicht am Markt,
JbNSt, Band 170 (1958), S. 217ff.

Arquit, Kevin J./Wolfram, Richard
Mergers and Acquisitions: United States Government Antitrust Analysis and Enforcement,
86 PLI/NY 465 (2000)

Atkinson, Jay M./Barnekov, Christopher C.
A Competitive Neutral Approach To Network Interconnection,
FCC, Office of Plans and Policy (OPP), OPP Working Paper Series, Nr. 34, December 2000

Barkow, Rachel E./Huber, Peter W.
A Tale of Two Agencies: A Comparative Analysis of FCC and DOJ Review of Telecommunications Mergers,
2000 U. Chi. Legal F. 29 (2000)

Baron, Michael
Das neue Kartellgesetz
Bundesanzeiger Verlag, 1999

Bartling, Hartwig
Von der Wettbewerbstheorie zur Theorie der Wettbewerbspolitik,
In: Festschrift für Ingo Schmidt zum 65. Geburtstag, 1997, S. 17ff.

Bartosch, Andreas
Europäisches Telekommunikationsrecht im Jahr 1998,
EuZW 1998, S. 421ff.

Europäisches Telekommunikationsrecht in den Jahren 2000 und 2001,
EuZW 2002, S. 389ff.

Baum, Herbert
Der relevante Markt als Problem der Wettbewerbspolitik,
WuW 1980, S. 401ff.

Bechtold, Rainer
Zur Abgrenzung des relevanten Marktes,
In: Festschrift für Otto-Friederich Freiherr von Gamm
Ermann, Mees, Piper, Teplitz, Hefermehl, Ulmer (Hrsg.),
Heymanns, 1990

Kartellgesetz, Gesetz gegen Wettbewerbsbeschränkungen, Kommentar,
2. Auflage, Beck, 1999

Beese, Dietrich/Müller, Felix
Marktabgrenzung als Deregulierungsinstrument,
RTKom 2001, S. 83ff.

Brenner, Daniel L.
Law and Regulation of Common Carriers in the Communications Industry,
2nd edition, WestView Press, 1998

Brenner, Steven R.
Potential Competition in Local Telephone Service: Bell Atlantic-NYNEX (1997),
In: The Antitrust Revolution, Hrsg. von Kwoka, John E. und White, Lawrence J., 3rd edition, 1998, S. 116ff.
Oxford University Press, Inc.

Büchner, Wolfgang (Hrsg.)
Beck'scher TKG-Kommentar,
2. Auflage, Beck, 2000

Bundeskartellamt
Auslegungsgrundsätze zur Prüfung von Marktbeherrschung in der deutschen Fusionskontrolle, Oktober 2000;
http://www.bundeskartellamt.de/FusionskontrollCheckliste-Okt2000.pdf

Bunte, Hermann-Josef
Kartellrecht, Lehrbuch für Studium und Praxis,
Beck, 2003

Zusammenfassende Thesen zum Gutachten für den VATM „Marktbeherrschung und Marktabgrenzung auf den Telekommunikationsmärkten", abrufbar unter http://www.vatm.de

Stellungnahme zu den Eckpunkten der Regulierungsbehörde für Telekommunikation und Post zur Marktabgrenzung/Marktbeherrschung vom 20. Februar 2001, abrufbar unter http://www.vatm.de

Marktabgrenzung und Marktbeherrschung auf Mobilfunkmärkten,
MMR-Beilage 1/2002, S. 1ff.

Aufhebung der Entgeltregulierung für die Deutsche Telekom? – Eine Entscheidung mit fatalen Konsequenzen!,
K&R, Heft 5/2002, Die Erste Seite
(zitiert: Bunte, K&R 5/2002, S. I.)

Bunte, Hermann-Josef/Langen, Eugen
Kommentar zum deutschen und europäischen Kartellrecht
9.Auflage, Luchterhand, 2001

Bunte, Hermann-Josef/Welfens, Paul J. J.
Wettbewerbsdynamik und Marktabgrenzung auf Telekommunikationsmärkten: juristisch-ökonomische Analyse und rationale Regulierungsoptionen für Deutschland,
Springer, 2002

Capito, Ralf/Elspaß, Mathias
Die Auswahl des Betreibers und der neue Rechtsrahmen der Europäischen Gemeinschaft für Märkte der elektronischen Kommunikation – Call-by-Call und Preselection in einem neuen regulatorischen Umfeld,
K&R 2003, S. 110ff.

DeGraba, Patrick
Bill and Keep at the Central Office As the Efficient Interconnection Regime,
FCC, Office of Plans and Policy (OPP), OPP Working Paper Series, No. 33, December 2000

Dichtl, Erwin/Issing, Otmar (Hrsg.)
Vahlens großes Wirtschaftslexikon
Band 1: A – K, 2. Auflage, 1993
Band 2: L – Z, 2. Auflage, 1993
Vahlen

Dreher, Meinrad
Anmerkungen zum Backofenmarkt-Fall,
JZ 1996, S. 1025ff.

Elkettani, Eunike
Marktabgrenzungs- und Marktanalyseverfahren nach Art. 15, 15 RRL,
K&R-Beilage 1/2004, S. 11ff.

Ellinghaus, Ulrich
TKG-Novelle und Europarecht: Probleme mit der Flexibilisierung,
Eine Analyse der Umsetzung europarechtlicher Vorgaben zur Marktregulierung im Regierungsentwurf,
CR 2004, S. 23ff.

Emmerich, Volker
Kartellrecht,
8. Auflage, Beck, 1999

Ernst, Matthias
Verlagerung der Handlungsfelder sektorspezifischer Regulierung in der Telekommunikation – Marktabgrenzung und Marktbeherrschung auf Märkten für Sprachtelefonie in Deutschland 2001,
Zeitschrift für Verkehrswissenschaften, Heft 3, 2001, S. 176ff.

Ferguson, C.F.
Eine makroökonomische Theorie des funktionsfähigen Wettbewerbs,
In: FIW-Heft 1, S. 62ff.

Forschungsinstitut für Wirtschaftsverfassung und Wettbewerb e.V. (FIW) (Hrsg.)
Das Konzept der „Workable Competition" in der angelsächsischen Literatur
FIW-Dokumentation, Heft 1,
Einleitung und Bearbeitung von Jürgen Poeche (Hrsg.),
Heymanns

Marktmacht und Recht – Ein Bericht des Expertenausschusses der OECD für wettbewerbsbeschränkende Praktiken,
FIW-Dokumentation, Heft 2,
Heymanns, 1970

Gabelmann, Anne
Regulierung auf lokalen Telekommunikationsmärkten: Entbündelter Netzzugang in der Peripherie,
Diskussionsbeitrag 68,
Diskussionsbeiträge des Instituts für Verkehrswissenschaft und Regionalpolitik an der Universität Freiburg,
April 2000
Als Internetdokument abrufbar unter:
http://www.vwl.uni-freiburg.de/fakultaet/vw/disk68.pdf

Glassen, Helmut/von Hahn, Helmut
Frankfurter Kommentar zum Kartellrecht: mit Kommentierung des GWB, des EG-Kartellrechts und einer Darstellung ausländischer Kartellrechtsordnungen,
Lfg. 44, November 1999
Schmidt

Gohr, Albrecht
Die Regulierung des offenen Netzzugangs im deutschen und britischen Telekommunikationsrecht,
LIT-Verlag, Münster, 2001

Gounalakis, Georgios
Das TK-Sonderkartellrecht und die Regelungen zur Belegung von Übertragungskapazitäten auf dem Prüfstand
K&R 2003, S. 49ff.

Grabitz, Eberhard/Hilf, Meinhard
Das Recht der Europäischen Union,
Band I EUV/EGV,
Beck, 2001

Gramlich, Ludwig
Die Regulierungsbehörde für Telekommunikation und Post im Jahre 1998,
CR 1999, 489ff.

Die Regulierungsbehörde für Telekommunikation und Post im Jahre 1999,
CR 2000, 509ff.

Die Regulierungsbehörde für Telekommunikation und Post im Jahre 2000,
CR 2001, 373ff.

Die Regulierungsbehörde für Telekommunikation und Post im Jahre 2001,
CR 2002, 488ff.

Die Regulierungsbehörde für Telekommunikation und Post im Jahre 2002,
CR 2003, 414ff.

Groebel, Annegret
Neuerungen im Bereich der Entgeltregulierung,
K&R-Beilage 1/2004, S. 18ff.

Haring, John/Levitz, Kathleen
What Makes The Dominant Firm Dominant?, FCC, Office of Plans and Policy (OPP), OPP Working Paper Series, No. 25, April 1989.

Harvard Law Review (Hrsg.)
Antitrust and the Information Age: Section 2 Monopolization Analyses in the New Economy,
Note,
Harvard Law Review, March 2001,
114 Harv. L. Rev. 1623 (2001)

Hefekäuser, Hans-Willi
Telekommunikationsmärkte zwischen Regulierung und Wettbewerb,
MMR 1999, 144ff.

Heun, Sven-Erik (Hrsg.)
Handbuch Telekommunikationsrecht,
Verlag Dr. Otto Schmidt, 2002

Holthoff-Frank
Wettbewerb auf Telekommunikationsmärkten – Das zweite Sondergutachten der Monopolkommission,
MMR 2002, S. 294ff.

Holznagel, Bernd/Enaux, Christoph/Nienhaus, Christian
Grundzüge des Telekommunikationsrechts; Rahmenbedingungen – Regulierungsfragen – internationaler Vergleich,
2. Auflage, Beck, 2001

Hootz, Christian (Hrsg.)
Gesetz gegen Wettbewerbsbeschränkungen und Europäisches Kartellrecht,
Gemeinschaftskommentar,
5. Auflage, 4. Lieferung 2001,
Heymanns

Hoppmann, Erich
Die Abgrenzung des relevanten Marktes im Rahmen der Mißbrauchsaufsicht über marktbeherrschende Unternehmen dargestellt am Beispiel der Praxis des Bundeskartellamtes bei Arzneimitteln,
Nomos, 1974

Horn, Manfred/Knieps, Günter/Müller, Jürgen
Deregulierungsmaßnahmen in den USA: Schlußfolgerungen für die Bundesrepublik Deutschland,
Gutachten des Deutschen Instituts für Wirtschaftsforschung, Berlin, im Auftrage des Bundesministers für Wirtschaft,
1. Auflage, Nomos-Verlag, 1988

Hovenkamp, Herbert
Federals Antitrust Policy, The Law of Competition and Its Practice,
West Group, 2nd edition, 1999

Huber, Peter W./Kellogg, Michael K./Thorne, John
Federal Telecommunications Law,
Second Edition,
Aspen Law & Business, 1999

Immenga, Ulrich
Auslegung des Marktbeherrschungsbegriffs im TKG,
MMR 2000, 141ff.

Immenga, Ulrich/Kirchner, Christian
Zur Neugestaltung des deutschen Telekommunikationsrechts – Die Umsetzung des „Neuen Rechtsrahmens" für elektronische Kommunikationsnetze und –dienste der Europäischen Union in deutsches Recht –
TKMR 2002, S. 340ff.

Immenga, Ulrich/Kirchner, Christian/Knieps, Günter/Kruse, Jörn
Telekommunikation im Wettbewerb,
Eine ordnungspolitische Konzeption nach erfolgreicher Marktöffnung,
Beck, 2001

Immenga, Ulrich/Mestmäcker, Ernst-Joachim
GWB, Gesetz gegen Wettbewerbsbeschränkungen,
Kommentar,
3. Auflage, Beck, 2001

Jauck, Wolfgang
The Application of EC Competition Rules to Telecommunications – Selected Aspects: the Case of Interconnection,
IJCLP (International Journal of Competition Law and Policy), Issue 4, Winter 1999/2000, abrufbar unter:
http://www.ijclp.org/4_2000/ijclp_webdoc_2_4_2000.pdf

Kallfaß, Hermann H.
Konzepte und Indikatoren zur Abgrenzung räumlicher Märkte in der europäischen Zusammenschlusskontrolle,
In: Festschrift für Ingo Schmidt zum 65. Geburtstag, S. 111ff.
1997

Kantzenbach, Erhard
Die Funktionsfähigkeit des Wettbewerbs,
2. Auflage, Vandenhoeck & Ruprecht, 1976

Kartte, Wolfgang
Internationale Wettbewerbsfähigkeit und Zusammenschlußkontrolle,
In: Festschrift für Gerd Pfeiffer zum Abschied aus dem Amt als Präsident des Bundesgerichtshofes,
Von Gamm, Otto Friedrich Freiherr, Raisch, Peter, Tiedemann, Klaus (Hrsg.),
Heymanns, 1988

Kirchner, Christian
Verschärfte Regulierung der Mobilfunkmärkte?,
MMR-Beilage 8/2002, S. 1ff.

Klaue, Siegfried
Räumliche Marktabgrenzung und Geltungsbereich des Kartellgesetzes,
In: Festschrift für Karlheinz Quack zum Geburtstag
de Gruyter, 1991

Klaue, Siegfried/Schwintowski, Hans-Peter
Marktabgrenzung und Marktbeherrschung im Telekommunikationssektor,
Schriftenreihe des Instituts für Energie- und Wettbewerbsrecht in der Kommunalen Wirtschaft e.V. an der Humbolt-Universität zu Berlin, Band 2
1. Auflage, Nomos, 2001

Kleine, Gregor
Powerline Communications – Datenverkehr über die Steckdose,
Elektor 2003, S. 38ff.

Powerline Communications,
Teil II: Power Line Ultimate System
Elektor 2003, S. 76ff.

Knauth, Peter/ Krüger, Frank
Grundlegende Neuerungen des TKG-Regierungsentwurfs,
K&R-Beilage 1/2004, S. 3ff.

Knieps, Günter
Rückführung sektorspezifischer Regulierung auf dem deutschen TK-Markt – Die verpasste Chance des Sondergutachtens der Monopolkommission,
MMR 2000, S. 266ff.
Als Internetdokument abrufbar unter:
http://www.vwl.uni-freiburg.de/fakultaet/vw/disk66.pdf

Wettbewerb auf dem Mobilfunkmarkt,
MMR-Beilage 2/2000, S. 1ff.

Knöpfle, Robert
Ist es für die Beurteilung, ob ein Unternehmen eine marktbeherrschende Stellung hat, notwendig, den relevanten Markt zu bestimmen?,
DB 1990, 1385ff.

Koenig, Christian
Die Beurteilung der Marktmacht vertikal integrierter Unternehmen auf dem Telekommunikationssektor (Art. 14 Abs. 3 Rahmenrichtlinie)
K&R, Beilage 1/2003, S. 19ff.

Koenig, Christian/Bartosch, Andreas/Braun, Jens-Daniel
EC Competition and Telecommunications Law,
International Competition Law Series Vol. 6,
Kluwer Law International, 2002

Koenig, Christian/Braun, Jens-Daniel
Defizite des deutschen Telekommunikationsrechts mit Blick auf die Internet-Märkte und Abhilfemöglichkeiten – Das deutsche Telekommunikationsrecht vor den Herausforderungen des Internet-Zeitalters,
K&R-Beilage 2/2002, S. 1ff. (Beilage zu Heft 5/2002)

Koenig, Christian/Kühling, Jürgen
Funktionsfähiger Wettbewerb und Regulierungsperspektiven auf den Telekommunikationsmärkten – Eine Kritik am Sondergutachten der Monopolkommission,
WuW 2000, S. 596ff.

Koenig, Christian/Kühling, Jürgen/Braun, Jens-Daniel
Die Interdependenz von Märkten in der Telekommunikation, Teil I – Die Auslegung von Art. 13 Abs. 3 des Rahmenrichtlinien-Entwurfs anhand kartellrechtlicher Maßstäbe, CR 2001, 745ff.

Teil II – Art. 13 Abs. 3 des Rahmenrichtlinien-Entwurfs und seine Folgen, CR 2001, 825ff.

Koenig, Christian/Kühling, Jürgen/Schedl, Hans
Liberalisierung der Telekommunikationsordnungen – Ein Rechtsvergleich, Schriftenreihe Kommunikation & Recht, Band 9, Verlag Recht und Wirtschaft, 2000

Koenig, Christian/Loetz, Sascha/Neumann, Andreas
Sektorspezifische Regulierung im neuen Telekommunikationsrecht – Umsetzungsspielräume, verfassungsrechtliche Vorgaben und Verfahrensgestaltung, K&R-Beilage 2/2003, S. 1ff.

Koenig, Christian/Vogelsang, Ingo/Kühling, Jürgen/Loetz, Sascha/Neumann, Andreas
Funktionsfähiger Wettbewerb auf den Telekommunikationsmärkten – Ökonomische und juristische Perspektiven zum Umfang der Regulierung, Schriftenreihe Kommunikation & Recht, Band 16, Verlag Recht und Wirtschaft, 2002

Der Begriff des funktionsfähigen Wettbewerbs im deutschen Telekommunikationsrecht, K&R 2003, S. 8ff.

Königshofen, Thomas
Das neue Telekommunikationsrecht in der Praxis, Aktuelle Entwicklungen des Regulierungs-, Vertrags- und Wettbewerbsrechts in der Telekommunikation, C.F. Müller Verlag, 1999

Kopsch, Anke
Marktabgrenzung – ein simultaner produkt- und nachfragerbezogener Ansatz,
1. Auflage, Gabler, 2001

Krattenmaker, Thomas G.
Telecommunications Law and Policy,
Carolina Academic Press, 1994

Kress, Carl B.
The 1996 Telekommunikationsgesetz and the Telecommunications Act of 1996: Toward More Competitive Markets in Telecommunications in Germany and the United States,
49 Fed. Comm. L. J. 551 (1997)

Krüger, Reinald
Marktabgrenzung im Telekommunikationssektor und die Definition von beträchtlicher Marktmacht (SMP),
K&R, Beilage 1/2003, S. 9ff.

Kruse, Jörn
Deregulierungsbedarf bei Ferngesprächen,
Wirtschaftsdienst 2000, S. 402ff.
Als Internetdokument abrufbar unter
http://www.unibw-hamburg.de/WWEB/vwl/kurse/forschung/download/WD-TKReg-13b.pdf

Kurth, Matthias
Kriterien zur Marktabgrenzung und Marktbeherrschung auf dem Prüfstand,
RTKom 2001, 3f.

Ladeur, Karl-Heinz
Regulierung nach dem TKG,
Genehmigung von AGB über Entgelte für Dienstleistungen marktbeherrschender TK-Unternehmen: Verfahren, materiellrechtliche Anforderungen und Kontrolle,
K&R 1998, S. 479ff.

Lampert, Thomas
Der Begriff der Marktbeherrschung als geeignetes Kriterium zur Bestimmung der Normadressaten für das sektorenspezifische Kartellrecht nach TKG?,
WuW 1998, 27ff.

Landes, William M./Posner, Richard A.
Market Power in Antitrust Cases,
94 Harv. L. Rev. 937 (1981)

Lange, Knut Werner
Räumliche Marktabgrenzung in der deutschen Fusionskontrolle,
BB 1996, S. 1997ff.

Handbuch zum deutschen und europäischen Kartellrecht,
Verlag Recht und Wirtschaft, 2001

Larouche, Pierre
Relevant Market Definition in Network Industries: Air Transportation and Telecommunications,
J.N.I., Volume 1, No. 4 (2000), S. 407ff.

Lavey, Warren G.
Inconsistencies in Applications of Economics at the Federal Communications Commission,
45 Fed. Comm. L.J. 437 (1993)

Marcus, J. Scott
The Potential Relevance to the United States of the European Union's Newly Adopted Regulatory Framework for Telecommunications,
FCC, Office of Plans and Policy (OPP), OPP Working Paper Series No. 36, July 2002

Markham, Jesse W.
Eine alternative Konzeption zum Begriff des funktionsfähigen Wettbewerb,
In: FIW-Heft 1, S. 83ff.

Martenczuk, Bernd

Regulierungsbehörde contra Bundeskartellamt? – Das Verhältnis der Kompetenzen auf dem Gebiet der Telekommunikation, CR 1999, S. 363ff.

Maurer, Hartmut

Allgemeines Verwaltungsrecht,
9. Auflage, Beck, 1994

Mayen, Thomas

Anmerkungen zum Urteil des OVG Münster v. 11.2.2000 – 13 B 1891/99 (VG Köln): MMR 2000, 379ff.
MMR 2000, 381ff.

Marktabgrenzung auf den Märkten der Telekommunikation,
MMR 2001, S. 496ff.

Feststellung der Marktbeherrschung auf den Märkten der Telekommunikation,
MMR 2001, S. 648ff.

Mestmäcker, Ernst Joachim

Entgeltregulierung, Marktbeherrschung und Wettbewerb im Mobilfunk,
MMR-Beilage zu 8/1998, S. 1ff.

Möschel, Wernhard

Recht der Wettbewerbsbeschränkungen,
Heymann, 1983

Europäisches Kartellrecht in liberalisierten Wirtschaftssektoren,
WuW 1999, S. 832ff.

Ist das Verhältnis von TKG und GWB neu zu durchdenken?,
K&R 2001, S. 619ff.

Die Öffnung der Breitbandkabelnetze für den Wettbewerb – Die Sicht der Monopolkommission,
MMR-Beilage 2/2001, S. 13ff.

Verbindungsnetzbetreiberauswahl und Marktbeherrschung im Mobilfunkbereich,
MMR-Beilage 1/2002, S. 28ff.

Monopolkommission (Hrsg.)
5. Hauptgutachten, 1982/1983, Ökonomische Kriterien für die Rechtsanwendung

13. Hauptgutachten, 1998/1999, Wettbewerbspolitik in Netzstrukturen

14. Hauptgutachten, 2000/2001, Netzwettbewerb durch Regulierung, 8. Juli 2002

Wettbewerb auf Telekommunikations- und Postmärkten?
Sondergutachten 29 vom 12. November 1999, vorgelegt am 3.12.1999
(1. Sondergutachten gemäss § 81 Abs. 3 TKG und § 44 Postgesetz)

Wettbewerbsentwicklung bei Telekommunikation und Post 2001: Unsicherheit und Stillstand,
Sondergutachten 33, vorgelegt am 6.12.2001
(2. Sondergutachten gemäss § 81 Abs. 3 TKG und § 44 Postgesetz)

Telekommunikation und Post 2003: Wettbewerbsintensivierung in der Telekommunikation – Zementierung des Postmonopols,
Sondergutachten 39 vom 11.12.2003
(3. Sondergutachten gem. § 81 Abs. 3 TKG und § 44 Postgesetz)

Zur Reform des Telekommunikationsgesetzes,
Sondergutachten der Monopolkommission gemäß § 44 Abs. 1 S. 4 GWB,
Sondergutachten 40 vom 17.02.2004
(Sondergutachten TKG-Reform)

Noll, Roger G./Owen, Bruce M.
The Anticompetitive Uses of Regulation: United States v. AT&T, In: The Antitrust Revolution, Hrsg. von Kwoka, Jr., John E. und White, Lawrence J., S. 290ff., HarperCollinsPublishers, 1989

Oppermann, Thomas
Europarecht,
2. Auflage, Beck, 1999

Paulweber, Michael
Regulierungszuständigkeiten in der Telekommunikation: Sektorspezifische Wettbewerbsaufsicht nach dem TKG durch die Regulierungsbehörde im Verhältnis zu den allgemeinen kartellrechtlichen Kompetenzen des Bundeskartellamts und der Europäischen Kommission,
1. Auflage, Nomos, 1999

Paschke, Marian
Die räumliche Marktabgrenzung in der GWB-Fusionskontrolle nach dem Backofenmarktbeschluß des BGH vom 24.10.1995, ZHR 160 (1996), S. 673ff.

Pearlstein, Debra J. (Hrsg.)
Antitrust law developments (fifth), editorial board, Debra J. Pearlstein, chair et al., ABA Section of Antitrust Law, American Bar Association, 2002, 5th edition
(ABA Section of Antitrust Law)

Plum, Monika/Schwarz-Schilling, Cara
Marktabgrenzung im Telekommunikations- und Postsektor,
WIK-Diskussionsbeitrag Nr. 200,
WIK, Februar 2000

Poeche, Jürgen
Workable Competition als wettbewerbspolitisches Leitbild,
In: FIW-Dokumentation, Heft 2, S. 9ff.

Piepenbrock, Hermann-Hosef/Rühmer, Thomas/Ruhle, Ernst-Olav
Netzbetreiberauswahl im Ortsnetz: § 43 Abs. 6 TKG n.F. und die Folgen für TK-Unternehmen
CR 2003, S. 97ff.

Piepenbrock, Hermann-Josef/Schuster, Fabian
GWB und TKG: Gegeneinander; Nebeneinander oder Miteinander? Zum Verhältnis zwischen sektorenspezifischem und allgemeinen Kartellrecht,
CR 2002, S. 98ff.

Rädler, Peter
Anmerkungen zum Urteil des BVerwG v. 15.4.2001 – 6 C 7.00

RegTP (Hrsg.)
Eckpunkte zur sachlichen und räumlichen Abgrenzung von Märkten und der Feststellung einer marktbeherrschenden Stellung, abrufbar unter http://www.regtp.de; RegTP, Amtsblatt Nr. 4/2001 vom 28.2.2001, Mitteilung Nr. 90/2001; veröffentlicht in: MMR-Beilage 7/2002, S. 19ff.

Entwurf von Eckpunkten zur sachlichen und räumlichen Abgrenzung von Märkten und der Feststellung einer marktbeherrschenden Stellung, Zusammenfassung der eingegangenen Stellungnahmen und Schlussfolgerungen, RegTP, Amtsblatt Nr. 19/2001 vom 4.10.2001, Mitteilung Nr. 547/2001; veröffentlicht in: MMR-Beilage 7/2002, S. 27ff.

Tätigkeitsbericht 2000/2001 der Regulierungsbehörde für Telekommunikation und Post,
Bericht nach § 81 Abs. 1 Telekommunikationsgesetz und § 47 Abs. 1 Postgesetz,
Bonn, Dezember 2001

Tätigkeitsbericht 2002/2003 der Regulierungsbehörde für Telekommunikation und Post,
Bericht nach § 81 Abs. 1 Telekommunikationsgesetz und § 47 Abs. 1 Postgesetz,
Bonn, Dezember 2003

Jahresberichte 2001 und 2002
Marktbeobachtungsdaten der Regulierungsbehörde für Telekommunikation und Post

Ortsnetzwettbewerb 2000,
Situationsbericht zum deutschen Ortsnetzwettbewerb

Rhein, Tilman
Das Breitbandkabelnetz der Zukunft – der Business Case
MMR-Beilage 2/2001, S. 3ff.

Rittaler, Jan B.
Der Wettbewerb in der Telekommunikation – Einige Anmerkungen zum Sondergutachten der Monopolkommission,
WuW 1996, 699ff.

Rittner, Fritz
Wettbewerbs- und Kartellrecht: eine systematische Darstellung des deutschen und europäischen Rechts für Studium und Praxis,
6. Auflage, C.F. Müller, 1999

Rosenthal, Michael
Neue Antworten auf Fragen der Konvergenz – Entwicklungen des Kommunikationsrechts in Europa und den USA,
TMR 2002, S. 181ff.

Salje, Peter
Marktbeherrschung auf Telekommunikations-Märkten,
K&R 1998, 331ff.

Sandrock, Otto
Grundprobleme der sachlichen Marktabgrenzung
In: Festschrift zum 65. Geburtstag von Max Kummer
Merz, Schluep (Hrsg.),
Stämpfli & Cie, 1980

Schalast, Christoph/ Schalast, Clemens
Einführung in das deutsche und europäische Recht der Breitbandkabelkommunikation - Regulierung, Kartellrecht und Vertragsgestaltung
TKMR 2002, S. 429ff.

Schengber, Ralf A.
Marktabgrenzung und Machtmessung: eine Analyse von Methoden und Indikatoren für das Koordinationsmängel-Diagnosekonzept,
Eul-Verlag, 1996

Scherer, Joachim
Telekommunikationsrecht und Telekommunikationspolitik,
1. Auflage, Nomos, 1985

Die Entwicklung des Telekommunikationsrechts in den Jahren 2000 bis 2002,
NJW 2003, S. 1004ff.

Das neue Telekommunikationsgesetz,
NJW 1996, S. 2953ff.

Die Umgestaltung des europäischen und deutschen Telekommunikationsrechts durch das EU-Richtlinienpaket,
- Teil I: K&R 2002, S. 273ff.
- Teil II: K&R 2002, S. 329ff.
- Teil III: K&R 2002, S. 385ff.

Re-Regulierung des TK-Sektors: Mehr Wettbewerb in der EU
MMR-Editorial, MMR 4/2002

Schoenwald, Scott M.
Regulating Competition in the Interexchange Telecommunications Market: The Dominant/Nondominant Carrier Approach and the Evolution of Forbearance,
49 Fed. Comm. L. J. 367 (1997)

Schmidt, Ingo
Wettbewerbspolitik und Kartellrecht: eine interdisziplinäre Einführung,
7. Auflage, Lucius & Lucius, 2001

Schmidt, Ingo/Binder, Steffen
Wettbewerbspolitik im internationalen Vergleich: die Erfassung wettbewerbsbeschränkender Strategien in Deutschland, England, Frankreich, den USA und der EG,
Verlag Recht und Wirtschaft, 1996

Schmidt, Frank/Wehmeier, Axel/Alkas, Hasan
Unzulässige Bündelung bei optionalen Tarifen der Deutschen Telekom? – Eine regulierungsökonomische Betrachtung
MMR 2002, S. 528ff.

Schroeder, Dirk
Telekommunikationsgesetz und GWB,
WuW 1999, S. 14ff.

Schütz, Raimund/Attendorn, Thorsten
Das neue Kommunikationsrecht der Europäischen Union – Was muss Deutschland ändern?,
MMR-Beilage 4/2002, S. 1ff.

Schütz, Raimund/Attendorn, Thorsten/König, Annegret
Elektronische Kommunikation
Europarechtliche Vorgaben und ihre Umsetzung in Deutschland,
Beck, 2003

Schultze-Petzold, Dirk
Die Marktabgrenzung für Dienste im rückkanalfähigen Breitbandkabelnetz,
WuW 2001, S. 134ff.

Schulz, Robert
Der Zugang zum „blanken Draht" im Telekommunikationsrecht: Wettbewerb im Netz oder Wettbewerb zwischen Netzen?,
Beck, 2001

Schwalba, Michael
Die wettbewerbsbezogene Abgrenzung des relevanten Marktes,
Europäische Hochschulschriften: Reihe 2, Rechtswissenschaft, Bd. 2850,
Lang, 2000

Schwarze, Jürgen (Hrsg.)
EU-Kommentar,
Nomos, 2000

Schwintowski, Hans-Peter
Der Zugang zu wesentlichen Einrichtungen,
WuW 1999, S. 842ff.

Sondhof, Harald/Theurer, Horb
Wettbewerb in den lokalen Fernmeldemärkten – dargestellt am Beispiel der USA,
WuW 1996, S. 177ff.

Stamm, Barbara
Die Entgeltregulierung im Telekommunikationsgesetz,
Duncker und Humblot, 2001

Stockdale, Donald K., Jr.
The Regulation, Deregulation, and Nonregulation of Telecommunications and the Internet in the United States,
in: Internet, Economic Growth and Globalization, Digital Dynamics in Europe, the USA and Asia,
Claude Barfield, Gunter Heiduk & Paul Welfens, eds.,
Springer, New York 2002

Stögmüller, Thomas
Das Eckpunktepapier der Regulierungsbehörde für Telekommunikation und Post zur Marktabgrenzung und Feststellung einer marktbeherrschenden Stellung – Zusammenfassung und Stellungnahme,
CR 2001, S. 507ff.

Sullivan, E. Thomas/Harrison, Jeffrey L.
Understanding Antitrust and Its Economic Implications,
3rd edition, Matthew Bender & Co., Inc., 1998

Traugott, Rainer
Zur Abgrenzung von Märkten,
WuW 1998, 929ff.

Van Arnheim, Elke
Der räumlich relevante Markt im Rahmen der Fusionskontrolle,
FIW-Schriftenreihe, Heft 141,
Heymann, 1991

VATM
Stellungnahme des VATM zum Eckpunktepapier der RegTP vom 24.8.2001, abrufbar unter:
http://www.vatm.de/content/info/aktuelles/stellung_35.htm

Von Ungern-Sternberg, Thomas
Zum Begriff des „zeitlich relevanten Marktes",
WuW 1984, S. 707ff.

Von Weizäcker, C. Christian
Wettbewerb in Netzen,
WuW 1997, 572ff.

Vogelsang, Ingo
Telecommunications competition: the last ten miles,
AEI Press, 1997

Wettbewerb im Internetzugangsmarkt: Ökonomische Alternativen vor dem Hintergrund amerikanischer Erfahrungen,
MMR-Beilage 3/2003, S. 6ff.

Von der Groeben, Hans
Kommentar zum EU-/EG-Vertrag,
Band 2/I – Artikel 85 – 87 EGV,
(Hrsg.) Tiesing, Jochen; Ehlermann, Claus-Dieter
5. Auflage, Nomos, 1999

Von Gamm, Otto-Friederich Freiherr
Wettbewerbs- und Wettbewerbsverfahrensrecht,
Band 1, Wettbewerbsrecht,
5. Auflage, 1987

Von Kalinowski, Julian O./Sullivan, Peter/McGuirl, Maureen
Antitrust Laws and Trade Regulation,
2nd edition, Lexis Publishing, 2001

Wegmann, Winfried
Europa- und verfassungsrechtliche Anmerkungen zum Regierungs- und Referentenentwurf für ein neues TKG,
K&R-Beilage 1/2004, S. 25ff.

Weise, Jochen
Der sachlich relevante Markt für Energieversorgungsunternehmen,
FIW-Schriftenreihe, Heft 123,
Heymann, 1987

Welfens, Paul J. J.
Kommentare zum Eckpunktepapier zur sachlichen und räumlichen Marktabgrenzung von Märkten und der Feststellung einer marktbeherrschenden Stellung, REG TP (2001, Februar), abrufbar unter http://www.vatm.de

Marktbeherrschung und Marktabgrenzung auf Telekommunikationsmärkten, Kernpunkte des Gutachtens, abrufbar unter http://www.vatm.de

Wemmer, Benedikt
Marktstruktur und Wettbewerbsbedingungen im US-Medienrecht,
K&R 1998, S. 137ff.

Werden, Gregory J.
The 1982 Merger Guidelines and the Ascent of the Hypothetical Monopolist Paradigm, Veröffentlichung anlässlich des zwanzigjährigen Bestehens der 1982er Merger Guidelines, abrufbar unter: http://www.usdoj.gov/atr/hmerger/11256.pdf

Wiley, Richard E.
Communications Law Overview: Recent Developments in Convergence, Competition and Consolidation, in: Practising Law Institute, Patents, Copyrights, Trademarks, and Literary Property Course Handbook Series,
Telecommunications Convergence: Implications for the Industry and for the Practicing Lawyer,
March, 2000
597 PLI/Pat, S. 395ff.

Wilmer Cutler & Pickering (Hrsg.)
Telekommunikations- und Medienrecht in den USA,
Verlag Recht und Wirtschaft, 2000

Windthorst, Kay
Regulierungsansätze im deutschen und US-amerikanischen Telekommunikationsrecht,
Teil I: CR 1998, S. 281ff.
Teil II: CR 1998, S. 340ff.

Zuckman, Harvey L. et al.
Modern communication law,
West Group, 1999

Abkürzungsverzeichnis

a.A.	andere(r) Ansicht
ABA	American Bar Association
ABl.	Amtsblatt
Abs.	Absatz
a.F.	alte Fassung
Art.	Artikel
BGH	Bundesgerichtshof
BK	Beschlusskammer
BKartA	Bundeskartellamt
BMWi	Bundeswirtschaftsministerium
BOC	Bell Operating Company
BR-Drs.	Bundesratsdrucksache
BT-Drs.	Bundestagsdrucksache
CLEC(s)	Competitive Local Exchange Carrier(s)
CR	Computer und Recht
ders.	derselbe
d.h.	das heisst
DSL	Digital Subscriber Line
dt	deutsch(e,es)
EG	Europäische Gemeinschaft
EGV	Europäischer Gemeinschaftsvertrag
EuG	Gerichtshof 1. Instanz
EuGH	Europäischer Gerichtshof
EuZW	Europäische Zeitschrift für Wirtschaftsrecht
EWG	Europäische Wirtschaftsgemeinschaft
FCC	Federal Communications Commission
f	folgende
ff.	fortfolgende
FIW	Forschungsinstitut für Wirtschaftsverfassung und Wettbewerb e.V.
FKVO	Fusionskontrollverordnung
Fn.	Fussnote
FNPRM	Further Notice of Proposed Rulemaking
FS	Festschrift
GG	Grundgesetz
GPRS	General Packet Radio Service

GWB	Gesetz gegen Wettbewerbsbeschränkungen
Hdb	Handbuch
h.M.	herrschende Meinung
HSCSD	High Speed Circuit Switched Data
ILEC(s)	Incumbent Local Exchange Carrier(s)
i.S.d.	im Sinne des
i.V.m.	in Verbindung mit
JbNST	Jahrbuch für Nationalökonomie und Statistik
J.N.I.	Journal of Network Industries
K&R	Kommunikation und Recht
KOM	Kommission
MMR	MultiMedia und Recht
m.w.N.	mit weiteren Nachweisen
n.F.	neue Fassung
NJW	Neue Juristische Wochenzeitschrift
No.	Number
NPRM	Notice of Proposed Rulemaking
Nr.	Nummer
NRB(s)	Nationale Regulierungsbehörde(n)
NZV	Verordnung über besondere Netzzugänge
ONP	Open Network Provision
PLI/NY	Practising Law Institute, New York
RBOC	Regional Bell Operating Company
RBOCs	Regional Bell Operating Companies
RegTP	Regulierungsbehörde für Telekommunikation und Post
RL	Richtlinie
Rn.	Randnummer
RTKom	Zeitschrift für das Recht der Telekommunikation und das Recht der elektronischen Medien
Rz.	Randzeichen
S.	Seite
Slg.	Sammlung
SMP	Significant Market Power
s.o.	siehe oben
sog.	sogenannte(r)
TAL	Teilnehmeranschlussleitung

TK	Telekommunikation
TKG	Telekommunikationsgesetz
TMR	Telekommunikations- & Medienrecht
Tz.	Textzeichen
u.a.	unter anderem
U. Chi. Legal F.	University of Chicago Legal Forum
UMTS	Universal Mobile Telecommunications System
U.S.C.	United States Code
u.v.m.	und vieles mehr
v.	von, vom/versus
v.a.	vor allem
vgl.	vergleiche
v.H.	von Hundert
WIK	Wissenschaftliches Institut für Kommunikationsforschung
WiSt	Wirtschaftswissenschaftliches Studium
WuW	Wirtschaft und Wettbewerb
z.B.	zum Beispiel
z.T.	zum Teil
z.Zt.	zur Zeit

A. Einführung in die Thematik der Arbeit und Darstellung des Vorgehens

I. Einleitung

Die vorliegende Arbeit stellt das Konzept der Ermittlung von Marktmacht im europäischen bzw. deutschen Telekommunikationsrecht dar und vergleicht dieses mit dem entsprechenden Konzept im U.S. amerikanischen Telekommunikationsrecht. Ziel dieses Rechtsvergleiches ist es, herauszufinden, ob im U.S. amerikanischen Telekommunikationsrecht Lösungen für die Probleme im Zusammenhang mit der Marktabgrenzung und Ermittlung des Beherrschungsgrades auf Telekommunikationsmärkten entwickelt wurden, die auf den europäischen bzw. deutschen Ordnungsrahmen für Telekommunikation übertragen werden können. Dazu werden Übereinstimmungen und Unterschiede herausgearbeitet. Auf der Grundlage dieses Rechtsvergleiches werden Vorschläge für die zukünftige Regulierungspraxis der Regulierungsbehörde für Telekommunikation und Post (RegTP) bei der Ermittlung von Marktmacht (beträchtliche Marktmacht) auf Telekommunikationsmärkten gemacht.
Den Ausgangspunkt für die Untersuchung bildet das neue europäische Kommunikationsrecht, das Anlass und Grundlage für die Neufassung des deutschen Telekommunikationsgesetzes (TKG) von 1996 ist. Das neue europäische Kommunikationsrecht hat den neuen deutschen Regulierungsrahmen und die Aufgaben und Regulierungsinstrumente der RegTP maßgeblich mitgestaltet. Der neue EU-Rechtsrahmen für Kommunikationsdienste und -netze[1] enthält detaillierte Vorgaben zur Ermittlung von Marktmacht (Marktabgrenzung und Vorliegen beträchtlicher Marktmacht) auf Kommunikationsmärkten, die in das deutsche Recht umzusetzen sind. Insbesondere ist die Ermittlung der Unternehmen mit beträchtlicher Marktmacht Voraussetzung für die Anwendbarkeit sektorspezifischer Ex-ante-Verpflichtungen.[2] Der Begriff der beträchtlichen Marktmacht von Unternehmen ist ein Sonderbegriff des europäischen Kommunikationsrechts. Im Wettbewerbsrecht wird der Begriff der beherrschenden Stellung eines Unternehmens verwendet. Die sektorspezifischen Ex-ante-Verpflich-

---

[1] Vgl. ABl. EG vom 24.4.2002, Nr. L 108, S. 1ff.; insbesondere Art. 14-16 der RahmenRL. Vgl. hierzu S. 8ff., sowie die Übersicht in: RegTP, Tätigkeitsbericht 2000/2001 vom Dezember 2001, S. 15.
[2] Vgl. zu diesen Verpflichtungen S. 14ff.

tungen sind nach dem neuen EU-Kommunikationsrecht nicht aufzuerlegen, wenn auf Telekommunikationsmärkten wirksamer Wettbewerb herrscht. Die EU-Kommission hat Leitlinien zur Marktanalyse und Ermittlung beträchtlicher Marktmacht auf Telekommunikationsmärkten[3] sowie eine Empfehlung über relevante Produkt- und Dienstmärkte im Kommunikationsbereich[4] veröffentlicht, die im Rahmen der Marktmachtprüfung von den nationalen Regulierungsbehörden zu berücksichtigen sind. Damit enthält das europäische Recht eine abstrakt-generelle Festlegung von Telekommunikationsmärkten, die von der RegTP zu beachten ist.

Auch in Deutschland wurde die Möglichkeit einer abstrakt-generellen Festlegung von Telekommunikationsmärkten zu Regulierungszwecken diskutiert. So beauftragte der Bundeswirtschaftsminister in seiner Stellungnahme zum Tätigkeitsbericht der RegTP und zum Bericht der Monopolkommission im Jahre 1999 die RegTP im September 2000 mit der Erarbeitung eines zwischen der RegTP und dem Bundeskartellamt abgestimmten einzelfallübergreifenden Konzeptes zur Marktabgrenzung und Marktbeherrschung.[5] Zu diesem Zweck veröffentlichte die RegTP „Eckpunkte zur sachlichen und räumlichen Abgrenzung von Märkten und der Feststellung einer marktbeherrschenden Stellung"[6]. Durch die Veröffentlichung der Eckpunkte kam es zu einer intensiven Fachdiskussion über die inhaltlichen Vorgaben der Eckpunkte und über die grundsätzliche Möglichkeit abstrakt-genereller Marktfestlegungen.[7] Aufgrund von Zweifeln[8] an der

---

[3] Zu den Leitlinien vgl. ausführlich S. 41ff..

[4] Vgl. hierzu ausführlich, S. 38ff..

[5] Stellungnahme der Bundesregierung zum Tätigkeitsbericht der Regulierungsbehörde für Post und Telekommunikation 1998/99 und zu dem Sondergutachten der Monopolkommission „Wettbewerb auf Telekommunikations- und Postmärkten?", 08.09.2000, BT-Drs. 14/4064; vgl. auch Monopolkommission, 2. Sondergutachten TK 2001, Tz. 144 m.w.N..

[6] Eckpunkte zur sachlichen und räumlichen Abgrenzung von Märkten und der Feststellung einer marktbeherrschenden Stellung, RegTP vom 20.02.2001, RegTP, Amtsblatt Nr. 4/555 v. 28.2.2001.

[7] Siehe z.B. die Zusammenfassung der eingegangenen Stellungnahmen und Schlussfolgerungen zum Entwurf der Eckpunkte, RegTP, Amtsblatt Nr. 19/2931 v. 4.10.2001, Mitteilung Nr. 547/2001; auch in MMR-Beilage 7/2002, S. 27ff.; Im Anschluss an die Veröffentlichung der Eckpunkte fand am 27.8.2001 ein Telekommunikationsforum in Bonn zum Thema Marktabgrenzung und Marktbeherrschung auf Telekommunikationsmärkten statt; die Ergebnisse dieser Veranstaltung sind in MMR-Beilage 7/2002, S. 8ff. zusammengefasst. Vgl. auch

Durchführbarkeit einer abstrakten Abgrenzung von Märkten und Feststellung einer marktbeherrschenden Stellung nahm die RegTP aber vom Vorhaben der Veröffentlichung eines generell anwendbaren Konzeptes zur Behandlung von Marktabgrenzung und Marktbeherrschung im Telekommunikationsrecht Abstand.[9] Die Argumente aus dieser Diskussion könnten für die Regulierungspraxis der RegTP nach der Umsetzung des EU-Kommunikationsrechts in das deutsche Recht relevant sein.

Im deutschen Telekommunikationsrecht wird der Begriff der beträchtlichen Marktmacht an die Stelle des Begriffes der marktbeherrschenden Stellung treten und diesen als zentralen Begriff der telekommunikationsrechtlichen Marktordnung in Deutschland ablösen.[10] Mit der Prüfung der Marktmacht, die die Prüfung der Marktbeherrschung nach dem TKG von 1996 ersetzt, wird über die Anwendbarkeit von sektorspezifischen Regulierungsmaßnahmen entschieden.

Die Feststellung von Marktmacht ist auch Grundlage für die Auferlegung sektorspezifischer Verpflichtungen im U.S. amerikanischen Telekommunikationsrecht. Aus diesem Grund wird das Konzept zur Ermittlung von Markmacht im U.S. amerikanischen Telekommunikationsrecht der europäischen bzw. deutschen Konzeption gegenübergestellt. Die Analyse und Betrachtung der Lösungsansätze des U.S. amerikanischen Telekommunikationsrechts bietet sich an, weil die U.S. amerikanische Telekommunikationsrechtspraxis einen zeitlichen Vorlauf zur Lösung der Probleme im Zusammenhang mit der Marktabgrenzung und Marktbeherrschung hatte. Denn die Liberalisierung und Deregulierung des Telekommunikationssektors in den U.S.A. hat bereits wesentlich früher als in Deutschland und Europa

---

Plum/Schwarz-Schilling, „Marktabgrenzung im Telekommunikations- und Postsektor", WIK-Diskussionsbeitrag Nr. 200; Kurth, RTKom 2001, 3, 4; Stögmüller, CR 2001, 507ff.

[8] Vgl. z.B. Monopolkommission, 2. Sondergutachten, 6.12.2001, Tz. 149.

[9] Vgl. RegTP, Tätigkeitsbericht 2000/2001 vom Dezember 2001, S. 57: Die Auffassungen über die Abgrenzung von Märkten sowie die Feststellung einer marktbeherrschenden Stellung seien höchst unterschiedlich. Dies zeige, dass „die abstrakt-generelle Festlegung [...] nicht mit der erforderlichen Rechtssicherheit" getroffen werden könne. Weiter heißt es: „Über die Abgrenzung von bestimmten Märkten ist deshalb im konkreten Einzelfall zu entscheiden. Die Regulierungsbehörde wird daher keine abschließenden verbindlichen Eckpunkte veröffentlichen."

[10] Das lässt die Umsetzung des EU-Kommunikationsrechts anhand des Regierungsentwurfs zum TKG vom 15.10.2003 erkennen. Vgl. hierzu ausführlich S. 70ff..

begonnen. Das dortige Vorgehen könnte demnach Vorbildcharakter auch für die europäische bzw. deutsche Regulierungspraxis haben. Es wird daher untersucht, in welchem Zusammenhang die Marktmachtfragen in telekommunikationsrechtlichen Sachverhalten in den U.S.A. auftreten, wie die U.S. amerikanische Telekommunikationsrechtspraxis, insbesondere der Federal Communications Commission (FCC), diese Problemstellungen löst und ob die U.S. amerikanischen Lösungsansätze auch für das europäische bzw. deutsche System der Telekommunikationsregulierung nutzbar gemacht werden können. Aufgrund dieser Analyse können dann Vorschläge entwickelt werden, wie man die Marktmacht auf Telekommunikationsmärkten noch genauer, das heißt den tatsächlichen Marktverhältnissen entsprechend, ermitteln kann.

II. Aufbau der Arbeit

Die Arbeit gliedert sich in vier Hauptteile. Nachdem in Teil A (S. 1ff.) eine allgemeine Einführung in die Problemstellung der Thematik der Arbeit gegeben wurde, werden in Teil B (S. 5ff.) die Grundsätze der Ermittlung von Marktmacht im europäischen bzw. deutschen und U.S. amerikanischen Telekommunikationsrecht dargestellt. In dem sich anschliessenden Teil C (S. 145ff.) wird dann die Anwendung dieser Grundsätze in der Praxis des europäischen, deutschen und U.S. amerikanischen Telekommunikationsrechts anhand von wichtigen Anwendungsfällen untersucht. Dabei werden Vorschläge für die Lösung der einzelnen Probleme der Marktabgrenzung auf Telekommunikationsmärkten gemacht. Die Vorschläge beziehen die aus dem Rechtsvergleich mit den U.S.A. gewonnenen Erkenntnisse ein. Die Arbeit schliesst mit einer Schlussbetrachtung und Gesamtbewertung in Teil D (S. 242ff.). Darin werden die aus den Teilen B und C gewonnenen Erkenntnisse und Vorschläge zusammengefasst.

B. Grundsätze der Ermittlung von Marktmacht im europäischen bzw. deutschen und U.S. amerikanischen Telekommunikationsrecht

Gegenstand dieser rechtsvergleichenden Untersuchung ist es, das europäische bzw. deutsche Konzept zur Ermittlung von Marktmacht auf den Telekommunikationsmärkten mit dem U.S. amerikanischen zu vergleichen, um herauszufinden, ob im U.S. amerikanischen Telekommunikationsrecht Lösungen für die Probleme im Zusammenhang mit der Marktabgrenzung und Ermittlung des Beherrschungsgrades auf Telekommunikationsmärkten entwickelt wurden, die auf das europäische bzw. deutsche Recht übertragen werden könnten. Zu diesem Zweck ist es sinnvoll, zunächst die Grundsätze der Marktabgrenzung und Ermittlung des Beherrschungsgrades im Telekommunikationsrecht der jeweiligen Rechtsordnungen darzustellen, um auf dieser Grundlage die Lösungen zu den verschiedenen konkreten Einzelproblemen der Praxis der Marktabgrenzung und Ermittlung des Beherrschungsgrades im Telekommunikationsrecht in einem Rechtsvergleich analysieren zu können.[11]

I. Das Konzept zur Ermittlung von Markmacht im europäischen bzw. deutschen Telekommunikationsrecht

Das deutsche Telekommunikationsrecht muss aufgrund des Vorranges des europäischen Rechts[12] mit dem europäischen Recht im Einklang stehen. Somit müssen auch das deutsche und europäische Konzept zur Ermittlung von Marktmacht im Telekommunikationsrecht übereinstimmen.

Das neue europäische Kommunikationsrecht[13] machte eine Neufassung des TKG erforderlich, die mit dem am 26.06.2004 in Kraft ge-

[11] Mit den konkreten Einzelproblemen der Praxis im Zusammenhang mit der Marktabgrenzung und der Ermittlung des Beherrschungsgrades im Telekommunikationsrecht beschäftigt sich Teil C, S. 145ff., der Arbeit.

[12] Vgl. hierzu BVerfGE 85, 191, 204; 75, 223, 224; 73, 339, 374f.; EuGH, Urteil v. 15.7.1964, Rs. 6/64, Slg. 1964, 1251, 1269f – Costa/ENEL; Urteil v. 9.3.1978, Rs. 106/77, Slg. 1978, 629ff. – Simmenthal. Vgl. auch Oppermann, Europarecht, Rn. 615ff., 632f.

[13] Vgl. hierzu im Anschluss, S. 8ff..

tretenen neuen TKG[14] erfolgte. Daher wird im Folgenden das Konzept zur Ermittlung von Marktmacht nach dem europäischen Kommunikationsrecht dargestellt. Es wird herausgearbeitet, welche Vorgaben es für das zukünftige deutsche Konzept der Marktmachtermittlung auf Telekommunikationsmärkten enthält und wie demzufolge zukünftig Marktmacht auf Telekommunikationsmärkten in Deutschland zu ermitteln ist.

1. Das Konzept der Marktmachtermittlung (beträchtliche Marktmacht) im europäischen Telekommunikationsrecht

Das europäische Telekommunikationsrecht knüpft in Abweichung von dem im allgemeinen Wettbewerbsrecht überwiegend verwandten Begriff der beherrschenden Stellung an das Vorliegen beträchtlicher Marktmacht[15] des regulierten bzw. zu regulierenden Unternehmens als Eingriffsvoraussetzung für sektorspezifische Regulierungsmaßnahmen im Telekommunikationsbereich an.[16] Auch das neue europäische Richtlinienpaket zu Kommunikationsnetzen und –diensten[17] hält an diesem Sonderbegriff fest. Das Vorliegen von Marktmacht

---

[14] Telekommunikationsgesetz (TKG) vom 22. Juni 2004, Bundesgesetzblatt 2004 I, 1190.

[15] Der Begriff der beträchtlichen Marktmacht wurde 1997 mit der ONP-Zusammenschaltungsrichtlinie eingeführt, vgl. Art. 4 Abs.3 Richtlinie 97/33/EG des Europäischen Parlaments und des Rates vom 30.6.1997 über die Zusammenschaltung in der Telekommunikation im Hinblick auf die Sicherstellung eines Universaldienstes und der Interoperabilität durch Anwendung der Grundsätze für einen offenen Netzzugang (ONP), ABl. EG vom 26.7.1997, Nr. L 199, S. 32ff., geändert durch Richtlinie 38/61/EG, ABl. EG vom 3.10.1998, Nr. L 268, S. 37ff. (ONP-ZusammenschaltungsRL). Beträchtliche Marktmacht wurde angenommen, wenn ein Unternehmen in einem bestimmten Telekommunikationsmarkt mehr als 25% Marktanteil hat, vgl. Art. 4 Abs. 3 ONP-Zusammenschaltungsrichtlinie. Damit wurde in Abweichung zum Begriff der beherrschenden Stellung im allgemeinen Wettbewerbsrecht der EG ein gesonderter Begriff eingeführt und ein fixer Prozentsatz für den Marktanteil vorgegeben, der von den üblichen Prozentsätzen des Wettbewerbsrechts abwich. Vgl. hierzu auch S. 51ff..

[16] Vgl. Art. 14 Abs. 2 der Richtlinie 2002/21/EG des Europäischen Parlaments und des Rates vom 7. März 2002 über einen gemeinsamen Rechtsrahmen für elektronische Kommunikationsnetze und – dienste (Rahmenrichtlinie), ABl. EG vom 24.4.2002, Nr. L 108, S. 33ff. (RahmenRL). Die englische Bezeichnung für beträchtliche Marktmacht ist significant market power (SMP). Daran anknüpfend spricht man auch von SMP-Unternehmen.

[17] Vgl. hierzu im Anschluss S. 8ff..

spielt dort für die Auferlegung von Regulierungsmaßnahmen eine entscheidende Rolle. Diese dürfen nur Unternehmen mit beträchtlicher Marktmacht i.S.d. Art. 14 RahmenRL auferlegt werden. Zur Auferlegung, Änderung oder Beibehaltung (tele-)kommunikationsspezifischer Regulierungsmaßnahmen durch die nationalen Regulierungsbehörden sind zukünftig drei Voraussetzungen zu erfüllen. Diese ergeben sich aus den Art. 14-16 der RahmenRL: Erstens haben die nationalen Regulierungsbehörden die relevanten Märkte nach dem Marktdefinitionsverfahren i.S.d. Art. 15 RahmenRL abzugrenzen. Zweitens müssen sie zu der Feststellung gelangt sein, dass auf dem so abgegrenzten Markt kein wirksamer Wettbewerb herrscht, vgl. Art. 16 Abs. 4 i.V.m. Abs. 2 RahmenRL. Drittens müssen die nationalen Regulierungsbehörden diejenigen Unternehmen ermitteln, die beträchtliche Marktmacht i.S.d. Art. 14 RahmenRL besitzen. Ihnen ist dann durch die nationale Regulierungsbehörde eine der in Art. 9-13 der ZugangsRL und Art. 17-19 der UniversaldienstRL genannten Verpflichtungen aufzuerlegen, wobei die Wahl der konkreten Verpflichtungen den nationalen Regulierungsbehörden obliegt, die hierbei das Verhältnismäßigkeitsprinzip zu beachten haben.[18]

Im Folgenden wird zunächst ein allgemeiner Überblick über das neue, im Jahre 2002 verabschiedete europäische Regulierungskonzept für Kommunikation gegeben, das den Begriff der beträchtlichen Marktmacht zum Anknüpfungspunkt für Regulierungsmaßnahmen (Verpflichtungen) macht (S. 8ff.). Im Anschluss daran wird auf die darin vorgegebenen konkreten Regulierungsmaßnahmen eingegangen (S. 13). Schliesslich wird der Begriff der beträchtlichen Marktmacht nach dem neuen europäischen Telekommunikationsrecht definiert (S. 14ff.). In dem sich anschliessenden Teil wird analysiert, wie die Marktmacht im europäischen Telekommunikationsrecht (Beträchtliche Marktmacht) im Einzelnen ermittelt wird (S. 21ff.).

---

[18] Vgl. Leitlinien der Kommission zur Marktanalyse und Ermittlung beträchtlicher Marktmacht nach dem gemeinsamen Rechtsrahmen für elektronische Kommunikationsnetze und –dienste, ABl. EG v. 11.7.202, Nr. C 165, S. 6ff. (Leitlinien Marktanalyse), Rn. 114ff.; Art. 8 Abs. 1 S. 2 RahmenRL.

a) Der neue europäische Rechtsrahmen für Kommunikationsnetze und -dienste

Der von der Europäischen Union am 4.2.2002 endgültig verabschiedete neue europäische Rechtsrahmen für elektronische Kommunikationsinfrastruktur und die dazugehörigen Dienste[19] (Kommunikationsrichtlinienpaket) umfasst fünf Richtlinien[20] und eine Entscheidung[21]. Ausserdem hat die EU-Kommission zwischenzeitlich die Wettbewerbsrichtlinie konsolidiert und deren Begriffe an den neuen

---

[19] Mit diesem und dem Umsetzungsbedarf im deutschen Recht beschäftigt sich ausführlich der Fortsetzungsaufsatz von Scherer, K&R 2002, 273ff. u. 329ff. u. 385ff.; vgl. Scherer, MMR 2002, 201, 201; Schütz/Attendorn, MMR-Beilage 4/2002, S.1ff.; Schütz/Attendorn/König, Elektronische Kommunikation, Rn. 3ff.; Immenga/Kirchner, TKMR 2002, 340ff.. Zum Stand der Umsetzung vgl. auch die Umsetzungsberichte der EU-Kommission (abrufbar unter http://europa.eu.int/information_society/topics/ecomm/all_about/implementation_enforcement/text_en.htm), zuletzt Mitteilung der Kommission an den Rat, das Europäische Parlament, den Europäischen Wirtschafts- und Sozialausschuss und den Ausschuss der Regionen, Bericht über die Umsetzung des EU-Reformpakets für elektronische Kommunikation, KOM(2003) 715 endgültig (9. Umsetzungsbericht).

[20] Richtlinie 2002/21/EG des Europäischen Parlaments und des Rates vom 7. März 2002 über einen gemeinsamen Rechtsrahmen für elektronische Kommunikationsnetze und – dienste (Rahmenrichtlinie), ABl. EG vom 24.4.2002, Nr. L 108, S. 33ff. (RahmenRL); Richtlinie 2002/19/EG des Europäischen Parlaments und des Rates vom 7. März 2002 über den Zugang zu elektronischen Kommunikationsnetzen und zugehörigen Einrichtungen sowie deren Zusammenschaltung (Zugangsrichtlinie), ABl. EG vom 24.4.2002, Nr. L 108, S. 7ff. (ZugangsRL); Richtlinie 2002/20/EG des Europäischen Parlaments und des Rates vom 7. März 2002 über die Genehmigung elektronischer Kommunikationsnetze und –dienste (Genehmigungsrichtlinie), ABl. EG vom 24.4.2002, Nr. L 108, S. 21ff. (GenehmigungsRL); Richtlinie 2002/22/EG des Europäischen Parlaments und des Rates vom 7. März 2002 über den Universaldienst und Nutzerrechte bei elektronischen Kommunikationsnetzen und – diensten (Universaldienstrichtlinie), ABl. EG vom 24.4.2002, Nr. L 108, S. 51ff. (UniversaldienstRL); Richtlinie 2002/58/EG des Europäischen Parlaments und des Rates vom 12. Juli 2002 über die Verarbeitung personenbezogener Daten und den Schutz der Privatsphäre in der elektronischen Kommunikation (Datenschutzrichtlinie für elektronische Kommunikation), ABl. EG v. 31.7.2002, Nr. L 201, S. 37ff. (DatenschutzRL).

[21] Entscheidung Nr. 676/2002/EG des Europäischen Parlaments und des Rates vom 7. März 2002 über einen Rechtsrahmen für die Frequenzpolitik in der Europäischen Gemeinschaft, ABl. EG vom 24.4.2002, Nr. L 108, S. 1ff. (Frequenzentscheidung).

Rechtsrahmen angepasst.[22] Rechtsgrundlage für den neuen EU-Kommunikationsrechtsrahmen ist die Harmonisierungskompetenz aus Art. 95 EGV (Art. 100a a.F. EGV). Hintergrund für das Bestreben, einen neuen einheitlichen Rechtsrahmen zu finden, war die Tatsache, dass aufgrund der zunehmenden Verschmelzung der traditionell verschiedenen Regelungswerken unterfallenden Bereiche wie Telekommunikation, Medien und Informationstechnologien eine eindeutige Zuordnung von Regulierungsmaßnahmen oft nicht mehr möglich oder sinnvoll war.[23] Diesem „Phänomen der Konvergenz"[24] wollte die EU-Kommission durch einen neuen Rechtsrahmen gerecht werden.[25] Das Kommunikationsrichtlinienpaket gilt daher im Hinblick auf die zunehmende Konvergenz von Telekommunikations- und Mediendiensten für sämtliche Kommunikationsinfrastrukturen, also für Telekommunikations-, Kabelfernseh- und Rundfunknetze.[26] Alleiniger Regelungsgegenstand ist die technische Infrastruktur, also die technische Plattform über die die Kommunikationsdienstleistungen erbracht werden. Die Inhalte[27] von Diensten, die über die Kommunikationsinfrastrukturen (Netze und Dienste) bereitgestellt werden, fallen grundsätzlich nicht in den Anwendungsbereich des Richtlinienpakets.[28] Ausweislich des ersten Erwägungsgrundes der Zugangsricht-

---

[22] Bei dieser konsolidierten Wettbewerbsrichtlinie handelt es sich um eine Liberalisierungsrichtlinie, die die Bestimmungen der Richtlinie 90/388/EG, geändert durch die Richtlinien 94/46/EG, 95/51/EG, 96/2/EG, 96/19/EG, 99/64/EG, konsolidieren soll, vgl. Rosenthal, TMR 2002, 181, 182.

[23] Vgl. RahmenRL, aaO., Erwägungsgrund 5.

[24] Mit diesem beschäftigt sich ausführlich das „Grünbuch zur Konvergenz der Branchen Telekommunikation, Medien und Informationstechnologie und ihre ordnungspolitischen Auswirkungen" vom 3.12.1997, KOM(97) 623.

[25] Vgl. zum Konvergenzproblem auch Rosenthal, TMR 2002, 181ff., der die aktuellen Bemühungen der EU und U.S.A. um Reformen ihrer jeweiligen kommunikationsrechtlichen Regelungen vor dem Hintergrund der fortschreitenden Konvergenz darstellt.

[26] Vgl. RahmenRL, aaO., Erwägungsgrund 5. Daher wird im Folgenden auch vom europäischen Kommunikationsrecht gesprochen.

[27] Z.B. Rundfunkinhalte, Finanzdienste, Informationsdienste.

[28] Hierauf weisen die Rahmenrichtlinie und die Einzelrichtlinien ausdrücklich hin, vgl. RahmenRL, aaO., Erwägungsgrund 5 und Art. 2 c): dort werden von der Definition elektronischer Kommunikationsdienste ausdrücklich solche Dienste ausgenommen, „die Inhalte über elektronische Kommunikationsnetze und –dienste anbieten oder eine redaktionelle Kontrolle über sie ausüben"; vgl. auch Zugangsrichtlinie, aaO, Erwägungsgrund 2. Allerdings lassen sich „Infrastrukturregelungen" und „Inhaltsregeln" nicht immer voneinander trennen, vgl. Scherer, K&R

linie erfasst der neue Rechtsrahmen Telekommunikationsfestnetze und Mobilfunknetze, Kabelfernsehnetze, terrestrische Rundfunknetze, Satellitennetze und Netze, die das Internetprotokoll (IP) verwenden. Die Übertragung umfasst Sprache, Faxnachrichten, Daten oder Bilder.[29] Dem von der Konvergenzentwicklung abgeleiteten Versuch, einen einheitlichen Rechtsrahmen zu schaffen, sind dabei allerdings auch Grenzen gesetzt: So enthält das Richtlinienpaket eine Vielzahl von Vorschriften, die den Besonderheiten von Mobilfunk- oder Kabelfernsehnetzen Rechnung tragen.[30] Zudem erfolgt eine weitere Ausdifferenzierung des jeweils anwendbaren Regulierungsregimes im Rahmen der Marktdefinitions- und –analyseverfahren.

Der neue europäische Rechtsrahmen für elektronische Kommunikationsdienste und – netze verfolgt dabei folgenden Regulierungsansatz[31]: In einer Rahmenrichtlinie sind allgemeine Grundsätze und Ziele geregelt. Insbesondere findet sich hier auch die Neudefinition der beträchtlichen Marktmacht als Anknüpfungspunkt für Regulierungsmaßnahmen (Art. 14 Abs. 2 RahmenRL). Die Rahmenrichtlinie

---

2002, 273, 274. Es bestehen vielmehr vor allem dort rechtliche Schnittstellen zwischen „Infrastruktur" und „Inhalten", wo sich infrastrukturbezogene Entscheidungen mittelbar oder unmittelbar auf Inhalte auswirken; dies ist z.B. der Fall in Art. 8 Abs. 1 Unterabs. 2 RahmenRL, wonach die nationalen Regulierungsbehörden „im Rahmen ihrer Zuständigkeiten dazu beitragen [können], dass die Umsetzung von Maßnahmen zur Förderung der kulturellen und sprachlichen Vielfalt sowie des Pluralismus der Medien sichergestellt werden"; weitere inhaltsbezogene Regelungen finden sich in Art. 6 Abs. 4 ZugangsRL, Art. 5 Abs. 2 Unterabs. 2 GenehmigungsRL, Art. 31 UniversaldienstRL; vgl. auch Rosenthal, TMR 2002, 181, 194, der auf Abgrenzungsschwierigkeiten im Bereich der Breitbanddienste hinweist; Schütz/Attendorn/König, Elektronische Kommunikation, Rn. 44ff..

[29] Vgl. ZugangsRL, aaO, Erwägungsgrund 1.

[30] Netzspezifische Regelungen finden sich z.B. in Art. 18 Abs. 1 RahmenRL; Art. 4 Abs. 2 ZugangsRL; Art. 12 Abs. 1 lit. g ZugangsRL, Art. 30 Abs. 1, 31 UniversaldienstRL; vgl. hierzu Scherer, K&R 2002, 273, 274.

[31] Art. 26 der RahmenRL enthält die Liste der bis zum Ende der Umsetzungsfrist aufzuhebenden Richtlinien. Nach Veröffentlichung und Inkrafttreten der Richtlinien beträgt die Umsetzungsfrist für die Mitgliedstaaten 15 Monate. Das Datum der Umsetzung ist in den vier zunächst veröffentlichten Richtlinien auf den 25.7.2003 festgesetzt, vgl. Art. 28 Abs. 1 RahmenRL; Art. 18 Abs. 1 ZugangsRL; Art. 18 Abs. 1 GenehmigungsRL; Art. 38 Abs. 1 UniversaldienstRL. Die Umsetzungsfrist für die Datenschutzrichtlinie endete am 30.10.2003, vgl. Art. 17 DatenschutzRL.

kann bei Zugrundelegung deutscher Rechtsterminologie auch als Allgemeiner Teil des EU-(Tele-)Kommunikationsrechts bezeichnet werden.[32] Die speziellen Detailregelungen werden in vier Einzelrichtlinien[33] (GenehmigungsRL, ZugangsRL, UniversaldienstRL, DatenschutzRL) näher ausgestaltet. Diese stellen den Besonderen Teil des EU-(Tele-)Kommunikationsrechts dar.[34] Sie präzisieren unter anderem die Rechtsfolgen, die an den Begriff der beträchtlichen Marktmacht anknüpfen.

Die allgemeinen Regulierungsziele[35] und -grundsätze[36] sind zentral in Art. 8 der Rahmenrichtlinie zusammengeführt, wobei es jedoch noch zusätzliche, spezifische Zielsetzungen gibt, die in der jeweiligen Einzelrichtlinie aufgeführt sind. Art. 8 RahmenRL benennt Technologieneutralität der Regulierung (Abs. 1), Wettbewerbsförderung (Abs. 2), Entwicklung des Binnenmarktes (Abs. 3), Förderung der Interessen der Unionsbürger (Abs. 4) als Regulierungsziele und –grundsätze. Diese sind dementsprechend von den nationalen Regulierungsbehörden bei Anwendung von Regulierungsmaßnahmen zu beachten.

Der europäische Richtliniengeber verfolgt mit dem gesamten Reformpaket im Wesentlichen vier Regelungsziele, die teils im Gesetzgebungsprozess ausdrücklich adressiert wurden und teils in den

---

[32] So z.B. Bartosch, EuZW 2002, 389, 390.

[33] So die ausdrückliche Formulierung der Rahmenrichtlinie, die die relevanten Einzelrichtlinien auch aufführt, vgl. RahmenRL, aaO., Erwägungsgrund 5 sowie speziell Art. 2 l) RahmenRL.

[34] Vgl. Bartosch, EuZW 2002, 389, 390 u. 393ff.

[35] Der Begriff der „policy objectives" in der englischen, bzw. „objectifs généraux" in der französischen Fassung wurde – worauf Scherer hinweist – in der deutschen Übersetzung der Überschrift des Art. 8 RahmenRL etwas irreführend mit „politische Ziele" anstatt des treffenderen Begriffs der Regulierungsziele wiedergeben, vgl. Scherer, K&R 2002, 273, 278. Es handelt sich dabei aber keineswegs um politische Ziele, sondern um Ziele, die durch die Regulierungsmaßnahmen erreicht werden sollen.

[36] Diese wurden bereits im Kommunikationsbericht aufgeführt, siehe Mitteilung der Kommission an den Rat, das europäische Parlament, den Wirtschafts- und Sozialausschuss und den Ausschuss der Regionen: Entwicklung neuer Rahmenbedingungen für elektronische Kommunikationsinfrastrukturen und zugehörige Dienste – Kommunikationsbericht 1999, KOM(1999) 539 (Kommunikationsbericht 1999); vgl. auch Schütz/Attendorn, MMR-Beilage 4/2002, S. 6.

Richtlinien und ihren Erwägungsgründen erwähnt sind[37]: Erstens soll die bestehende gemeinschaftsrechtliche Ordnung der Telekommunikationsmärkte vereinfacht und transparenter gestaltet werden.[38] Zweitens soll ein einheitlicher Rechtsrahmen geschaffen werden, der der Konvergenz von Telekommunikation, Medien und Informationstechnologie Rechnung trägt.[39] Drittens soll die sektorspezifische Ex-ante-Regulierung, die in erster Linie auf „Unternehmen mit beträchtlicher Marktmacht" zielt, flexibilisiert und allmählich abgebaut werden, sobald und soweit der Wettbewerb auf den Kommunikationsmärkten so nachhaltig ist, dass die sektorspezifische Regulierung durch die Anwendung des allgemeinen Wettbewerbsrecht ersetzt werden kann.[40] Viertens schafft das Reformpaket die inhaltlichen, verfahrens- und organisationsrechtlichen Voraussetzungen für eine gemeinschaftsweit stärker harmonisierte Anwendung des europäischen Rechtsrahmens.[41] Die EU-Kommission erhält hierzu die Befugnis zur Beaufsichtigung der nationalen Regulierungsbehörden (NRBs). Erforderlichenfalls kann sie die nationalen Regulierungsbehörden verpflichten, Beschlüsse in wichtigen, mit dem Funktionieren des Binnenmarkts zusammenhängenden Bereichen zurückzuziehen, vgl. Art. 7 Abs. 4 RahmenRL. Es wird ein duales Regulierungsmodell verfolgt, in welchem den breiten Gestaltungsspielräumen der nationalen Regulierungsbehörde bei der Auswahl der geeigneten und erforderlichen Regulierungsmaßnahmen entsprechende Kontroll- und Harmonisierungsbefugnisse der EU-Kommission gegenüberstehen.[42] Die hierzu erforderliche Koordination der nationalen Regulierungsbehörden und der EU-Kommission soll in erster Linie durch die Kooperation und Konsultation der nationalen Regulierungsbehörden untereinander und mit der EU-Kommission erreicht werden, Art. 7 Abs. 2

---

[37] Vgl. hierzu Scherer, K&R 2002, 273, 274.

[38] Scherer, MMR 2002, 201, 201; Kommunikationsbericht 1999, aaO., S. 4, 19.

[39] Scherer, MMR 2002, 201, 201; vgl. auch ausdrücklich Erwägungsgrund 5 der RahmenRL

[40] Vgl. Scherer, MMR 2002, 201, 201; ders., K&R 2002, 273, 274f.; Kommunikationsbericht 1999, aaO., S. 7, 14, 57-59; Erwägungsgrund 25 und 27 der RahmenRL.

[41] Vgl. Scherer, K&R 2002, 273, 274; dies wird angesprochen in Art. 1 Abs. 1 S. 2 RahmenRL und im Erwägungsgrund 16 der RahmenRL sowie bereits im Kommunikationsbericht 1999, aaO., S. 16, 59-63.

[42] Wodurch insbesondere eine bessere europaweite Koordination der Entscheidungen erreicht werden soll; vgl. hierzu Scherer, K&R 2002, 273, 281.

und 3 RahmenRL.[43] Zu diesem Zwecke wurde eine „Gruppe Europäischer Regulierungsstellen für elektronische Kommunikationsnetze und –dienste“ (European Regulators Group) eingerichtet.[44]

Das Konzept der beträchtlichen Marktmacht zielt vor allem auf den Abbau der sektorspezifischen Regulierung. Mit der Prüfung der beträchtlichen Marktmacht soll ermittelt werden, ob auf den relevanten Märkten wirksamer Wettbewerb herrscht, bei dessen Vorliegen Regulierungsmaßnahmen dann nicht erlassen werden dürfen bzw. aufzuheben oder abzuändern sind.[45] Bei den Regulierungsmaßnahmen handelt es sich um inhaltliche und verfahrensrechtliche Bestimmungen für die Ex-ante-Regulierung marktmächtiger Unternehmen, deren Anwendbarkeit vor allem durch die Begriffe des wirksamen Wettbewerbs und der beträchtlichen Marktmacht umrissen wird.[46]

b) Verpflichtungen nach europäischem Kommunikationsrecht, die beträchtliche Marktmacht voraussetzen

Verpflichtungen, die an das Vorliegen beträchtlicher Marktmacht anknüpfen, finden sich in Art. 9-13 der Zugangsrichtlinie und Art. 17-19 der Universaldienstrichtlinie. In Einzelnen handelt es sich hierbei um

- die Transparenzverpflichtungen im Zusammenhang mit Zugang und Zusammenschaltung (Art. 9 ZugangsRL),
- die Gleichbehandlungsverpflichtung bezüglich Zugang und Zusammenschaltung (Art. 10 ZugangsRL),
- die getrennte Rechnungsführung (Art. 11 ZugangsRL),
- die Zugangspflicht (Art. 12 ZugangsRL),

---

[43] Vgl. hierzu ausführlich Scherer, K&R 2002, 273, 281ff.

[44] Beschluss der Kommission vom 29. Juli 2002 zur Einrichtung der Gruppe Europäischer Regulierungsstellen für elektronische Kommunikationsnetze und –dienste, ABl. EG v. 30.7.2002, Nr. L 200, S. 38ff.; diese ist am 25.10.2002 zu ihrer konstituierenden Sitzung zusammengekommen, vgl. EU-Pressemitteilung IP/02/1553 v. 28.10.2002. vgl. auch http://www.erg.eu.int.

[45] Für eine Auseinandersetzung mit den übrigen Zielen wird auf weiterführende Literatur verwiesen, vgl. z.B. Schütz/Attendorn, MMR-Beilage 4/2002, „Das neue Kommunikationsrecht der Europäischen Union – Was muss Deutschland ändern?"; Scherer, MMR 2002, 201, 201f.; ders. K&R 2002, 273, 274ff.

[46] Die Begriffe sind eng miteinander verbunden. So liegt wirksamer Wettbewerb vor, wenn es kein Unternehmen mit beträchtlicher Marktmacht auf dem relevanten Markt gibt, vgl. hierzu im Anschluss, S. 14ff.

- die Entgeltkontrolle (Art. 13 ZugangsRL und Art. 17 UniversaldienstRL) und
- die Bereitstellung von Mietleitungen (Art. 18 UniversaldienstRL).[47]

Zusätzliche Verpflichtungen können die nationalen Regulierungsbehörden (NRBs) gemäss Art. 8 Abs. 3 ZugangsRL auferlegen, wenn diese zuvor bei der EU-Kommission beantragt wurden.

c) Begriff der beträchtlichen Marktmacht gemäss Art. 14 Abs. 2 RahmenRL

Voraussetzung für die Auferlegung dieser Verpflichtungen ist das Vorliegen von beträchtlicher Marktmacht eines Unternehmens. Der Begriff ist in Art. 14 RahmenRL definiert. Gemäss Art. 14 Abs. 2 RahmenRL gilt ein Unternehmen als ein Unternehmen mit beträchtlicher Marktmacht,

> "wenn es entweder allein oder gemeinsam mit anderen eine der Beherrschung gleichkommende Stellung einnimmt, d.h. eine wirtschaftlich starke Stellung, die es ihm gestattet, sich in beträchtlichem Umfang unabhängig von Wettbewerbern, Kunden und letztlich Verbrauchern zu verhalten."[48]

Diese Definition ist ein „Destillat“ der Praxis der EU-Kommission und des EuGH zum Begriff der beherrschenden Stellung nach Art. 82 S. 1 EGV.[49] Im europäischen Wettbewerbsrecht ist die beherrschende

---

[47] Vgl. hierzu Leitlinien der Kommission zur Marktanalyse und Ermittlung beträchtlicher Marktmacht nach dem gemeinsamen Rechtsrahmen für elektronische Kommunikationsnetze und –dienste, ABl. EG v. 11.7.202, Nr. C 165, S. 6ff. (Leitlinien Marktanalyse).

[48] Art. 14 Abs. 2 RahmenRL (Hervorhebung nicht im Original).

[49] Vgl. RahmenRL, aaO., Erwägungsgrund 25, wo es ausdrücklich heißt, dass „die in der vorliegenden Richtlinie benutzte Definition auf dem Konzept der beherrschenden Stellung nach der einschlägigen Rechtsprechung des Gerichtshofs und des Gerichts erster Instanz der Europäischen Gemeinschaften" beruht; vgl. auch Kommissions-Dokument v. 24.01.2001, „Outline of Guidelines on market analysis and the calculation of market power to be adopted under Article 14 of the proposed Directive on a Common Framework for Electronic Communications Networks and Services", S. 4 u. 8 m.w.N.. Vgl. auch Schütz/Attendorn, MMR-Beilage 4/2002, S. 33.

Stellung[50] eines Unternehmens im Rahmen der Missbrauchsaufsicht des Art. 82 EGV (Art. 86 EGV a.F.) und im Rahmen der Fusionskontrolle nach Art. 2 Abs. 3 Fusionskontrollverordnung (FKVO)[51] zu ermitteln.
Im Folgenden ist zu klären, wie die beherrschende Stellung nach diesen Vorschriften definiert wird, da, wie erwähnt, der europäische Begriff der beträchtlichen Marktmacht an die wettbewerbsrechtliche Definition anknüpft und diese von der gerichtlichen Auslegungspraxis bestimmt wird.

Art. 82 EGV ist die primärrechtliche Vorschrift der Missbrauchsaufsicht und enthält – wie das deutsche Recht in § 19 GWB – ein Verbot des missbräuchlichen Ausnutzens einer beherrschenden Stellung.[52] Art. 82 S.2 EGV führt – vergleichbar mit § 19 Abs. 4 GWB – Regelbeispiele des Missbrauchs[53] auf.[54] Art. 82 EGV enthält im Gegensatz

---

[50] Die europäische Rechtsterminologie verwendet anstelle des Begriffs der marktbeherrschenden Stellung den Begriff der „beherrschenden Stellung". Inhaltlich gibt es zwischen diesen Begriffen aber keine Unterschiede.

[51] Verordnung (EWG) Nr. 4064/89 des Rates vom 21.12.1989 über die Kontrolle von Unternehmenszusammenschlüssen, ABl. EG v. 30.12.1989, Nr. L 395, S. S.1ff., berichtigte und neuveröffentliche Fassung in ABl. EG v. 21.09.1990, Nr. L 257, S. 13ff.; der EGV enthält keine ausdrückliche Vorschrift für Unternehmenszusammenschlüsse. Grundlage für die von der Gemeinschaft seit 1990 praktizierte Fusionskontrolle ist die sog. Fusionskontrollverordnung (FKVO) vom 21.12.1989, in der Fassung der Änderungsverordnung vom 30.6.1997, in Kraft getreten am 1.3.1998 (ABl. EG Nr. L180 v. 1997, S. 1ff.); die FKVO ist primär wettbewerblich ausgerichtet (Art. 2 Abs. 2 und Abs. 3), es handelt sich um sekundäres Gemeinschaftsrecht; sie hat grundsätzlich Vorrang vor der nationalen Fusionskontrolle und vor der Fusionskontrolle nach Art. 81, 82 EGV (Art. 21), vgl. hierzu Emmerich, S. 477ff.

[52] Art. 82 S. 1 EGV lautet: „Mit dem Gemeinsamen Markt unvereinbar und verboten ist die mißbräuchliche Ausnutzung einer beherrschenden Stellung auf dem Gemeinsamen Markt oder auf einem wesentlichen Teil desselben durch ein oder mehrere Unternehmen, soweit dies dazu führen kann, den Handel zwischen den Mitgliedstaaten zu beinträchtigen."

[53] Allerdings kommt die Generalklausel in Art. 82 S. 1 EGV häufiger zur Anwendung als im deutschen Recht § 19 Abs. 1 GWB, da die europäischen Regelbeispiele nicht so umfassend sind, vgl. Hübschle, in: Hdb dt/europäisches KartellR, Kap. 4, § 2 Rn. 8.

[54] Für die Anwendung des Art. 82 EGV müssen somit drei Voraussetzungen erfüllt sein: Es muss (1) eine beherrschende Stellung vorliegen, d.h., das betreffende Unternehmen muss allein oder gemeinsam mit anderen eine beherr-

zu § 19 GWB keine Definition der „beherrschenden Stellung" (Art. 82 S.1 EGV), sondern überläßt die Definition vollständig der Entscheidungspraxis der EG-Organe.[55] Als unbestimmter Rechtsbegriff bedarf der Begriff der „beherrschenden Stellung" der Auslegung und kann je nach Zweckrichtung unterschiedlich zu definieren sein.[56] Art. 82 EGV dient dem in Art. 3 Buchstabe g EGV vorgegebenen Ziel, ein System unverfälschten Wettbewerbs zu gewährleisten.[57] Der EuGH hat hierzu im Fall Continental Can den Begriff der beherrschenden Stellung systematisch-teleologisch ausgelegt. Bei der Auslegung sei auf „Geist, Aufbau und Wortlaut" von Art. 82 EGV sowie auf „System und Ziele des Vertrages", also insbesondere Art. 3 g EGV abzustellen.[58] Die Praxis der Gemeinschaftsorgane definiert eine solche beherrschende Stellung als

> „die wirtschaftliche Machtstellung eines Unternehmens [...], die dieses in die Lage versetzt, die Aufrechterhaltung eines wirksamen Wettbewerbs auf dem relevanten Markt zu verhindern, indem sie ihm die Möglichkeit verschafft, sich seinen Wettbewerbern, seinen Abnehmern, und letztlich den Verbrauchern

---

schende Stellung besitzen. Die beherrschende Stellung muss (2) missbraucht werden. Ein Missbrauch im Sinne des Art. 82 EGV (ex-Art. 86 EGV) liegt vor, wenn ein Unternehmen, das auf einem bestimmten Markt eine beherrschende Stellung einnimmt, ohne objektive Notwendigkeit sich selbst oder einem zur gleichen Gruppe gehörenden Unternehmen Tätigkeiten vorbehält, die auch von einem anderen, auf einem benachbarten, aber getrennten Markt tätigen Unternehmen ausgeführt werden könnten, wodurch möglicherweise jeglicher Wettbewerb seitens des letzteren Unternehmens ausgeschaltet werden könnte. Schliesslich muss (3) eine Handelsbeeinträchtigung vorliegen, d.h., der Missbrauch muss dazu geeignet sein, den Handel zwischen den Mitgliedsstaaten zu beeinträchtigen. Vgl. Art. 82 S. 1 EGV.

[55] Vgl. Hübschle, in: Hdb dt/europäisches KartellR, Kap. 4, § 1 Rn. 8; Hintergrund für diese Vorgehensweise ist die Überlegung, den Gemeinschaftsorganen die Möglichkeit zu geben, das Missbrauchsverbot dynamisch der Entwicklung des Gemeinsamen Marktes anpassen zu können, vgl. Emmerich, S. 450; Schröter, in: von der Groeben/Thiesing/Ehlermann, Art. 86 Rn. 51.

[56] Dirksen, in: Langen/Bunte, Art. 82 Rn. 9f; dort auch zur Entwicklung der Definition der beherrschenden Stellung durch die Kommission und den EuGH.

[57] Art. 3 Abs. 1 g EGV lautet: „Die Tätigkeit der Gemeinschaft [...] umfaßt [...] ein System, das den Wettbewerb innerhalb des Binnenmarkts vor Verfälschungen schützt".

[58] Vgl. EuGH, Urteil v. 21.2.1973, Rs. 6/72 – Continental Can, Grund 10; vgl. auch Dirksen, in: Langen/Bunte, Art. 82 Rn. 9.

gegenüber in einem nennenswerten Umfang unabhängig zu verhalten. Eine solche Stellung schließt [...] einen gewissen Wettbewerb nicht aus, versetzt aber die begünstigte Firma in die Lage, die Bedingungen, unter denen sich dieser Wettbewerb entwickeln kann, zu bestimmen oder wenigstens merklich zu beeinflussen, jedenfalls aber weitgehend in ihrem Verhalten hierauf keine Rücksicht nehmen zu müssen, ohne daß ihr dies zum Schaden gereichte".[59]

Dieser Definition des EuGH hat sich die EU-Kommission angeschlossen.[60] Sie hat sich mittlerweile zur Standardformel für die EU-Kommission und die europäischen Gerichte entwickelt.[61] Nach dieser Standardformel der europäischen Rechtspraxis hat ein Unternehmen dann eine beherrschende Stellung, wenn es die Macht hat, tatsächlichen Wettbewerb zu verhindern (Wettbewerbsverhinderungsmacht), sowie die Fähigkeit zu unabhängigem Verhalten gegenüber Wettbewerbern, Handelspartnern und Verbrauchern hat (Unabhängigkeit des Verhaltens).

Eine andere Vorschrift, die auf den Begriff der beherrschenden Stellung rekurriert, ist Art. 2 Abs. 3 FKVO. Gemäß Art. 2 Abs. 1 FKVO sind Zusammenschlüsse auf ihre Vereinbarkeit mit dem Gemeinsamen Markt hin zu überprüfen. Nach Art. 2 Abs. 3 FKVO[62] sind Zu-

---

[59] EuGH, Urteil v. 13.2.1979, Slg. 1979, 461, 520 – Hoffmann-La Roche/Vitamine; EuGH, Urteil v. 14.2.1978, Slg. 1978, 207, 287, Tz. 63 u. 66 – United Brands; EuGH, Urteil v. 5.10.1988 – Rs. 247/86, Slg. 1988, 5987, 6008ff. – Alsatel; Hübschle, in: Hdb dt/europäisches KartellR, Kap. 4, § 2 Rn. 31 m.w.N.; Dirksen, in: Langen/Bunte, Art. 82 Rn. 11 m.w.N..

[60] Vgl. Bekanntmachung der Kommission über die Definition des relevanten Marktes im Sinne des Wettbewerbsrechts der Gemeinschaft, ABl. EG v. 9.12.1997, Nr. C 372, S. 3ff. (Bekanntmachung), Tz. 10; Dirksen, in: Langen/Bunte, Art. 82 Rn. 11 m.w.N.; vgl. z.B. Entscheidung der Kommission v. 14.7.1999, Sache Nr. IV/D-2/34.780, Rn. 86 – Virgin/British Airways, ABl. EG v. 4.2.2000, Nr. L 30, S. 1.

[61] Vgl. EuGH, Urteil v. 9.11.1983 – Rs. 322/81, Slg. 1983, 3461, 3505 – Michelin; EuGH, Urteil v. 21.2.1973, Slg. 1979, 215, 248ff. – Continental Can; Emmerich, S. 447; Jung, in: Grabitz/Hilf, Art. 82 Rn. 26; vgl. auch Jauck, IJCLP, Issue 4, Winter 1999/2000, S. 39; vgl. BKartA, Auslegungsgrundsätze, S. 10; Schröter, in: von der Groeben/Thiesing/Ehlermann, Art. 86 Rn.58 m.w.N. in Fn. 191.

[62] Art. 2 Abs. 3 FKVO lautet: „Zusammenschlüsse, die eine beherrschende Stellung begründen oder verstärken, durch die wirksamer Wettbewerb im Gemein-

sammenschlüsse, die eine beherrschende Stellung begründen oder verstärken, für unvereinbar mit dem Gemeinsamen Markt zu erklären, sofern dadurch wirksamer Wettbewerb im Gemeinsamen Markt oder in einem wesentlichen Teil desselben erheblich behindert würde. Die Formulierung wird allgemein als Verweis auf Art. 82 EGV verstanden.[63] Entscheidend ist die Fähigkeit eines Unternehmens, in spürbarem Maße dauerhaft unabhängig von seinen Wettbewerbern und Abnehmern zu agieren.[64] Die Zusammenschlusskontrolle erfordert eine Prognoseentscheidung darüber, wie sich die Märkte nach dem Zusammenschluss entwickeln. Aufgrund dieses dynamischen Aspektes kann die Rechtsanwendungspraxis zu Art. 82 EGV zwar weitgehend, aber nicht uneingeschränkt im Rahmen des Art. 2 FKVO herangezogen werden.[65] Die für Art. 82 EGV geltenden Grundsätze sind im Wesentlichen anwendbar, allerdings ist bei der Beurteilung des Beherrschungsgrades ein prognostisches Element in die Entscheidung mit einzubeziehen. Insofern ist Art. 2 Abs. 3 FKVO mit § 36 GWB im deutschen Recht vergleichbar. Art. 82 EGV findet auf Unternehmenszusammenschlüsse nur noch ausserhalb dieser Verordnung Anwendung.

Die ursprüngliche Entwurfsfassung der Rahmenrichtlinie benutzte zur Definition der beträchtlichen Marktmacht eines Unternehmens noch die Standardformel der europäischen Rechtspraxis zur Definition der beherrschenden Stellung, wie sie der EuGH im Fall United Brands[66] formuliert hat. Die EU-Kommission wollte damit sicherstellen, dass sich die wettbewerbsrechtliche Definition der beherrschenden Stellung, wie sie durch die Rechtsprechung entwickelt wurde, auch im Telekommunikationsbereich mit dem eigenen Begriff der beträchtlichen Marktmacht durchsetzt.[67] Die schliesslich verabschiedete Rah-

---

samen Markt oder in einem wesentlichen Teil desselben erheblich behindert würde, sind für unvereinbar mit dem Gemeinsamen Markt zu erklären."

[63] Vgl. Emmerich, S. 487.

[64] Emmerich, S. 487 m.w.N. zu Kommissionsentscheidungen.

[65] Vgl. Hübschle, in: Hdb dt/europäisches KartellR, Kap. 5, § 1 Rn. 37; Art. 82 EGV analysiert eine bestimmte Situation in der Vergangenheit, während im Rahmen der Fusionskontrolle der zukünftige Markt betrachtet werden muss, vgl. Jung, in: Grabitz/Hilf, Art. 82 Rn. 27.

[66] EuGH, Urteil v. 14.2.1978, Slg. 1978, 207 – United Brands. Vgl. bereits S. 16.

[67] Vgl. Leitlinien-Entwurf, aaO., Rn. 63 u. 70; RahmenRL, aaO., Erwägungsgrund 25.

menrichtlinie nimmt diese europäische Rechtsprechungspraxis zur Definition der beherrschenden Stellung nach Art. 82 EGV im Rahmen der Legaldefinition der beträchtlichen Marktmacht auf, indem der Begriff der beherrschenden Stellung ausdrücklich im Text des Art. 14 Abs. 2 RahmenRL erwähnt und anschließend unter Bezugnahme auf die von der europäischen Rechtsprechung entwickelte Definition der beherrschenden Stellung definiert wird.[68] Auf diese Weise wird der Begriff der beträchtlichen Marktmacht durch den Begriff der beherrschenden Stellung definiert. Gleichzeitig lässt eine solche Legaldefinition Raum für eine telekommunikationsspezifische Auslegung, da beträchtliche Marktmacht nur eine der Beherrschung gleichkommende Stellung ist. Am Sonderbegriff der beträchtlichen Marktmacht wird festgehalten[69], auch wenn betont wird, dass beide Begriffe (beherrschende Stellung und beträchtliche Marktmacht) deckungsgleich sind.[70]

Durch die Formulierung „oder gemeinsam mit anderen" in Art. 14 Abs. 2 RahmenRL übernimmt das europäische Kommunikationsrecht das in der Rechtsprechung des EuGH bislang nur ansatzweise entwickelte Konzept der kollektiven Marktbeherrschung[71] in sekundäres

---

[68] Art. 14 Abs. 2 RahmenRL.

[69] Kritisch zum Festhalten an dem Sonderbegriff der beträchtlichen Marktmacht: Kirchner, in: Immenga/Kirchner/Knieps/Kruse, S. 139 u. 141.

[70] Vgl. hierzu bereits die Nachweise in Fn. 49 sowie die Diskussion in den Beratungen zum neuen Kommunikationsrechtsrahmen über die zwei Schwellen „beträchtliche Marktmacht" und „beherrschende Stellung" für Regulierungsmaßnahmen, dargestellt in: Mitteilung der Kommission vom 26.4.2000, Die Ergebnisse der öffentlichen Anhörung zum Kommunikationsbericht 1999 und Leitlinien für den neuen Rechtsrahmen, KOM(2000) 239 endg., S. 4, 12, 21f. und 26; Leitlinien Marktanalyse, aaO., Rn. 70f; Leitlinien-Entwurf, aaO., Rn. 63; Bartosch, EuZW 2002, 389, 391, spricht in diesem Zusammenhang von einer Gleichsetzung beträchtlicher Marktmacht mit dem Begriff der Marktbeherrschung.

[71] Das Konzept der kollektiven Marktbeherrschung wurde von der Kommission in einer Reihe von Entscheidungen auf Grundlage der Verordnung Nr. 17 und der Fusionskontrollverordnung angewandt, vgl. ausführlich hierzu Leitlinien Marktanalyse, Rn. 86ff. und 102ff.; in diesem Zusammenhang sind vor allem zwei Entscheidungen des EuGH bzw. EuG von Bedeutung: EuGH, Slg. 2000, I-1365, 1387ff. – Compagnie Maritime Belge; EuG, Slg. 1999, II-753, 815ff. – Gencor/Kommission.; zur Entscheidungspraxis der Kommission zum Begriff der kollektiven Marktbeherrschung im Telekommunikationssektor vgl. die Fusionskontrollentscheidungen in der Sache IV/M.1069 – WorldCom/MCI; Sache COMP/M.1838 – BT/Esat; Sache Nr. IV/M.1430 – Vodafone/Airtouch; Sache

Gemeinschaftsrecht.[72] Es wird darüber hinaus auch eine Verbindung zu Art. 82 EGV hergestellt, nach dem eine beherrschende Stellung ebenfalls „durch ein oder mehrere Unternehmen" ausgeübt werden kann. Kollektive Marktbeherrschung liegt vor, wenn ein Unternehmen die Voraussetzungen der beherrschenden Stellung bzw. der beträchtlichen Marktmacht im Kommunikationssektor alleine nicht erfüllt, aber zusammen mit einem oder mehreren anderen Unternehmen. Das Konzept kollektiver Marktbeherrschung ist im europäischen Recht relativ neu.[73] Art. 14 Abs. 2 der RahmenRL wendet das Konzept der kollektiven Marktbeherrschung auf den Kommunikationssektor an, da die der Beherrschung gleichkommende Stellung „allein oder gemeinsam mit anderen" begründet werden kann.[74] Das deutsche Wettbewerbs- und Telekommunikationsrecht kennt das Konzept der kollektiven Marktbeherrschung bereits länger.[75]

In Zukunft unterliegt ein Unternehmen nur noch dann spezifischen Ex-ante-Verpflichtungen, wenn zuvor seine beträchtliche Marktmacht von der nationalen Regulierungsbehörde in einem komplexen, mehrstufigen und von der EU-Kommission beeinflussten Verfahren der Marktdefinition (Art. 15 RahmenRL) und Marktanalyse (Art. 16 RahmenRL) festgestellt wurde.[76] Durch dieses Verfahren, das im

---

COMP/M.2016 – France Telecom/Orange. Vgl. hierzu Leitlinien Marktanalyse, aaO., Rn. 102ff.

[72] Vgl. Scherer, K&R 2002, 273, 284; vgl. auch Leitlinien Marktanalyse, aaO., Rn. 86ff.; zu den Kriterien, die die Kommission in Entscheidungen im Telekommunikationssektor angewandt hat, vgl. ebenda, Rn. 102ff.

[73] Vgl. EuGH, Urteil v. 16.3.2000, Slg. 2000, I-1365, 1387ff. – Compagnie Maritime Belge; EuG, Urteil v. 25.3.1999, Slg. 1999, II-753, 815ff. – Gencor/Kommission. Vgl. Schütz/Attendorn, MMR-Beilage 4/2002, S. 14; zum Konzept kollektiver Marktbeherrschung in der EU und in der EU-Telekommunikationsindustrie im Speziellen, vgl. Patrick Rey, Collective Dominance and the telecommunications industry, abrufbar unter: http://www.europa.eu.int/comm/competition/antitrust/others /telecom/collective_dominance.pdf

[74] Es handelt sich hierbei um ein originär europäisches Konzept, das es in den U.S.A. nicht gibt. Dort werden ähnliche Fallkonstellationen über kollusives bzw. stillschweigendes Zusammenwirken gelöst. Vgl. hierzu Krüger, K&R, Beilage 1/2003, 9, 16.

[75] Vgl. § 19 Abs. 2 S. 2 GWB.

[76] Vgl. Schütz/Attendorn, MMR-Beilage 4/2002, S. 12; Scherer, K&R 2002, 273, 281. Es gibt aber auch allgemeine, für alle Kommunikationsunternehmen oder

Folgenden erläutert wird, soll ermittelt werden, ob auf dem relevanten Markt wirksamer Wettbewerb herrscht.[77]

2. Ermittlung der beträchtlichen Marktmacht nach europäischem Kommunikationsrecht auf der Grundlage des Wettbewerbsrechts

Das europäische Kommunikationsrecht definiert den Begriff der beträchtlichen Marktmacht unter Heranziehung der wettbewerbsrechtlichen Definition der beherrschenden Stellung.[78] Die telekommunikationsrechtliche Marktmachtprüfung erfolgt somit auf der Grundlage der wettbewerbsrechtlichen Konzeption, auf die deshalb im Folgenden ebenfalls eingegangen wird. In diesem Zusammenhang wird auch das deutsche Wettbewerbs- und Telekommunikationsrecht mitbehandelt.

a) Theoretische Grundlagen zur Ermittlung der beträchtlichen Marktmacht: Das Marktmachtkonzept (Marktabgrenzung und Feststellung des Beherrschungsrades) in seiner (tele-)kommunikationsrechtlichen Anwendung

Nach der Rechtsprechung europäischer Gerichte erfolgt die Ermittlung einer (markt-)beherrschenden Stellung nach dem sog. Marktmachtkonzept.[79] Danach kann sich wirtschaftliche Macht nur auf ge-

---

bestimmte Branchen geltende Regulierungsbefugnisse. Solche marktmachtunabhängigen Regulierungsbefugnisse finden sich z.B. in Art 5 und 6 ZugangsRL, Art. 12 Abs. 2 RahmenRL, Art. 29, 30, 31 UniversaldienstRL. Vgl. hierzu auch Leitlinien Marktanalyse, aaO, Rn. 124.

[77] Hierauf wird an späterer Stelle ausführlich eingegangen, vgl. S. 49ff.

[78] Vgl. Art. 14 Abs. 2 RahmenRL; vgl. auch Ausführungen S. 14ff..

[79] Das entspricht der ständigen Rechtsprechung des EuGH seit der Continental Can Entscheidung: EuGH, Urteil v. 21.2.1973, Slg. 1973, 215 – Continental Can, Rn. 32: „Für die Beurteilung der marktbeherrschenden Stellung [...] ist die Abgrenzung des betroffenen Marktes von wesentlicher Bedeutung, denn die Wettbewerbsmöglichkeiten lassen sich nur nach Massgabe derjenigen Merkmale der fraglichen Erzeugnisse beurteilen, die sich zur Befriedigung eines gleichbleibenden Bedarfs besonders geeignet und mit anderen Erzeugnissen nur in geringem Masse austauschbar erscheinen lassen"; vgl. auch EuGH, Urteil v. 14.2.1978, Slg. 1978, 207ff., Rn. 10f. – United Brands; EuGH, Urteil v. 13.2.1979, Slg. 1979, 461 – Hoffmann-LaRoche, Rn. 21ff.; EuGH, Urteil v. 9.11.1983 – Rs. 322/81, Slg. 1983, 3461, 3505 – Michelin; weitere Nachweise bei Jung, in: Grabitz/Hilf, Art. 82 Rn. 27 (Fn. 137).

nau abgegrenzten Märkten, den sogenannten relevanten Märkten bilden.[80]
Zur Ermittlung der marktbeherrschenden Stellung wird auch im deutschen Wettbewerbsrecht auf das Marktmachtkonzept zurückgegriffen. Für das deutsche Recht wird das aus der Legaldefinition des § 19 Abs. 2 S. 1 GWB gefolgert, in der die Marktbeherrschung auf eine ganz bestimmte Art von Waren oder gewerblichen Leistungen bezogen wird.[81]
Die Konsequenz des Marktmachtkonzeptes ist, dass die Marktbeherrschung in einem Doppelschritt zu ermittelt ist[82]: Zunächst wird der relevante Markt in sachlicher, räumlicher und gegebenenfalls zeitlicher Hinsicht abgegrenzt. Die Abgrenzung des relevanten Marktes dient der Erfassung der Intensität der Wettbewerbsbeziehungen auf der einen Marktseite und der ihr entsprechenden Wahlmöglichkeiten auf der Marktgegenseite.[83] Anschließend erfolgt in einem zweiten Schritt die Prüfung, ob auf dem so ermittelten Markt bzw. den so ermittelten Märkten ein oder mehrere Unternehmen marktbeherrschend sind. Das Marktmachtkonzept wird auch als Zweistufenkonzept bezeichnet, da Marktabgrenzung und Marktbeherrschung jeweils separat und nacheinander geprüft werden und die Ermittlung des Be-

---

[80] Vgl. Bunte, Kartellrecht, S. 188; Emmerich, S. 178; ders. kritisiert das Marktmachtkonzept aber: „die von den Anhängern des Marktmachtkonzepts [...] behauptete Exaktheit der Marktabgrenzung und der Ermittlung des Monopolgrades auf den so abgegrenzten Märkten [ist] weithin nur vorgetäuscht [...], weil in Wirklichkeit die meisten Märkte nahezu ununterscheidbar ineinander übergehen.", Emmerich, S. 179 m.w.N.; Weise, S. 3.

[81] Vgl. § 19 Abs. 2 S. 1 GWB: „Ein Unternehmen ist marktbeherrschend, soweit es als Anbieter oder Nachfrager einer bestimmten Art von Waren oder gewerblichen Leistungen [...]." (Hervorhebung nicht im Original).

[82] Möschel, in: Immenga/Mestmäcker, § 19 Rn. 18; Bechtold, § 19 Rn. 3; Ruppelt, in: Langen/Bunte, § 19 Rn. 8 (mit kritischen Äusserungen); Hübschle, in: Hdb dt/europäisches KartellR, Kap. 4, § 2 Rn. 2ff.; van Arnheim, S. 9 m.w.N.; BKartA, WuW/E BKartA 1526ff. – Valium/Librium; KG, WuW OLG 1599, 1602 – Vitamin B12; WuW/E OLG 1645, 1648ff. – Valium; WuW/E OLG 2120, 2121 – Mannesmann/Brueninghaus; BGH, WuW/E BGH 1435, 1440 – Vitamin B 12; WuW/E BGH 1445, 1447 – Valium; WuW/E BGH 2231, 2237 – Metro/Kaufhof; Monopolkommission, Hauptgutachten V (1982/83), Tz. 606.

[83] Sinn und Zweck der Marktabgrenzung ist es, eine möglichst genaue Fixierung der sachlichen, räumlichen und zeitlichen Dimensionen im Einzelfall zu erreichen, vgl. Emmerich, S. 179.

herrschungsgrades auf der Marktabgrenzung aufbaut.[84] Es wird der Beherrschungsgrad bzw. die Wettbewerbssituation auf individualisierten Märkten festgestellt.[85] Die Marktabgrenzung hat damit im Wettbewerbsrecht eine präjudizierende Schlüsselrolle bei der Beurteilung des Wettbewerbs.[86]
Bevor nachfolgend die Marktabgrenzung und Ermittlung der beträchtlichen Marktmacht nach dem europäischen Kommunikationsrecht im Einzelnen analysiert werden (S. 37ff.), müssen zuvor die Grundsätze und Methoden der Abgrenzung des relevanten Marktes dargestellt werden, da die Festlegung des relevanten Marktes „im Einklang mit den Grundsätzen des Wettbewerbsrechts" (Art. 15 Abs. 3 RahmenRL) zu erfolgen hat.

(1) Marktabgrenzung (1. Stufe)

Zunächst ist der sachlich, räumlich und gegebenenfalls zeitlich relevante Markt zu ermitteln.[87]

(a) Sachlich relevanter Markt

Bei der Frage nach dem sachlich relevanten Markt geht es um das Problem, welche Güter oder Leistungen zu einem Markt gehören,

---

[84] Teilweise wird das Marktmachtkonzept jedoch kritisiert. In der Aufspaltung der Marktmachtermittlung in eine Abgrenzungsstufe und eine Stufe der Ermittlung der marktbeherrschenden Stellung wird eine artifizielle Trennung von zwei sich gegenseitig bedingenden Schritten gesehen. Den Verfechtern dieser Ansicht ist es aber bisher nicht gelungen, deutlichere Abgrenzungskriterien zu entwickeln. Allein eine einstufige Prüfung, die Marktabgrenzungs- und Marktbeherrschungsfragen miteinander vereint, ist nicht weniger willkürlich als eine getrennte Prüfung. Am Marktmachtkonzept ist daher festzuhalten. Ablehnend vor allem Knöpfle, DB 1990, 1385, 1387; Sandrock, FS Kummer 1980, S. 460f u. 485. Vgl. hierzu auch Klaue/Schwintowski, S. 24; Ruppelt, in: Langen/Bunte, § 19 Rn. 8.

[85] Vgl. Bechtold, § 19 Rn. 3.

[86] Vgl. Schengber, S. 73.

[87] Der Markt ist ein Ort, wo Angebot und Nachfrage zusammentreffen, wo sich also mehrere Anbieter um dieselben Kunden oder mehrere Nachfrager um dieselben Anbieter bemühen, vgl. Emmerich, S. 179. Dieser Ort hat nach juristischem Verständnis als relevanter Markt eine sachliche, räumliche und zeitliche Dimension, vgl. z.B. Möschel, in: Immenga/Mestmäcker, § 19 Rn. 18; Klaue, FS Quack 1991, 625, 626; Baum, WuW 1980, 401, 401; zur wirtschaftswissenschaftlichen Sicht, vgl. Kopsch, S. 18ff..

weil zwischen ihnen Wettbewerbsbeziehungen bestehen.[88] In einer Marktwirtschaft konkurrieren grundsätzlich alle Güter und Leistungen um die Kaufkraft der Verbraucher und Investoren.[89] Zweck der sachlichen Marktabgrenzung ist es, den Bereich des tatsächlich stattfindenden Wettbewerbs und die damit korrelierenden Handlungsspielräume und Beschränkungen eines Unternehmens zu ermitteln.[90] Eine Gruppe von Anbietern bzw. Nachfragern ist so abzugrenzen, daß von den nicht zur Gruppe gehörenden Anbietern bzw. Nachfragern keine oder nur zu vernachlässigende Einflüsse auf das wettbewerbliche Verhalten innerhalb der Gruppe ausgehen.[91] In der Praxis des europäischen und deutschen Wettbewerbsrechts hat sich für diesen Zweck das sog. Bedarfsmarktkonzept als am besten geeignet erwiesen.[92] Das Bedarfsmarktkonzept oder Konzept der funktionellen Austauschbarkeit aus Sicht der Abnehmer wurde im Wesentlichen von Helmut Arndt[93] und Lawrence Abbott[94] entwickelt und ordnet die Produkte, die zur Deckung eines bestimmten gesellschaftlichen Bedarfs dienen, einem Markt zu: Nach gefestigter EuGH-Rechtsprechung umfasst der sachlich relevante Markt alle Erzeugnisse oder Dienstleistungen, die sich aufgrund ihrer Merkmale zur Befriedigung eines gleich bleibenden Bedarfs besonders eignen und mit anderen Erzeugnissen oder Dienstleistungen nur in geringem Maße austauschbar sind.[95] Dem folgt auch die EU-Kommission.[96]

---

[88] Emmerich, S. 179.

[89] Vgl. Emmerich, S. 179.

[90] Weise, S. 4, Möschel, in: Immenga/Mestmäcker, § 19 Rn. 28.

[91] Schmidt, S. 49; Weise, S. 5.

[92] Andere methodische Ansätze zur Abgrenzung des relevanten Marktes sind: Das Industriekonzept von Alfred Marshall, das Konzept der externen Interdependenz nach Triffin, das Konzept der Wirtschaftspläne, die Theorie der Substitutionslücke, die Theorie der Marktbeziehungen (Elementarmarktkonzept) von Heinrich von Stackelberg. Vgl. hierzu die Darstellung bei Schmidt, S. 49ff.; jedoch haben sich diese Verfahren, wie Möschel feststellt, für den „ganz anders gearteten Zweck praktischer Rechtsanwendung als nicht tauglich oder als allenfalls indizielle Hilfsmittel erwiesen", vgl. Möschel, in: Immenga/Mestmäcker, § 19 Rn. 18. Auf eine ausführliche Darstellung wird daher verzichtet.

[93] Arndt, Anpassung und Gleichgewicht am Markt, in: JbNST 170 (1958), S. 217ff.

[94] Abbott, Lawrence, Qualität und Wettbewerb, München 1958, S. 96. Vgl. Schmidt, S. 50.

[95] EuGH, Urteil v. 26.11.1998, Slg. 1998, I 7791ff., Rn. 33 – Oscar Bronner; vgl. auch EuGH, Urteil v. 9.11.1983, Slg. 1983, 2461ff, Rn. 37 – Michelin; EuGH,

Auch das deutsche Wettbewerbsrecht wendet das Bedarfsmarktkonzept an. Nach ständiger Rechtsprechung des Bundesgerichtshofes, gehören zum relevanten Markt

> „sämtliche Erzeugnisse, die sich nach ihren Eigenschaften, ihrem wirtschaftlichem Verwendungszweck und ihrer Preislage so nahestehen, dass der verständige Verbraucher sie als für die Deckung eines bestimmten Bedarfs geeignet in berechtigter Weise abwägend miteinander vergleicht und als gegeneinander austauschbar ansieht".[97]

Marktgleichwertige Produkte sind aus Sicht des Verbrauchers austauschbar und somit demselben Markt zuzuordnen. Dem relevanten Markt sind mit anderen Worten diejenigen Produkte zuzurechnen,

> „die aus Sicht der Abnehmer nach Eigenschaft, Verwendungszweck und Preislage zur Deckung eines bestimmten Bedarfs austauschbar sind".[98]

Urteil v. 3.7.1991, Slg. 1991, I 3359, Rn. 51 – Akzo; Brinker, in: Schwarze, Art. 82 Rn. 7.

[96] Sie hat festgestellt, dass der „sachlich relevante Produktmarkt [...] sämtliche Erzeugnisse und/oder Dienstleistungen [umfasst], die von den Verbrauchern hinsichtlich ihrer Eigenschaften, Preise und ihres vorgesehenen Verwendungszwecks als austauschbar oder substituierbar angesehen werden", vgl. Bekanntmachung, aaO., Tz. 7. Vgl. bereits die „Leitlinien für die Anwendung der EG-Wettbewerbsregeln im Telekommunikationsbereich" von 1991, ABl. EG v. 6.9.1991, Nr. C 233, S. 2ff. (Leitlinien Wettbewerbsrecht und TK), Tz. 26ff.; Leitlinien Marktanalyse, aaO., Rn. 44.

[97] Ständige Rechtsprechung, seit KG v. 18.2.1969, WuW/E OLG 995, 996 – Handpreisauszeichner; BGH v. 19.3.1996, WuW/E BGH 3026, 3062 - Pay-TV-Durchleitung; BGH NJW 1996, 595, 596 - Backofenmarkt; BGH WuW/E BGH 1599, 1602 – Vitamin B-12.

[98] BGH NJW 1996, 595, 596 – Backofenmarkt; BGH WUW/E BGH 2575, 2575 m.w.N. - Kampffmeyer-Plange; vgl. auch Hübschle, in: Hdb dt/europäisches KartellR, Kap. 4, § 2 Rn. 7 m.w.N.. Zu demselben Markt gehören infolgedessen nur solche Leistungen, die „marktgleichwertig" sind, weil die Nachfrager zwischen ihnen ohne große Überlegungen und ohne besondere Anpassungslasten wählen können. Wo immer die Nachfrager technisch, sachlich oder auch nur psychisch bedingte Hemmschwellen überwinden müssen, wenn sie von einem Angebot zu einem anderen überwechseln wollen, können die betreffenden Waren oder Dienstleistungen nicht mehr zum selben Markt gerechnet werden. Vgl. Emmerich, S. 180 m.w.N.; Klaue/Schwintowski, S. 29. Die Austauschbarkeit ist

Das Bedarfsmarktkonzept hat sich ausserdem in der Praxis durchgesetzt.[99]

Zur Bestimmung der Austauschbarkeit sind die Wettbewerbskräfte zu analysieren, denen ein Unternehmen unterliegt. Nach europäischer Praxis, insbesondere der EU-Kommission, kommen grundsätzlich drei Faktoren in Betracht, die als marktmachtbegrenzende Faktoren für die Bestimmung der Wettbewerbsverhältnisse von Bedeutung sind: Die Nachfragesubstituierbarkeit als wichtigste und am unmittelbarsten wirkende disziplinierende Kraft, die Angebotssubstituierbarkeit und der potentielle Wettbewerb.[100] Damit soll das dem Kunden tatsächlich zur Verfügung stehende Alternativangebot bestimmt werden.[101]

In Deutschland wird vor allem auf die Nachfragesubstituierbarkeit abgestellt. Sie bestimmt sich nach der Rechtsprechung und Teilen der Literatur aus der Sicht eines fiktiven verständigen Verbraucher.[102] Danach gehören alle Güter und Leistungen zu dem gleichen Markt, die nach dem Urteil eines verständigen Verbrauchers ohne weiteres miteinander austauschbar sind.[103] Es wird also ein gewisser Grad an Objektivität verlangt. Müssen die Nachfrager Hemmschwellen überwinden, wenn sie von einem Angebot zu einem anderen wechseln wollen, liegt kein gemeinsamer Markt vor.

---

rein funktional zu verstehen, d.h. auf die physikalisch-technische oder chemische Identität kommt es nicht an, vgl. Möschel, in: Immenga/Mestmäcker, § 19 Rn. 24.

[99] Vgl. Möschel, in: Immenga/Mestmäcker, § 19 Rn. 24 m.w.N.; BKartA v. 3.6.1997, WuW BKartA 2905, 2906 – Merck/KMF; Wendland, in: BeckTKG, Vor § 33 Rn. 24 m.w.N.; Monopolkommission, 5. Hauptgutachten, Tz. 606ff.; Kleinmann/Bechtold, § 19 Rn. 11ff.

[100] Vgl. Bekanntmachung, aaO., Tz.13ff.; Mitteilung der Kommission über die Anwendung der Wettbewerbsregeln auf Zugangsvereinbarungen im Telekommunikationsbereich, Rahmen, relevante Märkte und Grundsätze, ABl. EG v. 22.8.1998, Nr. C 265, S. 2ff., Tz. 40.

[101] Vgl. Bekanntmachung, aaO., Tz. 13.

[102] Ständige Rechtsprechung seit KG, WuW/E OLG 995, 996 – Handpreisauszeichner. Zu anderen Konzepten zur Feststellung, ob zwischen zwei Erzeugnissen eine Austauschbeziehung besteht, vgl. Schwalba, S. 51ff.; zur Kritik am Konzept des verständigen Verbrauchers vgl. Sandrock, FS Kummer 1980, 449, 470ff..

[103] Also solche Produkte, die der verständige Verbraucher als gleichfalls geeignet ansieht. Vgl. Ruppelt, in Langen/Bunte, § 19 Rn. 11.

Im Normalfall reicht die Ermittlung der Möglichkeit einer Nachfragesubstitution für die Bestimmung der Grenzen des relevanten Marktes aus.[104] In Zweifelsfällen wird aber verschiedentlich – insbesondere von Seiten der EU - die Möglichkeit der Angebotssubstitution ergänzend herangezogen.[105] Unter Angebotssubstitution bzw. Angebotsumstellungsflexibilität[106] ist die Fähigkeit anderer Unternehmen zu verstehen, kurzfristig (darunter wird regelmässig ein Zeitraum bis zu einem Jahr verstanden), und ohne besondere Schwierigkeiten oder Kosten die eigene Produktion umzustellen und so in den zu untersuchenden Markt einzutreten.[107] Es handelt sich bei der Angebotssubstitution um eine Form des potentiellen Wettbewerbs, da die Unternehmen mit ihrem Angebot tatsächlich noch nicht im Markt aktiv sind. Die Frage, ob die Angebotssubstitution bereits bei der Abgrenzung des relevanten Marktes zu berücksichtigen ist, oder erst später als Form potentiellen Wettbewerbs auf der Stufe der Bestimmung der marktbeherrschenden Stellung zu berücksichtigen ist, wird im deutschen und europäischen Wettbewerbsrecht teilweise unterschiedlich beantwortet.

Die Praxis des deutschen Wettbewerbsrechts behandelt die Angebotssubstitution überwiegend als Form des potentiellen Wettbewerbs.[108] Potentieller Wettbewerb ist in § 19 Abs. 2 S. 1 Nr. 2 GWB ausdrücklich als Kriterium aufgenommen, so dass es nach deutschem Recht nahe liegt, auch die Angebotssubstitution auf der Stufe der Ermittlung des Beherrschungsgrades zu berücksichtigen und nicht im Rahmen der Marktabgrenzung.

---

[104] Schwalba, S. 61.

[105] Vgl. Bekanntmachung, aaO., Tz. 14, 20ff.; Schwalba, S. 61 m.w.N.; Bunte, Kartellrecht, S. 191.

[106] Diese Begriffe sind austauschbar, vgl. Salger/Traugott, in: BeckTKG, § 32 Rn. 24.

[107] Vgl. Bekanntmachung, aaO., Tz. 220; vgl. auch BGH, WuW/E BGH 1501, 1502 – KFZ-Kupplungen; BKartA, WuW/E BKartA 2161, 2164 – Coop-Wandmaker; Traugott, WuW 1998, 929, 931; Bunte, Kartellrecht, S. 191.

[108] Die Monopolkommission unterscheidet hierzu einen relevanten Markt im engeren Sinne, der Produkte und Dienstleistungen umfasst, die aus Sicht des verständigen Verbrauchers kurzfristig substituierbar sind. Davon abzugrenzen sei ein marktnaher Bereich, der neben den langfristigen Substitutionsmöglichkeiten auch angebotsseitige Substituierbarkeit umfassen soll und der erst auf der Stufe der Feststellung der Marktbeherrschung berücksichtigt werden soll. Vgl. Monopolkommission, Hauptgutachten 1982/1983, Rn. 606ff., insbesondere Rn. 611ff.; vgl. Plum/Schwarz-Schilling, WIK-Diskussionsbeitrag Nr. 200, S. 15; 37.

Demgegenüber ist nach Auffassung der EU-Kommission[109] und des EuGH[110] zu differenzieren. Die Angebotssubstitution ist danach bereits in die Marktabgrenzung einzubeziehen, wenn Hersteller technisch verwandter, jedoch grundsätzlich nicht austauschbarer Produkte ihre Produktion einfach umstellen können und so Austauschprodukte herstellen oder liefern können. Dabei muss die Umstellung kurzfristig[111] erfolgen können, ohne dass spürbare Zusatzkosten oder Risiken anfallen.[112] Solche etablierte Unternehmen sind dann in den relevanten Markt einzubeziehen.[113] Mit anderen Worten werden unter den aufgeführten Voraussetzungen bestimmte Kapazitäten eines Marktteilnehmers bereits bei der Marktabgrenzung unter dem Gesichtspunkt der Angebotsumstellungsflexibilität bzw. Angebotssubstitution berücksichtigt, die tatsächlich noch nicht für die fraglichen Waren oder Dienstleistungen verwendet werden.[114] Solche Marktteilnehmer entfalten eine disziplinierende Wirkung vergleichbar mit der Nachfragesubstitution. Nach europäischer Rechtsauffassung wird unter diesen Bedingungen Angebotssubstitution nicht als potentieller Wettbewerb behandelt, sondern bereits als existierender Wettbewerb, der folglich schon bei der Marktabgrenzung zu berücksichtigen ist. Im Gegensatz dazu versteht das europäische Wettbewerbsrecht potentiellen Wettbewerb als Wettbewerb von Unternehmen, die ganz neu in den untersuchten Markt einsteigen müssten. Dieser soll erst auf der Stufe der Bewertung der Stellung des Unternehmens auf dem abgegrenzten Markt berücksichtigt werden.[115] Aus diesen Konstellationen folgt, dass potentieller Wettbewerb, der zeitnah und ohne gros-

---

[109] Vgl. Bekanntmachung, aaO., Tz. 20.

[110] EuGH, Rs. 322/81, Slg. 1983, 3461, Rn. 41, 44 – Michelin.

[111] Hierunter wird üblicherweise ein Zeitraum von einem Jahr verstanden; in der Bekanntmachung, aaO., Fn. 4, wird dies definiert als Zeitraum, in dem es zu keiner erheblichen Anpassung bei den vorhandenen Sachanlagen und immateriellen Aktiva kommen kann.

[112] Vgl. Bekanntmachung, aaO., Rn. 20; vgl. Traugott, WuW 1998, 929, 931.

[113] Vgl. Dirksen, in: Langen/Bunte, Art. 82 Rn. 27 m.w.N.; Wendland, in: BeckTKG, Vor § 33 Rn. 28; EuGH, Urteil v. 21.2.1973, Slg. 1979, 215, 248 – Continental Can (Grund 15, Tz. 33); EuGH, Urteil v. 9.11.1983, Slg. 83, 3461, 3501 Rn. 41; Kommission, Bekanntmachung, aaO, Tz. 22; Kommission, Entscheidung v. 26.2.1992, ABl. EG 1992 Nr. L 96, 34, 37ff. – Aer Lingus.

[114] Vgl. Salger/Traugott, in: BeckTKG, § 32 Rn. 24.

[115] Bekanntmachung, aaO, Tz. 24; vgl. Larouche, J.N.I. 2000, 407, 410.

sen Aufwand realisierbar ist[116], seine disziplinierende Wirkung bereits auf der Stufe der Marktabgrenzung entfalten kann. In allen anderen Fällen ist potentieller Wettbewerb erst auf der Stufe der Prüfung der beherrschenden Stellung (2. Stufe der Marktmachtprüfung) zu berücksichtigen.[117]
Die Produktionskapazitäten von Unternehmen lassen sich jedoch nicht immer eindeutig den Kategorien „Angebotssubstitution" oder „potentieller Wettbewerb" zuordnen. Die wettbewerbsrechtliche Praxis in Deutschland tendiert deshalb wohl (noch) dazu, auf der Stufe der Marktabgrenzung ausschliesslich Nachfrageaspekte zu berücksichtigen und auf alle Formen des potentiellen Wettbewerbs auf der Stufe der Feststellung des Beherrschungsgrades einzugehen.[118]

Das europäische Kommunikationsrecht folgt der Konzeption des europäischen Wettbewerbsrechts. So bestimmen die Leitlinien zur Marktanalyse[119] unter Bezugnahme auf das europäische Wettbewerbsrecht, dass bei der Beurteilung des Marktverhaltens von Unternehmen im Rahmen der Bestimmung des relevanten Marktes zwei Wettbewerbskräfte zu berücksichtigen sind: Die Austauschbarkeit auf der Nachfrageseite[120] und die Angebotsumstellungsflexibilität[121]. Potentieller Wettbewerb als dritte Wettbewerbskraft wird erst auf der

---

[116] Dann handelt es sich nach der europäischen Rechtsauffassung um Angebotssubstitution.
[117] Das entspricht auch europäischer Rechtspraxis, vgl. Bekanntmachung der Kommission über die Definition des relevanten Marktes im Sinne des Wettbewerbsrechts der Gemeinschaft, ABl. EG v. 9.12.1997, Nr. C 372, S. 5ff., Tz. 24.
[118] Vgl. Klaue/Schwintowski, S. 30; Schmidt, S. 58.
[119] Vgl. Leitlinien Marktanalyse, aaO., Rn. 40ff. Vgl. zu den Leitlinien ausführlich S. 41ff..
[120] Es ist zu ermitteln, „inwieweit die Verbraucher bereit sind, das fragliche Produkt durch andere Produkte zu ersetzen", vgl. Leitlinien Marktanalyse, aaO, Rn. 39.
[121] Diese bestimmt sich danach, „ob andere Anbieter als die des fraglichen Produkts oder Dienstes direkt oder kurzfristig bereit wären, ihre Produktion umzustellen bzw. die relevanten Produkte anzubieten, ohne dass erhebliche Zusatzkosten für sie entstehen", vgl. Leitlinien Marktanalyse, aaO, Rn. 39. Sie dient der Definition des relevanten Marktes und der Ermittlung der Zahl der Marktteilnehmer, vgl. ebenda, Rn. 54.

nächsten Stufe, der Feststellung von beträchtlicher Marktmacht im Rahmen der Marktanalyse, berücksichtigt.[122]
Zur Feststellung von Austauschbarkeit auf der Nachfrageseite bzw. Angebotsumstellungsflexibilität favorisiert die EU-Kommission für den Bereich der Kommunikationsnetze und –dienste den sog. hypothetischen Monopoltest.[123] Dieser aus den U.S.A.[124] stammende Test ist auch unter dem Namen SSNIP-Test bekannt.[125] Mit dem SSNIP-Test wird das Bedarfsmarktkonzept zur Abgrenzung von Märkten modifiziert. Im Rahmen der Abgrenzung des relevanten Marktes spielt die Nachfrage- bzw. Angebotssubstitution aufgrund kleiner, dauerhafter Änderungen bei den relativen Preisen (im Bereich zwischen 5 und 10%) eine wichtige Rolle.[126] Dieser Test wird also sowohl bei der Ermittlung der Nachfrage- als auch der Angebotssubstitution angewandt.[127] Folglich soll die nationale Regulierungsbe-

---

[122] Leitlinien Marktanalyse, aaO., Rn. 38. Die Kommission schlägt den NRBs also vor, die Ergebnisse noch anhand der Aspekte der Austauschbarkeit auf der Nachfragerseite und der Angebotsumstellungsflexibilität zu überprüfen, vgl. Leitlinien Marktanalyse, aaO, Rn. 48ff..

[123] Bzw. hypothetischer Monopolistentest. Vgl. Bekanntmachung, aaO., Tz. 15ff.; Klaue/Schwintowski, S. 33.

[124] Vgl. 1992 Horizontal Merger Guidelines des Department of Justice und der Federal Trade Commission, vgl. hierzu ausführlich S. 89ff..

[125] SSNIP steht für „small but significant and non-transitory increase in prices"; kleine, aber signifikante und bleibende Erhöhung der relativen Preise. Eine solche wird in der Regel bei einem Prozentsatz um 5 bis 10% angenommen, vgl. Plum/Schwarz-Schilling, WIK-Diskussionsbeitrag Nr. 200, S. 18; Bekanntmachung, aaO., Tz. 17. Vgl. Leitlinien Marktanalyse, aaO, Rn. 40ff..

[126] Bekanntmachung, aaO, Tz. 15ff., nach Tz. 17 lautet die zu beantwortende Frage hier, „ob die Kunden [...] als Reaktion auf eine angenommene kleine, bleibende Erhöhung der relativen Preise (im Bereich zwischen 5 und 10%) für die betreffenden Produkte und Gebiete auf leicht verfügbare Substitute ausweichen würden"; Klaue/Schwintowski, S. 32 u. 48; Jung, in: Grabitz/Hilf, Art. 82 Rn. 35.

[127] Vgl. Bekanntmachung, aaO., Tz. 17 bzw. 20.; Monopolkommission, 2. Sondergutachten TK 2001, Rn. 171. Für die Nachfragesubstitution bedeutet dies, dass zu untersuchen ist, welche Produkte die Nachfrager bei einer geringen aber signifikanten, dauerhaften Preiserhöhung des hypothetischen Monopolisten ohne grosse Aufwendungen substituieren würden. Für die Angebotssubstitution wird untersucht, ob Substitutionsmöglichkeiten der Angebotsseite in der Lage sind, einen hypothetischen Monopolisten zu disziplinieren. Es ist zu prüfen, welche Anpassungsreaktionen der Anbieterseite bei einer geringen aber signifikanten, dauerhaften Preiserhöhung eines hypothetischen Monopolisten erfolgen. Grundlage hierfür bilden empirische Untersuchungen über das Verhalten der Kunden

hörde zur Abgrenzung der Telekommunikationsmärkte prüfen, was geschähe, wenn sich eine kleine, aber signifikante und anhaltende Preiserhöhung bei einem bestimmten Produkt oder Dienst ereignen würde und die Preise sämtlicher anderer Produkte und Dienste konstant blieben, wobei diese relative Preiserhöhung bei 5-10% gesehen wird. Die wahrscheinliche Reaktion der Verbraucher wird dann erkennen lassen, ob substituierbare Produkte bestehen, und wenn ja, wie der relevante Produktmarkt abgegrenzt werden sollte[128] Der EuGH hat diese Vorgehensweise allerdings noch nicht bestätigt. Die EU-Kommission hält am SSNIP-Test fest, wenn sie ihn auch mit teilweise unterschiedlicher Gewichtung heranzuziehen scheint.[129]
Die RegTP folgt den Vorgaben des europäischen Wettbewerbs- und Kommunikationsrechts, indem sie für den Bereich des Telekommunikationsrechts ebenfalls das durch den hypothetischen Monopoltest modifizierte Bedarfsmarktkonzept anwendet.[130]

Welche sachlich relevanten Einzelmärkte der Telekommunikation diskutiert und abgegrenzt werden, wird in einem späteren Teil dieser Arbeit ausführlich behandelt.[131]

---

bei der angenommen Preiserhöhung. Vgl. Plum/Schwarz-Schilling, WIK-Diskussionsbeitrag Nr. 200, S. 21 u. 27; vgl. Bekanntmachung, aaO, Tz. 25.

[128] Vgl. Leitlinien Marktanalyse, aaO., Rn. 40.

[129] Larouche, J.N.I., 2000, 407, 410, ist der Auffassung, dass die Kommission diesen Test nur noch hilfsweise heranzieht: "the Commission has recently downgraded [the SSNIP-Test] to the status of an explanatory device". Larouche verweist hierzu auf zwei Entscheidungen der Kommission, in der sie diesen Test zwar anspricht, ihn aber letztlich nicht anwendet, vgl. Entscheidung der Kommission v. 14.7.1999, Sache Nr. IV/D-2/34.780, Rn. 70 – Virgin/British Airways, ABl. EG v. 4.2.2000, Nr. L 30, S. 1 (allerdings weist sie in Rn. 74 ausdrücklich darauf hin, dass sich die Behandlung der Angebotssubstituierbarkeit nach der Bekanntmachung richtet); Entscheidung der Kommission v. 15.9.1999, Sache Nr. IV/36.539 , Rn. 13 – British Interactive Broadcasting/Open, ABl. EG v. 6.12.1999, Nr. L 312, S. 1ff.

[130] Vgl. Eckpunkte, aaO., Eckpunkt 8. Ist die Substitution so groß, dass durch den damit einhergehenden Absatzrückgang eine Preiserhöhung nicht mehr einträglich wäre, so werden in den sachlich relevanten Markt so lange weitere Produkte einbezogen, bis kleine, dauerhafte Erhöhungen der Preise einen Gewinn einbrächten. Vgl. auch Stögmüller, CR 2001, 507, 511.

[131] Teil C, S. 145ff..

(b) Räumlich relevanter Markt

Das EU-Kommunikationsrecht definiert den räumlich relevanten Markt unter Berufung auf die ständige gemeinschaftsrechtliche Rechtsprechung als ein

> "Gebiet, in dem die Unternehmen bei den relevanten Produkten an Angebot und Nachfrage beteiligt sind und die Wettbewerbsbedingungen einander gleichen oder hinreichend homogen sind und von Nachbargebieten unterschieden werden können, in denen erheblich andere Wettbewerbsbedingungen bestehen".[132]

Das entspricht dem europäischen Wettbewerbsrecht. Dort werden mit der räumlichen bzw. geographischen Marktabgrenzung[133] Unternehmen identifiziert, die ihre Produkte innerhalb des relevanten sachlichen (Produkt)- Marktes in einem Gebiet verkaufen können, wenn es zu einer signifikanten Erhöhung des Preises kommt. Innerhalb dieses Gebietes werden Unternehmen eingeschlossen, die diesen geographischen Bereich bei einer solchen Preiserhöhung betreten würden.[134] Es wird also auch für die räumliche Marktabgrenzung auf den SSNIP-Test zurückgegriffen.[135] Charakterisiert wird der räumlich re-

---

[132] Leitlinien Marktanalyse, aaO., Rn. 56 unter Hinweis auf die gemeinschaftsrechtliche Rechtsprechung, vgl. z.B. EuGH, Urteil v. 14.2.1978, Slg. 1978, 207, 284 – United Brands.

[133] Vgl. allgemein zur Abgrenzung räumlicher Märkte auf europäischer Ebene, Kallfaß, FS Ingo Schmidt, 1997, S. 111ff.

[134] Vgl. Jauck, IJCLP, Issue 4, Winter 1999/2000, S. 28.

[135] Ausdrücklich definieren EuGH und EU-Kommission den räumlich relevanten Markt als Gebiet, in dem die (1) beteiligten Unternehmen die relevanten Produkte oder Dienstleistungen anbieten, (2) in dem die Wettbewerbsbedingungen hinreichend homogen sind und (3) das sich von anderen Gebieten durch spürbar unterschiedliche Wettbewerbsbedingungen unterscheidet. Vgl. EuGH, Urteil v. 14.2.1978, Slg. 1978, 207, 280 – United Brands; EuGH, Urteil v. 5.10.1988, Slg. 1988, 5987, 6009 – Alsatel; vgl. Bekanntmachung, aaO., Tz. 8. Vgl. Klaue/Schwintowski, S. 48; Dirksen, in: Langen/Bunte, Art. 82 Rn. 30, Jung, in: Grabitz/Hilf, Art. 82 Rn. 42. Kurz gesagt: Angebot, Homogenität der Wettbewerbsbedingungen, Vergleich zu benachbarten Gebieten. Dies entspricht der Definition der FKVO, die in Art. 9 Abs. 7 FKVO den räumlichen Referenzmarktes für die Zwecke der Zusammenschlusskontrolle definiert als „Gebiet, auf dem die betroffenen Unternehmen als Anbieter oder Nachfrager von Waren oder

levante Markt nach der Formel der EU-Gemeinschaftsorgane als Raum, in dem das marktbeherrschende Unternehmen Produkte und Dienstleistungen zu objektiv gleichen Bedingungen ohne wirtschaftliche Schranken von Bedeutung anbieten kann.[136]

Diese Bestimmung des räumlich relevanten Marktes steht im Einklang mit dem deutschen Wettbewerbs- und Telekommunikationsrecht.[137] Die Grenze für den geographisch relevanten Markt ist anhand der räumlichen Dimension der stattfindenden Austauschbeziehungen zu ziehen.[138] Grenzen können sich aus rechtlichen[139] oder tatsächlichen[140] Umständen ergeben.[141]

Auch im EU-Kommunikationsrecht sind wie im deutschen Recht das Netzgebiet, bestehende Rechts- und Verwaltungsinstrumente, Präferenzen der Verbraucher und deren geographische Kaufgewohnheiten, die insbesondere durch sprachliche Gründe beeinflusst werden, im Rahmen der Nachfragesubstituierbarkeit zu berücksichtigen.[142] In ihrer bisherigen Praxis für den Telekommunikationssektor hat die EU-Kommission den räumlichen Markt anhand von zwei wesentlichen

---

Dienstleistungen auftreten, in dem die Wettbewerbsbedingungen hinreichend homogen sind und das sich von den benachbarten Gebieten unterscheidet".

[136] Vgl. Kommission, Entscheidung v. 17.12.1975, ABl. EG 1976 Nr. L 95, 1, 12 – Chiquita; ähnlich EuGH, Urteil v. 14.2.1978, Rs. 27/76, Slg. 1978, 207, 284 – United Brands; vgl. Dirksen, in: Langen/Bunte, Art. 82 Rn. 31.

[137] Vgl. BVerwG v. 25.04.2001 – 6 C 7.00, RTKom 2001, 237, 241; KG v. 24.4.1985, WuW/E OLG 3577, 3588 – Hussel-Mara; KG v. 26.10.1990, WuW/E OLG 4657, 4658f – Kaufhof/Saturn, bestätigt in BGH v. 28.4.1992, WuW/E BGH 2771, 2773 – Kaufhof/Saturn; KG v. 18.10.1995, WuW/E OLG 5549, 5555 – Fresenius/Schiwa; BKartA v. 19.7.1984, WuW/E BKartA 2169, 2173 – TUI-Air-Conti; Monopolkommission, 1. Sondergutachten TK 1999, Tz. 6; Bundeskartellamt, Tätigkeitsbericht 1999/2000, S. 20; Möschel, in: Immenga/Mestmäcker, § 19 Rn. 35. Auch die RegTP wendet das Bedarfsmarktkonzept auf die räumliche Marktabgrenzung an, vgl. z.B. RegTP, Eckpunktepapier, aaO., Eckpunkt 10; BK 2 v. 16.1.2002, BK 2c 00/021 – Regionalmarkt Berlin, S. 18.

[138] Klaue, in: FS für Quack (1991), 625, 626; vgl. Klaue/Schwintowski, S. 31; es geht darum, welche Ausweichmöglichkeiten der Nachfrager in seiner Region hat; vgl. auch van Arnheim, S. 15.

[139] Z.B. Handelsschranken (Zölle, Kontingente).

[140] Z.B. Verbrauchsgewohnheiten, Produkteigenschaften, Ortsgebundenheit.

[141] Vgl. zu diesen Faktoren, van Arnheim, S. 15.

[142] Vgl. Leitlinien Marktanalyse, aaO., Rn. 58f.; Monopolkommission, 2. Sondergutachten TK 2001, Rn. 171.

Kriterien bestimmt. Zum einen durch das von einem Netz erfasste Gebiet (also dem Versorgungsgebiet). Und zum anderen anhand der bestehenden Rechts- und Verwaltungsinstrumente (also dem staatlich vorgegebenen Rechtsrahmen für Telekommunikation).[143] Beide Kriterien hängen zusammen. Das vom Netz erfasste Gebiet entspricht dabei nach Ansicht der EU-Kommission „normalerweise dem Gebiet, in dem ein Betreiber tätig sein darf".[144] Lizenzbestimmungen können hier Anhaltspunkte bieten.[145] Allerdings verliert dieses Kriterium zukünftig seine Bedeutung, da nach neuem EU-Kommunikationsrecht keine Lizenz zum Betreiben von Kommunikationseinrichtungen mehr erforderlich ist.[146] Im Gegensatz zu den Rechts- und Verwaltungsinstrumenten, wozu ja auch Lizenzbestimmungen gehören, bezeichnet das vom Netz erfasste Gebiet die tatsächliche Ausdehnung des Versorgungsgebietes. Ein Betreiber kann, obwohl die Lizenz mehr erlaubt, ja durchaus sein Versorgungsgebiet auf einen kleineren Raum beschränken.
Das europäische Wettbewerbs- und Telekommunikationsrecht grenzt räumliche Märkte ab, die über das Staatsgebiet eines Landes hinausgehen können. So grenzt die EU-Kommission anhand der Kriterien Netzgebiet und Rechts- und Verwaltungsinstrumente im Rahmen der räumlichen Marktabgrenzung lokale, regionale, nationale und länderübergreifende Telekommunikationsmärkte ab.[147] Länderübergreifende Märkte sind Märkte, die die Gemeinschaft oder einen wesentlichen Teil davon umfassen. Das können paneuropäische, europaweite oder auch globale Märkte sein.[148] Länderübergreifende

---

[143] Vgl. Leitlinien Marktanalyse, aaO, Rn. 59 mit Nachweisen zu den entsprechenden Entscheidungen der Kommission.
[144] Leitlinien Marktanalyse, aaO., Rn. 59, Fn. 43.
[145] Vgl. die in den Leitlinien Marktanalyse, aaO., Fn. 43, zitierte Entscheidung der Kommission in der Sache Nr. COMP/M.1650 – ACEA/Telefonica, Rn. 16, in der sie feststellte, dass „der räumliche Markt ein lokaler Markt war, da das angemeldete Gemeinschaftsunternehmen über eine Lizenz verfügen würde, die sich auf das Gebiet von Rom beschränkt".
[146] Vgl. Art. 3 Abs. 1 GenehmigungsRL. Zukünftig darf die Bereitstellung von Kommunikationsnetzen und –diensten nur von einer Allgemeingenehmigung abhängig gemacht werden, vgl. Art. 3 Abs. 2 GenehmigungsRL.
[147] Vgl. Leitlinien Marktanalyse, aaO., Rn. 60.
[148] So die Leitlinien Marktanalyse, aaO., Rn. 60 und 122. Die Begriffe „paneuropäisch" und „europaweit" werden nicht definiert. Beide Begriffe sind aber bedeutungsidentisch. So wird der Begriff „paneuropean" in der englischen Version

Märkte werden von der EU-Kommission im Wege einer verbindlichen Entscheidung (Art. 249 Abs. 4 EGV) festgelegt.[149] Weiterhin können bestimmte Strecken, d.h. einzelne Länder- und Städteverbindungen, als gesonderte räumliche Märkte abgegrenzt werden.[150] In seiner Ausdehnung kann sich der räumlich relevante Markt nach Gemeinschaftsverständnis daher auf den Gemeinsamen Markt bzw. Teile des Gemeinsamen Marktes erstrecken und sogar über diesen hinausgehen (Weltmarkt).[151] Eine solche räumliche Abgrenzung wird in Deutschland teilweise bestritten.[152] Allerdings sollte auch das deutsche Recht aufgrund des Vorrangs des EU-Rechts die Abgrenzung eines über das Bundesgebiet hinausgehenden räumlichen Marktes zulassen.

Einigkeit besteht aber darüber, dass der räumlich relevante Markt kleiner sein kann als das Staatsgebiet und nur einzelne lokale oder regionale Teilmärkte umfassen kann. Das ist nach dem herrschenden Bedarfsmarktkonzept dann der Fall, wenn die Austauschmöglichkeiten der Nachfrager aus objektiven Gründen regional begrenzt

---

der Rahmenrichtlinie in der deutschen Version mit „europaweite" übersetzt, vgl. RahmenRL, aaO., Erwägungsgrund 20, Art. 8 (3)(b), Art. 10 (4).

[149] Im Vorfeld dieser Entscheidung können die NRBs über die „Gruppe europäischer Regulierungsstellen" mitwirken, die auch eine eigene Webpage eingerichtet hat, http://erg.eu.int. Diese Gruppe wurde eingerichtet durch Beschluss der Kommission vom 29. Juli 2002 zur Errichtung der Gruppe Europäischer Regulierungsstellen für elektronische Kommunikationsnetze und –dienste, ABl. EG v. 30.7.2002, Nr. L 200, S. 38ff.

[150] Vgl. Leitlinien Marktanalyse, aaO., Rn. 61.; vgl. BT/AT&T Zusammenschlussverfahren, Case No. IV/JV. 15 v. 30.3.1999, vgl. Immenga, in: Immenga/Kirchner/Knieps/Kruse, S. 61.

[151] Vgl. Bekanntmachung, aaO, Tz. 51; Leitlinien Marktanalyse, aaO, Rn. 60 u. 122; Jung, in: Grabitz/Hilf, Art. 82 Rn. 45; Dreher, JZ 1996, 1025, 1025.

[152] Der Bundesgerichtshof (seit BGH NJW 1996, 595, 597 – Backofenmarkt, m.w.N. zum Meinungsstand) und mit ihm die herrschende Meinung (vgl. Kartte, FS Pfeiffer, 531, 531; van Arnheim, S. 1) beschränken den räumlich relevanten Markt auf den Geltungsbereich des GWB und damit auf das Staatsgebiet der Bundesrepublik Deutschland als maximale Grösse. Auf die Einzelheiten dieses Streites über den Umfang des räumlichen Marktes wird in einem späteren Teil dieser Arbeit zurückgekommen, wenn die Diskussion über die einzelnen Marktabgrenzungsmöglichkeiten auf Telekommunikationsmärkten ausführlich dargestellt wird. Vgl. S. 230ff..

sind.[153] Solche objektiven Gründe sind z.B. die Transportkosten, die Verderblichkeit der Ware sowie insbesondere in der europäischen Praxis die Verbraucherpräferenzen, nationale Gesetzgebung, Gebietslizenzen, sprachliche Barrieren, gewachsene Absatzgebiete der Wettbewerber.[154]

Welche räumlich relevanten Einzelmärkte der Telekommunikation diskutiert und abgegrenzt werden, wird in einem späteren Teil der Arbeit ausführlich behandelt.[155]

(c) Zeitlich relevanter Markt

Allgemein lässt sich die zeitliche Dimension des Marktes als der Zeitraum definieren, für den die Wettbewerbsverhältnisse zu untersuchen sind.[156] Die zeitliche Marktabgrenzung[157] ist nur dann erforderlich, wenn Anhaltspunkte dafür bestehen, dass eine marktbeherrschende Stellung auf eine bestimmte Zeitspanne begrenzt ist[158], d.h., ein Unternehmen aufgrund vorübergehender Umstände eine ebenso vorübergehende Machtposition erlangt.[159] Beispiele hierfür sind Messen, Volksfeste oder sonstige große Veranstaltungen.[160] Im Telekommunikationsrecht hat sie bisher keine Bedeutung erlangt.

---

[153] Stamm, S. 166; Lampert, WuW 1998, 27, 31; vgl. Hübschle, in: Hdb dt/europäisches KartellR, Kap. 4, § 2 Rn.19; BGH WuW/E BGH 3037, 3042 – Raiffeisen.

[154] Vgl. Hübschle, in: Hdb dt/europäisches KartellR, Kap. 4, § 2 Rn.19; Bunte, Kartellrecht, S. 193; Leitlinien Marktanalyse, aaO., Rn. 55ff.

[155] Teil C, S. 223ff..

[156] Vgl. Schwalba, S. 138; Bechtold, § 19 Rn. 15.

[157] Vgl. hierzu auch Hoppmann, S. 33f.; Plum/Schwarz-Schilling, WIK-Diskussionsbeitrag 200, S. 33.

[158] Möschel, in: Immenga/Mestmäcker, § 19 Rn. 39, Klaue/Schwintowski, S. 32, Schmidt, S. 53.

[159] Eine zeitliche Begrenzung eines Marktes oder einer Marktbeherrschung kann sich nur ausnahmsweise ergeben, wenn die Wirkung einer Absprache befristet ist, sich die Wettbewerbsverhältnisse während der Laufzeit einer Absprache ändern oder bestimmte Leistungen nur zeitweilig angeboten werden. Vgl. Bunte, Kartellrecht, S. 193; Emmerich, S. 184; kritisch zur zeitlichen Marktabgrenzung: von Ungern-Sternberg, WuW 1984, 707ff. In diesen seltenen Fällen kann die zeitliche Marktabgrenzung allerdings zum Hauptabgrenzungskriterium werden, vgl. Klaue, FS Quack 1991, 625, 626.

[160] Emmerich, S. 184 m.w.N. zur Rspr. Ursachen für eine zeitliche Marktgrenze können gesetzlicher (z.B. Ladenschlussgesetz), natürlicher (z.B. Saisonprodukte)

(2) Feststellung des Beherrschungsgrades (2. Stufe)

Der Beherrschungsgrad auf den zuvor ermittelten relevanten Märkten wird in der Rechtsanwendungspraxis der EG-Organe im Rahmen einer Gesamtbetrachtung festgestellt. Hierfür werden vor allem drei Kriterien analysiert: Die Marktstruktur (Marktanteile, Anzahl der Wettbewerber), die Unternehmensstruktur (unternehmensspezifische Eigenschaften und Fähigkeiten) und das Marktverhalten.[161] Im deutschen Wettbewerbsrecht finden sich vergleichbare Kriterien zur Feststellung des Beherrschungsgrades in § 19 Abs. 2 S. 1 Nr. 2 GWB (Marktanteil, Finanzkraft, Zugang zu den Beschaffungs- oder Absatzmärkten, Verflechtungen mit anderen Unternehmen, rechtliche oder tatsächliche Marktzutrittsschranken, tatsächlicher oder potentieller Wettbewerb, Umstellungsflexibilität, Ausweichmöglichkeiten der Marktgegenseite), die ebenfalls in einer Gesamtbetrachtung abgewogen werden müssen.[162]

b) Marktabgrenzung (Marktdefinition) nach EU-Kommunikationsrecht

Die Marktabgrenzung, im europäischen Kommunikationsrecht als Marktdefinition bezeichnet, erfolgt auf Grundlage des in Art. 15 RahmenRL festgelegten Verfahrens. Danach nehmen die nationalen Regulierungsbehörden die Abgrenzung der „relevanten Märkte entsprechend den nationalen Gegebenheiten" und „im Einklang mit den Grundsätzen des Wettbewerbsrechts" vor, Art. 15 Abs. 3 RahmenRL.[163] Dies hat unter „weitestgehender Berücksichtigung der Empfehlung und Leitlinien" zu geschehen, die die EU-Kommission hierfür vorher veröffentlicht hat.[164] Die nationalen Regulierungsbe-

---

oder technisch-wirtschaftlicher (z.B. Einführung neuer Produkte) Natur sein, vgl. Schmidt, S. 53; Brinker, in: Schwarze, Art. 82 Rn. 5.

[161] Vgl. EuGH, Urteil v. 14.2.1978, Slg. 1978, 207 Rn. 58ff. – United Brands; Urteil v. 13.2.1979, Slg. 1979, 461ff., Rn. 31ff. – Hoffmann-LaRoche; Urteil v. 9.11.1983, Slg. 1983, 3461ff.; EuG v. 12.12.1991, Slg. 1991, II-1439ff. Vgl. hierzu ausführlich S. 51ff.

[162] Die Kriterien zur Ermittlung des Beherrschungsgrades und ihre Anwendung auf Telekommunikationsmärkten werden noch ausührlicher behandelt, vgl. S. 51ff..

[163] Diese Grundsätze des Wettbewerbsrechts wurden auf S. 21ff. erläutert.

[164] Hierbei bleibt aber unklar, wann man von einer weitestgehenden Berücksichtigung im Einzelfall sprechen kann. Grundsätzlich hat die NRB die Vorgaben der Empfehlung und der Leitlinien vollumfänglich zu beachten, sofern nationale Be-

hörden bestimmen damit zukünftig nicht allein über das Vorliegen beträchtlicher Marktmacht. Art. 15 Abs. 1 und 2 RahmenRL geben hierzu ein schrittweises, kommissionsgesteuertes Verfahren vor. Der EU-Kommission stehen zu diesem Zwecke zwei Instrumente zur Verfügung, eine Empfehlung und Leitlinien.
Leitlinien haben ebenso wie das Instrument der Empfehlung keine Rechtsverbindlichkeit (Art. 249 Abs. 5 EGV). Sie binden weder die EU-Kommission, noch den Europäischen Gerichtshof oder die nationalen Behörden. Dennoch sind sie nach der Rechtsprechung des EuGH rechtlich nicht völlig wirkungslos.[165] Die Mitgliedstaaten, insbesondere die innerstaatlichen Gerichte sind verpflichtet, bei der Entscheidung der bei ihnen anhängigen Rechtsstreitigkeiten die Empfehlung (wie auch die anderen in Art. 249 Abs. 5 EGV genannten Instrumente) zu berücksichtigen, insbesondere dann, wenn diese Aufschluss geben über die Auslegung der zu ihrer Durchführung erlassenen innerstaatlichen Rechtsvorschriften oder wenn sie verbindliche gemeinschaftliche Vorschriften ergänzen sollen.[166] Ausserdem verlangt die sich aus Art. 10 EGV ergebende Pflicht zur Gemeinschaftstreue die Berücksichtigung der Empfehlung und der Leitlinien.[167] Die für den Kommunikationssektor relevante Empfehlung und die Leitlinien werden im Folgenden kurz dargestellt, weil die EU-Kommission mit diesen die von den nationalen Regulierungsbehörden durchzuführende Marktdefinition steuert.

(1) Empfehlung zu relevanten Märkten, Art. 15 Abs. 1 RahmenRL

Die EU-Kommission hat nach Durchführung des in Art. 15 Abs. 1 RahmenRL beschriebenen Verfahrens die im Rahmen von Art. 15 Abs. 3 RahmenRL zu berücksichtigende Empfehlung in Bezug auf

---

sonderheiten der Telekommunikationsmärkte dem nicht entgegenstehen. Will die NRB aufgrund solcher nationaler Besonderheiten abweichen, so kann sie das mit einer Begründung unter Beachtung des Konsultations- und Kooperationsverfahren nach Art. 7 RahmenRL tun.

[165] Vgl. EuGH, Urteil v. 13.12.1989, Rs. 322/88, Slg. 1989, 4407 – Grimaldi, Rn. 18. In dieser Entscheidung ging es um die im Ergebnis mit „nein" beantwortete Frage, ob eine Empfehlung gemäss Art. 189 Abs. 5 EGV „unmittelbare Wirkung" haben kann. Vgl. zu dieser Frage auch EuGH, Urteil v. 19.1.1989, Rs. 8/81, Slg. 1982, 53 – Becker/Finanzamt Münster-Innenstadt, Rn. 21.

[166] Vgl. EuGH, Urteil v. 13.12.1989, Rs. 322/88, Slg. 1989, 4407 – Grimaldi, Rn. 18.

[167] Vgl. Capito/Elspaß, K&R 2003, 110, 118.

relevante Produkt- und Dienstmärkte erlassen.[168] Hierin definiert sie diejenigen Märkte, die einer Ex-ante-Regulierung unterworfen werden können.[169] Die Definition der in dieser Empfehlung aufgeführten Märkte erfolgt zwar im Einklang mit den Grundsätzen des Wettbewerbsrechts. Die in der Empfehlung identifizierten Märkte müssen aber nicht mit den Märkten übereinstimmen, die nach dem Wettbewerbsrecht definiert werden könnten, vgl. Art. 15 Abs. 1 RahmenRL.[170] Die Empfehlung ist wegen der zu erwartenden dynamischen Entwicklung der Kommunikationsmärkte regelmäßig auf ihre Aktualität hin zu überprüfen, vgl. Art. 15 Abs. 1 a.E. RahmenRL. Die nächste Überprüfung wird bis spätestens 30.04.2004 auf der Grundlage der Marktentwicklungen erfolgen.[171]
Anhang I der Rahmenrichtlinie enthält eine nicht abschliessende Liste von Märkten als Vorgabe für diese Marktabgrenzung, die in der ersten Empfehlung enthalten sein müssen.[172] Darüber hinaus kann die EU-Kommission weitere Märkte in Übereinstimmung mit den

---

[168] Empfehlung der Kommission vom 11. Februar 2003 über relevante Produkt- und Dienstmärkte des elektronischen Kommunikationssektors, die aufgrund der Richtlinie 2002/21/EG des Europäischen Parlaments und des Rates über einen gemeinsamen Rechtsrahmen für elektronische Kommunikationsnetze und –Dienste für eine Vorabregulierung in Betracht kommen, ABl. EG v. 8.5.2003, Nr. L 114, S. 45ff. (Empfehlung zu relevanten Märkten).

[169] Die Entscheidung, ob den in diesem Markt tätigen Unternehmen bei Erfüllung der übrigen Voraussetzungen eine Ex-ante-Verpflichtung auferlegt wird, liegt also bei der jeweiligen NRB.

[170] Die in der Empfehlung zu relevanten Märkten definierten Märkte können also andere sein, als die unter Zugrundelegung der Grundsätze des Wettbewerbsrechts ermittelten Märkte. Vgl. Art. 15 Abs. 1 S. 2 RahmenRL: „In der Empfehlung werden [...] diejenigen Märkte [...] aufgeführt, deren Merkmale die Auferlegung der [...] Verpflichtungen rechtfertigen können, und zwar unbeschadet der Märkte, die in bestimmten Fällen nach dem Wettbewerbsrecht definiert werden können."

[171] Vgl. Empfehlung zu relevanten Märkten, aaO., Erwägungsgrund 21 (Die deutsche Übersetzung ist jedoch ungenau, da sie davon spricht, dass die Kommission die Notwendigkeit von Änderungen „dieser Richtlinie" überprüfen wird. Gemeint ist aber die Empfehlung zu den relevanten Märkten; in der englischen Version wird denn auch von „Recommendation" gesprochen).

[172] Die in Anhang I RahmenRL aufgeführten Märkte sind in die erste Fassung der Empfehlung zu relevanten Märkten aufzunehmen, damit die nationalen Regulierungsbehörden eine Überprüfung der bestehenden, unter dem Regulierungsrahmen von 1998 auferlegten Verpflichtungen vornehmen können, vgl. Empfehlung zu relevanten Märkten, aaO., Erwägungsgrund 4.

Grundsätzen des Wettbewerbsrechts bestimmen und in die Empfehlung zu relevanten Märkten aufnehmen.[173] Die Empfehlung gibt schliesslich in Anlehnung an den Anhang I der Rahmenrichtlinie 18 konkrete Märkte vor. Die einzelnen Märkte werden im Folgenden nur überblicksartig dargestellt. Auf sie wird ausführlich im Rahmen der Behandlung der Einzelprobleme im Rechtsvergleich eingegangen.[174]
Zunächst lassen sich zwei Hauptmärkte unterscheiden: Endkundenmärkte (retail level) und Grosskundenmärkte (wholesale level; Vorleistungsmarkt). Beide Märkte lassen sich weiter unterteilen: Der Endkundenmarkt umfasst den Markt für den Anschluss an das öffentliche Telefonnetz und dessen Nutzung an bestimmten festen Standorten (vgl. Anhang I Punkt 1 RahmenRL), der sich wiederum in sieben Märkte unterteilen lässt: Zwei Zugangsmärkte (Zugang von Privatkunden zum öffentlichen Telefonnetz an festen Standorten; Zugang anderer Kunden zum öffentlichen Telefonnetz an festen Standorten), vier Märkte für bestimmte Telefonverbindungen im öffentlichen Festnetz (Öffentliche Orts- und/oder Inlandsgespräche für Privatkunden an festen Standorten; öffentliche Auslandsgespräche für Privatkunden an festen Standorten; öffentliche Orts- und/oder Inlandsgespräche für andere Kunden an festen Standorten; öffentliche Auslandsgespräche für andere Kunden an festen Standorten) sowie einen Markt für ein Mindestangebot an Mietleitungen (entspricht Anhang I Punkt 1 RahmenRL i.V.m. Art. 16 UniversaldienstRL).
Der Grosskundenmarkt (Vorleistungsmarkt) umfasst folgende Märkte: Markt für den Verbindungsaufbau im öffentlichen Telefonnetz an festen Standorten (call origination; vgl. Anhang I Punkt 2 RahmenRL i.V.m. RL 97/33/EG); Anrufzustellung in einzelnen öffentlichen Telefonnetzen an festen Standorten (call termination; Anrufzustellung im

---

[173] Vgl. Empfehlung zu relevanten Märkten, aaO., Erwägungsgrund 5. Nach Erwägungsgrund 9 der Empfehlung zu relevanten Märkten, aaO., erfolgt die Identifikation von Märkten in Übereinstimmung mit den Grundsätzen des Wettbewerbsrechts auf der Grundlage von drei Kriterien: (i) zunächst müssen beträchtliche, anhaltende strukturell oder rechtlich bedingte Zugangshindernisse bestehen, (ii) der aufzunehmende Markt darf nicht zu wirksamen Wettbewerb tendieren und (iii) das Wettbewerbsrecht ist allein nicht ausreichend, um dem betreffenden Marktversagen entgegenzuwirken. Vgl. ausführlich Empfehlung zu relevanten Märkten, aaO., Erwägungsgründe 9ff.. Bei Vorliegen dieser drei Kriterien kann die Kommission einen Markt in die Empfehlung zu relevanten Märkten aufnehmen.

[174] Vgl. Teil C, S. 145ff..

öffentlichen Festtelefonnetz, vgl. Anhang I Punkt 2 RahmenRL i.V.m. RL 97/33/EG); Transitdienste im öffentlichen Festtelefonnetz (Anhang I Punkt 2 RahmenRL i.V.m. RL 97/33/EG); entbündelter Großkunden-Zugang (einschliesslich des gemeinsamen Zugangs) zu Drahtleitungen und Teilleitungen für die Erbringung von Breitband- und Sprachdiensten (vgl. Anhang I Punkt 2 RahmenRL i.V.m. RL 97/33/EG und 98/10/EG, Anhang I Punkt 3 i.V.m. VO Nr. 2887/323000); Breitbandzugang für Großkunden; Abschluss-Segmente bzw. Fernübertragungs-Segmente von Mietleitungen für Grosskunden (vgl. Anhang I Punkt 2 RahmenRL i.V.m. RL 97/33/EG und 98/10/EG, Anhang I Punkt 2 RahmenRL i.V.m. RL 92/44/EG); Zugang und Verbindungsaufbau in öffentlichen Mobiltelefonnetzen (vgl. Anhang I Punkt 2 RahmenRL i.V.m. RL 97/33/EG und 98/10/EG); Anrufzustellung in einzelnen Mobilfunknetzen (vgl. Anhang I Punkt 2 RahmenRL i.V.m. RL 97/33/EG); nationaler Großkundenmarkt für Auslands-Roaming in öffentlichen Mobiltelefonnetzen (vgl. Anhang I Punkt 4 RahmenRL); Rundfunk-Übertragungsdienste zur Bereitstellung von Sendeinhalten für Endnutzer.

(2) Leitlinien zur Marktanalyse und zur Bewertung beträchtlicher Marktmacht, Art. 15 Abs. 2 RahmenRL

Die EU-Kommission hat der Vorgabe des Art. 15 Abs. 2 RahmenRL entsprochen und die von den nationalen Regulierungsbehörden bei der Marktabgrenzung gemäss Art. 15 Abs. 3 RahmenRL zu berücksichtigenden Leitlinien zur Marktanalyse und zur Bewertung beträchtlicher Marktmacht erlassen.[175] In diesen Leitlinien zur Marktanalyse erläutert die EU-Kommission, wie sie sich die Marktdefinition, die Würdigung der beträchtlichen Marktmacht, die Feststellung von beträchtlicher Marktmacht und den verfahrensmäßigen Ablauf unter dem neuen Rechtsrahmen für Kommunikationsnetze und –dienste vorstellt.[176]

Leitlinien haben zwar keine Rechtsverbindlichkeit; sie müssen aber bei der Auslegung und Anwendung der gemeinschaftlichen Rechts-

---

[175] Leitlinien der Kommission zur Marktanalyse und Ermittlung beträchtlicher Marktmacht nach dem gemeinsamen Rechtsrahmen für elektronische Kommunikationsnetze und –dienste, ABl. EG v. 11.7.2002, Nr. C 165, S. 6ff. (Leitlinien Marktanalyse).

[176] Vgl. Leitlinien Marktanalyse, aaO., Rn. 8.

vorschriften beachtet werden.[177] Der Vorteil von Leitlinien ist, dass sie ein flexibles Instrument darstellen, das leicht an die sich ändernden Gegebenheiten angepasst werden kann. Auch wenn jeder Einzelfall gesondert betrachtet werden muss, wird auch die nationale Regulierungsbehörde die dort niedergelegten Vorgaben beachten, da sie ansonsten mit einem Verfahren nach Art. 7 i.V.m. Art. 22 Abs. 2 RahmenRL rechnen muss, vgl. Art. 16 Abs. 6 RahmenRL.[178] Die Leitlinien zur Marktanalyse müssen mit den Grundsätzen des Wettbewerbsrechts in Einklang stehen. Deshalb orientieren sie sich an der wettbewerblichen Praxis der EU-Kommission[179] und des EuG/EuGH.[180] Die EU-Kommission stützte sich hierzu auf ihren im Vorfeld erarbeiteten Leitlinien-Entwurf.[181] Mit Hilfe solcher Leitlinien auf europäischer Ebene soll eine ordnungsgemäße Anwendung der Grundsätze des Wettbewerbsrechts gefördert und unterschiedliche Marktdefinitionen in den einzelnen Mitgliedstaaten, die im Übrigen mit dem Binnenmarkt unvereinbar wären, vermieden werden.[182] Die Leitlinien geben den nationalen Regulierungsbehörden Grundsätze für die Analyse des wirksamen Wettbewerbs und der Feststellung der beträchtlichen Marktmacht an die Hand.[183] Dadurch soll zudem sichergestellt werden, dass die Anwendung der Grundsätze des Wettbewerbsrechts im Bereich der Ex-ante-Regulierung der Anwen-

---

[177] Vgl. hierzu bereits S. 38.

[178] Zu diesem Vetoverfahren vgl. S. 44f.

[179] Ausweislich der Leitlinien Marktanalyse, aaO., Rn. 24 gehören hierzu: Leitlinien für die Anwendung der EG-Wettbewerbsregeln im Telekommunikationssektor, aaO.; Bekanntmachung der Kommission über die Definition des relevanten Marktes im Sinne des Wettbewerbsrechts der Gemeinschaft, aaO.; Mitteilung über die Anwendung der Wettbewerbsregeln auf Zugangsvereinbarungen im Telekommunikationsbereich, aaO..

[180] Vgl. Leitlinien Marktanalyse, aaO., Rn. 24. Vgl. bereits S. 16.

[181] Entwurf von Leitlinien zur Marktanalyse und Ermittlung beträchtlicher Marktmacht nach Art. 14 des Vorschlags für eine Richtlinie über einen gemeinsamen Rechtsrahmen für elektronische Kommunikationsnetze und –dienste, Arbeitsdokument der Kommission vom 28.3.2001, KOM(2001) 175 endgültig (Leitlinien-Entwurf).

[182] Vgl. Mitteilung der Kommission, Ergebnisse der öffentlichen Anhörung, KOM(2000), 239 endg., S. 27.

[183] Vgl. Kommissions-Dokument v. 24.01.2001, "Outline of Guidelines on market analysis and the calculation of market power to be adopted under Article 14 of the proposed Directive on a Common Framework for Electronic Communications Networks and Services", S. 2.

dungspraxis von EU-Kommission und nationalen Wettbewerbsbehörden entspricht.[184] Es soll eine harmonisierte, einheitliche Herangehensweise der nationalen Regulierungsbehörden sichergestellt und so auf eine Verbesserung der Transparenz und Rechtssicherheit hingewirkt werden.[185] Die in den Leitlinien aufgeführte Entscheidungspraxis zur Abgrenzung relevanter Telekommunikationsmärkte bildete auch die Grundlage für die Marktdefinitionen der Empfehlung zu relevanten Märkten.[186]

---

[184] Vgl. Kommissions-Dokument v. 24.01.2001, "Outline of Guidelines on market analysis and the calculation of market power to be adopted under Article 14 of the proposed Directive on a Common Framework for Electronic Communications Networks and Services", S. 3.

[185] Die Vorgaben zur Marktabgrenzung (Marktdefinition) finden sich in den Leitlinien zur Marktanalyse, aaO., bei den Randnummern 33 bis 69. Eine ausführlichere Darstellung erfolgt im Rahmen der Diskussion über die einzelnen sachlich und räumlich relevanten Telekommunikationsmärkte in einem rechtsvergleichenden Zusammenhang, vgl. Teil C, S. 145ff..

[186] Vgl. zur Entscheidungspraxis der EU-Kommission zu Marktabgrenzungen im Telekommunikationssektor die Leitlinien zur Marktanalyse, aaO., Rn. 64-69. Danach sind zwei Hauptmärkte zu unterscheiden, der Dienstleistungs- bzw. Endkundenmarkt und der Zugangsmarkt bzw. Vorleistungsmarkt. Diese können aufgrund von Nachfragemustern weiter unterteilt werden. Die EU-Kommission hat in ihrer Entscheidungspraxis einen Markt für die Bereitstellung von Teilnehmeranschlüssen und von Infrastruktur für Fern- und Auslandsverbindungen abgegrenzt. Im Festnetzbereich unterscheidet die EU-Kommission innerhalb des Zugangsmarktes zwischen dem Zugang für Teilnehmer (Endverbraucher) zu vermittelten Sprachtelefondiensten (Orts-, Fern- und Auslandsgespräche) und dem Zugang für Betreiber (Großverbraucher) zu Netzen (Orts-, Fern- und Auslandsgespräche) und Unternehmensdatenkommunikationsdiensten. Auf dem Endkundenmarkt Festnetz hat die EU-Kommission zwischen den Dienstleistungen Anschlussgebühr und monatliche Miete unterschieden. Diese Dienstleistungen werden zwei unterschiedlichen Gruppen von Endabnehmern angeboten, nämlich privaten und beruflichen Nutzern, wobei letztere Klein- oder Großunternehmen sind. Bei den Festnetzdienstleistungen für Privatkunden wird z.Zt. zwischen festen Telefondiensten (Sprach- und Schmalband-Datenübertragungen) und schnellen Telekommunikationsdiensten (derzeit vor allem in Form von xDSL-Diensten) unterschieden. Beim Mobilfunk unterscheidet die EU-Kommission aus Nachfragersicht den Mobilfunk als vom Festnetz separaten Markt. Der Zugangsmarkt zu Mobilfunknetzen zerfällt in einen Markt für den Gesprächsursprung (call origination) und einen separaten Markt für den Gesprächsabschluss (call termination). Nach der Nutzergruppe werden Geschäfts- und Privatkunden innerhalb der Endkundenmärkte abgegrenzt.

(3) Benachbarte Märkte, Art. 14 Abs. 3 RahmenRL

Nach Art. 14 Abs. 3 RahmenRL kann ein Unternehmen, das auf einem bestimmten Markt über beträchtliche Marktmacht verfügt, „auch auf einem benachbarten Markt als Unternehmen mit beträchtlicher Marktmacht angesehen werden, wenn die Verbindungen zwischen beiden Märkten es gestatten, diese von dem einen auf den anderen Markt zu übertragen und damit die gesamte Marktmacht des Unternehmens zu verstärken“.[187] Damit soll eine Marktlage erfasst werden, in der ein Unternehmen, das auf einem Markt über eine beherrschende Stellung verfügt und auf einem anderen, aber eng mit dem ersten verbundenen Markt führend ist, in eine Lage gerät, die der einer beherrschenden Stellung auf den fraglichen Märkten in ihrer Gesamtheit gleichkommt.[188]

Art. 14 Abs. 3 RahmenRL erweitert die Marktanalyse auf solche benachbarten Märkte.[189] Diese Interdependenz von Märkten erlaubt es vor allem vertikal integrierten Unternehmen, wie sie insbesondere in der Telekommunikationsindustrie anzutreffen sind[190], Marktmachtpotenziale auf benachbarte Märkte zu übertragen. Das Richtlinienpaket sieht für diese deshalb besondere Verpflichtungen vor.[191]

(4) Abweichungen von der durch die EU-Kommission vorgegebenen Marktdefinition/-abgrenzung – Das Vetoverfahren, Art. 7 RahmenRL

Das Marktdefinitionsverfahren setzt sich dann auf nationaler Ebene fort, indem die nationalen Regulierungsbehörden die konkreten rele-

---

[187] Vgl. Leitlinien Marktanalyse, aaO., Rn. 83ff..

[188] Die Kommission schliesst sich damit der Rechtsprechung des EuGH an, der dieses Problem der Übertragung von Marktmacht auf benachbarte, eng mit dem beherrschten Markt verbundene Märkte bereits in seiner Tetra Pak II Entscheidung erkannt hat, vgl. EuGH, Urteil v. 14.11.1996, Slg. 1996, I-5951 – Tetra Pak II, Rn. 31.; vgl. Leitlinien Marktanalyse, aaO., Rn. 84.

[189] Vgl. zum Begriff der benachbarten Märkte und der damit zusammenhängenden Interdependenz der Telekommunikationsmärkte, Koenig/Kühling/Braun, CR 2001, 745ff. u. 825ff.; Koenig, K&R, Beilage 1/2003, 19ff.; vgl. auch Immenga/Kirchner, TKMR 2002, 340, 351f.

[190] Das sind aufgrund ihrer früheren Monopolstellung vor allem die ehemaligen staatlichen Monopolunternehmen; vgl. hierzu Leitlinien Marktanalyse, aaO., Rn. 84f.

[191] Insbesondere die Verpflichtung zur getrennten Buchführung, vgl. Art. 11 ZugangsRL, aaO.

vanten Märkte unter „weitestgehender Berücksichtigung" der Empfehlung der EU-Kommission und der Leitlinien zur Marktanalyse „entsprechend den nationalen Gegebenheiten" festlegen (vgl. Art. 15 Abs. 3 RahmenRL).[192] Die nationalen Regulierungsbehörden können Märkte auch in Abweichung von der Empfehlung abgrenzen. Diese Befugnis zur Definition anderer, nicht in der Empfehlung zu relevanten Märkten aufgeführter Märkte, steht ihnen aufgrund von Art. 15 Abs. 3 S. 2 RahmenRL zu.[193] Die Befugnis hierzu wird zudem in den Erwägungsgründen der Empfehlung mit landesspezifischen Bedingungen (Nachfrage- und Angebotsstrukturen) begründet, die eine andere Marktdefinition im Einzelfall erforderlich machen können.[194]
So kommen folgende Abweichungen von den in der Empfehlung zu relevanten Märkten vorgegebenen Märkten in Betracht:[195] Die nationale Regulierungsbehörde könnte es aufgrund landesspezifischer Gegebenheiten für zweckmäßig halten, die Marktdefinition zu erweitern und zwei oder mehr Märkte, die in der Empfehlung zu relevanten Märkten aufgeführt sind, zusammenzufassen. Des Weiteren könnte es sinnvoll sein, in der Empfehlung identifizierte Märkte weiter in Segmente zu unterteilen. Denkbar ist auch einen neuen, nicht in der Empfehlung identifizierten Markt abzugrenzen bzw. auf die Abgrenzung eines in der Empfehlung identifizierten Marktes gänzlich zu verzichten. In all diesen Fällen weicht die nationale Regulierungsbehörde von der Empfehlung zu relevanten Märkten ab.
Die nationale Regulierungsbehörde ist zu einer Abweichung von der Marktdefinition der Empfehlung allerdings nur befugt, sofern sie das Verfahren in Artikel 6 und 7 der Rahmenrichtlinie (Kooperations- und Konsultationsverfahren) einhält, vgl. Art. 15 Abs. 3 RahmenRL.[196] Art.

---

[192] Es bleibt unklar, was unter „weitestgehender" Berücksichtigung zu verstehen ist. Vgl. hierzu bereits Fn. 164.
[193] Art. 15 Abs. 3 S. 2 RahmenRL lautet: „Bevor Märkte definiert werden, die von denen in der Empfehlung abweichen, wenden die nationalen Regulierungsbehörden die in den Artikeln 6 und 7 genannten Verfahren an."
[194] Vgl. Empfehlung, aaO., Erwägungsgrund 19. Vgl. auch Anmerkungen zur Empfehlung der Kommission zur relevanten Märkten (Anmerkungen zur Empfehlung), abrufbar unter http://www.europa.eu.int/information_society/topics/telecoms/regulatory/maindocs/documents/explanmemode.pdf, Punkt 3.3.
[195] Vgl. hierzu auch Anmerkungen zur Empfehlung, aaO., Punkt 3.3.
[196] Vgl. auch Empfehlung, aaO., Erwägungsgrund (19). Die abweichende NRB muss also mit der Einleitung eines Vetoverfahrens gem. Art. 7 Abs. 4 lit. a RahmenRL rechnen, obwohl Empfehlungen und Leitlinien gem. Art. 249 Abs. 5 EGV

6 RahmenRL enthält die Konsultations- und Transparenzpflicht, Art. 7 Abs. 3 bis 6 RahmenRL das konkrete Verfahren, das der Kommission im Ergebnis ein Vetorecht einräumt.[197] Der Begriff des „Vetos“ wird in der Rahmenrichtlinie nicht verwendet. Nach Art. 7 Abs. 4 RahmenRL kann die EU-Kommission solche Maßnahmen der nationalen Regulierungsbehörde blockieren, die eine von der Empfehlung gemäss Art. 15 Abs. 1 RahmenRL abweichende Marktdefinition treffen (Divergenzentscheidung, vgl. Art. 7 Abs. 4a RahmenRL) oder welche die Bestimmung beträchtlicher Marktmacht gemäss Art. 16 Abs. 3-5 RahmenRL (SMP-Entscheidung, vgl. Art. 7 Abs. 4b RahmenRL) betreffen. Die Maßnahme der nationalen Regulierungsbehörde muss darüber hinaus auch noch Auswirkungen auf den Handel zwischen den Mitgliedstaaten haben (Handelsbeeinträchtigung).[198] Als dritte Voraussetzung ist eine Erklärung der EU-Kommission erforderlich, dass die Maßnahme ein Hemmnis für den Binnenmarkt[199] darstellen würde oder dass sie ernsthafte Zweifel an der Vereinbarkeit mit dem Gemeinschaftsrecht und insbesondere den in Art. 8 genannten Zielen hat, vgl. Art. 7 Abs. 4 RahmenRL.

---

eigentlich rechtlich unverbindlich sind. Vgl. hierzu auch Koenig/Loetz/Neumann, K&R-Beilage 2/2003, 1, 28ff.

[197] Vgl. hierzu auch die Empfehlung der Kommission vom 23. Juli 2003 zu den Notifizierungen, Fristen und Anhörungen gemäß Artikel 7 der Richtlinie 2002/21/EG des Europäischen Parlaments und des Rates vom 7. März 2002 über einen gemeinsamen Rechtsrahmen für elektronische Kommunikationsnetze und –dienste, C(2003)2647 final (Empfehlung zu Notifizierungen), ABl. EG v. 30.7.2003, Nr. L 190, S. 13ff..

[198] Das Tatbestandsmerkmal der „Auswirkungen auf den Handel zwischen den Mitgliedstaaten“ wird von der Rechtsprechung des EuGH weit ausgelegt. Es kann in Anlehnung an die Zwischenstaatlichkeitsklausel der Art. 81 Abs. 2 und Art. 82 S. 2 EGV dahin gehend konkretisiert werden, dass jede Maßnahme erfasst wird, für die mit hinreichender Wahrscheinlichkeit vorhergesehen werden kann, dass sie unmittelbar oder mittelbar, tatsächlich oder potenziell den Handel zwischen den Mitgliedstaaten beeinflussen kann. Vgl. EuGH, Rs. 56/65, Slg. 1966, 28, 303 – LTM/Maschinenbaum Ulm. Dieselben Kriterien können bei der nach Art. 7 Abs. 4 erforderlichen Prognoseentscheidung angelegt werden, wenn die EU-Kommission vor Einleitung eines Vetoverfahrens zu bestimmen hat, ob eine geplante Maßnahme ein Hemmnis für den Binnenmarkt darstellt, vgl. Scherer, K&R 2002, 273, 282 m.w.N. zur Rechtsprechung; Koenig/Loetz/Neumann, K&R-Beilage 2/2003, 1, 29.

[199] Vgl. hierzu die Definition in Erwägungsgrund 38, RahmenRL, aaO.

Rechtsfolge hiervon ist, dass die nationale Regulierungsbehörde ihre Entscheidung um weitere zwei Monate verschieben muss.[200] Innerhalb dieser Frist kann die Kommission beschließen, die nationale Regulierungsbehörde aufzufordern, den Entwurf zurückzuziehen, vgl. Art. 7 Abs. 4 S. 3 RahmenRL.[201] Diesen Beschluss muss die Kommission ausführlich begründen. Sie muss darlegen, weshalb sie der Auffassung ist, dass der Maßnahmenentwurf nicht angenommen werden sollte. Die EU-Kommission wird die von der nationalen Regulierungsbehörde vorgelegte abweichende Marktabgrenzung hierzu einem Test unterziehen, der drei Kriterien umfasst. Anhand dieser Kriterien prüft die EU-Kommission, ob die Märkte mit den Grundsätzen des Wettbewerbsrechts übereinstimmen. Die Kommission wird der abweichenden Marktdefinition nur dann zustimmen, wenn auf dem Markt (i) beträchtliche, anhaltende strukturelle oder rechtliche Zugangshindernisse bestehen, (ii) der betreffende Markt nicht zu wirksamem Wettbewerb tendiert und (iii) dem betreffenden Marktversagen mit Hilfe des Wettbewerbsrechts allein nicht entgegengewirkt werden kann.[202] Diese Kriterien sind für die nationale Regulierungsbehörde damit zugleich der Maßstab, um zu prüfen, ob die beabsichtigte abweichende Marktabgrenzung von der EU-Kommission genehmigt würde.

In der Begründung muss die EU-Kommission ausserdem spezifische Vorschläge dazu machen, wie der Maßnahmenentwurf abzuändern ist, um ihre Bedenken zu beseitigen, vgl. Art. 7 Abs. 4 RahmenRL.

Diese Blockademöglichkeit gewährt der Kommission im Ergebnis ein Vetorecht[203], da die nationale Regulierungsbehörde im Falle der Ab-

---

[200] Diese Frist ist nicht verlängerbar, vgl. Art. 7 Abs. 4 S. 2 RahmenRL.

[201] Am 20.02.2004 hat die EU-Kommission erstmalig eine nationale Regulierungsbehörde gemäss Art. 7 Abs. 4 RahmenRL aufgefordert, einen Maßnahmenentwurf zurückzunehmen. Vgl.
Entscheidung der Kommission vom 20 Februar 2004 gemäß Artikel 7 Absatz 4 der Richtlinie 2002/21/EG („Aufforderung zur Rücknahme des Maßnahme-Entwurfs"), Sachen FI/2003/0024 und FI/2003/0027: Öffentliche Auslandstelefonverbindungen für Privatkunden und für andere Kunden an festen Standorten, 20.02.2004, K(2004)527 endgültig (Ficora-Entscheidung der EU-Kommission).

[202] Vgl. Empfehlung, aaO, Erwägungsgrund 19. Dieser 3-Kriterien-Test wird in den Erwägungsgründen 9ff. der Rahmenrichtlinie näher beschrieben; vgl. auch Anmerkungen zur Empfehlung, aaO., Punkt 3.2. Vgl. bereits Fn. 173.

[203] Der deutsche Entwurf eines Telekommunikationsgesetzes (TKG-E), Bundesrat, Drucksache 755/03, der am 15.10.2003 vom Kabinett beschlossen wurde, bestimmt in § 12 Abs. 2 Nr. 3 TKG-E ausdrücklich, dass die RegTP an den Be-

weichung bei der Frage der Marktabgrenzung bzw. Festlegung eines Unternehmens mit beträchtlicher Marktmacht keine Entscheidung gegen die Kommission treffen kann. Zwar ist gemäss Art. 7 Abs. 5 RahmenRL den Stellungnahmen der anderen nationalen Regulierungsbehörden und der Kommission nur „weitestgehend Rechnung" zu tragen. Damit hat die nationale Regulierungsbehörde grundsätzlich einen Umsetzungsspielraum; sie kann dementsprechend den sich hieraus ergebenden Maßnahmenentwurf annehmen und ihn der Kommission übermitteln. Allerdings macht Art. 7 Abs. 5 RahmenRL ausdrücklich eine Ausnahme für die in Art. 7 Abs. 4 RahmenRL genannten Fällen, wozu auch Abweichungen von den in der Empfehlung identifizierten Märkten (Art. 7 Abs. 4 a RahmenRL) gehören. Ausnahmen enthält Art. 7 Abs. 6 RahmenRL für die Fälle besonderer Dringlichkeit (einstweilige Maßnahmen).
Mit dem „Veto" kann die EU-Kommission abweichende Entscheidungen zur Marktdefinition somit blockieren, aber nicht ersetzen. Ihre positiven Gestaltungsmöglichkeiten beschränken sich darauf, Änderungen zu konkreten Maßnahmen vorzuschlagen, die aber von der nationalen Regulierungsbehörde nur unter Angabe einer Begründung verworfen werden können.[204] Von der rechtsverbindlichen Entscheidung zu länderübergreifenden Märkten, die die EU-Kommission nach Anhörung der nationalen Regulierungsbehörden gemäss Art. 22 Abs. 3 RahmenRL festlegt, kann die nationale Regulierungsbehörde allerdings nicht abweichen.[205]

c) Feststellung des Beherrschungsgrades (beträchtliche Marktmacht) im europäischen Kommunikationsrecht

Nach dem Marktmachtkonzept ist in einem zweiten Schritt der Grad der Marktbeherrschung auf den zuvor ermittelten relevanten Märkten zu bestimmen, d.h., es ist festzustellen, ob auf diesen Märkten beträchtliche Marktmacht des untersuchten Unternehmens vorliegt.

---

schluss der Kommission, den Entwurf zurückzuziehen, gebunden ist. Vgl. auch Begründung zum TKG-E, aaO., S. 86, abrufbar unter http://www.bmwi.de, in der ausdrücklich von einem Vetorecht der Kommission gesprochen wird.

[204] Vgl. Schütz/Attendorn, MMR-Beilage 4/2002, S. 7.

[205] Vgl. Leitlinien Marktanalyse, aaO., Rn. 9.

(1) Marktanalyseverfahren nach Art. 16 RahmenRL

Auf europäischer Ebene erfolgt die Ermittlung des Beherrschungsgrades (Feststellung beträchtlicher Marktmacht) im Rahmen des Marktanalyseverfahrens nach Art. 16 RahmenRL. Zur Auferlegung sektorspezifischer Regulierungsmaßnahmen führen die nationalen Regulierungsbehörden im Anschluss an die Marktdefinition nach Art. 15 RahmenRL eine Analyse der Marktsituation durch, die auf der jeweiligen Marktdefinition aufbaut. Nach Art. 16 Abs. 1 RahmenRL sind auch hierbei die von der EU-Kommission erlassenen Leitlinien zur Marktanalyse weitestgehend zu berücksichtigen.

Bevor die nationale Regulierungsbehörde solche Ex-ante-Maßnahmen gegenüber Unternehmen mit beträchtlicher Marktmacht auferlegen, beibehalten, ändern oder aufheben kann, hat sie zu prüfen, ob auf dem ermittelten sachlich und räumlich relevanten Markt wirksamer Wettbewerb herrscht, vgl. Art. 16 Abs. 2 RahmenRL. Die sektorspezifische Regulierung soll also immer dort durch das allgemeine Wettbewerbsrecht ersetzt werden, wo wirksamer Wettbewerb auf den Märkten herrscht.[206] Eine Legaldefinition des Begriffes des wirksamen Wettbewerbs fehlt in den Richtlinienvorschriften. Nach dem Verständnis der Rahmenrichtlinie, wie es insbesondere in Erwägungsgrund 27 deutlich wird, besteht kein wirksamer Wettbewerb auf Märkten, auf denen es ein oder mehrere Unternehmen mit beträchtlicher Marktmacht gibt.[207] Wirksamer Wettbewerb bedeutet damit Abwesenheit von Marktbeherrschung.[208] Anders ausgedrückt ist wirksamer Wettbewerb auf einem Markt automatisch gegeben, soweit auf diesem Markt kein Unternehmen mit beträchtlicher Marktmacht tätig ist.[209] Beträchtliche Marktmacht und wirksamer Wettbewerb sind somit dergestalt miteinander verknüpft, dass das Vorliegen des einen die Annahme des anderen ausschliesst.[210]

Die nationalen Regulierungsbehörden haben bei der Marktanalyse einen weiten Beurteilungsspielraum. Dieser ergibt sich aus der Tat-

---

[206] Vgl. Art. 16 Abs. 3 und 4 RahmenRL.

[207] Vgl. RahmenRL, aaO., Erwägungsgrund 27. Zur Herleitung des Konzeptes des wirksamen Wettbewerbs und für einen Vergleich dieses Konzeptes mit dem Begriff des funktionsfähigen Wettbewerbs, vgl. Braun/Capito, in: Koenig/Bartosch/Braun, EC Competition and Telecommunications Law, Kapitel 7, B.III; Vgl. Koenig/Vogelsang/Kühling/Loetz/Neumann, K&R 2003, 8, 14ff..

[208] Vgl. auch Leitlinien Marktanalyse, aaO., Rn. 19 und 112.

[209] Vgl. Capito/Elspaß, K&R 2003, 110, 114.

[210] Vgl. Capito/Elspaß, K&R 2003, 110, 114.

sache, dass für die im Rahmen der Marktanalyse zu untersuchende Frage des Vorliegens wirksamen Wettbewerbs die verschiedenen Kriterien, wie sie in den Leitlinien bespielshaft aufgeführt[211] sind, in einer Gesamtbetrachtung abgewogen werden müssen.[212] Diese Abwägung hat einen wertenden Inhalt. Es ist daher sachgerecht nur eine auf Beurteilungsfehler beschränkte gerichtliche Überprüfung vorzunehmen.[213]
Absätze 3 und 4 des Art. 16 RahmenRL beschreiben das Vorgehen im Falle der positiven bzw. negativen Beantwortung der Frage des Vorliegens wirksamen Wettbewerbs. Art. 16 Abs. 3 RahmenRL regelt den Fall, dass die nationale Regulierungsbehörde einen solchen wirksamen Wettbewerb feststellt. Dann darf sie weder eine Verpflichtung auferlegen noch beibehalten. Die Anwendung spezifischer Regulierungsmaßnahmen ist rechtswidrig. Bestehende Regulierungsmaßnahmen sind aufzuheben. Ein Ermessen besteht diesbezüglich nicht. Art. 16 Abs. 4 RahmenRL gilt bei der Feststellung des Fehlens wirksamen Wettbewerbs durch die nationale Regulierungsbehörde. Ex-ante-Verpflichtungen dürfen (und müssen) nur in einem solchen Falle auferlegt werden. Herrscht kein wirksamer Wettbewerb, so hat die nationale Regulierungsbehörde zunächst Unternehmen mit beträchtlicher Marktmacht i.S.d. Art. 14 RahmenRL zu ermitteln. Anschliessend hat sie diesen dann geeignete spezifische Verpflichtungen aufzuerlegen bzw. solche entsprechend abzuändern oder beizubehalten. Die Wahl der konkret aufzuerlegenden Verpflichtung liegt im Ermessen der nationalen Regulierungsbehörde, wobei die Einzelrichtlinien verschiedene Verpflichtungen zur Auswahl stellen.[214]

---

[211] Vgl. Leitlinien Marktanalyse, aaO., Rn. 72ff..

[212] Siehe hierzu im Anschluss S. 51ff..

[213] Für eine solche Auslegung der Richtlinienvorschriften spricht auch die Begründung der EU-Kommission in ihrer Ficora-Entscheidung vom 20.2.2004 (vgl. Fn. 201). Dort führt die EU-Kommission im Entscheidungsgrund 29 aus, dass den NRBs „diskretionäre Kompetenzen mit Blick auf den komplexen Charakter der zu untersuchenden ökonomischen, tatsächlichen und rechtlichen Situationen" zukommen. Deshalb könne „die Kommission das Ergebnis einer weiteren Marktanalyse nicht vorwegnehmen."

[214] Vgl. z.B. Art. 9-13 Zugangsrichtlinie, die die Verpflichtungen zur Transparenz, Gleichbehandlung, getrennter Buchführung, Zugang zu bestimmten Netzeinrichtungen und deren Nutzung sowie der Preiskontrolle und Kostenrechnung aufführen. Vgl. auch Achter Bericht der Kommission zur Umsetzung des Reformpakets für den Telekommunikationssektor, KOM(2002) 695 endgültig (8. Umsetzungsbericht), S. 8. Vgl. bereits S. 13.

(2) Kriterien zur Feststellung beträchtlicher Marktmacht im europäischen Kommunikationsrecht

Nach den Vorgaben des europäischen Kommunikationsrechts können zur Feststellung beträchtlicher Marktmacht verschiedene, bereits aus dem allgemeinen Wettbewerbsrecht bekannte Kriterien herangezogen werden.[215] Die EG-Organe ziehen in der Praxis im Rahmen einer Gesamtbetrachtung vor allem drei Kriterien heran: Die Marktstruktur (Marktanteile, Anzahl der Wettbewerber), die Unternehmensstruktur (unternehmensspezifische Eigenschaften und Fähigkeiten) und das Marktverhalten.[216]

Die Marktstrukturkriterien[217] bilden den Ausgangspunkt für die Beurteilung der Marktstellung eines Unternehmens. Bei den Marktstrukturkriterien ist der Marktanteil das wichtigste Kriterium zur Beurteilung des Vorliegens oder Nichtvorliegens beträchtlicher Marktmacht.[218] Nachdem die im bisherigen EU-Telekommunikationsrecht geltende 25%-Regel als Indikator beträchtlicher Marktmacht nun im neuen

---

[215] Vgl. Leitlinien Marktanalyse, aaO., Tz. 75ff. und die nachfolgenden Ausführungen. Für eine überblicksartige Darstellung dazu, wie diese Kriterien zukünftig auf Telekommunikationsmärkten anzuwenden sind, vgl. das „ERG Working paper on the SMP concept for the new regulatory framework", May 2003, ERG(03) 09rev2, abrufbar unter http://www.erg.eu.int/doc/publications/erg_03_09_smp_workingpaper.doc, S. 3ff..

[216] Vgl. EuGH, Urteil v. 14.2.1978, Slg. 1978, 207 Rn. 58ff. – United Brands; Urteil v. 13.2.1979, Slg. 1979, 461ff., Rn. 31ff. – Hoffmann-LaRoche; Urteil v. 9.11.1983, Slg. 1983, 3461ff.; EuG v. 12.12.1991, Slg. 1991, II-1439ff.

[217] Das Kriterium der Struktur des Marktes beschreibt die im Markt bestehende Wettbewerbssituation, die maßgeblich von der Höhe der Marktanteile und der Anzahl der Wettbewerber bestimmt wird. Vgl. Dirksen, in: Langen/Bunte, Art. 82 Rn. 38.

[218] Vgl. Leitlinien Marktanalyse, aaO., Rn. 75ff.; weitere Kriterien sind in Rn. 78 aufgeführt. Vgl. Krüger, K&R, Beilage 1/2003, 9. 14f. Priorität besitzt das Marktanteilskriterium aber nicht. Besonders hohe Marktanteile lassen beträchtliche Marktmacht vermuten, jedoch ist der Marktanteil nicht allein hinreichend, um auf beträchtliche Marktmacht zu schliessen. Der Marktanteil drückt aus, bis zu welchem Grade das führende Unternehmen die Produktion oder Verteilung von Gütern auf dem relevanten Markt kontrolliert und damit dem Wettbewerb anderer Unternehmen entzieht. Vgl. Schröter, in: von der Groeben/Thiesing/Ehlermann, Art. 86 Rn. 75. Dabei gilt die Regel, daß das Gewicht der anderen Faktoren umso geringer sein kann, je höher der Marktanteil eines Unternehmens ist. Vgl. EuGH, Slg. 1982, 3461, 3503ff. – Michelin; Slg. I 1991, 3439, 3452f. – Akzo; Emmerich, S. 453 m.w.N; Jauck, IJCLP, Issue 4, Winter 1999/2000, S. 40.

Rechtsrahmen nicht mehr vorhanden ist[219], sind die wettbewerbsrechtlichen Grundsätze heranzuziehen.[220] In der Spruchpraxis des EuGH und EuG haben sich Schwellenwerte (regelmässig zwischen 50 und 75% Marktanteil) herausgebildet, mit denen das Vorliegen einer beherrschenden Stellung beurteilt werden kann.[221] In der Regel wird die Schwelle seitens des EuGH bei 75% gesehen.[222] Bei Marktanteilen zwischen 25% und 70% lässt sich eine beherrschende Stellung nur anhand ergänzender Kriterien begründen.[223] Bei Marktanteilen unter 25% ist die Marktbeherrschung in der Regel ausge-

---

[219] Nach dieser 25%-Regel wurde bei einem Unternehmen mit einem Marktanteil von über 25% am entsprechenden Telekommunikationsmarkt beträchtliche Marktmacht vermutet. Vgl. Fn. 15. Bereits Art. 3 Abs. 2 des Vorschlags einer Rahmenrichtlinie gibt die 25%-Regel zugunsten einer „flexibleren" Eingriffsvoraussetzung auf, die allerdings durch sekundäres Gemeinschaftsrecht und Empfehlungen konkretisiert wird, vgl. Mitteilung der Kommission v. 26.4.2000, aaO., S. 26; Scherer, K&R 2002, 273, 283.

[220] Danach ist als Schwelle für das Vorliegen beträchtlicher Marktmacht regelmässig ein Marktanteil von über 40% erforderlich. Vgl. Leitlinien Marktanalyse, aaO., Rn. 75 m.w.N.. Der EuGH setzt diese Schwelle bei 50% an, vgl. EuGH, Urteil v. 13.2.1979, Slg. 1979, 461 – Hoffmann-LaRoche, Rn. 41; Urteil v. 3.7.1991, Slg. 1991 I, 3359 – Akzo, Rn. 60.

[221] EuGH, Urteil v. 13.2.1979, Slg. 1979, 461ff., Rn. 41 - Hoffmann-La Rouche, dort wurde festgestellt, dass ein Marktanteil von mindestens 65% alleine ausreichend ist für den Beweis der Existenz einer beherrschenden Stellung; EuGH, Urteil v. 3.7.1991, Slg. 1991, I 3359ff., Rn. 60 – Akzo (wo allerdings schon 50% für ausreichend gehalten wurde); EuG, Urteil v. 12.12.1991, Slg. 1991, II 1439, Rn. 91 – Hilti; EuGH, Urteil v. 13.2.1979, Slg. 1979, 461ff., Rn. 52ff – Hoffmann-La Rouche; im Fall EuGH, Urteil v. 3.7.1991, Slg. 1991, I-3359, Rn. 60 – Akzo wurden bereits 50% als besonders hoch qualifiziert, jedoch waren die Marktanteile über 4 Jahre stabil geblieben, vgl. Rn. 58ff.; vgl. ausführlich zu den einzelnen Marktanteilen, Jung, in: Grabitz/Hilf, Art. 82 Rn. 82ff.; Schröter, in: von der Groeben/Thiesing/Ehlermann, Art. 86 Rn. 77ff. Es gibt im EU-Wettbewerbsrecht keinen § 19 Abs. 3 GWB entsprechenden Vermutungstatbestand.

[222] EuGH, Urteil v. 13.2.1979, Slg. 1979, 461ff., Rn. 52ff – Hoffmann-La Rouche.

[223] Vgl. EuGH, Urteil v. 14.2.1978, Slg. 1978, 207ff., Rn. 108/110 – United Brands, wo der EuGH bereits um die 40% als ausreichend angesehen hat; daneben sind jedoch auch die Stärke und die Zahl der Wettbewerber zu berücksichtigen, da die Prozentzahl allein kein Rückschluss auf die Kontrolle des Marktes zulässt; vgl. auch Jung, in: Grabitz/Hilf, Art. 82 Rn. 83; Schröter, in: von der Groeben/Thiesing/Ehlermann, Art. 86 Rn. 80.

schlossen.[224] Marktanteile von unter 10% schliessen eine solche immer aus.[225]
Für das Kommunikationsrecht ergibt sich aus den Leitlinien zur Marktanalyse, die auf dieser Spruchpraxis europäischer Gerichte aufbauen, mithin folgende Einordnung der Bedeutung des Marktanteilkriteriums: Von einer beherrschenden Stellung und damit auch von beträchtlicher Marktmacht ist ohne weiteres bei einem Marktanteil von über 50% auszugehen. Weitere Kriterien sind dann irrelevant. Bei 40-50% Marktanteil genügen Hinweise auf das Vorliegen von Marktmachtindikatoren. Bei einem Marktanteil von 25-40% müssen zusätzliche Marktmachtindikatoren nachgewiesen werden. Bei einem Marktanteil unter 25% ist eine marktbeherrschende Stellung grundsätzlich ausgeschlossen.[226]

Bei der Analyse der Unternehmensstruktur geht es um die Frage, wie das möglicherweise marktbeherrschende Unternehmen seine Unabhängigkeit gegenüber anderen Marktteilnehmern behauptet, indem es unternehmensspezifische Eigenschaften und Fähigkeiten einsetzt. Das sind vor allem seine Ressourcen, Mittel und Methoden für Einkauf, Produktion und Vertrieb.[227] Die Unternehmensstruktur wird

---

[224] Vgl. Jung, in: Grabitz/Hilf, Art. 82 Rn. 85; Schröter, in: von der Groeben/Thiesing/Ehlermann, Art. 86 Rn. 82; die FKVO enthält hierzu eine entsprechende widerlegbare Vermutung, FKVO, aaO, 15. Begründungserwägung.
[225] Schröter, in: von der Groeben/Thiesing/Ehlermann, Art. 86 Rn. 82; Jung, in: Grabitz/Hilf, Art. 82 Rn. 85 m.w.N.; Vgl. Jauck, IJCLP, Issue 4, Winter 1999/2000, S. 40f.
[226] Vgl. Leitlinien Marktanalyse, aaO., Rn 75 mit weiteren Nachweisen zu Kommissionsentscheidungen und Rechtsprechung hierzu. Dort heißt es: „Bei Marktanteilen von nicht mehr als 25% [...] dürften die betreffenden Unternehmen auf dem relevanten Markt also keine (alleinige) beherrschende Stellung haben". D.h. auch bei Marktanteilen eines einzelnen Unternehmens von unter 25% kann im Falle kollektiver Marktbeherrschung eine marktbeherrschende Stellung mehrerer Unternehmen, von denen jedes für sich genommen Marktanteile unter 25% haben kann, angenommen werden. Vgl. auch Scherer, K&R 2002, 273, 285.
[227] Vgl. Klaue/Schwintowski, S. 69; Dirksen, in: Langen/Bunte, Art. 82 Rn. 54 m.w.N.; Jung, in: Grabitz/Hilf, Art. 82 Rn. 87ff.; EuGH, Urteil v. 13.2.1979, Slg. 1979, 461, 521ff. – Hoffmann-La Roche/Vitamine; EuGH, Urteil v. 14.2.1978, Slg. 1978, 207, 287ff. – United Brands.

analysiert, wenn die Marktstruktur keinen eindeutigen Schluss auf die etwaige Marktbeherrschung zulässt.[228]

Das Marktverhalten eines Unternehmens indiziert in der Rechtspraxis des EU-Wettbewerbsrechts dann Marktmacht, wenn es Ausdruck eines gegenüber Wettbewerbern, Abnehmern und Verbrauchern unabhängigen Verhaltens ist, das geeignet ist, die Aufrechterhaltung eines wirksamen Wettbewerbs zu verhindern, ohne daß dies dem fraglichen Unternehmen selbst zum Schade gereichte.[229] Das Kriterium des Marktverhaltens wird nur zur Unterstützung und kritischen Überprüfung im Zusammenhang mit den Strukturkriterien herangezogen, da Verhalten als dynamischer Parameter immer mehrere Motivationen haben kann, also ambivalent ist.

Allerdings ist keines dieser Kriterien zur Feststellung beträchtlicher Marktmacht allein ausschlaggebend oder besitzt Priorität gegenüber den anderen.[230] Es kommt auf die Gewichtung der einzelnen Kriterien im Rahmen einer Gesamtbetrachtung im konkreten Einzelfall an.[231]

(3) Exkurs: Die Kriterien der Marktbeherrschung in der telekommunikationsrechtlichen Anwendung in Deutschland

Eine Liste gesetzlich normierter Kriterien, die im deutschen Wettbewerbs- und Telekommunikationsrecht auf der Stufe der Ermittlung des Beherrschungsgrades herangezogen werden, findet sich im deutschen Recht im Kriterienkatalog des § 19 Abs. 2 S.1 Nr. 2 GWB.

---

228 Dann werden Kriterien wie z.B. die Gesamtgrösse des Unternehmen, Kontrolle über nicht leicht ersetzbare Infrastruktur, Grössen- und Verbundvorteile, vertikale Integration abgewogen. Weitere Indikatoren finden sich in den Leitlinien Marktanalyse, aaO., Rn. 78. Die dort aufgeführten Kriterien sind aber nicht abschliessend.

229 Vgl. EuGH, Urteil v. 13.2.1979, Slg. 1979, 461, 520 – Hoffmann-La Roche/Vitamine; EuGH, Urteil v. 14.2.1978, Slg. 1978, 207, 286 – United Brands; vgl. Dirksen, in: Langen/Bunte, Art. 82 Rn. 56;

230 Vgl. Leitlinien Marktanalyse, aaO., Tz. 78f.

231 Vgl. EuGH, Urteil v. 14.2.1978, Slg. 1978, 207 Rn. 65f – United Brands; vgl. EuG, Urteil v. 12.12.1991, Slg. 1991, II 1439ff, Rn. 90 – Hilti; Dirksen, in: Langen/Bunte, Art. 82 Rn. 37. Vgl. Leitlinien Marktanalyse, aaO., Rn. 78ff. Vgl. auch die Ficora-Entscheidung der EU-Kommission, aaO., Entscheidungsgründe 15ff. und 34, in der die EU-Kommission Wert auf eine möglichst umfassende Abwägung der in den Leitlinien zur Marktanalyse aufgeführten Kriterien legt.

Unter dem bisherigen TKG von 1996 sind diese Kriterien des § 19 GWB anzuwenden, da das TKG von 1996 zur Ermittlung der marktbeherrschenden Stellung eines Unternehmens auf § 19 GWB verweist. Soweit einzelne Kriterien des europäischen Rechts dort nicht ausdrücklich aufgeführt sind, können diese trotzdem herangezogen werden, da die in § 19 GWB genannten Kriterien nicht abschliessend sind.

Da der Begriff der beträchtlichen Marktmacht im europäischen Kommunikationsrecht unter Heranziehung der wettbewerbsrechtlichen Definition der beherrschenden Stellung definiert wird, können die Kriterien des § 19 Abs. 2 S. 1 Nr. 2 GWB auch weiterhin im deutschen Telekommunikationsrecht zur Ermittlung des Beherrschungsgrades (beträchtliche Marktmacht) herangezogen werden, wenn die von der Rechtsanwendungspraxis der europäischen Gerichte entwickelten Kriterien inhaltlich mit diesen deutschen Kriterien (Marktanteil, Finanzkraft, Zugang zu den Beschaffungs- oder Absatzmärkten, Verflechtungen mit anderen Unternehmen, rechtliche oder tatsächliche Marktzutrittsschranken, tatsächlicher oder potentieller Wettbewerb, Umstellungsflexibilität, Ausweichmöglichkeiten der Marktgegenseite) übereinstimmen. Dies wird in den nachfolgenden Ausführungen untersucht.

(a) Marktanteil

Der Marktanteil ist in der wettbewerbsrechtlichen und telekommunikationsrechtlichen Praxis in Deutschland das wichtigste Kriterium und Ausgangspunkt für die Beurteilung der Marktstellung, weil er das Ergebnis der wettbewerblichen Auseinandersetzung ist und deshalb die Kräfteverhältnisse der Marktteilnehmer widerspiegelt.[232] In ihm drückt sich vor allem der bleibende Erfolg eines Unternehmens aus.[233] Grundsätzlich gilt: Ein sehr hoher Marktanteil spricht für das Bestehen einer marktbeherrschenden Stellung, während ein niedriger Marktanteil dagegen spricht.[234]

Die RegTP zieht bisher die Vermutungsregel des § 19 Abs. 3 S. 1 GWB heran, wenn der Marktanteil offensichtlich über der Schwelle

---

232 Vgl. Hübschle, in: Hdb dt/europäisches KartellR, Kap. 4 § 2 Rn. 42 m.w.N.; BGH WuW/E BGH 2575, 2580 – Kampffmeyer-Plange; WuW/E BGH 1501, 1504f. – KFZ-Kupplungen.

233 Vgl. Möschel, in: Immenga/Mestmäcker, § 19 Rn. 59 m.w.N..

234 Möschel, in: Immenga/Mestmäcker, § 19 Rn. 59 m.w.N..

von einem Drittel liegt.[235] Eine solche Vermutungsregel ist aber mit dem europäischen Kommunikationsrecht nicht vereinbar.[236]
Der Marktanteil wird sowohl im Hinblick auf die Umsätze als auch auf andere Parameter wie z.B. die Verkehrsminuten untersucht.[237] Anhaltspunkte für das Vorliegen einer marktbeherrschenden Stellung liefern neben der absoluten Höhe von Marktanteilen Marktanteilsabstände sowie die Verteilung und Entwicklung der Marktanteile.[238]
Die Rechtsprechung bemisst den Marktanteil eines Unternehmens in der Regel als den durch den Umsatz ausgedrückten Wertanteil eines Produktes am relevanten Markt, nicht jedoch als Mengenanteil.[239] Allerdings wird hiervon insofern abgewichen, als dass bei heterogenen Produkten und insbesondere bei Dienstleistungen zwar der Wertanteil der gebotene Indikator ist. Bei homogenen Produkten ist jedoch auch der Mengenanteil heranzuziehen.[240] Grundsätzlich ist damit das Vorgehen der RegTP, beide Faktoren zu berücksichtigen, von der Rechtsprechung gedeckt.
Neben dieser absoluten Höhe wird auch der Abstand zum nächsten Anbieter berücksichtigt, also der Marktanteilsabstand. An ihm lässt sich eine asymmetrische Machtverteilung auf einem Markt ablesen.[241] Absoluter und relativer Marktanteil stehen in einer Wechselwirkung:

---

[235] Vgl. z.B. RegTP, BK 2c 00/019 v. 20.2.2001 – Dänemark, S. 27; BK 2b 00/014 v. 20.2.2001 – USA, S. 27. Der Streit darüber, ob diese Regelung europarechtskonform ist, da Art. 4 Abs. 3 der Richtlinie 97/33/EG beträchtliche Marktmacht bereits bei einem Anteil über 25% vermutete, hat für das neue EU-Kommunikationsrecht keine Bedeutung mehr, da die 25%-Eingriffschwelle abgeschafft ist. Im Übrigen hat die RegTP den § 19 Abs. 3 GWB durch eine Verwaltungsvorschrift richtlinienkonform ausgelegt, indem sie bei Vorliegen von Anhaltspunkten ab einem Marktanteil von über 25 v.H. Ermittlungen dazu einleitete, ob eine marktbeherrschende Stellung vorliegt. Vgl. Mitteilung Nr. 547/2001, RegTP, Amtsblatt Nr. 20 v. 17.10.2001. Die Vermutungsregel dient aber schon wegen des Amtsermittlungsgrundsatzes nur als erster Anhaltpunkt und befreit die RegTP nicht von der Gewichtung im Rahmen der wertenden Gesamtschau.

[236] Dort gelten die auf S. 51ff. beschriebenen Marktanteile.

[237] Vgl. z.B. RegTP, BK 2b 00/014 v. 20.2.2001 – USA, S. 27.

[238] Vgl. RegTP, BK 2c 00/019 v. 20.2.2001 – Dänemark, S. 27; BK 2c 00/018 v. 20.2.2001 – Türkei, S. 30f; BK 2b 00/014 v. 20.2.2001 – USA, S. 27; vgl. auch Eckpunktepapier, aaO., Eckpunkt 11; Stögmüller, CR 2001, 507, 512.

[239] Möschel, in: Immenga/Mestmäcker, § 19 Rn. 59 m.w.N.; vgl. BGH WuW/E BGH 2150, 2154 – Edelstahlbestecke; vgl. Checkliste des BKartA, S. 15; Bunte, Kartellrecht, S. 196.

[240] Vgl. Möschel, in: Immenga/Mestmäcker, § 19 Rn. 59 m.w.N.

[241] Emmerich, S. 189; vgl. Möschel, in: Immenga/Mestmäcker, § 19 Rn. 60.

Je größer der Abstand zu den Konkurrenten ist, desto geringer kann die absolute Höhe des Marktanteils sein. Die Indizwirkung des Marktanteils ist schwächer, je geringer seine absolute Höhe ist.[242] Je geringer die Indizwirkung des Marktanteils ist, desto sorgfältiger ist der Nachweis der marktbeherrschenden Stellung anhand anderer Umstände zu führen.[243] Dabei gilt, dass bei einem deutlichen Vorsprung des zu untersuchenden Unternehmens gegenüber dem nächstgrössten Wettbewerber eher von einer marktbeherrschenden Stellung ausgegangen werden kann. Ist hingegen der Abstand zum nächst grösseren Wettbewerber gering, kann das – wie in der Türkei-Entscheidung[244] der RegTP entschieden - sogar die Marktbeherrschung ausschliessen. Auch die Entwicklung im Zeitablauf hat Einfluss auf die Bedeutung des Marktanteils.[245]
Das Kriterium des Marktanteils ist aber nicht alleine ausschlaggebend, sondern im Rahmen der Gesamtschau mit anderen Kriterien zu gewichten.[246] Die Prüfung des Marktanteilskriteriums steht im Einklang mit dem europäischen Kommunikationsrecht.[247]

(b) Finanzkraft

Das Kriterium der Finanzkraft umfasst die Gesamtheit der finanziellen Mittel und Möglichkeiten eines Unternehmens, insbesondere die Finanzierungsmöglichkeiten nach Eigen- und Fremdfinanzierung sowie seinen Zugang zum Kapitalmarkt.[248] Der Finanzkraft kommt deshalb besondere Bedeutung zu, da über sie besondere Verhaltensspielräume eröffnet werden, indem z.B. ein Gewinntransfer bzw. Verlustausgleich über verschiedene Märkte hinweg möglich ist

---

[242] Möschel, in: Immenga/Mestmäcker, § 19 Rn. 59; vgl. BGH WuW/E BGH 2771, 2773 – Kaufhof/Saturn.
[243] Vgl. Hübschle, in: Hdb dt/europäisches KartellR, Kap. 4 § 2 Rn. 44.
[244] Vgl. RegTP, BK 2c 00/018 v. 20.2.2001 – Türkei, S. 30f.; vgl. hierzu ausführlich S. 198ff..
[245] Vgl. RegTP, BK 2c 01/016 v. 26.3.2003 – Japan, S. 23; vgl. auch Ruppelt, in: Langen/Bunte, § 19 Rn. 50; Checkliste des BKartA, S. 12ff.
[246] Vgl. Bunte, Kartellrecht, S. 197; RegTP, z.B. BK 2c 00/018 v. 20.2.2001 – Türkei, S. 32.
[247] Vgl. S. 51ff..
[248] Möschel, in: Immenga/Mestmäcker, § 19 Rn. 63 m.w.N.; Ruppelt, in: Langen/Bunte, § 19 Rn. 51; zu den Kriterien, die zur Bemessung der Finanzkraft herangezogen werden können, vgl. BKartA, Auslegungsgrundsätze, S. 17; RegTP, BK 2c 01/017 v. 15.4.2003 – Australien, S. 19.

(Quersubventionierung)[249] und so Verdrängungsstrategien erfolgreich sein können.[250] Überlegene Finanzkraft kann einem Unternehmen Verhaltensspielräume eröffnen. Finanzkraft lässt sich dabei insbesondere am Cash-Flow, dem Gewinn, dem Umsatz sowie dem Zugang der Unternehmen zum Kapitalmarkt ablesen.[251] Zu einer überragenden Marktstellung (§ 19 Abs. 2 S. 1 Nr. 2 GWB) führt sie allerdings nur dann, wenn sie bei den Wettbewerbern Entmutigungs- und Abschreckungseffekte hervorruft.[252] Insbesondere im Telekommunikationsbereich bedeutet das, dass es weitere finanzkräftige Partner geben kann, die insbesondere auf den Auslandsmärkten aktiv sein können und die Bedeutung der Finanzkraft des dominierenden Anbieters DTAG relativieren können.[253] Das Kriterium der Fi-

---

[249] Vgl. BKartA, WuW/E BKartA 1753, 1758 – bituminöses Mischgut; BKartA, Auslegungsgrundsätze, S. 16.

[250] Vgl. Möschel, in: Immenga/Mestmäcker, § 19 Rn. 63 m.w.N.; BKartA, Auslegungsgründsätze, S. 16ff.

[251] Vgl. z.B. RegTP, BK 2c 00/019 v. 20.2.2001 - Dänemark, S. 28.

[252] Vgl. Mayen, MMR 2001, 648, 651; Stögmüller, CR 2001, 507, 512.

[253] Vgl. RegTP, BK 2c 00/019 v. 20.2.2001 - Dänemark, S. 28; BK 2c 00/018 v. 20.2.2001 – Türkei, S. 31. Hierbei ist umstritten, ob die Finanzkraft tatsächlich eingesetzt werden muss, um Auswirkungen auf das Vorliegen einer überragenden Marktstellung zu haben, oder ob es genügt, wenn diese potentiell vorhanden ist. Einige halten potentielle Finanzkraft zur Disziplinierung des etablierten Anbieters für ausreichend. Auf die Bereitschaft internationaler Anbieter, ihre Finanzkraft auch tatsächlich einzusetzen, komme es nicht an. Entscheidend sei vielmehr, dass aufgrund der Tatsache der gegebenen Finanzkraft eine potentielle Wettbewerbssituation entstehe, die für sich genommen verhaltenskontrollierende Wirkung zeige. Hiefür genüge die Bereitschaft zum Einsatz der Mittel. Andere stellen heraus, dass nur die Finanzkraft ausschlaggebend sei, die auch tatsächlich zum Einsatz komme. Gerade ausländische Konzerne seien nicht ohne weiteres bereit, ihre Finanzkraft auch in Deutschland einzusetzen. Vgl. hierzu Eckpunkte, Zusammenfassung der Stellungnahmen, MMR-Beilage 7/2002, 27, 41. Die RegTP folgt der ersten Ansicht und lässt die potentielle Finanzkraft ausreichen. Vgl. RegTP, BK 2b 00/014 v. 20.2.2001 – USA, S. 27f.: „In Bezug auf die Finanzkraft ist festzustellen, dass neben der Antragstellerin weitere Unternehmen mit finanzkräftigen Partnern, bzw. Müttern am Markt [...] aktiv sind. Es kann davon ausgegangen werden, dass Unternehmen wie etwa MCI WorldCom oder die zum Vodafone-Konzern gehörenden Anbieter Arcor und o.tel.o über ähnliche finanzielle Mittel und Finanzierungsmöglichkeiten verfügen wie die Antragstellerin. Hierdurch relativiert sich insoweit die zweifelsohne bestehende erhebliche Finanzkraft der Antragstellerin."

nanzkraft ist als Unternehmensstrukturkriterium auch im europäischen Kommunikationsrecht anerkannt.[254]

(c) Zugang zu den Absatz- und Beschaffungsmärkten

Nach Auffassung der RegTP ist ein im Vergleich zu Wettbewerbern besserer Zugang zu Beschaffungs- und Absatzmärkten im Telekommunikationsbereich aufgrund der Netzeigenschaft[255] besonders bedeutsam bei der Beurteilung marktbeherrschender Stellungen, weil ein marktstarkes Unternehmen seinen Konkurrenten den Zugang zu diesen Märkten erschweren oder gar verschliessen kann (Marktschließungseffekt).[256] Solche Marktschließungseffekte treten insbesondere dann auf, wenn es sich bei dem marktstarken Unternehmen um ein vertikal integriertes Unternehmen handelt, das also nicht nur auf dem betroffenen Markt, sondern auch auf einem wichtigen vor- oder nachgelagerten Markt tätig ist.[257] Dieses Kriterium ist in der Regel für sich alleine nicht ausreichend, um eine überragende Stellung zu begründen. Seine Bedeutung liegt daher vor allem in der Absicherung einer vom Marktanteil indizierten starken Marktposition.[258] Es ist auch in der Praxis des europäischen Kommunikationsrechts anerkannt.[259]

(d) Marktzutrittsschranken

Bei dem Kriterium des Marktzutritts geht es um die Frage, zu welchen Kosten ein Marktzutritt durch potentielle Wettbewerber möglich ist, d.h. ob ein Markteintritt bzw. –austritt mit erheblichen versunkenen und somit irreversiblen Kosten verbunden wäre. Es handelt sich damit nicht um ein unternehmensbezogenes Kriterium, sondern um ein

---

[254] Vgl. S. 53.
[255] Jeder Diensteanbieter, der nicht über eine flächendeckende Infrastruktur verfügt, ist vom diskriminierungsfreien Zugang zu dem Vorleistungsmarkt abhängig.
[256] Vgl. Eckpunkte, aaO., Eckpunkt 13.
[257] Vgl. Eckpunkte, aaO., Eckpunkt 13; das kann auch schon dadurch erreicht werden, dass das Unternehmen zwar nicht auf beiden Märkten tätig ist, aber Verflechtungen mit Lieferanten oder Abnehmern bestehen. Vgl. RegTP, BK 2c 01/017 v. 15.4.2003 – Australien, S. 20.
[258] RegTP, BK 2c 01/017 v. 15.4.2003 – Australien, S. 20; Ruppelt, in: Langen/Bunte, § 19 Rn. 52.
[259] Vgl. S. 53.

marktbezogenes Strukturkriterium.[260] Es kennzeichnet nicht die individuelle Stärke des Unternehmens, sondern äußere Wettbewerbsbedingungen des relevanten Marktes, denen sowohl die Wettbewerber als auch die Marktgegenseite unterworfen sind.[261]
Hohe Marktzutrittschranken sind ein Indiz für das Bestehen einer überragenden Marktstellung, da sie die Marktstellung des marktstarken Unternehmens gegenüber Neueintritten absichern.[262] Sie können auf rechtlichen oder tatsächlichen Gründen beruhen.[263] Im Telekommunikationssektor bestehen durch die relative kurze Marktöffnung insbesondere strukturelle, aber auch strategische Marktzutrittschranken. Eine Zuordnung ist nicht immer eindeutig möglich, da die Übergänge fließend sein können.
Strukturelle Marktzutrittschranken sind dabei - vereinfacht gesagt – solche, die in der Eigenschaft des betrachteten Marktes liegen. Sie werden in der Regel nicht absichtlich geschaffen und sind in der Regel auf bestimmte technologische oder nachfragebedingte Charakteristika zurückzuführen.[264]
Strategische Marktzutrittsschranken werden von etablierten Anbietern bewusst errichtet, um potentiellen Anbietern den Marktzutritt zu erschweren.[265]
Als Marktzutrittschranken kommen in Betracht: Versunkene Kosten (sunk costs), Preisdumping- und Quersubventionierungsmöglichkeiten, niedrige Gewinnmargen, Überschreitung von Bereitstellungszeiten, Qualität der Vorleistungen, Bildung von Sortimenten bzw.

---

[260] Vgl. Eckpunkte, aaO., Eckpunkt 14; vgl. BKartA, Auslegungsgrundsätze, S. 25; Ruppelt, in: Langen/Bunte, § 19 Rn. 54.
[261] RegTP, BK 2c 01/017 v. 15.4.2003 – Australien, S. 21; Ruppelt, in: Langen/Bunte, § 19 Rn. 54.
[262] Vgl. Stögmüller, CR 2001, 507, 513.
[263] Vgl. Bechtold, § 19 Rn. 33; Eine Unterteilung kann auch nach ihrer Herkunft in drei Gruppen erfolgen: gesetzliche, strukturelle und strategische Marktzutrittsschranken, vgl. BKartA, Auslegungsgrundsätze, S. 26ff.; vgl. auch Beispiele bei Ruppelt, in: Langen/Bunte, § 19 Rn. 54.
[264] Vgl. auch Eckpunkte, aaO., Eckpunkt 14; Möschel, in: Immenga/Mestmäcker, § 19 Rn. 70; hierzu gehören z.B. Lizenzerfordernisse, Betriebsgrösse etablierter Anbieter und damit verbundene Quersubventionierungspotentiale
[265] Vgl. Eckpunkte, aaO., Eckpunkt 14; Möschel, in: Immenga/Mestmäcker, § 19 Rn. 70 m.w.N.; Krüger, K&R Beilage 1/2003, 9, 17; hierher gehören z.B. strategische Überkapazitäten, Setzen von Verdrängungspreisen (predatory pricing).

Produktbündeln, Marketing- und Vertriebsaufwendungen.[266] Als Marktstrukturkriterium wird es auch von der europäischen Kommunikationsrechtspraxis anerkannt.[267]

(e) Potentieller Wettbewerb

Marktzutrittschranken sind auch entscheidend für das Kriterium des potentiellen Wettbewerbs, denn solange ein Unternehmen jederzeit damit rechnen muss, dass neue Wettbewerber in den Markt eintreten (was bei niedrigen Marktzutrittschranken sehr wahrscheinlich ist), ist es wenig wahrscheinlich, dass es einen vom Wettbewerb nicht hinreichend kontrollierten Verhaltensspielraum besitzt.[268] Der Marktzutritt muss hinreichend wahrscheinlich sein, die bloße Möglichkeit genügt nicht.[269] Neben dem aktuellen ist folglich auch der potentielle Wettbewerb zu berücksichtigen. Dieser geht von Unternehmen aus, die zwar noch nicht auf dem Markt tätig sind, aber jederzeit dazu fähig wären. Sie üben allein durch diese Fähigkeit realen Einfluss auf den Wettbewerb aus.[270] Das Kriterium des potentiellen Wettbewerbs ist auch in der Praxis des europäischen Kommunikationsrechts anerkannt.[271]

(f) Ausweichmöglichkeiten der Marktgegenseite

Mit dem Kriterium der Ausweichmöglichkeiten der Marktgegenseite werden die Anzahl der Wettbewerber auf dem konkret betrachteten Markt festgestellt und in die Analyse einbezogen. Hierdurch soll die Nachfragemacht besser erfasst werden.[272] Je mehr Wettbewerber es

---

[266] Vgl. die Aufzählung bei Eckpunkte, Zusammenfassung der Stellungnahmen, MMR-Beilage 7/2002, 27, 42.

[267] Vgl. S. 51.

[268] Denn überhöhte Preise lösen den Markteintritt der Konkurrenten aus, vgl. Hübschle, Hdb. dt/europäisches KartellR, Kap. 4 § 2 Rn. 54; vgl. auch Ruppelt, in: Langen/Bunte, § 19 Rn. 54; BKartA, Auslegungsgrundsätze, S. 25.

[269] BGH WuW/E BGH 2575, 2583 – Kampffmeyer/Plange.

[270] Bechtold, § 19 Rn. 22.

[271] Vgl. S. 51f. Im Einzelfall kann jedoch die Abgrenzung zur Angebotssubstitution als einer besonderen Form des potentiellen Wettbewerbs schwierig sein, die nach europäischem Recht bereits auf der Stufe der Marktabgrenzung zu berücksichtigen ist. Vgl. S. 27ff..

[272] Vgl. RegTP, BK 2c 00/019 v. 20.2.2001 - Dänemark, S. 29; Ruppelt, in: Langen/Bunte, § 19 Rn. 55.

auf einem Markt gibt, zu denen die Nachfrager ausweichen können, desto unwahrscheinlicher ist eine marktbeherrschende Stellung eines Unternehmens. Dieses Kriterium steht im Einklang mit den Kriterien zur Feststellung beträchtlicher Marktmacht im europäischen Kommunikationsrecht.[273]

(g) Gesamtbetrachtung

Im Rahmen der wertenden Gesamtbetrachtung sind wie im allgemeinen Wettbewerbsrecht die einzelnen Kriterien des § 19 Abs. 2 S. 1 Nr. 2 GWB zueinander in Beziehung zu setzen, um zu prüfen, ob das zu untersuchende Unternehmen (zumindest) eine überragende Marktstellung hat.[274] Entscheidend ist dabei vor allem, wie sich im Rahmen der Gesamtbetrachtung die Marktstruktur darstellt. Ist nur ein dominanter Anbieter vorhanden, der sich einem zersplitterten Restmarkt gegenübersieht, dann kann von einer ausreichenden Kontrolle des marktbeherrschenden Unternehmens durch den Wettbewerb nicht gesprochen werden.[275] Auch die europäische Rechts-

---

[273] Vgl. S. 51f.

[274] Die beiden anderen Alternativen des § 19 Abs. 2 S. 1 Nr. 1 GWB – ohne Wettbewerb bzw. kein wesentlicher Wettbewerb – sind schwer nachzuweisen und werden daher in der Regel nicht zu bejahen sein. Im Übrigen ist die DTAG auf allen Marktsegmenten der Telekommunikation mittlerweile einem wesentlichen Wettbewerb ausgesetzt, so dass § 19 Abs. 2 S.1 Nr. 1 GWB für die Bestimmung der Marktbeherrschung wenig hergibt. Die Marktbeherrschung in der Telekommunikation ist im Ergebnis vor allem durch den Nachweis einer überragenden Marktstellung anhand einer Gesamtschau der Kriterien des § 19 Abs. 2 S.1 Nr. 2 GWB zu ermitteln. Dann ist eine marktbeherrschende Stellung zu bejahen.

[275] Vgl. RegTP, BK 2c 00/019 v. 20.2.2001 - Dänemark, S. 29. In diesem Zusammenhang sind vor allem zwei Entscheidungen der RegTP hervorzuheben, die Marktanteil und Marktanteilsabstand zueinander in Beziehung setzen. In ihrer Dänemark-Entscheidung stellte die Beschlusskammer 2 zunächst auf die absolute Höhe des Marktanteils ab, der im zu entscheidenden Fall eindeutig sowohl im Hinblick auf Umsätze als auch auf Verkehrsminuten über der Vermutungsgrenze des § 19 Abs. 3 S. 1 GWB lag. Anschliessend analysierte sie zusätzlich noch, wie gross der Abstand des zu untersuchenden Unternehmens (DTAG) gegenüber ihrem nächstgrössten Wettbewerber war. Da die Marktanteile der restlichen Marktteilnehmer im einstelligen Prozentbereich lagen, kam sie zu dem Ergebnis, dass aufgrund dieser Marktzersplitterung keine wirksame Kontrolle des dominierenden Anbieters durch den Wettbewerb vorliegt, vgl. BK 2c 00/019 v. 20.2.2001 - Dänemark, S. 28. Zu einem anderen Ergebnis gelangte die

anwendungspraxis wägt die Kriterien zur Feststellung beträchtlicher Marktmacht im Rahmen einer Gesamtbetrachtung ab.[276]

Als Ergebnis des Exkurses ist festzuhalten, dass die aus dem deutschen Wettbewerbs- und Telekommunikationsrecht bekannten Kriterien des § 19 Abs. 2 S. 1 Nr. 2 GWB inhaltlich mit den von der europäischen Rechtsanwendungspraxis entwickelten Kriterien übereinstimmen. Daher können sie auch weiterhin im zukünftigen Telekommunikationsrecht in Deutschland im Rahmen der Gesamtbetrachtung zur Ermittlung des Beherrschungsgrades abgewogen werden. Sie behalten auch unter Geltung des neuen europäischen Kommunikationsrechts ihre Bedeutung.

3. Schlussfolgerungen für die Marktabgrenzung und die Ermittlung des Beherrschungsgrades (beträchtliche Marktmacht) im deutschen Telekommunikationsrecht

a) Schlussfolgerungen für die zukünftige Marktabgrenzung im Telekommunikationsrecht in Deutschland

Unter Beachtung der Vorgaben des neuen EU-Kommunikationsrechtsrahmens gestaltet sich die Marktabgrenzung im Telekommunikationsrecht in Deutschland zukünftig wie folgt: Der RegTP als nationaler Regulierungsbehörde obliegt es, sachliche und räumliche Märkte auf Grundlage der Empfehlung zu relevanten Märkten und der Leitlinien zur Marktanalyse abzugrenzen. Hierfür verwendet sie als Methode das durch den hypothetischen Monopoltest erweiterte Bedarfsmarktkonzept. Neben der Nachfragesubstitution berücksichtigt sie die Angebotsumstellungsflexibilität.
Im Bereich der sachlichen Marktabgrenzung hat die RegTP nur noch wenig Entscheidungsspielraum. Die sachlichen Märkte sind durch die Empfehlung zu relevanten Märkten durch die EU-Kommission festgelegt. Dort werden 18 Märkte vordefiniert. Die RegTP hat zwar die Befugnis zur Definition zusätzlicher Märkte und kann von den Vorgaben der Empfehlung abweichen. Allerdings kann sie das nur

---

Beschlusskammer 2 in ihrer Türkei-Entscheidung. Dort kam sie zu dem Ergebnis, dass es zwei dominierende Anbieter gab und die Entwicklung auf eine Verringerung der Marktanteilsabstände zwischen beiden hindeutete, vgl. RegTP, BK 2c 00/018 v. 20.2.2001 – Türkei, S. 31. Vgl. hierzu auch S. 198ff..

[276] Vgl. S. 54.

unter den strengen Voraussetzungen des Konsultationsverfahrens des Art. 7 RahmenRL, bei dem die EU-Kommission abweichende Marktabgrenzungen letztlich mit einem Veto verhindern kann.[277]
Größere Entscheidungsfreiheit hat die RegTP im Rahmen der Definition des räumlich relevanten Marktes, da die Empfehlung keine detaillierten räumlichen Märkte vorgibt. Die Empfehlung und die Leitlinien enthalten nur die Grundsätze, aber sie definieren keine konkreten räumlichen Märkte, da es auf die individuellen, nationalen Besonderheiten der Märkte ankommt. Im Ergebnis verbleibt den nationalen Regulierungsbehörden aufgrund der detaillierten Vorgaben für die sachliche Marktabgrenzung praktisch nur die Bestimmung der räumlichen Dimension des von der EU-Kommission vordefinierten sachlich relevanten Marktes.[278]

b) Schlussfolgerungen für die zukünftige Ermittlung des Beherrschungsgrades im Telekommunikationsrecht in Deutschland

Zur Ermittlung des Beherrschungsgrades prüft die RegTP zukünftig, ob auf den zuvor abgegrenzten Märkten wirksamer Wettbewerb herrscht. Das ist dann zu bejahen, wenn es kein Unternehmen mit beträchtlicher Marktmacht gibt. In dieser Marktanalyse werden die Kriterien des § 19 Abs. 2 S. 1 Nr. 2 GWB, die im Einklang mit dem europäischen Recht stehen, in einer Gesamtbetrachtung berücksichtigt, um herauszufinden, ob wirksamer Wettbewerb auf dem betrachteten Markt herrscht.
Der RegTP obliegt es, die einzelnen Kriterien zu gewichten und gegeneinander abzuwägen. Diese Abwägung hat folglich einen wertenden Charakter. Es ist daher sachgerecht, nur eine auf Beurteilungsfehler beschränkte gerichtliche Prüfung zuzulassen. Die RegTP hat damit im Gegensatz zur Marktdefinition bei der Marktanalyse einen Beurteilungsspielraum.
Auch wenn sich das Verfahren der Prüfung durch die Beteiligungs- und Mitspracherechte der EU-Kommission verändert, so ändert sich der Inhalt dieser Prüfung zukünftig nicht wesentlich. Der Marktanteil

---

[277] Damit dürfte der RegTP nach der Konzeption des europäischen Kommunikationsrechts auch kein Beurteilungsspielraum bei der Frage der sachlichen Marktdefinition (Marktabgrenzung) zustehen. Vgl. zu der Frage eines Beurteilungsspielraums bei der Marktabgrenzung S. 74ff..
[278] Vgl. Leitlinien Marktanalyse, aaO., Rn. 36; vgl. auch Bartosch, EuZW 2002, 389, 392.

ist wie im Wettbewerbsrecht ein wichtiges Kriterium zur Beurteilung des Vorliegens oder Nichtvorliegens von beträchtlicher Marktmacht; es spielen aber auch andere Kriterien eine Rolle, deren Bedeutung umso höher sein kann, je geringer der Marktanteil ist. Potentiellen Wettbewerb in Form der Angebotssubstitution wird die RegTP zukünftig allerdings stärker im Rahmen der Marktabgrenzung prüfen müssen, weil das neue europäische Telekommunikationsrecht das vorsieht.
Den in dieser Marktanalyse ermittelten Unternehmen ist dann eine Verpflichtung aufzuerlegen. Ein Ermessen diesbezüglich hat die RegTP nicht. Allerdings hat sie bei der Wahl der konkreten Verpflichtung Ermessen, da das EU-Kommunikationsrecht nicht vorschreibt, welche Verpflichtung im konkreten Fall aufzuerlegen ist. Die Auferlegung der konkreten Verpflichtung richtet sich vor allem nach den Gegebenheiten des Marktes und erfolgt nicht automatisch. Dieser Übergang von einer „automatischen" hin zu einer „bedarfsabhängigen" Regulierung marktmächtiger Unternehmen ist ein wesentliches Kennzeichen des neuen EU-Kommunikationsrechtsrahmens.[279] Die nationalen Regulierungsbehörden entscheiden im Anschluss an die Marktdefinition und Marktanalyse selbst darüber, welche Verpflichtungen sie für ein marktmächtiges Unternehmen als angemessen ansehen.

Im Folgenden wird zunächst das dem bisherigen Telekommunikationsrecht in Deutschland nach dem TKG von 1996 zugrunde liegende Marktbeherrschungskonzept dargestellt, soweit es auch für das zukünftige Telekommunikationsrecht relevant sein wird (S. 65ff.). Im Anschluss daran wird die Umsetzung des europäischen Konzeptes zur Ermittlung von beträchtlicher Marktmacht in das deutsche Recht analysiert (S. 70ff.).

4. Exkurs: Das Marktbeherrschungskonzept im bisherigen deutschen Telekommunikationsrecht

Das TKG von 1996 wird aufgrund der Vorgaben des europäischen Kommunikationsrechts durch ein neu zu fassendes TKG abgelöst werden. Damit gilt zukünftig das Konzept zur Ermittlung von Marktmacht des europäischen Kommunikationsrechts im deutschen Tele-

---

279 Vgl. Schütz/Attendorn, MMR Beilage 4/2002, S. 5.

kommunikationsrecht. Das bedeutet jedoch nicht, dass die Rechtsanwendungspraxis zum Marktbeherrschungskonzept unter dem TKG von 1996 komplett überholt und nicht mehr zu beachten ist. Da das europäische Kommunikationsrecht den Begriff der beträchtlichen Marktmacht in Art. 14 Abs. 2 der Rahmenrichtlinie unter Heranziehung der Definition der beherrschenden Stellung definiert und – wie die Untersuchung gezeigt hat – der Begriff der beherrschenden Stellung im europäischen Wettbewerbsrecht mit dem Begriff der marktbeherrschenden Stellung im deutschen Wettbewerbsrecht im Wesentlichen übereinstimmt[280], haben die unter der Geltung des bisherigen TKG gewonnenen Erkenntnisse zur Marktmachtermittlung auf Telekommunikationsmärkten auch weiterhin Gültigkeit bei der Anwendung des nach Umsetzung der europäischen Vorgaben überarbeiteten deutschen Telekommunikationsrechts.[281] Deshalb wird im Folgenden ein kurzer Überblick über das Marktbeherrschungskonzept im bisherigen deutschen Telekommunikationsrecht gegeben.

Nach dem TKG von 1996 ist Voraussetzung für die sektorspezifischen Regulierungsmaßnahmen der Begriff der marktbeherrschenden Stellung.[282] Das TKG von 1996 enthält allerdings keine eigene Definition der marktbeherrschenden Stellung, sondern verweist regelmässig auf § 19 GWB.[283] Aufgrund dieses Verweises des TKG

---

[280] Vgl. S. 21ff..

[281] Das zeigt auch die Umsetzung des europäischen Kommunikationsrecht im Entwurf zum TKG (TKG-E), vgl. S. 70ff..

[282] Folgende Vorschriften des TKG von 1996 knüpfen an den Begriff der marktbeherrschenden Stellung eines Unternehmens an: Die Genehmigungspflicht von Entgelten, § 25 Abs. 1 i.V.m. § 39 TKG, Regelungen des Netzzugangs, § 35 Abs. 1 TKG, sowie wichtig für Universaldienstleistungsverpflichtung, § 19 Abs. 2 TKG, allgemeine Missbrauchsaufsicht, § 33 TKG, Ex-post-Missbrauchsaufsicht über Entgelte, §§ 5, 25 Abs. 2, 30 Abs. 1 TKG, Verpflichtung zum Call-by-Call und Preselection, § 43 Abs. 6 TKG. Aufgrund der bevorstehenden Neuverkündung des TKG wird auf eine Darstellung der Vorschriften im Einzelnen verzichtet. Vgl. zu diesen Vorschriften: Schroeder, WuW 1999, 14, 17; Bunte, MMR-Beilage 1/2002, 1, 2; Piepenbrock/Rühmer/Ruhle, CR 2003, 97ff.; Capito/Elspaß, K&R 2003, 110ff.; sowie die Kommentierungen im Beck'schen TKG-Kommentar.

[283] Zum Streit über das Verhältnis des Kartellsonderrechts des TKG zum allgemeinen Kartellrecht des GWB unter Geltung des TKG von 1996 vgl. Nachweise bei Paulweber, S. 50, Fn. 133, sowie Begründung zum Gesetzentwurf eines TKG, BT-Drs. 13/3609, S. 36; Schuster, in: BeckTKG, § 2 Rn. 32; Klaue/Schwintowski, S.17; Holznagel/Ernaux/Nienhaus, S. 34; vgl. auch Mö-

von 1996 auf das GWB ist der Marktbeherrschungsbegriff des GWB auch im Rahmen der Auslegung des Marktbeherrschungsbegriffes im TKG von 1996 heranzuziehen.
Im allgemeinen Wettbewerbsrecht der Bundesrepublik Deutschland ist die marktbeherrschende Stellung eines Unternehmens im Rahmen der Missbrauchsaufsicht nach § 19 GWB und der Fusionskontrolle nach § 36 GWB als Voraussetzung für staatliche (kartellrechtliche) Intervention zu ermitteln. Es geht darum, mit Hilfe der Missbrauchsaufsicht über marktbeherrschende Unternehmen, dem Kartellverbot und der Fusionskontrolle den Wettbewerb als Institution zu schützen.[284]
§ 19 Abs. 1 GWB verbietet die missbräuchliche Ausnutzung einer marktbeherrschenden Stellung durch ein oder mehrere Unternehmen.[285] Nach der Legaldefinition des § 19 Abs. 2 GWB liegt eine marktbeherrschende Stellung vor, wenn ein Unternehmen entweder keinem bzw. keinem wesentlichen Wettbewerb ausgesetzt ist (§ 19 Abs. 2 S. 1 Nr. 1 1. und 2. Alt. GWB) oder aber eine überragende Marktstellung innehat (§ 19 Abs. 2 S. 1 Nr. 2 GWB). Diese drei verschiedenen Möglichkeiten der Marktbeherrschung bestimmen, wann ein einzelnes Unternehmen oder ein Oligopol über einen wettbewerblich nicht hinreichend kontrollierten Verhaltensspielraum ver-

---

schel, in: Immenga/Mestmäcker, § 19 Rn. 222 m.w.N.; Martenczuk, CR 1999, 363, 364; Stellungnahme des Bundesrates, BT-Drs. 13/4438, S. 5; Schroeder, WuW 1999, 14, 16.

[284] Vgl. Hübschle, in: Hdb dt/europäisches KartellR, Kap. 4, § 1 Nr. 1. Der Wettbewerb tritt an die Stelle einer staatlichen Festlegung der gesellschaftlich erstrebenswerten Ziele. Er regelt so das Problem, was produziert werden soll (Angebotsstruktur), wie produziert werden soll (anzuwendendes Verfahren) und für wen produziert werden soll (Zuweisung von Ansprüchen auf das gesamtwirtschaftliche Produktionsergebnis, Allokationsfunktion). So wird gewährleistet, dass der Markt mit besseren Produkten zu niedrigsten Preisen beliefert wird, denn die Nachfrage wandert zum leistungsfähigsten Angebot. Vgl. Vahlens großes Wirtschaftslexikon, Stichwort „Wettbewerb"; Gablers Wirtschaftslexikon, Stichwort „Wettbewerb". Allgemein werden fünf Wettbewerbsfunktionen unterschieden: Allokationsfunktion, Anpassungsfunktion, Kontrollfunktion, Innovationsfunktion, Verteilungsfunktion, vgl. hierzu Schwalba, S. 17f.; von Gamm, S. 9. Diese Unterscheidung geht auf Kantzenbach, Die Funktionsfähigkeit des Wettbewerbs, 1967, zurück.

[285] Damit sind sowohl die individuelle wie auch die kollektive Marktbeherrschung erfasst.

fügt.[286] Häufigster Anwendungsfall ist das Vorliegen einer überragenden Marktstellung i.S.d. § 19 Abs. 2 S. 1 Nr. 2 GWB. Eine überragende Marktstellung besteht, wenn ein Unternehmen aufgrund markt- oder unternehmensbezogener Strukturkriterien über einen von Wettbewerbern nicht hinreichend kontrollierten Verhaltensspielraum verfügt.[287] Sie kann sich aus den in § 19 Abs. 2 S.1 Nr. 2 GWB aufgeführten, nicht abschliessenden Kriterien ergeben.[288] Zwar sind die dort genannten Kriterien nur für die Beurteilung einer überragenden Marktstellung explizit aufgeführt. Es besteht jedoch weitgehend Einigkeit, dass die hierin zum Ausdruck kommenden Erfahrungsregeln allgemein im Rahmen einer Gesamtbetrachtung aller relevanten Faktoren des Einzelfalles heranzuziehen sind[289], wenn es darum geht, einen vom Wettbewerb nicht hinreichend kontrollierten Verhaltensspielraum als Wesensmerkmal der Marktbeherrschung feststellen zu können.[290] Es kommt darauf an, ob der Wettbewerb seine Anreiz-, Auslese- und Entmachtungsfunktion und allgemein seine Verhaltenskontrollfunktion erfüllen kann.[291]

§ 19 Abs. 3 GWB beschreibt einen Vermutungstatbestand für das Vorliegen der marktbeherrschenden Stellung, der an das Marktanteilskriterium anknüpft.[292] § 19 Abs. 4 GWB enthält Regelbeispiele des Missbrauchs.

Eine marktbeherrschende Stellung eines Telekommunikationsunternehmens wird nach dem TKG von 1996 auf Grundlage des Marktmachtkonzepts festgestellt. So hat das Bundesverwaltungsgericht entschieden, dass die Abgrenzung der relevanten Märkte auch im Telekommunikationsrecht nach dem Bedarfsmarktkonzept erfolgt.[293]

---

[286] Vgl. Das neue Kartellgesetz, S. 27; vgl. auch Hübschle, in: Hdb dt/europäisches KartellR, Kap. 4, § 1 Rn. 2, 37.

[287] Vgl. BKartA, Auslegungsgrundsätze, S. 6.

[288] Vgl. zu diesen S. 54ff..

[289] Vgl. Emmerich, S. 186f; Möschel, Rn. 297; BKartA, Auslegungsgrundsätze, S. 4 m.w.N. u. S. 37; BGH WuW/E BGH 1749, 1755 – Klöckner/Becorit; WuW/E BGH 1711, 1716 – Mannesmann/Brueninghaus.

[290] Vgl. BGH, WuW/E BGH 1425, 1441 – Vitamin B12; WuW/E BGH1445, 1449 – Valium; WuW/E BGH 3037, 3039 – Raiffeisen; vgl. Möschel, in: Immenga/Mestmäcker, § 19 Rn. 48, Emmerich, S. 186f.

[291] Mayen, MMR 2001, 648, 649; vgl. Bechtold, § 19 Rn. 18.

[292] Diese Regelung ist allerdings nicht mit dem EU-Kommunikationsrecht vereinbar, Vgl. S. 55.

[293] Vgl. BVerwG v. 25.04.2001 – 6 C 7.00, RTKom 2001, 237, 242, unter Hinweis auf KG WuW/E OLG 995, 996 – Handpreisauszeichner; BGH WuW/E BGH 1445,

Eine marktbeherrschende Stellung liegt nach der Rechtsprechung des Bundesverwaltungsgerichts vor,

> „wenn ein Unternehmen auf dem relevanten Markt einen vom Wettbewerb nicht mehr hinreichend kontrollierten, überragenden Verhaltensspielraum"

besitzt.[294] Um feststellen zu können, ob ein solcher Verhaltensspielraum vorliegt, werden auf der Stufe der Ermittlung des Beherrschungsgrades die Kriterien des § 19 Abs. 2 S. 1 Nr. 2 GWB in einer Gesamtbetrachtung abgewogen. Sie sind auch für die telekommunikationsrechtliche Ermittlung des Beherrschungsgrades ausschlaggebend.[295] Die RegTP folgt den Vorgaben des Bundesverwaltungsgerichts.[296] Sie orientiert sich deshalb in ihrer Entscheidungspraxis an den Kriterien des § 19 Abs. 2 S. 1 Nr. 2 GWB und gewichtet diese im Rahmen der vorzunehmenden Gesamtbetrachtung.[297] Da diese Kriterien inhaltlich mit den Kriterien zur Ermittlung beträchtlicher Marktmacht nach dem EU-Kommunikationsrecht übereinstimmen[298], bleibt diese Entscheidungspraxis der RegTP als Grundlage für die zukünftige Ermittlung von beträchtlicher Marktmacht im deutschen Telekommunikationsrecht erhalten.

1447 – Valium; WuW/E BGH 2150, 2153 – Edelstahlbestecke; vgl. auch Ruppelt, in: Langen/Bunte, § 19 Rn. 9f, Möschel, in: Immenga/Mestmäcker, § 19 Rn. 24ff. Vgl. Wendland, in: BeckTKG, Vor § 33 Rn. 3; Stamm, S. 160. Vgl. zur Methodik der Marktabgrenzung bereits S. 21ff..

[294] Vgl. BVerwG v. 25.04.2001 – 6 C 7.00, RTKom 2001, 237, 242f. unter Hinweis auf BGHZ 73, 65, 73 – Erdgas Schwaben; BGH WuW/E BGH 2150, 2156 – Edelstahlbestecke; WuW/E BGH 2575, 2580 – Kampffmeyer-Plange. Das BVerwG hat sich damit der Rechtsprechung des Bundesgerichtshofs (BGH) zum GWB angeschlossen. vgl. auch Möschel, in: Immenga/Mestmäcker, § 19 Rn. 53.

[295] Vgl. BVerwG v. 25.04.2001 – 6 C 7.00, RTKom 2001, 237, 243.

[296] Vgl. Eckpunktepapier, Teil B II (im Anschluss an Eckpunkt 10).

[297] Vgl. z.B. RegTP, BK 2c 00/019 v. 20.2.2001 – Dänemark, S. 27ff.; BK 2c 00/018 v. 20.2.2001 – Türkei, S. 30ff.; BK 2b 00/014 v. 20.2.2001 – USA, S. 27ff. Die Entscheidungspraxis der RegTP wird in Teil C, S. 145ff., noch ausführlich dargestellt.

[298] Vgl. hierzu bereits S. 54ff..

5. Umsetzung des europäischen Kommunikationsrechts in Deutschland (TKG 2004)

In den nachfolgenden Ausführungen wird auf der Grundlage des am 26.06.2004 in Kraft getretenen Telekommunikationsgesetzes[299] (TKG) und der dazu vorliegenden Begründung[300] erläutert, wie die Vorgaben des europäischen Kommunikationsrechts in Bezug auf die Ermittlung von Marktmacht auf Telekommunikationsmärkten in das deutsche Telekommunikationsrecht umgesetzt wurden. Es wird zu der Frage Stellung genommen, ob diese Umsetzung richtlinienkonform ist.[301]

a) Der Begriff der marktbeherrschenden Stellung, der im TKG von 1996 als Anknüpfungspunkt für Regulierungsmaßnahmen dient, wird im neuen deutschen Telekommunikationsrecht aufgegeben und durch den gemeinschaftsrechtlichen Begriff der beträchtlichen Marktmacht ersetzt.[302] Das europäische Kommunikationsrecht übernimmt hierbei als Definition des Begriffes der beträchtlichen Marktmacht die Definition der beherrschenden Stellung aus dem europäischen Wettbewerbsrecht. Beträchtliche Marktmacht liegt im Ergebnis damit dann vor, wenn eine beherrschende Stellung besteht. Marktbeherrschung ist somit auch im neuen deutschen Telekommunikationsrecht Voraussetzung für die Anwendbarkeit der speziellen sektorspezifischen Regulierungsmaßnahmen.[303] Auch das bisherige deutsche Telekommunikationsrecht verweist bereits als Voraussetzung für die Anwendung sektorspezifischer Regulierungsmaßnahmen auf das Marktbeherrschungskonzept des allgemeinen Wettbewerbsrechts.[304]

---

299 Telekommunikationsgesetz (TKG) vom 22. Juni 2004, Bundesgesetzblatt 2004 I, 1190.

300 Vgl. Entwurf eines Telekommunikationsgesetzes (TKG) mit Begründung gemäss Kabinettsbeschluss vom 15.10.2003, Bundesrat, Drucksache 755/03, abrufbar unter http://www.bmwi.de (TKG-E).

301 Zur Umsetzung des EU-Kommunikationsrechts in das deutsche Recht vgl. auch Monopolkommission, Sondergutachten TKG-Reform, Tz. 14ff.; Ellinghaus, CR 2004, 23, 23ff., und die Aufsätze zum TKG-Entwurf in der K&R-Beilage 1/2004, S. 1ff..

302 Vgl. §§ 19, 20, 21, 24, 30, 39, 40, 41 TKG. Zum Begriff der beträchtlichen Marktmacht vgl. S. 14ff..

303 Auch wenn mit dem Begriff der beträchtlichen Marktmacht ein anderer Begriff gebraucht wird.

304 Vgl. S. 65ff..

Da das europäische und deutsche Konzept der Marktbeherrschung im Wesentlichen[305] übereinstimmen, sind diesbezüglich keine inhaltlichen Änderungen zu erwarten. Allerdings ändert sich das Verfahren mit dem die beträchtliche Marktmacht eines Unternehmens ermittelt wird. War die Ermittlung der marktbeherrschenden Stellung eines Unternehmens im bisherigen deutschen Telekommunikationsrecht eine ausschliesslich nationale Angelegenheit, so hat die EU-Kommission zukünftig bei der Ermittlung von beträchtlicher Marktmacht eines Unternehmens erhebliche Kontroll- und Mitspracherechte.[306]

b) Das TKG von 2004 setzt die Vorgaben des europäischen Kommunikationsrechts zur Regulierung von Kommunikationsmärkten wie folgt um: Die Vorschriften für die Regulierung der Telekommunikationsmärkte (Marktregulierung) sind in Teil 2 des TKG (§§ 9 bis 43 TKG) aufgeführt: §§ 9 bis 15 TKG legen das Verfahren der Marktregulierung fest. Die §§ 16 bis 41 TKG beschreiben die möglichen Formen von Regulierung: Regelungsgegenstand der §§ 16 bis 26 TKG ist die Zugangsregulierung[307] und der §§ 27 bis 39 TKG die Entgeltregulierung[308]. § 40 TKG legt die Verpflichtung zur Betreiberauswahl (Call-by-Call) und Betreibervorauswahl (Carrier Preselection) fest und § 41 TKG regelt das Angebot von Mietleitungen. Mit den §§ 16 bis 41 TKG werden die Verpflichtungen der Art. 9-13 der Zugangsrichtlinie und Art. 17 bis 19 der Universaldienstrichtlinie in deutsches Recht umgesetzt.[309] Die speziellen Verpflichtungen, die Unternehmen mit beträchtlicher Marktmacht auferlegt werden können, finden sich in § 19 TKG (Zugangsverpflichtungen), § 30 TKG (Genehmigungspflicht für Entgelte für Zugangsleistungen nach § 19 TKG), § 39 TKG

---

305 Der Marktbeherrschungsbegriff des allgemeinen EU-Wettbewerbsrechts unterscheidet sich vom kartellrechtlichen Begriff der Marktbeherrschung nach § 19 GWB insoweit, als dass dessen Schwellenwert für die Vermutung einer marktbeherrschenden Stellung (Marktanteil von einem Drittel, vgl. § 19 Abs. 3 GWB) niedriger als im allgemeinen EU-Wettbewerbsrecht ist. Vgl. Begründung zum TKG-E, aaO., S. 85. Zu dem Marktanteilskriterium vgl. S. 51f und 55f.

306 Vgl. S. 44ff..

307 Vgl. zur Umsetzung der Vorschriften des EU-Kommunikationsrechts zur Zugangsregulierung: Monopolkommission, Sondergutachten TKG-Reform, Tz. 52ff.

308 Vgl. zur Umsetzung der Entgeltregulierungsvorschriften des EU-Kommunikationsrechts: Groebel, K&R-Beilage 1/2004, 18, 18ff.; Monopolkommission, Sondergutachten TKG-Reform, Tz. 60ff..

309 Vgl. S. 13.

(Genehmigungspflicht für Entgelte für Endnutzerleistungen), § 40 TKG (Verpflichtungen der Betreiberauswahl und Betreibervorauswahl (Call-by-Call und Carrier Preselection)) und § 41 Abs. 1 TKG (Verpflichtung zur Bereitstellung eines Mindestangebots an Mietleitungen). §§ 42 bis 23 TKG regeln das Verfahren der besonderen Missbrauchsaufsicht (Ex-Post-Regulierung).

c) § 9 TKG enthält die Grundsätze für die Regulierung der Telekommunikationsmärkte. § 9 Abs. 1 TKG regelt, dass die Marktregulierung nur für Märkte in Betracht kommt, „auf denen die Voraussetzungen des § 10 vorliegen und für die eine Marktanalyse nach § 11 ergeben hat, dass kein wirksamer Wettbewerb vorliegt." § 9 Abs. 2 TKG stellt klar, dass nur solchen Unternehmen Maßnahmen der speziellen Marktregulierung durch die Regulierungsbehörde auferlegt werden dürfen, „die auf Märkten im Sinne des § 11 über beträchtliche Marktmacht verfügen."

d) § 10 TKG legt das Marktdefinitionsverfahren fest, also das Verfahren zur Abgrenzung der relevanten Märkte. Damit wird Art. 15 RahmenRL in deutsches Recht umgesetzt.[310] Nach § 10 Abs. 1 TKG hat die Regulierungsbehörde die sachlich und räumlich relevanten Telekommunikationsmärkte festzulegen, die für eine Regulierung in Betracht kommen. Für diese Festlegung ist zunächst eine Abgrenzung der relevanten Märkte unter weitestgehender Berücksichtigung der Empfehlung der Kommission zu relevanten Märkten erforderlich. Gemäss § 10 Abs. 2 TKG müssen drei Voraussetzungen erfüllt sein, damit Märkte für eine Regulierung in Betracht kommen: Die Märkte müssen „durch beträchtliche und anhaltende strukturelle oder rechtlich bedingte Marktzutrittschranken gekennzeichnet sein, längerfristig nicht zu wirksamen Wettbewerb tendieren und auf [ihnen muss] die Anwendung des allgemeinen Wettbewerbsrechts allein nicht [ausreichen], um dem betreffenden Marktversagen entgegenzuwirken." Damit kommt der Gesetzgeber einer Forderung der Monopolkommission und anderer nach.[311] Er macht die Kriterien, nach denen die EU-

---

[310] Vgl. hierzu auch Elkettani, K&R-Beilage 1/2004, 11, 11ff..

[311] Vgl. Monopolkommission, Sondergutachten TKG-Reform, Tz. 29 und 35; Stellungnahme des Bundesrates zum Entwurf eines Telekomunikationsgesetzes (TKG) vom 19.12.2003, Bundesrat, Drucksache 755/03 (Beschluss), Tz. 7a. Zu den Kriterien der EU-Kommission vgl. Empfehlung zu relevanten Märkten, aaO.. Vgl. bereits S. 47 und Fn. 173.

Kommission zu regulierende Kommunikationsmärkte ermittelt, zum Anknüpfungspunkt von Regulierungsmaßnahmen.[312]

[312] In dem Entwurf eines TKG wurde die Regulierung noch davon abhängig gemacht, dass auf den zu regulierenden Märkten kein funktionsfähiger Wettbewerb besteht. Damit wurde mit dem Begriff des „funktionsfähigen Wettbewerbs" bereits auf der Stufe der Marktdefinition (Marktabgrenzung) ein zusätzliches Abgrenzungskriterium eingeführt. Vgl. Begründung zum TKG-E, aaO., S. 79. Dieses abgrenzungsmethodische Vorgehen ist im europäischen Kommunikationsrecht nicht vorgesehen. Vgl. S. 8ff.. Der Begriff des „funktionsfähigen Wettbewerbs" wurde daher nicht in die endgültige Fassung des neuen TKG aufgenommen. Zur Diskussion des Begriffes des „funktionsfähigen Wettbewerbs" vgl. Monopolkommission, 1. Sondergutachten TK 1999, Tz. 54; dieselbe, 2. Sondergutachten TK 2001, Tz. 9; dieselbe, 3. Sondergutachten TK 2003, Tz. 9, in dem die Monopolkommission funktionsfähigen Wettbewerb als strukturell gesicherten Wettbewerb interpretiert, der auch dann fortbesteht, „wenn die sektorenspezifische Regulierung zurückgeführt wird"; dieselbe, 13. Hauptgutachten, 1998/1999, Kurzfassung, Tz. 5. Vgl. Bunte, Zusammenfassende Thesen zum Gutachten für den VATM „Marktbeherrschung und Marktabgrenzung auf Telekommunikationsmärkten", abrufbar unter http://www.vatm.de, These 3; derselbe, K&R 5/2002, S. I. Kritisch zur Interpretation der Monopolkommission, König/Kühling, WuW 2000, 596, 599; Bartling, in: FS Ingo Schmidt, 1997, 17, 18; vgl. allgemein, Kantzenbach, Die Funktionsfähigkeit des Wettbewerbs, S. 1ff.; Markham, FIW-Heft 1, S. 83ff.; Hoppmann, S. 52. Vgl. für eine ausführliche Darstellung Koenig/Vogelsang/Kühling/Loetz/Neumann, Funktionsfähiger Wettbewerb auf den Telekommunikationsmärkten, S 65ff.. Einige Autoren wollen in diesem Zusammenhang die Funktionsfähigkeit unter Heranziehung der Theorie von der Bestreitbarkeit der Märkte bestimmen. Danach ist Bestreitbarkeit gegeben, wenn die Markteintrittsbarrieren niedrig (d.h. nicht unbedingt null) sind. Im Ergebnis bedeutet das, den funktionsfähigen Wettbewerb zu bejahen, wenn der jeweilige Markt bestreitbar ist, wobei graduelle Bestreitbarkeit im Sinne von minimalen Marktzutrittsschranken ausreichen soll. Vgl. Kruse, in: Immenga/Kirchner/Knieps/Kruse, S. 117f.; ders., Wirtschaftsdienst 2000, 402ff. (S. 2 des Internetdokuments); Ernst, Zeitschrift für Verkehrswissenschaften, Heft 3, 2001, 176, 179. Die Geeignetheit der Theorie von der Bestreitbarkeit der Märkte wird überwiegend abgelehnt, da es gerade in der Telekommunikation z.T. wegen ihrer Finanzintensität Markteintrittsbarrieren z.B. in Form von versunkenen Kosten gibt. Im Übrigen ist nicht klar, wann Markteintrittsbarrieren niedrig sind, vgl. Monopolkommission, 13. Hauptgutachten, 1998/1999, Tz.19ff.; Bunte/Welfens, S. 103ff.; Stellungnahme des Wissenschaftlichen Arbeitskreises für Regulierungsfragen bei der Regulierungsbehörde für Telekommunikation und Post (WAR), 28.8.2001, abrufbar unter http://www.regtp.de/behoerde/02308/02/index.html.

e) Zweifel an der Konformität des § 10 TKG mit den EU-Kommunikationsrichtlinien bestehen aber deshalb, weil § 10 Abs. 2 S. 2 TKG der RegTP bei der Marktabgrenzung einen Beurteilungsspielraum einräumt. Es heisst dort: „Diese Märkte [auf denen die drei Kriterien des § 10 Abs. 1 S. 1 TKG gegeben sind] werden von der Regulierungsbehörde im Rahmen des ihr zustehenden Beurteilungsspielraums bestimmt." Hierbei hat sie dann nach § 10 Abs. 2 S. 3 TKG die Empfehlung zu relevanten Märkten weitestgehend zu berücksichtigen.
Der § 10 Abs. 2 S. 2 TKG wird in der Begründung zum TKG-Entwurf erläutert:[313] Danach wird der RegTP bei der Frage, welche Märkte sie „aufgrund des Fehlens funktionsfähigen Wettbewerbs als regulierungsbedürftig erachtet", ein Beurteilungsspielraum zugestanden, der „gerichtlich nur eingeschränkt überprüfbar" ist. Das wird wie folgt präzisiert: „Bei dieser Frage handelt sich um eine Prognoseentscheidung, die unter umfassender Beteiligung der Betroffenen (Unternehmen, Kommission, Regulierungsbehörden der Mitgliedstaaten, Monopolkommission) und im Einvernehmen mit dem Bundeskartellamt getroffen wird und wegen ihres wertenden Inhalts fachlich von den Gerichten im Einzelnen nicht nachvollzogen werden kann. Daher ist es sachgerecht, hier nur eine (auf Beurteilungsfehler) beschränkte gerichtliche Überprüfbarkeit vorzusehen, wie dies auch für andere wertende Entscheidungen im Bereich des Umwelt- und Wirtschaftsverwaltungsrechts anerkannt ist. Die RegTP hat den ihr eingeräumten Beurteilungsspielraum unter weitestgehender Berücksichtigung der Empfehlung auszufüllen, deren Kriterien somit den Rahmen für die von ihr vorzunehmende Bewertung der Funktionsfähigkeit von Märkten vorgeben."[314]
Diese formale Gesetzestechnik, die den Begriff des Beurteilungsspielraumes im Tatbestand der Norm aufführt, ist aber abzulehnen: Beurteilungsspielräume betreffen einzelne Merkmale eines Tatbestandes. Der Begriff sollte daher nicht selbst im Tatbestand einer Norm verwendet werden. Beurteilungsspielräume werden der Verwaltung in eng begrenzten Ausnahmefällen allein durch die Gerichte eingeräumt.[315] Das geschieht vor allem bei Prognoseentscheidungen

---

[313] Vgl. Begründung zum TKG-E, aaO., S. 84.
[314] Vgl. Begründung zum TKG-E, aaO., S. 84.
[315] Anerkannte Fallgruppen sind: Prüfungsentscheidungen, prüfungsähnliche Entscheidungen, beamtenrechtliche Beurteilungen, Entscheidungen weisungsfreier Ausschüsse, Prognoseentscheidungen und Risikobewertungen, vgl. Mau-

und Risikobewertungen im Bereich des Wirtschafts- und Umweltrechts. Bei diesen prognostischen und wertenden Entscheidungen prüfen die Gerichte die Einordnung des Sachverhalts unter den Rechtsbegriff nur unter dem Gesichtspunkt der Willkür (Verletzung anerkannter Auslegungsregeln oder der Gesetze der Logik).[316] Ein potentieller Beurteilungsspielraum kann durch den Gesetzgeber lediglich angestrebt werden, indem er einen unbestimmten Rechtsbegriff im Gesetzestext verwendet. Durch die blosse Aufnahme des Begriffes „Beurteilungsspielraum" in den Tatbestand der Norm wird ein solcher noch nicht geschaffen. Der Gesetzgeber sollte nicht selbst Tatbestandsmerkmalen durch gesetzliche Festlegung die Rechtsnatur eines Beurteilungsspielraumes beimessen. Es wäre Sache der Gerichte der Verwaltungsbehörde (RegTP) im Streitfall einen Beurteilungsspielraum bei der Auslegung der unbestimmten Rechtsbegriffe bei der Marktdefinitionzuzugestehen.

Darüber hinaus bestehen auch Zweifel daran, ob die Einräumung eines Beurteilungsspielraums auf der Stufe der Marktdefinition mit europäischem Recht vereinbar ist.[317] Kennzeichen eines Beurteilungsspielraumes ist die Tatsache, dass der Verwaltungsbehörde bei der Auslegung eines unbestimmten Rechtsbegriffes ein Entscheidungsfreiraum zugestanden wird, der keiner Überprüfung unterliegt. Nach der Konzeption des europäischen Kommunikationsrechts hat sich die RegTP im Rahmen der sachlichen Marktabgrenzung allein an die Vorgaben der Empfehlung und Leitlinien zu halten, vgl. Art. 15 Abs. 3 RahmenRL. Im Falle eines Abweichens muss sie das Konsultations- und Kooperationsverfahren der Art. 6, 7 RahmenRL beachten[318], das der EU-Kommission ein Vetorecht in der Frage der abweichenden Marktdefinition/-abgrenzung einräumt.[319] Nach diesem von den europäischen Richtlinien vorgegebenen Verfahrensablauf kann ein vor gerichtlicher Überprüfung geschützter Beurteilungsspielraum der

---

rer, Allgemeines Verwaltungsrecht, § 7 Rn. 31ff.; 37ff.; BVerfG, 84, 34, 50; BVerwGE 79, 208, 213ff..

[316] Vgl. BVerwG, DVBl. 1987, 535.

[317] Diese Frage ist auch Gegenstand der Diskussion um die richtlinienkonforme Umsetzung des europäischen Kommunikationsrechts in deutsches Recht, vgl. z.B. für einen Beurteilungsspielraum: Knauth/Krüger, K&R-Beilage 1/2004, 3, 4. Gegen einen Beurteilungsspielraum: Wegmann, K&R-Beilage 1/2004, 25, 26f.

[318] Vgl. auch Art. 15 Abs. 3 S. 2 RahmenRL.

[319] Zum Vetorecht der EU-Kommission vgl. S. 44ff..

RegTP bei der Frage der sachlichen Marktdefinition nicht abgeleitet werden. Empfehlungen und Leitlinien haben zwar keine Rechtsverbindlichkeit, so dass eigentlich ein Spielraum bei der Marktdefinition anzunehmen ist. Allerdings werden durch die Aufnahme der Empfehlung und der Leitlinien in Art. 16 RahmenRL und die Einbindung der Marktdefinition in das Konsultations- und Kooperationsverfahren der Art. 6 und 7 RahmenRL abweichende nationale Marktabgrenzungen ohne die Zustimmung der EU-Kommission im Ergebnis gesperrt. Das spricht gegen ein Beurteilungsspielraum der nationalen Regulierungsbehörde auf der Stufe der sachlichen Marktdefinition.
Ein Beurteilungsspielraum kann sich allerdings bei der Definition der räumlichen Märkte ergeben, die in der Empfehlung zur relevanten Märkten und den Leitlinien zur Marktanalyse nicht detailliert geregelt sind. Ein Beurteilungsspielraum bei der räumlichen Marktabgrenzung kann sich dann aber erst durch die gerichtliche Praxis ergeben.
In diesem Zusammenhang ist noch Folgendes zu erwägen: Die Frage der Regulierungsbedürftigkeit von Märkten ist nach dem europäischen Recht keine Frage der Marktdefinition, wie gleichwohl im Gegensatz dazu in der Begründung zu § 10 TKG-E ausgeführt wird. Diese Frage ist vielmehr erst im Rahmen des Marktanalyseverfahrens zu prüfen. Die Argumentation in der Begründung zu § 10 TKG-E, dass der RegTP ein Beurteilungsspielraum zuzugestehen ist, weil es sich bei der Frage des Vorliegens von funktionsfähigem Wettbewerb um eine Prognoseentscheidung handelt[320], ist daher bei der Stufe der Marktdefinition fehl am Platz.
Demnach hat die RegTP im Ergebnis nach dieser Auslegung des europäischen Kommunikationsrechts keinen Beurteilungsspielraum bei der sachlichen Marktdefinition/-abgrenzung.

f) § 11 TKG setzt die Vorgaben des Art. 16 RahmenRL in deutsches Recht um. Er enthält die Bestimmungen für das Verfahren der Marktanalyse, also der Feststellung des Beherrschungsgrades auf Telekommunikationsmärkten. Im Anschluss an die Marktdefinition des § 10 TKG hat die RegTP eine Marktanalyse vorzunehmen, in der sie prüft, ob auf den zuvor in der Marktdefinition ermittelten Märkten Regulierungsmaßnahmen erforderlich sind. Hierzu ist gemäss § 11 Abs. 1 S. 1 TKG zu prüfen, ob auf dem zu regulierenden Markt wirk-

---

[320] Vgl. Begründung zum TKG-E, aaO., S. 84.

samer Wettbewerb besteht.[321] Das entspricht den Vorgaben des Art. 16 Abs. 2 RahmenRL, wonach im Rahmen der Marktanalyse ausschliesslich zu ermitteln ist, ob auf einem zu regulierenden Markt wirksamer Wettbewerb herrscht. Nach dem Verständnis des europäischen Kommunikationsrechts besteht kein wirksamer Wettbewerb auf Märkten, auf denen es ein oder mehrere Unternehmen mit beträchtlicher Marktmacht gibt, das heißt, wirksamer Wettbewerb bedeutet Abwesenheit von Marktbeherrschung.[322] Dem schliesst sich auch § 11 Abs. 1 S. 2 TKG an.[323] § 11 Abs. 1 S. 3-5 TKG übernimmt die Definition des Begriffes der beträchtlichen Marktmacht aus dem europäischen Kommunikationsrecht.[324] Nach § 11 Abs. 1 S. 4 TKG berücksichtigt die Regulierungsbehörde im Rahmen der Marktanalyse weitestgehend die von der EU-Kommission aufgestellten Kriterien, wie sie in den Leitlinien zur Marktanalyse niedergelegt sind. Damit hält sich das TKG an die Vorgaben der Leitlinien zur Marktanalyse und bezieht diese ausdrücklich in die Marktanalyse ein. § 11 Abs. 1 S. 5 TKG übernimmt die Vorgaben des europäischen Kommunikationsrecht, das in Art. 14 Abs. 3 RahmenRL ausdrücklich bestimmt, dass auch die Wettbewerbssituation auf benachbarten Märkten in die Marktanalyse einzubeziehen ist.[325] Die Marktanalyse im Fall der länderübergreifenden Märkte wird entsprechend den Vorgaben des europäischen Kommunikationsrechts gemeinsam mit den betroffenen Regulierungsbehörden der Mitgliedsstaaten durchgeführt, vgl. § 11 Abs. 2 TKG.
Insofern ist die in § 11 TKG vorgenommene Umsetzung des EU-Kommunikationsrecht richtlinienkonform.

---

[321] § 11 Abs. 1 S. 1 TKG bestimmt, dass im „Rahmen der Festlegung der nach § 10 für eine Regulierung nach diesem Teil in Betracht kommenden Märkte [...] die Regulierungsbehörde [prüft], ob auf dem untersuchten Markt wirksamer Wettbewerb besteht."

[322] Vgl. S. 49ff..

[323] § 11 Abs. 1 S. 2 TKG lautet: „Wirksamer Wettbewerb besteht nicht, wenn ein oder mehrere Unternehmen auf diesem Markt über beträchtliche Marktmacht verfügen."

[324] § 3 TKG, der die Begriffsbestimmungen des TKG enthält, verweist zur Definition des Begriffes der beträchtlichen Marktmacht auf die Voraussetzungen des § 11 Abs. 1 S. 3-5 des TKG, vgl. § 3 Nr. 4 TKG. Vgl. zur Definition des Begriffes der beträchtlichen Marktmacht nach europäischem Recht S. 14ff..

[325] Vgl. hierzu bereits S. 44.

g) § 12 TKG setzt die Vorgaben zum Konsultations- und Konsolidierungsverfahren der Art. 6 und 7 der RahmenRL[326] richtlinienkonform in deutsches Recht um.

h) § 13 TKG regelt die Rechtsfolgen, die an die durchgeführte Marktanalyse zu knüpfen sind: Stellt die Regulierungsbehörde nach Durchführung des Markdefinitions- und Marktanalyseverfahrens fest, dass es auf einem oder mehreren Telekommunikationsmärkten ein oder mehrere Unternehmen gibt, die beträchtliche Marktmacht auf diesen Märkten besitzen, dann besteht kein wirksamer Wettbewerb und die Regulierungsbehörde hat dem bzw. den Unternehmen mit beträchtlicher Marktmacht als Rechtsfolge der Marktanalyse sektorspezifische Verpflichtungen nach §§ 19, 20, 21, 24, 30, 39, 40 oder 41 Abs. 1 TKG aufzuerlegen bzw. bestehende Verpflichtungen der Marktlage entsprechend zu ändern, beizubehalten oder zu widerrufen. Damit wird Art. 16 Abs. 6 i.V.m. Abs. 3 und 4 RahmenRL umgesetzt. Allerdings wird der Maßnahmenkatalog des Art. 16 Abs. 2 und Abs. 4 RahmenRL nicht vollständig übernommen.[327] So enthält § 11 TKG keine Ermächtigungsgrundlage für die Auferlegung der in Art. 16 RahmenRL vorgesehenen sonstigen Verpflichtungen: Es wird keine Regelung zur Umsetzung der in Art. 9, 10 ZugangsRL vorgesehenen Vorschriften zur Transparenz und Gleichbehandlung in Bezug auf die Zusammenschaltung oder den Netzzugang getroffen.[328] Ebenso wird Art. 17 UniversaldienstRL unvollständig umgesetzt: Art. 17 UniversaldienstRL sieht vor, dass marktbeherrschenden Unternehmen auf Endnutzermärkten „geeignete regulatorische Verpflichtungen" durch die nationale Regulierungsbehörde auferlegt werden können. Eine solche Ermächtigungsgrundlage ist im TKG nicht vorhanden.[329] Bei der Umsetzung des europäischen Rechts hat der deutsche Gesetzgeber der RegTP diese Spielräume bei der Auferlegung von Verpflichtungen einzuräumen, weil die Richtlinien für jeden Mitgliedsstaat hinsichtlich ihrer Ziele verbindlich sind (vgl. Art. 249 Abs. 3 EGV). Es wäre möglich, einen Spielraum bezüglich der Inhalte einzelner

---

[326] Vgl. hierzu bereits S. 44ff..

[327] Vgl. Ellinghaus, CR 2004, 23, 25f, der hierauf schon beim TKG-Entwurf hingewiesen hat.

[328] Vgl. hierzu und zur weiteren Kritik an der Umsetzung, Ellinghaus, CR 2004, 23, 25f; Monopolkommission, Sondergutachten TKG-Reform, Tz. 37ff..

[329] Hierauf weist Ellinghaus, CR 2004, 23, 26 hin.

Verpflichtungen anzunehmen, nicht jedoch das Instrument selbst nicht vorzusehen.[330]
Damit bestehen im Ergebnis Zweifel an der Vereinbarkeit des § 13 TKG mit dem europäischen Recht.

---

[330] Vgl. Monopolkommission, Sondergutachten TKG-Reform, Tz. 37.

II. Das Konzept zur Ermittlung von Marktmacht im U.S. amerikanischen Telekommunikationsrecht

1. Marktmacht im U.S. amerikanischen Telekommunikationsrecht (gesetzliche Regelungen, Rechtsprechung, FCC-Regulierungspraxis)

Das U.S. amerikanische Telekommunikationsrecht ist im Communications Act von 1934[331], in der Fassung des Telecommunications Act von 1996 (TCA 1996)[332], bundesrechtlich kodifiziert. Ausserdem

---

[331] 48 Stat. 1064 (1934), in der jeweils aktuellen Version kodifiziert bei 47 U.S.C. §§151 et seq. (Communications Act 1934). Mit dem Communications Act 1934 wurde die Federal Communications Commission (FCC) als unabhängige Bundesbehörde eingerichtet und mit weitreichender Regulierungskompetenz ausgestattet, vgl. 47 U.S.C. § 151. Auf diese Weise wurde die Zuständigkeitszersplitterung auf Bundesebene beseitigt. Ihre Aufgabe war es, die damals teilweise einzelstaatlich regulierten Telefongesellschaften zumindest im zwischenstaatlichen (interstate) Kommunikationsverkehr bundeseinheitlich zu regulieren. Aufgrund der bundesstaatlichen Gesetzgebungskompetenz (Commerce Clause, Art. 1 Section 8 U.S. Verfassung) ist die FCC nur für den zwischenstaatlichen Kommunikationsverkehr (interstate services) zuständig, allerdings erfasst ihre Regulierungszuständigkeit nach dem Communications Act 1934 neben der Telekommunikationsregulierung auch die Bereiche Rundfunk, Kabelfernsehen und andere Felder elektronischer Kommunikation. Für den innerstaatlichen Verkehr bleiben die einzelstaatlichen Regulierungsbehörden, die sog. Public Utility Commissions (PUCs), zuständig, vgl. auch § 2(a) S.1 1. HS Communications Act (47 U.S.C. § 152(a) S. 1 1.HS). Vgl. Windhorst, CR 1998, 281, 282-284; Müller, in: Horn/Knieps/Müller, S. 290.

[332] Telecommunications Act of 1996, Pub. Law No. Nr. 104, 110 Stat. 56; in Kraft seit 8.2.1996. Für einen Vergleich des TKG mit dem amerikanischen Telecommunications Act von 1996 (TCA 1996), vgl. Kress, 49 Fed. Comm. L. J. 551 (1997). Der TCA 1996 reformierte den Communications Act von 1934 grundlegend. Er führte zu einer grundsätzlichen Neubewertung der Rolle des Telekommunikationsbereichs für die Volkswirtschaft. Neben dem öffentlichen Interesse spielt der Wettbewerbsgedanke eine wesentliche Rolle. Bereits die Präambel des TCA 1996 führt das Ziel, den Wettbewerb zu fördern („To promote competition"), ausdrücklich auf.
Der Endgerätemarkt und Teile des Telefonfernverkehrs (Long-Distance) waren bereits frühzeitig vor Erlass des TCA 1996 und durch gerichtliche Mithilfe dem freien Wettbewerb ausgesetzt worden. Vgl. hierzu die Übersicht bei Müller, in: Horn/Knieps/Müller, S. 315ff.; Vgl. zur Deregulierung des Endgerätemarktes, Scherer, Telekommunikationsrecht, S. 216ff. Ausgangspunkt hierfür war die sog. Hush-a-Phone Entscheidung des Court of Appeals, D.C., aus dem Jahre 1956, Hush-a-Phone Corp. v. United States, 238 F.2d 266 (D.C. Circ. 1956); wichtige

wurde das Telekommunikationsrecht der U.S.A. der Tradition des Fallrechts (Case Law) entsprechend, in zahlreichen gerichtlichen Verfahren und insbesondere durch Klagen der Bundesregierung gegen das Bell System[333] weiterentwickelt.[334] Darüber hinaus findet sich weiteres spezifisches Telekommunikationsrecht in den Regulierungsbestimmungen und der Rechtspraxis der amerikanischen Regulierungsbehörde für den Kommunikationssektor (Federal Communications Commission - FCC), der Rechtsprechung und im Recht der einzelnen Bundesstaaten. Mangels spezialgesetzlicher Regelungen

---

Entscheidungen auf diesem Weg zur Entregulierung des Endgerätemarktes waren die Recording Device-Entscheidung von 1948 (Recording Device Decision, 11 FCC 2d 1033 (1947)), die Hush-a-Phone-Entscheidung von 1956 (Hush-a-Phone v. U.S., 238 F. 2d 266 (1956)) und die Carterfone-Entscheidung von 1968 (Carterfone, 13 FCC 2d 420 (1968)).

[333] Als Bell System werden die Gesellschaften AT&T, Western Electric Co. und Bell Laboratories bezeichnet.

[334] 1913 ging die Bundesregierung gegen das Geschäftgebaren des Bell Systems, das sich weigerte, sein Ferngesprächsnetz mit den nicht zum Verbund gehörenden Ortsnetzgesellschaften zusammenzuschalten, durch Einreichung einer Klage vor. Dem Bell System gelang es jedoch sich vor weitreichender staatlicher Regulierung durch das Kingsbury Commitment zwischen Bell und dem amerikanischen Justizministerium (Department of Justice – DOJ) von 1914 zu schützen. Es hatte ungefähr 50 Jahre Bestand. Bell verpflichtete sich darin, keine weiteren Wettbewerber aufzukaufen, nicht gegen die Regulierung vorzugehen, sich von Western Union zu trennen und unabhängigen Firmen Zusammenschaltung anzubieten. Vgl. hierzu Krattenmaker, Telecommunications Law and Policy, S. 469f.; Stockdale, S. 4, Fn. 13.
1949 leitete das DOJ ein weiteres Kartellverfahren gegen das Bell System ein, in dem AT&T vorgeworfen wurde, durch Absprachen zwischen AT&T und Western Electric die Herstellung und Verbreitung von Telekommunikationsausrüstung sowie den Telefonverkehr zu monopolisieren. 1956 einigte man sich in einem Vergleich (Consent Decree), der als Final Judgement bezeichnet wurde: Darin verpflichtete sich AT&T u.a., seine Aktivitäten auf den Bereich staatlicher Regulierung unterfallender Common-Carrier-Dienste zu beschränken, sich also aus allen nichtregulierten Telekommunikationsdiensten herauszuhalten. Datendienste gehörten z.B. zum unregulierten Bereich. Durch diesen Vergleich konnte AT&T in diesem Bereich nicht selbst, sondern nur mit selbständigen Tochtergesellschaften tätig werden. An der Übermacht AT&T's änderte sich dadurch aber nichts. Vgl. Windthorst, CR 1998, 281, 283; Scherer, Telekommunikationsrecht, S. 219; Müller, in: Horn/Knieps/Müller, S. 329; Krattenmaker, Telecommunications Law and Policy, S. 468ff.; Roger G. Noll and Bruce M. Owen, The Anticompetitive Uses of Regulation: United States v. AT&T, in: John E. Kwoka and Lawrence J. White, The Antitrust revolution, 1989, S. 291ff.

sind die Vorschriften des U.S. Antitrust-Rechts auch auf Telekommunikationsmärkten anwendbar.
In den Vorschriften des Communications Act 1934, in der Fassung des TCA 1996, finden Marktmachtfragen allerdings keine explizite Erwähnung, d.h. Marktmacht wird nicht als Voraussetzung für bestimmte Regulierungsmaßnahmen aufgeführt.[335] Es gibt demzufolge auch keinen Verweis dergestalt, dass die Ermittlung von Marktmacht nach Antitrust-Gesetzen zu erfolgen hat. Trotzdem spielen Marktmachtfragen auf den U.S. amerikanischen Telekommunikationsmärkten eine Rolle. So ging es in den Klageverfahren gegen das Bell System um Verstösse gegen die Vorschriften des Antitrust-Rechts[336], bei denen der Missbrauch von Marktmacht im Mittelpunkt stand. Dem Bell System wurde vorgeworfen, seine Marktmacht auszunutzen und so die Telekommunikationsmärkte zu monopolisieren. In der wichtigsten Klage, die 1974 gestützt auf Section 2 des Sherman Act[337] eingereicht wurde, und die schliesslich zum Modified Final Judge-

---

[335] Im europäischen und deutschen Telekommunikationsrecht ist die Feststellung von (beträchtlicher) Marktmacht dagegen explizit Anwendungsvoraussetzung für die sektorspezifischen Regulierungsmaßnahmen. Vgl. S. 14 ff. und S. 70ff.. Die FCC hat jedoch im Rahmen der Dominant Carrier Regulierung Marktmacht, also eine marktbeherrschende Stellung, ebenfalls zur Anwendungsvoraussetzung der sektorspezifischen Regulierungsmaßnahmen (47 U.S.C. §§ 201ff.) gemacht. Vgl. hierzu ausführlich S. 119ff..

[336] Das U.S. Antitrust-Recht ist in drei Gesetzen geregelt, dem Sherman Act von 1890 (15 U.S.C. §§ 1-7), dem Clayton Act von 1914 (15 U.S.C. §§ 12-27) sowie dem Federal Trade Commission Act (FTCA) von 1914 (15 U.S.C. §§ 41-58). Dabei sind die Anwendungsbereiche nicht klar voneinander abgegrenzt, sondern überschneiden sich teilweise. Um Marktmacht geht es insbesondere in Section 2 Sherman Act (15 U.S.C. § 2), Section 7 Clayton Act (15 U.S.C. § 18) und in Section 5 FTCA (15 U.S.C. § 45). Zum U.S. Antitrust-Recht vgl. Schmidt, S. 249; Schmidt/Binder, S. 131; Sullivan/Harrison, § 1.01, S. 1ff..

[337] Section 2 Sherman Act (15 U.S.C. § 2) lautet:

> "Every person who shall monopolize, or attempt to monopolize, or combine or conspire with any other person or persons, to monopolize any part of the trade or commerce among the several States, or with foreign nations, shall be deemed guilty of a misdemeanor, and, on conviction thereof, shall be punished by fine [...]."

Section 2 begründet ein allgemeines Monopolisierungsverbot, welches sowohl die Monopolisierung selbst als auch bereits den Versuch der Monopolisierung unter Strafe stellt. Auch das Verabreden einer Monopolisierung ist untersagt. Vgl. zu den Einzelheiten: Sullivan/Harrison, § 6.04, S. 299ff.; § 6.05, S. 314ff.; § 6.07, S. 337ff..

ment (MFJ) im Jahre 1982 führte[338], wurde dem Telekommunikationsunternehmen American Telephone and Telegraph Company (AT&T) vorgeworfen, seine marktbeherrschende Stellung im Endgerätemarkt, im Ortsnetz und im Fernnetz rechtswidrig dazu zu missbrauchen, den gesamten Telekommunikationsmarkt zu monopolisieren.[339] AT&T entwickelte sich im Telefonbereich bis zum Jahre 1982 zu einem faktischem Monopol, das unter staatlicher Aufsicht[340] privat betrieben wurde.[341] Grundlage für den Erfolg von AT&T war die Erfindung des Telefons und das Patent von Graham Bell aus dem 19. Jahrhundert (1876). Als Nachfolgegesellschaft der Bell Telephone Company erlangte das Unternehmen im Schutze des ihm erteilten Telefonpatents eine wirtschaftliche Übermacht.[342] Die im MFJ getroffenen Regelungen prägten die amerikanische Telekommunikationsindustrie von 1982 bis zum Erlass des Telecommunications Act im

---

[338] Unter Aufsicht des Bundesrichters Greene schlossen AT&T und das Department of Justice (DOJ) 1982 einen als Modified Final Judgement (MFJ) bekanntgewordenen Vergleich. Das MFJ versucht, die Unzulänglichkeiten des Consent Decree von 1956 (Final Judgement) zu beseitigen (deshalb auch die Bezeichnung als „modified" (modifiziert). Eine andere Bezeichnung ist auch „Modification of Final Judgement")). United States v. AT&T, 552 F. Supp. 131 (D.D.C. 1982), aff'd, 460 U.S. 1001 (1983). Eine ausführliche Besprechung des Antitrust Verfahrens findet sich bei Roger G. Noll and Bruce M. Owen, The Anticompetitive Uses of Regulation: United States v. AT&T, in: John E. Kwoka and Lawrence J. White, The Antitrust revolution, 1989, S. 290ff. Vgl. auch von Weizsäcker, WuW 1997, 572, 574; Müller, in: Horn/Knieps/Müller, S. 329; Wilmer Cutler & Pickering (Hrsg.), S. 40.

[339] Vgl. U.S. v. AT&T, 552 F.Supp. 131, 135f; vgl. hierzu und zum Prozessverlauf, Huber/Kellogg/Thorne, S. 359ff.; Krattenmaker, Telecommunications Law and Policy, S. 492ff.; Roger G. Noll and Bruce M. Owen, The Anticompetitive Uses of Regulation: United States v. AT&T, in: John E. Kwoka and Lawrence J. White, The Antitrust revolution, 1989, S. 291ff.

[340] Telekommunikation wurde deshalb als reguliertes Monopol (regulated monopoly) bezeichnet. Die Regulierung der Telekommunikation begann ungefähr 30 Jahre nach Erfindung des Telefons. Zunächst begannen einige Bundesstaaten 1907 mit staatlicher Regulierung. Auf Bundesebene machte der Mann-Elkins Act von 1910 den Anfang, der die Interstate Commmerce Commission mit der Aufgabe der Regulierung von Telekommunikationsunternehmen betraute. Vgl. hierzu die kurze Übersicht bei Vogelsang, S. 62ff.

[341] Vgl. von Weizsäcker, WuW 1997, 572, 574; Koenig/Kühling, Liberalisierung, S. 100; der staatliche Schutz dieses Monopols beruhte auf der damals vorherrschenden Auffassung von der Telekommunikation als natürlichem Monopol.

[342] Vgl. hierzu Windthorst, CR 1998, 281, 283.

Jahre 1996[343]: Kern dieser Vereinbarung waren zwei Regelungen, die sich bis heute auf die Struktur des U.S. amerikanischen Telekommunikationsmarktes auswirken: Zum einen wurde AT&T in die Fernverkehrsgesellschaft AT&T und 24 lokale Telefongesellschaften, die sog. Local Exchange Carriers (LECs), aufgespalten.[344]
Zum anderen teilte das MFJ den U.S.-amerikanischen Telefonmarkt in 163 LATAs, die sog. Local Access and Transport Areas, auf.[345] Innerhalb dieses, im weitesten Sinne mit dem deutschen Ortsnetzbereich vergleichbaren Gebiets[346] durften ausschliesslich die LECs Te-

---

[343] Das MFJ ist seit dem TCA 1996 nicht mehr anwendbar. § 601(a) des TCA 1996 hebt alle consent decrees auf. Durch den TCA 1996 sollte insbesondere der Wettbewerb auf der Ortsnetzebene gefördert werden, nachdem das MFJ von 1982 bereits zu starkem Wettbewerb auf den Ferngesprächsmärkten geführt hatte.

[344] 22 der 24 LECs schlossen sich zu sieben regionalen Holding Gesellschaften (RHC) mit 22 Betriebsgesellschaften, den sog. Baby Bells oder Regional Bell Operating Companies (RBOCs oder BOCs) zusammen. Die konkrete Zahl wurde aber im MFJ nicht vorgegeben, vgl. United States v. AT&T, 552 F. Supp. 227 (1982). Vgl. H.R. REP. No 104-204, pt. 1, S. 48-49 (1995); Huber/Kellogg/Thorne, S. 370f. m.w.N.. Die RBOCs erhielten das Monopol für den örtlichen Telefondienst. Im Gegenzug wurde AT&T von den Restriktionen befreit, die ihr das consent decree von 1956 auferlegt hatte. Vgl. Scherer, Telekommunikationsrecht, S. 226; Holznagel/Enaux/Nienhaus, S. 245; Vogelsang, S. 67. Nach Fusionen der RBOCs sind heute noch vier RBOCs am Markt: Verizon, SBC, BellSouth und Quest. Man bezeichnet die früheren lokalen Monopolortsnetztelefongesellschaften (BOCs) heute auch als Incumbent Local Exchange Carriers (ILECs) und die neu in den lokalen Telefonmarkt gestarteten Telekommunikationsunternehmen als Competitive Local Exchange Carriers (CLECs).

[345] Dem LATA-Konzept lag die Idee zugrunde, die Versorgungsgebiete so weit auszudehnen, daß das Fernverkehrsaufkommen innerhalb einer LATA den Betrieb mehrerer Übergabepunkte (Point of presence – POP) für die im Wettbewerb stehenden Fernverkehrsanbieter gewährleistete, so Sondhof/Theurer, WuW 1996, 177, 180. Dadurch sollten einerseits Wettbewerber angezogen werden, andererseits den BOCs aber auch Einnahmen beschert werden, die eine Erhöhung der Preise für lokale Gespräche überflüssig machen würden. Folglich waren die individuellen Grenzen der LATAs umstritten vgl. Huber/Kellogg/Thorne, S. 820f..

[346] Aber: Eine LATA kann weit über den deutschen Ortsnetzbereich hinausgehen und einen ganzen Bundesstaat umfassen; es gibt auch innerhalb einer LATA mehrere Ortsnetze, so dass die LECs den Verkehr zwischen den Ortsnetzen (sog. Intra-LATA Verkehr, also Regionalverkehr) innerhalb einer LATA betreiben dürfen. Das Gesprächspaket der LECs umfasst damit sowohl Ortsgespräche im

lefongespräche transportieren.[347] Ferngespräche, d.h. Gespräche zwischen den LATAs (Inter-LATA), durften nur von Ferngesprächsanbietern (IXC[348]) erbracht werden.[349] Praktisch bedeutete das MFJ eine Trennung in einen Markt für Ferngespräche und einen Markt für Orts- bzw. Regionalgespräche. An dieser Einteilung des Telekommunikationsmarktes wird bis heute festgehalten.[350]

Die FCC muss sich in ihrer sektorspezifischen Regulierungspraxis mit Marktmachtfragen auseinandersetzen, obwohl Marktmacht in den U.S. amerikanischen Telekommunikationsgesetzen nicht explizit erwähnt wird. Marktmachtfragen spielen in den telekommunikationsrechtlichen Vorschriften dennoch eine Rolle. So sind von der FCC in ihrer Regulierungspraxis die Ziele des TCA 1996 zu beachten. Diese sind insbesondere die Förderung von Wettbewerb in allen Bereichen der Telekommunikation[351], die Verringerung von Regulierung[352] und die Gewährleistung einer umfassenden, kostengünstigen Versorgung der Bevölkerung unter besonderer Berücksichtigung bedürftiger Nutzer.[353] Wettbewerb und Marktmacht schliessen sich jedoch aus, so dass sich die FCC zur Erreichung des Zieles der Wettbewerbsförderung mit der Marktmacht von Telekommunikationsanbietern auseinandersetzen muss. Diesem Ziel dienen auch die besonderen Vorschriften des aktuellen Communications Act 1934 zur Schaffung von Wettbewerb in „Ortsnetzmärkten" (Intra-LATA-Bereich). So ist insbesondere nach Sections 271ff. TCA 1996 der Nachweis von

---

engeren Sinne als auch regionale Ferngespräche bzw. Regionalgespräche, jedoch keine nationalen und internationalen Ferngespräche.

347 Und damit „Ortsgespräche", sog. intraLATA Gespräche, d.h. Gespräch zwischen den Teilnehmern einer LATA, vermitteln.

348 Interexchange Carrier oder auch Long Distance Carrier.

349 Das ist der sog. interLATA Verkehr, also der Fernverkehr, wie er zwischen den einzelnen LATAs und ins Ausland stattfindet.

350 Vgl. S. 181ff.

351 Vgl. Präambel des TCA 1996: "to promote competition and reduce regulation".

352 Vgl. Präambel des TCA 1996. Vgl. auch Stockdale, S. 15f.. Das Deregulierungsziel kommt insbesondere in den Vorschriften zum Ausdruck, die der FCC ein Ermessen in Bezug auf die Nichtanwendbarkeit (Forbearance) von Regulierungsmaßnahmen einräumen (47 U.S.C. § 160).

353 Hierbei geht es vor allem um Universaldienste, die bereits in § 1 des Communications Act von 1934 als Ziel der Regulierung statuiert waren. Vgl. zu den Zielen des TCA 1996 auch Windhorst, CR 1998, 281, 284; Wemmer, K&R 1998, 137, 138.

Wettbewerb Voraussetzung für den Einstieg bisher marktbeherrschender Ortsnetzgesellschaften (ILECs) in den Ferngesprächsmarkt.[354] Hierfür muss nachgewiesen sein, dass auf den Märkten der bisher dominierenden Anbieter Wettbewerb herrscht, bzw. alle Voraussetzungen seitens des dominierenden Anbieters geschaffen wurden, die für die Entwicklung von Wettbewerbsmärkten erforderlich sind.[355] Diese Voraussetzungen sind von der FCC nachzuprüfen, in-

---

[354] 47 U.S.C. §§ 271-276. Hinter der Gestaltung des § 271 TCA 1996 steckt der Grundsatz, dass Art und Umfang wettbewerbssichernder Pflichten von der Marktmacht des Anbieter abhängen: Je grösser diese ist, desto schwerer kann sich Wettbewerb entfalten, desto stärker muss der Staat folglich eingreifen. Dieser Zusammenhang wird auch in § 251 TCA 1996 deutlich: In Abhängigkeit von der Einordnung des Telekommunikationsanbieters in eine der rechtlichen Kategorien werden verschiedene Anforderungen an den Telekommunikationsanbieter gestellt (§ 251(a) verpflichtet alle Träger von Telekommunikationsdienstleistungen, § 251(b) die LECs und § 251(c) die ILECs (Incumbent Local Exchange Carriers, d.h. die aus der Aufspaltung von AT&T hervorgegangenen Monopolortsnetzgesellschaften). Marktmacht wird in § 251 TCA 1996 also vorausgesetzt, denn je stärker die Marktmacht des Unternehmens ist, desto umfassender ist der Anforderungskatalog.

[355] Section 271(c) TCA 1996 eröffnet für die RBOCs die Möglichkeit, in den Ferngesprächsmarkt einzusteigen. Voraussetzung dafür ist, dass sie Wettbewerb auf ihren lokalen Märkten eingeführt haben, was sie in einem entsprechenden Antrag gegenüber der FCC begründen müssen. Dieser Nachweis kann auf zweierlei Weise erbracht werden: Gemäss § 271(c)(1)(A) TCA 1996 kann die RBOC darlegen, dass sie mindestens ein Zusammenschaltungsabkommen mit einem anderen Anbieter abgeschlossen hat, der lokale Telefondienste über eigene Infrastruktur anbietet. Sollte es einen solchen Anbieter nicht geben bzw. hat er keine solche Zusammenschaltung nachgefragt, so kann die RBOC gemäss § 271(c)(1)(B) TCA 1996 alternativ ein von der zuständigen PUC genehmigtes Standardzusammenschaltungsangebot veröffentlichen. Beide müssen von der zuständigen PUC genehmigt werden. Neben dem Zusammenschaltungsabkommen entweder in Form eines tatsächlich existierenden Abkommens mit einem Wettbewerber oder in Form eines Standardzusammenschaltungsabkommens müssen nach Section 271(c)(2)(A)(ii) TCA 1996 als weitere Voraussetzung die Bedingungen der detaillierten 14-Punkte-Checkliste nach Section 271(c)(2)(B) TCA 1996 erfüllt sein (sog. Competitive Checklist). Erst dann darf der Ortsgesprächsanbieter künftig auch innerhalb seines Netzbereichs Ferngespräche anbieten. Dabei handelt es sich im Wesentlichen um solche Pflichten, die den nichtdiskriminierenden Zugang und Zusammenschaltung sicherstellen sollen. Zudem ist die Verpflichtung zum Wiederverkauf (Resale) hervorzuheben. In den ersten Jahren nach Erlass des TCA 1996 versuchten nur wenige ehemalige Monopolisten, über diese Regelung in den Ferngesprächsmarkt einzusteigen. Nach-

dem die Marktsituation analysiert, also eine Marktmachtprüfung durchgeführt wird.

Zusätzlich macht die FCC in ihrer Regulierungspraxis – ohne dass dies nach den Buchstaben des Gesetzes gefordert wird - die Anwendbarkeit bestimmter Regulierungsmaßnahmen von der Marktposition (Marktmacht) des Unternehmens abhängig (v.a. bei der Dominant Carrier Regulierung).[356]

Daneben steht der FCC eine Kompetenz zur Fusionsgenehmigung zu, bei dessen Ausübung sie sich mit der Marktmacht von Telekommunikationsanbietern auseinandersetzt.[357]

Es ist daher für den Rechtsvergleich darzustellen, wie die Marktmacht im U.S. amerikanischen Telekommunikationsrecht definiert und ermittelt wird.

2. Definition von Marktmacht im U.S. amerikanischen Telekommunikationsrecht

Die FCC hat ihre Definition von Marktmacht im Laufe der Competitive Carrier Verfahren[358] verfestigt. Sie definiert seit ihrer Entscheidung

---

dem eine Reihe von Anträgen von BOCs auf Zulassung zum Ferngesprächsmarkt zunächst gescheitert waren (Eine kurze Darstellung dieser Verfahren findet sich bei Wiley, 597 PLI/Pat 395, 452ff. (2000)), erhielt jedoch Ende 1999 Bell Atlantic als erste RBOC die Zulassung für das Angebot von Ferngesprächen im Bundesstaat New York, vgl. In the Matter of Application by Bell Atlantic New York for Authorization Under Section 271 of the Communications Act To Provide In-Region, InterLATA Service in the State of New York, Memorandum Opinion and Order, Dec. 22, 1999, FCC 99-404, CC Docket No. 99-295 (Bell Atlantic New York Order). Diese Entscheidung hat die Türen geöffnet und im Anschluss hieran kann seit ungefähr 1999 eine stetige Zunahme der Anträge an die FCC diesbezüglich festgestellt werden. Derzeit haben einige der RBOCs in den U.S.A. die Voraussetzungen erfüllt und bieten Ferngespräche in ihrem Ortsnetzbereich an. Zahlreiche weitere Genehmigungsverfahren laufen hierzu. Eine Übersicht über den aktuellen Stand der Anträge nach § 271 TCA 1996 kann abgerufen werden unter http://www.fcc.gov/Bu reaus/Common_Carrier/in-region_applications/.

[356] Auf diese klassische Regulierungstätigkeit wird noch eingegangen. Vgl. S. 119ff..

[357] Vgl. 47 U.S.C. §§ 214, 310 bzw. 15 U.S.C. § 21(a); hierzu ausführlicher S. 93ff..

Competitive Carrier, Fourth Report and Order, Marktmacht in Übereinstimmung mit dem Antitrust-Recht als die Fähigkeit, die Preise durch eine Beschränkung der Produktionsleistung anheben zu können.[359] Ein solches Unternehmen kann die Preise auf einem Niveau halten, das keinen Bezug zu den Kosten der Waren oder Dienstleistungen hat.[360] Ein anderer Ansatz definiert Marktmacht als die Fähigkeit, die Preise anzuheben und auf einem Niveau zu halten, das über dem Wettbewerbspreis liegt, ohne so viele Kunden abzuschrecken, dass das Anheben des Preises unprofitabel wäre.[361] Beide De-

---

[358] Policy and Rules Concerning Rates and Facilities Authorizations for Competitive Carrier Services (CC Docket No. 79-252), Notice of Inquiry and Proposed Rulemaking, 77 FCC 2d 308 (1979), First Report and Order, 85 FCC 2d 1 (1980), (Competitive Carrier First), Further Notice of Proposed Rulemaking, 84 FCC 2d 445 (1981), (Competitive Carrier FNPRM), Second Report and Order, 91 FCC 2d 59 (1982), (Competitive Carrier Second), recon.. FCC No. 83-69, released March 21, 1983, Second Further Notice of Proposed Rulemaking, FCC No. 82-187, released April 21, 1982, Third Further Notice of Proposed Rulemaking, Mimeo No. 33547, released June 14, 1983, 48 Fed. Reg. 28,292 (June 21, 1983), Third Report and Order, Mimeo No. 012, released October 6, 1983, 48 Fed. Reg. 46,791 (October 15, 1983), Fourth Report and Order, 95 FCC 2d 554 (1983), (Competitive Carrier Fourth), Fourth Further Notice of Proposed Rulemaking, FCC No. 84-82, released March 22, 1984, 49 Fed. Reg. 11,856, (March 28, 1984), (Fourth Further Notice), Fifth Report and Order, FCC No. 84-394, released August 27, 1984, 49 Fed. Reg. 34824, September 4, 1984, (Competitive Carrier Fifth). (Competitive Carrier Rulemaking).

[359] Vgl. Competitive Carrier Fourth, Tz. 7:"The basic concept of market power is 'the ability to raise prices by restricting output'" unter Hinweis auf II P. Areeda & D. Turner, Antitrust Law 322 (1978).

[360]Vgl. Competitive Carrier First, aaO., Tz. 56: "Market power refers to the control a firm can exercise in setting the price of its output. A firm with market power is able to engage in conduct that may be anticompetitive or otherwise inconsistent with the public interest. This may entail setting price above competitive costs in order to earn supranormal profits, or setting price below competitive costs to forestall entry by new competitors or to eliminate existing competitors".

[361] Vgl. Competitive Carrier Fourth, Tz. 8: "Another, consistent definition of market power focuses on the ability to raise and maintain price above the competitive level without driving away so many customers as to make the increase unprofitable"; Landes/Posner, 94 Harv. L. Rev. 937, 937 (1981); vgl. hierzu auch In the Matter of Regulatory Treatment of LEC Provision of Interexchange Services Originating in the LEC's Local Exchange Area and Policy and Rules Concerning the Interstate, Interexchange Marketplace, 12 FCC Rcd 15756, FCC 97-142 (LEC Regulatory Treatment Order), Tz. 11. In the Matter of Review of Regulatory Requirements for Incumbent LEC Broadband Telecommunications Services, Notice

finitionen stimmen im Kern überein, denn es geht darum, dass ein Unternehmen Marktmacht besitzt, wenn es den Preis über den bei Wettbewerb erzielbaren Preis halten kann.
Diese Definitionen von Marktmacht stehen im Einklang mit der Definition nach dem U.S. amerikanischen Antitrust-Recht, wie sie durch die 1992er Horizontal Merger Guidelines[362] und durch den Supreme Court der U.S.A. in Antitrust-Fällen vorgenommen wird:
Der Supreme Court definiert in seiner Grundsatzentscheidung U.S. v. E.I. du Pont de Nemours & Co[363] Monopolmacht als die Fähigkeit zur Kontrolle der Preise oder zum Ausschluss von Wettbewerb.[364] Dabei werden Monopolmacht und Marktmacht oft synonym gebraucht, weil Marktmacht letztlich bis zu dem Punkt der Monopolmacht führen kann.[365] Das bedeutet, dass Marktmacht auch definiert werden kann als die Fähigkeit eines Unternehmens, die Preise über das wettbewerbliche Niveau zu heben, ohne so viel Umsatz zu verlieren, dass sich der Preisanstieg als unprofitabel erweisen würde.[366]
Die 1992er Horizontal Merger Guidelines folgen dieser Interpretation, indem sie Marktmacht definieren als die Fähigkeit, die Preise für ei-

---

of Proposed Rulemaking, 20.12.2001, FCC 01-360 (LEC Broadband NPRM), Tz. 9, Fn. 15.

[362] 1992 Horizontal Merger Guidelines, U.S. Department of Justice and the Federal Trade Commission (in der geänderten Fassung vom 8.4.1997) (1992 Horizontal Merger Guidelines), abrufbar unter http://www.usdoj.gov/atr/public/guidelines/hmg.htm. § 0.1. Vgl. hierzu die nachfolgenden Ausführungen.

[363] 351 U.S. 377 (1956) (sog. Cellophane case).

[364] Der Supreme Court definiert Monopolmacht wie folgt: "Monopoly power is the power to control prices or exclude competition", vgl. U.S. v. E.I. du Pont de Nemours & Co., 351 U.S. 377, 391f (1956). Vgl. auch U.S. v. Grinnell Corp et al., No. 73, 384 U.S. 563, 571 (1966).

[365] Vgl. ABA Section of Antitrust Law, Antitrust Law Developments (5th ed. 2002), S. 525f, Fn. 3; ausdrücklich formuliert bei ITT v. FTC, 104 F.T.C. 280, 411 (1984), Fn. 60: "The terms 'market power' and 'monopoly power' are often treated as synonymous from an economic perspective. However, the term 'market power' is used here to describe a whole continuum along which the power to control prices varies, beginning with the complete absence of market power at one end and ending with monopoly power at the other"; vgl. auch Hovenkamp, § 3.1, S. 78: "[...] monopoly power [...] is a high degree of market power"; Landes/Posner, 94 Harv. L. Rev. 937, 937 (1981).

[366] Sullivan/Harrison, § 2.02, S. 13 und § 2.06[A], S. 27; Hovenkamp, § 3.1, S. 78 m.w.N., Landes/Posner, 94 Harv. L. Rev. 937, 937 (1981). Vgl. auch Areeda/Hovenkamp/Solow, Volume IIA, § 501, die dem noch eine zeitliche Komponente hinzufügen.

nen signifikanten Zeitraum gewinnbringend über dem wettbewerblichen Niveau zu halten.[367] Diese Richtlinien für horizontale Zusammenschlüsse werden von der kartellrechtlichen Abteilung des Justizministeriums (Antitrust Division des Department of Justice) zusammen mit der Federal Trade Commission (FTC) in unregelmässigen Zeitabständen herausgegeben. In ihnen legen die Behörden ihre Entscheidungsgrundsätze dar und spiegeln damit die von der gerade im Amt befindlichen Regierung verfolgte Wettbewerbspolitik wider. So sollen die Entscheidungen der Kartellbehörden transparenter und kalkulierbarer gemacht werden. Die derzeit gültige Fassung der Horizontal Merger Guidelines stammt aus dem Jahre 1992, zuletzt geändert 1997 (Merger Guidelines).[368] Sie enthalten eine Konkretisierung der Eingriffskriterien für die Fälle des Unternehmenszusammenschlusses.[369]

Auch wenn diese speziell für Fusionsbeurteilungen entwickelten Merger Guidelines mangels Gesetzgebungsakt keine Rechtsverbindlichkeit besitzen, so können diese herangezogen werden, da sie allgemeine Grundsätze zum Einfluss der ökonomischen Beziehungen auf

---

[367]Vgl. 1992 Horizontal Merger Guidelines (1997), aaO., § 0.1: "Market power to a seller is the ability profitably to maintain prices above competitive levels for a significant period of time", wobei aber nach Fussnote 6 ausdrücklich auch andere Faktoren als der Preis (z.B. Qualität, Dienstleistung, Innovation) in Betracht kommen, "Sellers with market power also may lessen competition on dimensions other than price, such as product quality, service, or innovation".

[368] Für eine Auseinandersetzung mit den Guidelines im Zeitablauf vgl. die Aufsätze anlässlich des 20. Jahrestages der 1982er Merger Guidelines, "20th Anniversary of the 1982 Merger Guidelines: The Contribution of the Merger Guidelines to the Evolution of Antitrust Doctrine", abrufbar unter http://www.usdoj.gov/atr/hmerger.htm; für einen Überblick über die Entwicklung der Merger Guidelines, vgl. ABA Antitrust Section, The 1992 Horizonal Merger Guidelines: Commentary and Text (1992), S. 1ff; vgl. zu den älteren Versionen von 1968 bzw. 1982/1984, van Arnheim, S. 36f.

[369] Mit den 1992er Horizontal Merger Guidelines haben DOJ und FTC das erste Mal gemeinsame Richtlinien herausgegeben, nachdem zuvor beide Behörden jeweils separate Richtlinien herausgebracht haben. Dementsprechend bringen die 1992er Horizontal Merger Guidelines die 1984er DOJ Merger Guidelines und die 1982er FTC Horizontal Merger Guidelines auf den aktuellen Stand und verschmelzen beide.

die Marktmacht enthalten. Die Rechtsprechung zieht diese jedenfalls zur Analyse von Marktmacht heran.[370]

Nach der Klärung der Definition von Marktmacht im U.S. amerikanischen Telekommunikationsrecht, wird im Folgenden analysiert, in welchen Zusammenhängen und mit welchen Methoden Marktmacht von der FCC auf den Telekommunikationsmärkten ermittelt wird. Auf diese Weise wird eine Grundlage für den späteren Vergleich mit dem europäischen bzw. deutschen Ansatz der Marktmachtermittlung geschaffen, um herauszufinden, ob die auf dieser Grundlage entwickelten U.S. amerikanischen Problemlösungen der Marktabgrenzung und Marktbeherrschung für die europäische bzw. deutsche Regulierungspraxis nutzbar gemacht werden können.

3. Anwendung des Konzeptes zur Ermittlung von Marktmacht durch die FCC (Ermittlung von Marktmacht im U.S. amerikanischen Telekommunikationsrecht)

In der Regulierungspraxis der FCC spielen Marktmachtfragen, und damit Fragen der Marktabgrenzung und Marktbeherrschung, in verschiedenen Bereichen eine Rolle. Zum einen sind solche Fragen im Rahmen der Genehmigungsprüfung von Zusammenschlüssen und Unternehmenskäufen in der Telekommunikationsindustrie (Mergers & Acquisitions)[371] relevant. Im Falle von Fusionen unter Beteiligung eines Telekommunikationsanbieters (common carrier), muss die FCC nämlich die Übertragung der Lizenzen genehmigen.[372] Zum anderen beschäftigt sich die FCC mit diesen Fragen im Rahmen der sog. Dominant Carrier Regulation (Regulierung marktbeherrschender Telekommunikationsanbieter), wenn es also um die Regulierung bzw. Aufhebung von sektorspezifischen Regulierungsmaßnahmen gegenüber marktbeherrschenden Telekommunikationsunternehmen (dominant carriers) geht.[373] Darüber hinaus setzt sich die FCC mit Marktmacht von Telekommunikationsanbietern auseinander, wenn

---

[370] Vgl. z.B. FTC v. H.J. Heinz Co., 246 F.3d 708, 716 (D.C. Cir. 2001), Fn. 9; vgl. auch ABA Section of Antitrust Law, Antitrust Law Developments (5th ed. 2002), S. 531, Fn. 28 u. 29 mit weiteren Nachweisen zur Rechtsprechung.

[371] Im Folgenden werden für diesen Bereich die bedeutungsgleichen Begriffe Zusammenschluss oder Fusion benutzt.

[372] Vgl. 47 U.S.C. §§ 214, 310; hierzu ausführlicher S. 93ff.

[373] Vgl. S. 119ff.

Maßnahmen zur Absicherung von Wettbewerb zu erlassen sind (competitive safeguards), was eine Abgrenzung des abzusichernden Marktes voraussetzt.[374]
Im Gegensatz zur RegTP, die sich mit Marktmacht ausschliesslich im Bereich der Anwendung von Regulierungsmaßnahmen nach dem TKG beschäftigt, und die anders als die FCC keine Kompetenz im Rahmen der Fusionskontrolle hat, besitzt die FCC eine umfassendere Kompetenz. Ihre Kompetenz geht teilweise über den klassischen Regulierungsbereich hinaus bis in den Bereich der wettbewerbsbehördlichen Zuständigkeit. Auch wenn Gegenstand der vorliegenden Untersuchung die Marktmachtprüfung zum Zwecke der sektorspezifischen Regulierung über marktbeherrschende Telekommunikationsunternehmen ist, muss dennoch das Prüfungsverfahren der FCC im Fusionsbereich dargestellt werden, da sich die FCC im Rahmen dieser Prüfung ausführlich mit Marktmachtfragen auf Telekommunikationsmärkten beschäftigt. Im Falle einer „telekommunikationsspezifischen" Fusionskontrolle in den U.S.A. können durchgeführte Marktabgrenzungen im Rahmen von Fusionen von Telekommunikationsunternehmen Hinweise liefern, die für die Entwicklung universeller Marktabgrenzungskriterien auch für das deutsche Telekommunikationsrecht von Interesse sein können. Ausserdem wird so deutlich, in wieweit die FCC eine in sich stimmige Marktmachtprüfung in den ihr zur Entscheidung übertragenen Bereichen vornimmt. So erhält man eine umfassende Vorstellung von dem Konzept der Marktmachtermittlung auf U.S. amerikanischen Telekommunikationsmärkten. Auf die Praxis der allgemeinen Wettbewerbsbehörden wird insoweit eingegangen, als die FCC von dieser abweicht, da Gegenstand der Untersuchung die Handhabung von Marktmachtfragen im Telekommunikationssektor zu Regulierungszwecken ist.

---

[374] Vgl. S. 137. Die Erwähnung von Marktabgrenzungsfragen erfolgt dann vor allem in den Notice of Proposed Rulemaking (NPRM) Verfahren, in denen es in der Regel darum geht, geeignete Maßnahmen zur Absicherung des Wettbewerbs in einem abzugrenzenden Markt zu finden. Vgl. z.B. LEC Broadband NPRM, aaO., mit dem untersucht werden soll, welche regulatorischen Anforderungen an das Angebot von Breitbanddiensten durch die lokalen Telefongesellschaften (ILECs) zu stellen sind.

a) Zusammenschlüsse und Unternehmenskäufe in der Telekommunikationsindustrie (Mergers & Acquisitions)

Fusionen zwischen Telekommunikationsunternehmen unterliegen in den U.S.A. zunächst einmal den normalen Antitrust-Regeln, insbesondere 15 U.S.C. § 18 (Section 7 Clayton Act)[375]. Die FCC hat seit dem Inkrafttreten des TCA 1996 keine Möglichkeit mehr, Telekommunikationsunternehmen von der Anwendung der Bestimmungen des Antitrust-Rechts (Kartellrecht) auszunehmen.[376]

Für die kartellrechtliche Beurteilung von Unternehmenszusammenschlüssen ist primär die kartellrechtliche Abteilung des amerikanischen Justizministeriums (Antitrust Division des Department of Justice – DOJ) zuständig. Für die in diesem Zusammenhang auftauchenden Fragen der Marktabgrenzung und Marktbeherrschung auf Telekommunikationsmärkten sind in den U.S.A. also grundsätzlich die allgemeinen Wettbewerbsbehörden zuständig.[377] Dennoch sind auch die Entscheidungen der FCC zu diesem Themenkomplex zu beachten, da der Zusammenschluss zweier Telekommunikationsunternehmen nur erfolgen kann, wenn die FCC der Übertragung von Lizenzen zustimmt.[378] In diesem Bereich des Antitrust-Rechts kann sich für den Telekommunikationssektor im Falle eines Zusammenschlusses unter Beteiligung eines Telekommunikationsunternehmens eine Doppelzuständigkeit von DOJ und FCC auf Bundesebene ergeben.[379] Im Rahmen dieser Entscheidung setzen sich beide Be-

---

[375] 15 U.S.C. § 18, Paragraph 1: "No person engaged in commerce or in any activity affecting commerce shall acquire, directly or indirectly, the whole or any part of the stock or other share capital and no person subject to the jurisdiction of the Federal Trade Commission shall acquire the whole or any part of the assets of another person engaged also in commerce or in any activity affecting commerce, where in any line of commerce or in any activity affecting commerce in any section of the country, the effect of such acquisition may be substantially to lessen competition, or to tend to create a monopoly [...]" (Hervorhebung nicht im Original).

[376] 47 U.S.C. § 221(a) gab der FCC ursprünglich diese Kompetenz, die ihr aber durch § 602(b)(2) des TCA 1996 genommen wurde.

[377] Die Federal Trade Commission (FTC) hat im Rahmen einer Arbeitsteilungsregel auf die Kompetenz für die Beurteilung von Zusammenschlüssen bei Telekommunikationsunternehmen zugunsten des DOJ verzichtet.

[378] Vgl. 47 U.S.C. §§ 214(a), 310(d).

[379] Auf Bundesebene sind grundsätzlich die Wettbewerbsbehörden, also die kartellrechtliche Abteilung (Antitrust Division) des amerikanischen Justizministeriums (Department of Justice, DOJ) und die amerikanische Handelsbehörde (Fe-

hörden mit den Fragen der Marktabgrenzung und der Marktbeherrschung auf Telekommunikationsmärkten auseinander.

Der Prüfungsmaßstab der Wettbewerbsbehörde (DOJ) für Fusionen ergibt sich aus dem Clayton Act 1914.[380] Es ist der Standard der wesentlichen Wettbewerbsbeeinträchtigung („Substantially to lessen competition", SLC[381]) nach 15 U.S.C. § 18 (§ 7 Clayton Act). Diese grundlegende Bestimmung der Fusionskontrolle verbietet Zusammenschlüsse, die auf einem sachlich[382] und räumlich[383] abgegrenzten Markt eine wesentliche Wettbewerbsverringerung oder das Entstehen eines Monopols erwarten lassen („substantially to lessen competition [...]"). Der Begriff des Marktes taucht in den einschlägigen U.S. amerikanischen Antitrust-Gesetzen im Gegensatz zum GWB nicht auf. Der Sherman Act und der Clayton Act knüpfen in den oben dargelegten relevanten Bestimmungen an Begriffe wie „monopoly" (Section 2 Sherman Act, Section 7 Clayton Act) oder „restraint of trade" (Section 1 Sherman Act) an. Es besteht aber Einigkeit darüber,

---

deral Trade Commission, FTC), zuständig, da die Antitrust-Regeln auch auf Telekommunikationsunternehmen anwendbar sind. Die FTC hat aber im Rahmen einer Arbeitsteilung auf die Zuständigkeit für Telekommunikationsunternehmen zugunsten des DOJ verzichtet. Dann ist das DOJ aufgrund seiner Fusionskontrollkompetenz nach 15 U.S.C. § 18 (§ 7 Clayton Act) zuständig. Die FCC ist aufgrund ihrer Kompetenz zur Genehmigung der Übertragung von Lizenzen gemäss Sections 214, 310 Communications Act (47 U.S.C. §§ 214, 310) zuständig. Vgl. zur Doppelzuständigkeit von DOJ/FCC im Falle von Fusionen von Telekommunikationsunternehmen, Barkow/Huber, 2000 U. Chi. Legal F. 29 (2000). Vgl. auch S. 95f.

[380] Kodifiziert bei 15 U.S.C. §§ 12-27. Das Gesetz wurde erheblich geändert durch den Robinson-Patman-Act von 1936 und den Celler-Kefauer-Antimerger Act von 1950. Der Clayton Act wurde 1914 als Ergänzung zum Sherman Act erlassen. Mit ihm sollten einzelne Wettbewerbsverbote detailliert beschrieben und bestimmtes potentiell wettbewerbsbeschränkendes Verhalten noch vor dem tatsächlichen Eintreten einer Wettbewerbsbehinderung oder der Bildung eines Monopols im Sinne des Sherman Act erfasst werden.

[381] Für einen Vergleich des SLC-Standards der U.S. Fusionskontrolle und der Marktbeherrschungsprüfung (Dominance) nach der EU-FKVO vgl. Alfter, WuW 2003, 20ff.

[382] Die Formulierung "line of commerce" in § 7 Clayton Act steht für den sachlich relevanten Markt (Produkt- und Dienstleistungsmarkt).

[383] Die Formulierung "section of the country" beschreibt den räumlich (geographisch) relevanten Markt. Der Umfang ist dabei von der Natur des Produktes, d.h. vom sachlich relevanten Markt abhängig.

dass die Frage des Vorliegens eines Monopols oder einer Wettbewerbsbeschränkung nur bezogen auf einen in irgendeiner Weise abgegrenzten Markt beantwortet werden kann.[384] Die Abgrenzung des relevanten Marktes ist damit Voraussetzung für die Anwendung dieser Vorschriften, um den Einfluss einer Fusion (Marktmachtanalyse) beurteilen zu können.[385] Damit folgt auch das U.S. amerikanische Recht dem Marktmachtkonzept.

Die Prüfungskompetenz der FCC im Rahmen von Fusionen ergibt sich aus §§ 214, 310 Communications Act 1934 (47 U.S.C. §§ 214, 310), da bei einer Fusion, an der ein Telekommunikationsunternehmen beteiligt ist, immer auch Lizenzen übertragen werden und ohne die Zustimmung der FCC zur Lizenzübertragung die Fusion nicht durchgeführt werden kann.[386] Zwar hat die FCC daneben für Fusio-

---

[384] Grundlegend hierfür war die Entscheidung U.S. v. E.I. du Pont de Nemours & Co., 353 U.S. 586, 593 (1957) (Cellophane Fall): "Determination of the relevant market is a necessary predicate to a finding of a violation of the Clayton Act because the threatened monopoly must be one which will substantially lessen competition 'within the area of effective competition.' Substantiality can be determined only in terms of the market affected". Vgl. auch Brown Shoe Co., Inc. v. U.S., 370 U.S. 294, 324 (1962). Vgl. van Arnheim, S. 38; von Kalinowski/Sullivan/McGuirl, § 24.01[1]-[3].

[385] Vgl. Sullivan/Harrison, § 7.05, S. 348ff.; vgl. von Kalinowski/Sullivan/McGuirl, § 24.01[2], Fn. 11 m.w.N..

[386] Vgl. 47 U.S.C. 214(a): "[...] No carrier shall undertake the construction of a new line or of an extension of any line, or shall acquire or operate any line, or extension thereof, or shall engage in transmission over or by means of such additional or extended line, unless and until there shall first have been obtained from the Commission a certificate that the present or future public convenience and necessity require or will require the construction, or operation, or construction and operation, of such additional or extended line: Provided, That no such certificate shall be required under this section for the construction, acquisition, or operation of

(1) a line within a single State unless such line constitutes part of an interstate line,
(2) local, branch, or terminal lines not exceeding ten miles in length, or
(3) any line acquired under section 221 of this title [...]".

Vgl. 47 U.S.C. 310(d): "No construction permit or station license, or any rights thereunder, shall be transferred, assigned, or disposed of in any manner, voluntarily or involuntarily, directly or indirectly, or by transfer of control of any corporation holding such permit or license, to any person except upon application to nen von Common Carriers auch noch eine originäre Clayton Act Kompetenz[387]; diese Kompetenz hat sie aber in der Vergangenheit nie in Anspruch genommen, da nach Ansicht der FCC der Prüfungsmaßstab des öffentlichen Interesses die Prüfungsgegenstände des Clayton Act bereits abdeckt.[388]

Fraglich ist, nach welchen Grundsätzen im Fall von Zusammenschlüssen von Telekommunikationsunternehmen Telekommunikationsmärkte abgegrenzt werden bzw. ob diese unterschiedlich abgegrenzt werden. Dabei wird nur auf den Ansatz der FCC eingegangen und auf eventuelle Unterschiede zum U.S. Antitrust-Recht jeweils hingewiesen. Ziel des rechtsvergleichenden Ansatzes dieser Arbeit ist es, die U.S. amerikanische Praxis auf Telekommunikationsmärkten auf Übertragbarkeit von Lösungen für die Regulierungstätigkeit der RegTP zu untersuchen. Es interessiert daher vorrangig, welche Grundsätze die FCC innerhalb ihrer Regulierungstätigkeit verfolgt.

---

the Commission and upon finding by the Commission that the public interest, convenience, and necessity will be served thereby [...]".
Vgl. hierzu und zu weiteren Vorschriften, Applications of NYNEX Corp. Transferor, and Bell Atlantic Corp. Transferee, for Consent to Transfer Control of NYNEX Corp. and Its Subsidiaries, File No. NSD-L-96-10, Memorandum Opinion and Order (Bell Atlantic/NYNEX Order), 12 FCC Rcd 19985 (1997), Tz. 30.

[387] Diese parallele Zuständigkeit von DOJ und FCC im Falle von Fusionen zwischen common carriers ergibt sich aus Sections 7 und 11 Clayton Act (15 U.S.C. §§ 18, 21). So lautet 15 U.S.C. 21(a): "(a) Commission, Board, or Secretary authorized to enforce compliance

> Authority to enforce compliance with sections 13, 14, 18, and 19 of this title by the persons respectively subject thereto is vested [...] in the Federal Communications Commission where applicable to common carriers engaged in wire or radio communication or radio transmission of energy [...]" (Hervorhebungen nicht im Original).

[388] So argumentiert die FCC z.B. im Bell Atlantic/NYNEX Order, aaO., Tz. 29: "[...] because our public interest review here has subsumed Clayton Act considerations, we will not initiate a proceeding under Section 11 of the Clayton Act". Vgl. auch In re Applications of Pacific Telesis Group Transferor, and SBC Communications, Inc. Transferee, For Consent to Transfer Control of Pacific Telesis Group and its Subsidiaries, Memorandum Opinion and Order, 12 F.C.C. Rcd 2624 (1997) (SBC/PacTel Order), Tz. 13. Letztlich dürfte diese Argumentation aber auf der Tatsache beruhen, dass der Prüfungsmaßstab des öffentlichen Interesses der FCC eine wesentlich unbeschränktere Beurteilung ermöglicht. Das gibt der FCC einen erheblichen Einfluss auf die Bedingungen des Unternehmenszusammenschlusses.

Prüfungsmaßstab der FCC bei Zusammenschlüssen von Telekommunikationsunternehmen (Genehmigungsprüfung zur Übertragung von Telekommunikationslizenzen) ist das öffentliche Interesse („public interest, convenience and necessity"-Standard[389]). Die FCC ist beauftragt herauszufinden, ob die Fusion im öffentlichen Interesse ist, d.h. sie analysiert, welche Auswirkungen die Fusion auf den Wettbewerb auf den Telekommunikationsmärkten hat. Für eine Zustimmung der FCC zur Fusion bzw. Lizenzübertragung müssen die möglichen Vorteile der Fusion die möglichen Nachteile überwiegen.[390] Dann ist die Fusion im öffentlichen Interesse. Für diese Analyse der wettbewerblichen Auswirkungen („analysis of competitive effects") ist eine Abgrenzung von Märkten erforderlich und es muss festgestellt werden, ob es auf diesen Märkten dominierende Anbieter gibt.[391] Zwar orientiert sich die FCC im Rahmen dieser Prüfung grundsätzlich an den anerkannten Grundsätzen des Kartellrechts. Gleichzeitig unterscheidet sich ihr Prüfungsauftrag von dem des DOJ bzw. der Federal Trade Commission (FTC). Die FTC bzw. das DOJ untersuchen nur, ob die Fusion dem Wettbewerb schaden könnte. Gemäss 15 U.S.C. § 18 (Section 7 Clayton Act) geht es im Rahmen dieser Untersuchung ausschliesslich darum, herauszufinden, ob durch die angestrebte Fusion der Wettbewerb substanziell beeinträchtigt werden würde oder ein Monopol geschaffen würde ("may be substantially to lessen competition, or to tend to create a monopoly").[392] Dieser Standard der wesentlichen Wettbewerbsbeeinträchtigung (substantially to lessen competition) unterscheidet sich von dem durch die FCC zugrunde gelegten Standard des öffentlichen Interesses (public inte-

---

[389] Vgl. 47 U.S.C. §§ 214(a), 310(d). Dies ist die Standardformel, die sich am bestem mit öffentlichem Interesse übersetzen lässt. Auch in den USA wird verkürzt vom public interest standard gesprochen.

[390] Vgl. AOL/Time Warner Order, aaO., Tz. 1: "In this regard, we must weigh the potential public interest harms of the proposed merger against potential public interest benefits to ensure that the Applicants have shown that, on balance, the benefits outweigh the harms" bzw. bei Tz. 19 "[...] to ensure that [...] the merger serves the public interest and convenience". Vgl. auch SBC/Ameritech Order, aaO., Tz.46; WorldCom/MCI Order, aaO., Tz. 10.

[391] Vgl. SBC/Ameritech Order, aaO., Tz. 63ff.

[392] 15 U.S.C. § 18, Paragraph 1 (Fn. 375); vgl. auch FTC v. H.J. Heinz Co. and Milnot, 246 F. 3d 708, 713 (2001); In der Grundsatzentscheidung United States v. Philadelphia Nat'l Bank, 374 U.S. 321, 355 (1963) heißt es: "The statutory test is whether the effect of the merger 'may be substantially to lessen competition' 'in any line of commerce in any section of the country'".

rest, convenience and necessity).[393] Der Prüfungsauftrag der FCC ist somit breiter angelegt und orientiert sich vor allem an den Zielen des Communications Act 1934. Der Communications Act 1934 beauftragt die FCC mit einer unabhängigen Analyse des öffentlichen Interesses, die eine Bewertung der Vor- und Nachteile einer Fusion und ihrer Auswirkungen auf die zukünftige Wettbewerbssituation einschliesst. Die Analyse der FCC orientiert sich an den Grundsätzen des Wettbewerbsrechts, geht aber über wettbewerbsrechtliche Bewertungen hinaus.[394] Das bedeutet, dass die FCC zu einer anderen Bewertung der möglichen wettbewerblichen Auswirkungen der Fusion kommen kann als die Wettbewerbsbehörden mit dem von ihnen angewandten Standard der wesentlichen Wettbewerbsbeeinträchtigung.[395] Der

---

[393] Der unterschiedliche Standard für die Fusionskontrolle unter dem Communications Act geht bereits auf die 1930er Jahre zurück. Bis zum Inkrafttreten des TCA 1996 war jedoch ausschliesslich die FCC für Zusammenschlüsse zwischen Common Carriern zuständig. Vgl. hierzu die Ausführungen bei MCI/WorldCom Order, aaO., Tz. 12, Fn. 40.

[394] Vgl. hierzu AOL/Time Warner Order, aaO., Tz. 21: "The Commission's analysis of public interest benefits and harms includes, but is not limited to, an analysis of the potential competitive effects of the transaction, as informed by traditional antitrust principles. While an antitrust analysis, such as that undertaken by the Department of Justice or, in this case, the Federal Trade Commission, focuses solely on whether the effect of a proposed merger 'may be substantially to lessen competition,' the Communications Act requires the Commission to make an independent public interest determination, which includes evaluating public interest benefits or harms of the merger's likely effect on future competition. To find that a merger is in the public interest, therefore, the Commission must 'be convinced that it will enhance competition' ". Vgl. auch AT&T/Media One Order, aaO., Tz. 10: "Our public interest analysis is not, however, limited by traditional antitrust principles".

[395] Vgl. die Ausführungen der FCC im AOL/Time Warner Order, aaO., Fn. 25: "Although the Commission's analysis of competitive effects is informed by antitrust principles and judicial standards of evidence, it is not governed by them, which allows the Commission to arrive at a different assessment of likely competitive benefits or harms than antitrust agencies may find based solely on antitrust laws". Vgl. auch WorldCom/MCI Order, aaO., Tz. 13f und die dort zitierte Supreme Court Entscheidung RCA Communications, Inc. 346 U.S. 86, S. 94 (1953) und United States v. FCC, 652 F. 2d 72, S. 81-82, 88: "(The Commission's 'determination about the proper role of competitive forces in an industry must therefore be based, not exclusively on the letter of the antitrust laws, but also on the 'special considerations' of the particular industry.')"; vgl. auch Bell Atlantic/NYNEX Order, aaO., Tz. 32; SBC/Ameritech Order, aaO., Tz. 49 m.w.N. und 96.

Standard des öffentlichen Interesses ist wesentlich interpretationsoffener und weniger durch gerichtliche Vorgaben umgrenzt als der Prüfungsmaßstab der wesentlichen Wettbewerbsbeeinträchtigung (SLC, "substantially to lessen competition") des DOJ bzw. der FTC.[396] Im Gegensatz zum SLC-Standard muss die FCC zu der Überzeugung gelangen, dass durch die Fusion der Wettbewerb nicht bloß nicht wesentlich beeinträchtigt wird, sondern vielmehr darüber hinaus verbessert wird (sog. pro-competitive effects).[397] Nur dann entspricht eine Fusion dem öffentlichen Interesse im Sinne der Vorschriften des Communications Act 1934.[398]

Die FCC hatte Gelegenheit, diesen Prüfungsmaßstab in verschiedenen Entscheidungen im Rahmen von Fusionen im Bereich der Telekommunikations- und Medienindustrie auszuformulieren und anzuwenden.[399]

---

[396] Es gibt nur wenige gerichtliche Auseinandersetzungen über die Lizenzgenehmigungen der FCC. Eine Nichterteilung einer Genehmigung zur Lizenzübertragung im Falle einer Fusion kommt selten vor. In der Regel wird die Genehmigung erteilt, jedoch kommt es oft zu langwierigen Verhandlungen zwischen der FCC und den Antragsstellern über die Voraussetzungen, unter denen die Genehmigung erteilt wird. Daher haben die Gerichte keine Gelegenheit, sich mit den Einzelheiten der Genehmigung auseinanderzusetzen.

[397] Vgl. AOL/Time Warner Order, aaO., Tz. 21, SBC/Ameritech Order, aaO, Tz. 49; Bell Atlantic/NYNEX Order, aaO., Tz. 2.

[398] Im Unterschied zum Antitrust-Recht, wo die prüfende Behörde (DOJ bzw. FTC) darlegen muss, warum ein Zusammenschluss zu einer wesentlichen Wettbewerbsbeeinträchtigung führt, wenn sie die Fusion untersagen will, obliegt die Beweislast im Verfahren der Genehmigungsprüfung zur Lizenzübertragung vor der FCC bei den Parteien des Zusammenschlusses, vgl. AOL/Time Warner Order, aaO., Tz. 19 m.w.N.; In the Matter of the Merger of MCI Communications Corp. and British Telecommunications PLC, GN Docket No. 96-245, Memorandum Opinion and Order, 12 FCC Rcd 15351 (1997) (BT/MCI II Order), Tz. 3.

[399] Vgl. z.B. In the Matter of Applications for Consent to the Transfer of Control of Licenses and Section 214 Authorizations by Time Warner Inc. and America Online, Inc., Transferors, to AOL Time Warner Inc., Transferee, CS Docket No. 00-30, Memorandum Opinion and Order (AOL/Time Warner Order), FCC 01-12, Tz. 1 und 19ff. "To obtain approval, the Applicants must demonstrate that their proposed transaction will serve the public interest, convenience, and necessity." Weitere Entscheidungen, in denen auf diesen Standard zurückgegriffen wird sind: Applications For Consent To The Transfer Of Control Of Licenses and Section 214 Authorizations From MediaOne Group, Inc., Transferor, To AT&T Corp., Transferee, CS Docket No. 99-251, Memorandum Option and Order (AT&T/MediaOne Order), 15 FCC Rcd 9816, 9817, Tz. 1 (2000); Applications of

Um zu ermitteln, ob die Fusion im öffentlichen Interesse ist, untersucht die FCC die Marktmacht der beteiligten Unternehmen, da die FCC die Fusion nur dann als für den Wettbewerb förderlich ansieht, wenn die möglichen Vorteile die möglichen Nachteile in Bezug auf Marktmacht überwiegen. Solche Nachteile sind z.B. die Verstärkung der Marktmacht, die Verlangsamung des Abbaus der Marktmacht, oder eine Beeinträchtigung der Fähigkeit der FCC, die Marktmacht zu kontrollieren.[400] Das bedeutet, dass die FCC neben der Beurteilung der wettbewerbsrechtlichen Frage, ob der Wettbewerb durch die Fusion beeinträchtigt werden würde, sich zudem damit auseinandersetzen muss, ob die Fusion dazu beiträgt, den Abbau der auf dem jeweils relevanten Markt vorhandenen Marktmacht dominanter bzw. marktbeherrschender Unternehmen zu beschleunigen.[401] Im Rahmen dieser Abwägung berücksichtigt sie die Ziele des Communications Act 1934. Das sind insbesondere seit der Änderung durch den Telecommunications Act 1996 die dort vorgesehenen Marktöffnungsmechanismen durchzusetzen, den Universaldienst zu bewahren und zu verbessern und das Angebot von Mehrwertdiensten durch private Unternehmen zu fördern.[402] Des Weiteren geht es um eine Beurteilung der Auswirkungen der Fusion auf die Qualität und die Vielfalt

---

Ameritech Corp., Transferor, and SBC Communications Inc., Transferee, for Consent To Transfer Control of Corporations Holding Commission Licenses and Lines Pursuant to Sections 214 and 310(d) of the Communications Act and Parts 5, 22, 24, 25, 63, 90, 95, and 101 of the Commission's Rules, CC Docket No. 98-141, Memorandum Opinion and Order (SBC/Ameritech Order), 14 FCC Rcd 14712, 14736, Tz. 46 (1999), rev'd in part on other grounds sub nom. Assoc. of Communications Enterprises v. FCC, No. 99-1441, 2001 WL 20519 (D.C. Cir. Jan. 9, 2001); Application of WorldCom, Inc. and MCI Communications Corporation for Transfer of Control of MCI Communications Corporation to WorldCom, Inc., CC Docket No. 97-211, Memorandum Opinion and Order (WorldCom/MCI Order), 13 FCC Rcd 18025, 18026-27, 18030-32, Tz. 1, 8-10 (1998); Applications of NYNEX Corp. Transferor, and Bell Atlantic Corp. Transferee, for Consent to Transfer Control of NYNEX Corp. and Its Subsidiaries, File No. NSD-L-96-10, Memorandum Opinion and Order (Bell Atlantic/NYNEX Order), 12 FCC Rcd 19985, 19987, 20000-04, Tz. 2, 29-32 (1997).

[400] Vgl. Ausführungen im Bell Atlantic/NYNEX Order, aaO., Tz. 2.

[401] Vgl. AT&T/Media One Order, aaO., Tz. 10.; Bell Atlantic/NYNEX Order, aaO., Tz. 95.

[402] SBC/Ameritech Order, aaO., Tz. 50; WorldCom/MCI Order, aaO., Tz. 9, AT&T/Media One Order, aaO., Tz. 11; vgl. auch die Präambel des Telecommunications Act 1996.

von Kommunikationsdiensten sowie auf die Entwicklung neuer Dienste für den Verbraucher.[403] Soweit das Angebot von örtlichen Telefondiensten betroffen ist, muss die FCC auch die zukünftigen und aktuellen Bedingungen auf dem Markt im Rahmen ihrer Analyse des öffentlichen Interesses der Fusion berücksichtigen.[404] Die FCC kann dabei zur Sicherung dieser Ziele die Fusion auch unter Auflagen genehmigen[405], um so den sektorspezifischen Zielen des Communications Act 1934 gerecht zu werden.[406]

Zur Analyse der Auswirkungen einer Fusion auf den Wettbewerb im Telekommunikationssektor muss die Marktsituation untersucht werden, d.h. die Marktposition bzw. –macht von Unternehmen bestimmt werden. Die FCC stützt sich bei ihrer Prüfung von Marktmacht im Telekommunikationsbereich auf die Horizontal Merger Guidelines von

---

403 Vgl. AT&T/Media One Order, aaO., Tz. 11.

404 Vgl. AT&T/Media One Order, aaO., Tz. 12; SBC/Ameritech Order, aaO., Tz. 51.

405 Grundlage für solche Auflagen ist 47 U.S.C. § 214(c), der die FCC ermächtigt, Auflagen zu erlassen, welche das öffentliche Interesse nach ihrem Urteil erfordert ("[...] may attach [...] such terms and conditions as in its judgement the public convenience and necessity may require".). Daneben enthält 47 U.S.C. § 303, der die Kompetenzen der Kommission (powers and duties) aufführt, in Absatz (r) eine Ermächtigung zu Erlass von Auflagen, die für die Durchsetzung der Vorschriften dieses Abschnitts erforderlich sind. 47 U.S.C. § 303(r) lautet: "Except as otherwise provided in this chapter, the Commission from time to time, as public convenience, interest, or necessity requires, shall [...] (r) Make such rules and regulations and prescribe such restrictions and conditions, not inconsistent with law, as may be necessary to carry out the provisions of this chapter, or any international radio or wire communications treaty or convention, or regulations annexed thereto, including any treaty or convention insofar as it relates to the use of radio, to which the United States is or may hereafter become a party"; das Verfahren richtet sich dabei nach 47 C.F.R. § 1.110.

406 Auf diese Weise kann z.B. sichergestellt werden, dass mögliche Nachteile der Fusion abgemildert werden, besondere Vorkehrungen zur Öffnung der lokalen Telefonmärkte getroffen werden, falls eine RBOC an einer Fusion beteiligt sein sollte und ein Anreiz für das fusionierte Unternehmen geschaffen wird, auch ausserhalb seiner Region tätig zu werden. Im Gegensatz zum Kartellrecht, das eine Beeinträchtigung des existierenden Wettbewerbs verhindern will, ist es Aufgabe der FCC auf den lokalen Telefonmärkten diesen Wettbewerb aktiv zu fördern. Vgl. SBC/Ameritech Order, aaO., Tz. 2, 52; WorldCom/MCI Order, aaO., Tz.10; Bell Atlantic/NYNEX Order, aaO., Tz. 30.

DOJ/FTC.[407] Sie enthalten auch die allgemein akzeptierten Kriterien für die sachliche und räumliche Marktabgrenzung in Fusionsfällen. Den Horizontal Merger Guidelines liegt die Auffassung zugrunde, dass Fusionen dann nicht erlaubt werden sollten, wenn diese Marktmacht schaffen oder verstärken oder ihre Ausübung erleichtern.[408]
Die FCC hat folgendes Prüfungsschema in Anlehnung an die Horizontal Merger Guidelines von DOJ/FTC zur Bestimmung von Marktmacht auf Telekommunikationsmärkten durch Fusionen unter Beteiligung von Telekommunikationsunternehmen entwickelt, das nachfolgend näher dargestellt wird:[409] (1) Zunächst wird der relevante Markt in (a) sachlicher und (b) räumlicher Hinsicht definiert. (2) Dann werden die Marktteilnehmer, insbesondere die wichtigsten Marktteilnehmer identifiziert. (3) Schliesslich bewertet die FCC die wettbewerblichen Auswirkungen der Fusion auf dem relevanten Markt.

(1) Marktabgrenzungsstufe: Bestimmung des relevanten Marktes (market definition)

In einem ersten Schritt definiert die FCC die relevanten Märkte in sachlicher und räumlicher Hinsicht (product and geographic markets).[410] Der Rahmen für die Analyse der wettbewerblichen Auswirkungen umfasst neben den bisherigen Entscheidungen zu Marktmachtfragen auch das übrige Wettbewerbsrecht einschliesslich der 1992er Horizontal Merger Guidelines in ihrer abgeänderten Fassung von 1997.[411] Es gibt auch in den U.S.A. keine gesetzliche Regelung darüber, wie Märkte abzugrenzen sind. Marktabgrenzungen sind

---

[407] Vgl. bereits S. 89.

[408] Vgl. 1992 Horizontal Merger Guidelines (1997), § 0.1: "The unifying theme of the Guidelines is that mergers should not be permitted to create or enhance market power or to facilitate its exercise".

[409] Dieser Prüfungsablauf geht zurück auf das Bell Atlantic/NYNEX Order, aaO., Tz. 37ff..

[410] Bell Atlantic/NYNEX Order, aaO., Tz. 49ff.; SBC/Ameritech Order, aaO., Tz.67ff.; vgl. auch die kartellrechtliche Grundsatzentscheidung Brown Shoe Co. v. United States, 370 U.S. 294, 324 (1962).

[411] Vgl. WorldCom/MCI, aaO., Tz. 15 m.w.N; vgl. In the Matter of the Merger of MCI Communications Corp. and British Telecommunications PLC, GN Docket No. 96-245, Memorandum Opinion and Order, 12 FCC Rcd 15351 (1997) (BT/MCI II Order), Tz. 34; Bell Atlantic/NYNEX Order, aaO., Tz. 37; 1992 Horizontal Merger Guidelines, § 1.0-1.2; vgl. auch J. Scott Marcus, FCC OPP Working Paper No. 36, S. 8f.

aber für die Wettbewerbsanalyse unter den verschiedenen amerikanischen Gesetzesvorschriften (Sherman Act, Clayton Act, FTC-Act u.a.) relevant.[412] Die Gerichte verwenden dabei sehr ähnliche Standards und berufen sich ohne Differenzierung auf Präzedenzfälle, die unter Anwendung des Sherman Act oder des Clayton Act entschieden wurden.[413] Allgemein können die Horizontal Merger Guidelines von DOJ/FTC als Orientierungshilfe herangezogen werden. Sie enthalten eine detaillierte Anleitung zur Bestimmung der Märkte, deren Grundsätze nicht nur für Fusionen, sondern auch allgemein gelten.[414]
Die Abgrenzung des Marktes erfolgt wie im europäischen Recht unter Zugrundelegung des hypothetischen Monopolistentests bzw. SSNIP-Tests:[415] Der Markt wird definiert als ein Produkt oder eine Gruppe von Produkten und ein geographischer Raum in dem das Produkt produziert oder verkauft wird, wobei ein hypothetisches, auf Gewinnmaximierung abzielendes Unternehmen, das nicht der Preisregulierung unterfällt und das der einzige gegenwärtige oder zukünftige Hersteller oder Verkäufer solcher Produkte in diesem Gebiet ist, eine kleine, aber signifikante und dauerhafte Preiserhöhung durchsetzen kann, ohne dass sich die Verkaufsbedingungen anderer Produkte verändern würden.[416]
Die FCC entwickelte schliesslich eine detaillierte Analyse zur Bestimmung des relevanten Marktes, die sie 1997 im LEC Regulatory

---

[412] Vgl. für eine ausführliche Darstellung, ABA Section of Antitrust Law, Antitrust Law Developments (5th ed. 2002), S. 526, sowie bereits Fn. 336.
[413] Vgl. ABA Section of Antitrust Law, Antitrust Law Developments (5th ed. 2002), S. 530 mit weiteren Nachweisen zur Rechtsprechung in Fussnote 26.
[414] Zu den 1992er Horizontal Merger Guidelines vgl. bereits S. 89.
[415] Zum europäischen Recht vgl. S. 30ff.; In den U.S.A. wird überwiegend die Bezeichnung SSNIP-Test verwendet.
[416] Vgl. 1992 Horizontal Merger Guidelines (1997), aaO., § 1.0: "A market is defined as a product or group of products and a geographic area in which it is produced or sold such that a hypothetical profit maximizing firm, not subject to price regulation, that was the only present and future producer or seller of those products in that area likely would impose at least a 'small but significant and nontransitory' increase in price, assuming the terms of sale of all other products are held constant. A relevant market is a group of products and a geographic area that is no bigger than necessary to satisfy this test. The 'small but significant and nontransitory' increase in price is employed solely as a methodological tool for the analysis of mergers: It is not a tolerance level for price increases". Vgl. auch Areeda/Hovenkamp/Solow, Volume IIA, § 530a.

Treatment Order[417] bzw. in der LEC Regulatory Treatment Final Rule[418] zusammengefasst hat.[419]

(a) Sachlich relevanter Markt: Produktmarkt

Der sachlich relevante Markt (product market) umfasst Dienste oder eine Gruppe von Diensten, für die es keine enge Substitutionsmöglichkeit gibt.[420] Bei der Abgrenzung des Marktes wird heute allein auf die Nachfragersicht abgestellt. Dies entspricht der Definition in den 1992er Horizontal Merger Guidelines.[421] Ursprünglich haben allerdings sowohl die Wettbewerbsbehörden als auch die FCC bei der Bestimmung des relevanten Marktes nachfrageseitige und angebotsseitige Faktoren herangezogen, mit der Folge, dass bestimmte Produkte aus Nachfrager- bzw. Anbietersicht enge Substitute darstellen können und deshalb zum relevanten Markt hinzuzurechnen wären.

---

[417] In the Matter of Regulatory Treatment of LEC Provision of Interexchange Services Originating in the LEC's Local Exchange Area and Policy and Rules Concerning the Interstate, Interexchange Marketplace, 12 FCC Rcd 15756, FCC 97-142 (LEC Regulatory Treatment Order).

[418] Regulatory Treatment of LEC Provision of Interexchange Services Originating in the LEC's Local Exchange Area, Final Rule, 62 FR 35974 (LEC Regulatory Treatment Final Rule).

[419] Diese kam jedoch in der Folgezeit kaum zur Anwendung. Die FCC schien eine detaillierte Prüfung vermeiden zu wollen. Die zuvor praktizierte Marktabgrenzung, wie sie sich vor allem in den Competitive Carrier Verfahren findet, war nach eigener Aussage der FCC stark vereinfacht. Vgl. LEC Regulatory Treatment Order, aaO, Tz. 25ff., insbesondere 27: "At the time the Commission defined the relevant product and geographic markets in the Competitive Carrier proceeding, telecommunications services were provided primarily by a single national carrier. Under such a regulatory model, the use of a simplified definition of relevant markets did not significantly hinder our analysis of market power. Today, in light of the dramatic changes that have been occurring in the long distance marketplace, particularly those brought on by the passage of the Telecommunications Act of 1996, with many firms competing to provide more specialized and regionalized long distance services to different types of customers, more detailed market definitions are needed to assess market power more accurately and to pinpoint the particular markets where that power is or could be exercised".

[420] Bell Atlantic/NYNEX Order, aaO., Tz. 50; vgl. LEC Regulatory Treatment Order, aaO., Tz. 5 und 31.

[421] 1992 Horizontal Merger Guidelines, § 1.0: "Market definition focuses solely on demand substitution factors [...]. Supply substitution factors [...] are considered elsewhere in the Guidelines in the identification of firms that participate in the relevant market and the analysis of entry".

Dies galt sowohl für den sachlichen wie auch für den räumlich relevanten Markt.[422] Auch Teile der Rechtsprechung gingen von der Möglichkeit der Angebotssubstitution im Rahmen der Marktabgrenzung aus.[423] Diese Rechtsprechung geht vor allem auf die Zeit vor Veröffentlichung der Horizontal Merger Guidelines zurück.[424] DOJ/FTC haben mit den 1992er Horizontal Merger Guidelines den Wechsel zur Berücksichtigung allein der Nachfragesubstitutionsmöglichkeiten vollzogen. Grundsätzlich folgen die Gerichte heute eher dem in den 1992er Horizontal Merger Guidelines niedergelegtem Konzept, wobei es vereinzelt durchaus andere Auffassungen gab und gibt.[425] Die FCC vollzog den Wechsel zur Berücksichtigung allein der Nachfragesubstitutionsmöglichkeiten mit ihrem LEC Regulatory Treatment Order aus dem Jahre 1997.[426]

---

422 Vgl. Competitive Carrier Fourth, aaO., Tz. 13ff. bzw. 25ff.

423 Vgl. z.B. SBC et al. v. FCC, 56 F.3d 1484, 1493 (D.C. Cir, 1995): "A market need not be defined solely by reference to consumer demand, however. The substitutability of supply is also relevant, [...] Supply substitutability is a well-accepted consideration in market definition".

424 Vgl. zu einer Übersicht über frühere Entscheidungen der Gerichte, des DOJ und der FTC, in denen diese Institutionen auch angebotsseitige Aspekte (cross-elasiticity of supply/supply substitution) berücksichtigt haben, von Kalinowski/Sullivan/McGuirl, § 24.02[1][c], Fn. 83-86.

425 Vgl. z.B. U.S. Court of Appeals, 7th Circuit, Blue Cross & Blue Shield United of Wisonsin et al. v. Marshfield Clinic et al., 65 F.3d 1406, 1410 (1995); vgl. bereits Brown Shoe Co., Inc. v. U.S., 370 U.S. 294, 325 (1962), Fn. 42: "The cross-elasticity of production facilities may also be an important factor in defining a product market [...]". Vgl. ABA Section of Antitrust Law, Antitrust Law Developments (5th ed. 2002), S. 553, Fn. 119 mit weiteren Nachweisen.

426 LEC Regulatory Treatment Order, aaO., Tz. 25ff., 40ff.; vgl. Tz. 28: "By following the approach taken in the 1992 Merger Guidelines, we will continue to weigh supply substitutability as an important factor in assessing market power, but we will not use it as a factor in defining the relevant product and geographic markets". Vgl. auch LEC Regulatory Treatment Final Rule, aaO., Tz. 25: " although we will rely on demand substitutability in defining relevant markets, market definition is only one component in assessing market power"; ebenda, Tz. 26: "we conclude that the product and geographic market definitions defined in the Competitive Carrier proceeding should be refined to follow the approach taken in the 1992 Merger Guidelines in order to ensure that our market power assessments are based on the most accurate, up-to-date, and generally accepted economic principles relating to market analysis"; ebenda, Tz. 27: "we find that supply substitutability (As previously noted, supply substitutability identifies all productive capacity that can be used to produce a particular good, whether it is currently being used to produce that good or to produce some other, even

Die FCC untersucht, ob die Verbraucher die Möglichkeit haben, zu einer anderen, preisgünstigeren Dienstleistung überzuwechseln, wenn bei Abwesenheit von Regulierung alle Anbieter den Preis für eine bestimmte Dienstleistung bzw. eine Gruppe von Dienstleistungen anheben würden.[427] In Bezug auf die Höhe der angenommenen Preiserhöhung rekurriert die amerikanische Rechtspraxis auf den SSNIP-Test.[428] Der sachlich relevante Markt besteht somit aus solchen Produkten (oder Dienstleistungen), bei denen ein hypothetisches, gewinnmaximierendes Unternehmen, das einziger Anbieter solcher Produkte ist, eine kleine, aber signifikante Preiserhöhung aufschlagen könnte, ohne dass es Kunden verlieren würde.[429] Eine Preisanhebung um 5% wird in der Regel als kleine, aber signifikante und dauerhafte Preiserhöhung angesehen, allerdings kann auch eine Preisanhebung um 10% noch als solche angesehen werden.[430] Wenn der Preisanstieg für alle Produkte den Verbraucher dazu veranlassen würde, zu Ersatzprodukten zu wechseln, dann wäre das Anheben des Preises nicht profitabel und der sachliche Markt zu eng definiert. In einem solchen Fall würde die Behörde das nächst beste Ersatzprodukt zu dem zu untersuchenden Produktmarkt hinzufügen. Dieser Prozess wird solange fortgesetzt, bis es kein hinreichend attraktives

---

unrelated, good.) should not be used to define relevant markets, but rather should be used to determine which providers are currently serving, or potentially could be serving, a relevant market only after that market has been identified". Kritisch zu diesem Vorgehen der FCC Lavey, 45 Fed. Comm. L. J. 437, 470ff. (1993).

427 Vgl. Bell Atlantic/NYNEX Order, aaO., Tz. 50; vgl. 1992 Horizontal Merger Guidelines, § 1.11.

428 Vgl. bereits S. 103.

429 Vgl. 1992 Horizontal Merger Guidelines, aaO., § 1.11: Der sachlich relevante Markt (Produktmarkt) ist "product or group of products such that a hypothetical profit-maximizing firm that was the only present and future seller of those products ('monopolist') likely would impose at least a 'small but significant and nontransitory' increase in price"; vgl. Bell Atlantic/NYNEX Order, aaO., Tz. 50, Fn. 112; LEC Regulatory Treatment Order, aaO., Tz.40, Fn. 119.

430 Vgl. 1992 Horizontal Merger Guidelines (1997), § 1.11: "In attempting to determine objectively the effect of a 'small but significant and nontransitory' increase in price, the Agency, in most contexts, will use a price increase of five percent lasting for the foreseeable future. However, what constitutes a 'small but significant and nontransitory' increase in price will depend on the nature of the industry, and the Agency at times may use a price increase that is larger or smaller than five percent". Vgl. hierzu auch ABA Section of Antitrust Law, Antitrust Law Developments (5th ed. 2002), S. 574, Fn. 248.

Ersatzprodukt gibt, zu dem der Verbraucher wechseln könnte. Damit wäre der Produktmarkt, also der sachlich relevante Markt definiert.[431] Die Behörde berücksichtigt in dieser Analyse die Produktion aller Unternehmen, die gegenwärtig das relevante Produkt produzieren sowie auch solche Unternehmen, die dazu in der Lage sind, ihre Produktion innerhalb eines Jahres ohne grössere Aufwendungen auf das betreffende Produkt umzustellen.[432] Der sachlich relevante Markt (Produktmarkt) umfasst damit alle Produkte, die aus der Perspektive allein des Nachfragers (Konsumenten) vernünftigerweise austauschbar sind. Dabei ist es möglich, Verbraucher mit ähnlichen Nachfragemustern in einem Markt zusammenzufassen.[433]

(b) Räumlich relevanter Markt: Geographischer Markt

Auch die räumliche Marktabgrenzung erfolgt im Telekommunikationsbereich nach den Antitrust-Grundsätzen unter Zugrundelegung des SSNIP-Tests.

Der Supreme Court der U.S.A. hat den räumlich relevanten Markt definiert als Gebiet effektiven Wettbewerbs, in dem der Verkäufer anbietet und an den sich der Käufer mit seinem Bedarf wendet.[434] Die

---

[431] Vgl. 1992 Horizontal Merger Guidelines (1997), aaO., § 1.11: "Specifically, the Agency will begin with each product (narrowly defined) produced or sold by each merging firm and ask what would happen if a hypothetical monopolist of that product imposed at least a 'small but significant and nontransitory' increase in price, but the terms of sale of all other products remained constant. If, in response to the price increase, the reduction in sales of the product would be large enough that a hypothetical monopolist would not find it profitable to impose such an increase in price, then the Agency will add to the product group the product that is the next-best substitute for the merging firm's product". Vgl. auch die Darstellung bei Sullivan/Harrison, § 7.09[A], S. 383ff.; vgl. auch Olin Corp. v. FTC, 986 F.2d 1295, 1299ff (9th Cir. 1993), cert. denied, 510 U.S. 1110 (1994); Arquit/Wolfram, 86 PLI/NY 465, 472 (2000).

[432] Vgl. Sullivan/Harrrison, § 7.09[A], S. 384.

[433] Bell Atlantic/NYNEX Order, aaO., Tz. 53.

[434] So für Fälle unter dem Clayton Act, U.S. v. Philadelphia National Bank, 374 U.S. 321, 359 (1963): "the 'area of effective competition' [...] must be chartered by careful selection of the market area in which the seller operates, and to which the purchaser can practicably turn for supplies", unter Hinweis auf Tampa Elec. Co v. Nashville Coal Co., 365 U.S. 320, 327 (1961) (Hervorhebung im Original). Vgl. ABA Section of Antitrust Law, Antitrust Law Developments (5th ed. 2002), S. 577, Fn. 273 m.w.N.; vgl. von Kalinowski/Sullivan/McGuirl, § 24.03, mit weiteren Nachweisen zur Rechtsprechung in Fn. 2.

Gerichte haben dabei verschiedene Faktoren zur Definition des räumlichen Marktes herangezogen, z.B. Transportkosten, Umsatzzahlen, örtliche Nachfrage, Industriestandards, Preisverhältnis.[435] Er kann lokalen, regionalen, nationalen oder internationalen Umfang haben.[436]

Nach den 1992er Horizontal Merger Guidelines ist der räumlich relevante Markt ein Gebiet, in dem ein hypothetischer Monopolist, welcher der einzige gegenwärtige und zukünftige Hersteller des relevanten Produktes in den Orten der Region ist, eine kleine, aber signifikante und dauerhafte Preiserhöhung vornehmen könnte, ohne dass sich die Verkaufsbedingungen der Produkte in anderen Regionen verändern würden, also ohne dass die Käufer mit einer Abwanderung zu Produkten in ausserhalb der zu untersuchenden Region liegenden Gebieten reagieren würden.[437] Wenn der Käufer auf eine solche Preiserhöhung derart reagieren würde, dass er seine Produkte von Produzenten in dem unmittelbar angrenzenden Gebiet bezieht, dann ist der räumlich relevante Markt zu klein abgegrenzt und die Behörde wird den räumlichen Markt durch Einbeziehung von ausserhalb der Ursprungsregion befindliche Gebiete ausweiten, bis ein hypothetischer Monopolist seinen Gewinn durch eine Anhebung der Preise maximieren kann.[438] Dementsprechend umfasst der räumliche Markt

---

[435] Vgl. hierzu und zu Nachweisen zur Rechtsprechung, von Kalinowski/Sullivan/McGuirl, § 24.03[2], Fn. 14-19.

[436] Vgl. von Kalinowski/Sullivan/McGuirl, § 24.03[3] m.w.N. in Fn. 41ff.

[437] Vgl. 1992 Horizontal Merger Guidelines (1997), aaO., § 1.21: "[...] the Agency will delineate the geographic market to be a region such that a hypothetical monopolist that was the only present or future producer of the relevant product at locations in that region would profitably impose at least a 'small but significant and nontransitory' increase in price, holding constant the terms of sale for all products produced elsewhere. [...]."

[438] Vgl. 1992 Horizontal Merger Guidelines (1997), aaO., § 1.21: "In defining the geographic market or markets affected by a merger, the Agency will begin with the location of each merging firm (or each plant of a multiplant firm) and ask what would happen if a hypothetical monopolist of the relevant product at that point imposed at least a 'small but significant and nontransitory' increase in price, but the terms of sale at all other locations remained constant. If, in response to the price increase, the reduction in sales of the product at that location would be large enough that a hypothetical monopolist producing or selling the relevant product at the merging firm's location would not find it profitable to impose such an increase in price, then the Agency will add the location from which production is the next-best substitute for production at the merging firm's location".

(geographic market) nach Auffassung der FCC alle Verbraucher mit ähnlichen Auswahlmöglichkeiten in Bezug auf ein bestimmtes Produkt bzw. eine bestimmte Dienstleistung in einem geographischen Gebiet.[439] Die FCC grenzt den geographisch relevanten Markt grundsätzlich nach Routen ab, also als eine Verbindung von einem bestimmten Ort zu einem anderen Ort (Punkt-zu-Punkt-Markt), und nicht national. Dabei kann grundsätzlich jede Punkt-zu-Punkt Verbindung als eigenständiger räumlicher Markt angesehen werden.[440] Dennoch gelangt die FCC im Ergebnis zu einer nationalen räumlichen Marktabgrenzung, da sie vor allem aus administrativen Gründen und unter Effektivitätsgesichtspunkten solche räumlichen Punkt-zu-Punkt Märkte, in denen die Verbraucher auf ähnliche wettbewerbliche Alternativen für ein Produkt stossen, zu einem einheitlichen räumlich relevanten Markt zusammenzufasst.[441] Sie gelangt so in der Praxis auf Ferngesprächsmärkten meist zu einer nationalen Marktabgrenzung, da die Ferngesprächsanbieter (IXCs) verpflichtet sind, national einheitliche Preise für Ferngespräche anzubieten, unabhängig davon, in welchem Gebiet sich der Kunde befindet.[442] Die Abgrenzung loka-

---

[439] Bell Atlantic/NYNEX Order, aaO., Tz. 54; SBC/Ameritech Order, aaO., Tz. 69.

[440] Vgl. LEC Regulatory Treatment Order, aaO., Tz. 64ff.; Bell Atlantic/NYNEX Order, aaO, Tz. 58f..

[441] Vgl. Bell Atlantic/NYNEX Order, aaO., Tz. 54, 66; WorldCom/MCI Order, aaO., Tz.166; In re Applications of TELEPORT COMMUNICATIONS GROUP INC.,Transferor, AND AT&T CORP., Transferee, For Consent to Transfer of Control of Corporations Holding Point-to-Point Microwave Licenses and Authorizations to Provide International Facilities-Based and Resold Communications Services, Memorandum and Opinion, FCC 98-169, CC-Docket No. 98-24, July 23, 1998, 13 FCC Rcd 15236 (AT&T/TCG Order), Tz. 21; SBC/Ameritech Order, aaO., Tz. 69, Fn. 147: "The geographic market is more accurately defined as a series of point-to-point markets. We can consider, as a whole, groups of point-to-point markets where customers face the same competitive conditions. We therefore treat as a geographic market an area in which all customers in that area will likely face the same competitive alternatives for a product"; vgl. auch LEC Regulatory Treatment Order, aaO., Tz. 5, 66; Implementation of Section 254(g) NPRM, aaO., Tz. 50f.

[442] Sog. Geographic rate averaging rules. Vgl. 47 C.F.R. § 64.1801(a). Grundlage für die Kompetenz der FCC ist 47 U.S.C. § 254(g): „[...] the Commission shall adopt rules to require that rates charged by providers of interexchange telecommunications services to subscribers in rural and high cost areas shall be no higher than the rates charged by each such provider to its subscribers in urban areas [...]." Von diese Kompetenz hat die FCC 1996 Gebrauch gemacht, vgl. Policy and Rules Concerning the Interstate, Interexchange Marketplace Implemen-

ler bzw. regionaler räumlicher Märkte bleibt aber ausdrücklich möglich, wenn die Kunden verschiedene wettbewerbliche Alternativen in diesen Märkten besitzen.[443]

---

tation of Section 254(g) of the Communications Act of 1934, as amended, Report and Order, 11 FCC Rcd 9564, FCC 96—331 (Implementation of Section 254(g) Report and Order), Tz. 9ff.; In the Matter of Policy and Rules Concerning the Interstate, Interexchange Marketplace Implementation of Section 254(g) of the Communications Act of 1934, as amended, Notice of Proposed Rulemaking, 11 FCC Rcd 7141; FCC 96- 123 (Implementation of Section 254(g) NPRM), Tz. 42ff., insbesondere Tz. 66ff.. Vgl. auch LEC Regulatory Treatment Order, aaO., Tz. 66.

[443]Vgl. AT&T/TCG Order, aaO., Tz. 21: "[...] With respect to local exchange and exchange access services, we recognize that discrete local areas may constitute separate relevant geographic markets, since customers in different local areas may well face different competitive alternatives". In der vorliegenden Entscheidung stellt sie auch klar, dass der Ferngesprächsmarkt im allgemeinen als einheitlicher nationaler räumlicher Markt abzugrenzen ist. Ebenda, Tz. 22. Die FCC fokussiert dann aber z.B. im SBC/Ameritech Order, aaO., Tz. 69, den räumlich relevanten Markt auf die sog. metropolitan areas, also Gebiete, die über den reinen LATA Bereich hinausgehen und Teile verschiedener LATAs umfassen können (z.B. New York Metropolitan Area). Vgl. aus jüngerer Zeit eine Entscheidung, die sich zwar nicht mit Telekommunikationsmärkten beschäftigt, sich aber zur Thematik der räumlichen Märkte äussert, In the Matter of Applications for Consent to the Transfer of Control of Licenses from Comcast Corporation and AT&T Corp., Transferors, to AT&T Comcast Corporation, Transferee, Memorandum Opinion and Order, FCC 02-310, MB-Docket No. 02-70, November 14, 2002 (AT&T/Comcast Order), Tz. 90: "Consistent with past practice, we also will treat the relevant geographic market, for purposes of evaluating possible horizontal effects, as local. [...] Technically, the relevant geographic market, therefore, is the residence of each customer, since it would be prohibitively expensive for a customer to change his/her residence to avoid a 'small but significant and nontransitory' increase in the price of [the specific] service. Because it would be administratively impractical and inefficient to analyze a separate relevant geographic market for each individual customer, however, we will aggregate relevant geographic markets in which customers face similar competitive choices. We thus conclude that the relevant geographic market is the franchise area of a local cable operator." Vgl. auch Implementation of Section 254(g) NPRM, aaO., Tz. 53; WorldCom/MCI Order, aaO., Tz. 162.

(2) Identifizierung der wichtigsten Marktteilnehmer (most significant market participants)

Um herauszufinden, wie sich die Wettbewerbssituation auf den Märkten darstellt, werden in einem zweiten Schritt die wichtigsten Markteilnehmer („most significant market participants") ermittelt.[444] Dies entspricht den Vorgaben der 1992er Horizontal Merger Guidelines.[445] Dazu wird zwischen Marktteilnehmern unterschieden, die zu einem sog. committed entry und solchen, die zu einem uncommitted entry fähig sind. Diese Unterteilung geht auf die 1992er Horizontal Merger Guidelines zurück. Verallgemeinernd ausgedrückt versteht man unter uncommitted entry solche Markteintritte, in denen eine Hit-and-run-Strategie möglich ist, d.h. Unternehmen können jederzeit ohne grosse Kosten in den Markt ein- und austreten. Als Zeitraum nennen die 1992er Horizontal Merger Guidelines ein Jahr, innerhalb dessen der Eintritt oder Austritt ohne versunkene Kosten erfolgen muss.[446] Solche uncommitted-entry-Unternehmen werden als aktuelle Marktteilnehmer identifiziert.[447] Ihre Kapazität wird somit zum relevanten Markt hinzugezählt.

---

[444] Vgl. Bell Atlantic/NYNEX Order, aaO., Tz. 58.

[445] Vgl. 1992 Horizontal Merger Guidelines, § 1.3.

[446] Vgl. 1992 Horizontal Merger Guidelines (1997), aaO., § 1.32: "In addition, the Agency will identify other firms not currently producing or selling the relevant product in the relevant area as participating in the relevant market if their inclusion would more accurately reflect probable supply responses. These firms are termed 'uncommitted entrants.' These supply responses must be likely to occur within one year and without the expenditure of significant sunk costs of entry and exit, in response to a 'small but significant and nontransitory' price increase. [...]. The competitive significance of supply responses that require more time or that require firms to incur significant sunk costs of entry and exit will be considered in entry analysis [...]".

[447] Vgl. zum Ganzen, 1992 Horizontal Merger Guidelines (1997), aaO., § 1.0: "Once defined, a relevant market must be measured in terms of its participants and concentration. Participants include firms currently producing or selling the market's products in the market's geographic area. In addition, participants may include other firms depending on their likely supply responses to a 'small but significant and nontransitory' price increase. A firm is viewed as a participant if, in response to a 'small but significant and nontransitory' price increase, it likely would enter rapidly into production or sale of a market product in the market's area, without incurring significant sunk costs of entry and exit. Firms likely to make any of these supply responses are considered to be 'uncommitted' entrants because their supply response would create new production or sale in the rele-

Im Gegensatz dazu ist der Markteintritt bzw. –austritt bei einem committed entry in der Regel mit hohen versunkenen Kosten verbunden, da ein Markteintritt hohe Investitionen erfordert, die bei einem Marktaustritt nicht mehr rückgängig gemacht werden können.[448] Solche Unternehmen bzw. deren Angebotspotential werden in den U.S.A. erst im Rahmen der Bewertung der Wahrscheinlichkeit eines möglichen Markteintritts (Entry Analysis) berücksichtigt.[449]

Die wichtigsten Markteilnehmer sind nicht nur solche Telekommunikationsanbieter, die marktbeherrschend sind, sondern auch solche potentiellen Markteilnehmer, die auf dem relevanten Markt tätig werden würden, allerdings durch Markteintrittshindernisse bisher davon abgehalten wurden.[450] Solche Formen potentiellen Wettbewerbs werden in den U.S.A. somit im Anschluss an die Marktabgrenzung berücksichtigt. Most significant market participants sind demnach solche Unternehmen, die die Fähigkeit und den Anreiz haben, auf dem

---

vant market and because that production or sale could be quickly terminated without significant loss. Uncommitted entrants are capable of making such quick and uncommitted supply responses that they likely influence the market premerger, would influence it post-merger, and accordingly are considered as market participants at both times. [...]".

448 Vgl. 1992 Horizontal Merger Guidelines (1997), aaO., § 3.0: "committed entry [...] is defined as new competition that requires expenditure of significant sunk costs of entry and exit".

449 Zusammengefasst werden Substitutionsmöglichkeiten in den U.S.A. nach Konzeption der Horizontal Merger Guidelines wie folgt berücksichtigt: Der Umfang des Marktes wird auf der Grundlage der Nachfragesubstitution ermittelt, die Marktteilnehmer auf der Basis der Angebotssubstitution identifiziert. Angebotssubstitution wird folglich im Rahmen der Analyse von Markteintrittsbarrieren berücksichtigt. Effektiv erweitern aber Marktteilnehmer, die zu einem uncommitted entry fähig und bereit sind, im Ergebnis den relevanten Markt, indem sie bereits als existierender Wettbewerb angesehen werden. Auf diese Weise werden letztlich doch, wenn auch indirekt, angebotsseitige Aspekte im Rahmen der Marktabgrenzung herangezogen, auch wenn formal unterschiedliche Prüfungsstufen unterschieden werden. Vgl. hierzu auch Hovenkamp, § 3.8, S. 129: "When such firms [committed or uncommitted entrants] are identified, the Guidelines include the output or capacity of these firms in the relevant market".

450 Diese Anbieter werden als „precluded competitors" bezeichnet. Darunter fallen solche Anbieter, die vor Erlass des TCA 1996 von bestimmten Märkten ausgeschlossen waren, vgl. Bell Atlantic/NYNEX Order, aaO., Tz. 7 und 60. Diese Kategorie ist allerdings eine Schöpfung der FCC und findet sich im allgemeinen Wettbewerbsrecht nicht wieder, vgl. kritisch hierzu Huber/Kellogg/Thorne, S. 631.

relevanten Markt in Wettbewerb mit anderen Teilnehmern zu treten.[451] Zu dieser Gruppe gehören insbesondere die ehemaligen Monopolunternehmen (RBOCs/ILECs).
Bei der Prüfung von Marktmacht berücksichtigt die FCC auch die Entwicklung der im Übergang zum Wettbewerb befindlichen Märkte (sog. transitional markets). Dieses Vorgehen, das auf das Bell Atlantic/NYNEX Order[452] zurückgeht, bezeichnet sie als „transitional markets framework" (Konzept für im Übergang befindliche Märkte).[453] Dieses Konzept kann als eine Weiterentwicklung des Konzepts aktuellen potentiellen Wettbewerbs nach dem klassischen Antitrust-Recht angesehen werden. Es wird untersucht, ob ein Zusammenschluss Antitrust-Recht verletzt. Das ist dann der Fall, wenn sich ein existierender Marktteilnehmer und ein Unternehmen zusammenschliessen, das gegenwärtig zwar kein Marktteilnehmer ist, aber in den Markt eingetreten wäre, hätte es die Fusion nicht gegeben. Dadurch kommt es zur Marktkonzentration und der Markteintritt des bisherigen Nichtteilnehmers hätte zu einem Abbau des Konzentrationsgrades des Marktes führen oder andere wettbewerbsfördernde (procompetitive) Auswirkungen haben können.[454] Dieser Nachweis ist oft nur schwer zu erbringen. Unter dem transitional markets framework der FCC werden solche Unternehmen von vorneherein in den Kreis der Marktteilnehmer einbezogen und untersucht, ob diese im jeweils relevanten Markt als wichtigste Markteilnehmer auf Grundlage ihrer Fähigkeiten in Betracht kommen. Auf diese Weise können anders als nach dem Antitrust-Konzept des aktuellen potentiellen Wettbewerbs (actual potential competition) auch Unternehmen in den Kreis der wichtigsten Marktteilnehmer (most significant market participants)

---

[451] Vgl. Bell Atlantic/NYNEX Order, aaO., Tz. 58; SBC/Ameritech Order, aaO., Tz. 72ff.
[452] Eine ausführliche Besprechung des Fusionsprozesses im Fall Bell Atlantic-Nynex findet sich bei Steven R. Brenner, Potential Competition in Local Telephone Service: Bell Atlantic-NYNEX (1997), in: The Antitrust Revolution, Hrsg. John E. Kowaka, Jr. Und Lawrence J. White, 3rd edition, 1998, S. 116ff.
[453] SBC/Ameritech Order, aaO., Tz. 64; Bell Atlantic/NYNEX, aaO., Tz. 38, 58. Begründet wird das mit dem besonderen Auftrag des Communications Act 1934 den Wettbewerb aktiv zu fördern und nicht nur Wettbewerbsbeeinträchtigungen zu verhindern, wie es das Anliegen unter Antitrust-Recht ist. Vgl. SBC/Ameritech Order, aaO., Tz. 63.
[454] Vgl. SBC/Ameritech Order, aaO., Tz. 64; WorldCom/MCI Order, aaO., Tz. 20; SBC/PacTel Order, aaO., Tz. 17ff. m.w.N.; U.S. v. Marine Bancorporation, 418 U.S. 602 (1974).

einbezogen werden, die ihre Absicht, in den Markt einzutreten, noch nicht manifestiert haben.[455] Hierin liegt ein wichtiger Unterschied zum Prüfungsumfang der allgemeinen Wettbewerbsbehörden.

Die Abgrenzung des relevanten Marktes ist formal mit Ermittlung des sachlichen und räumlichen Marktes abgeschlossen. Die wichtigsten Marktteilnehmer werden in einem neuen Prüfungsschritt getrennt ermittelt. Die Einbeziehung bestimmter Marktteilnehmer (sog. uncommitted entrants) in den Kreis der wichtigsten Marktteilnehmer führt jedoch zu einer Erweiterung des relevanten Marktes, da es sich bei diesen Marktteilnehmern um eine Art potentiellen Wettbewerbs handelt. Uncommitted entrants sind mit ihren Produktionskapazitäten noch nicht im untersuchten Markt aktiv. Deshalb handelt es sich bei ihnen nicht um aktuelle, sondern um potentielle Wettbewerber. Sie werden aber trotzdem bei den wichtigsten Marktteilnehmern berücksichtigt, da sie jederzeit in den untersuchten Markt eintreten könnten und die dort tätigen Unternehmen diese Marktteilnehmer jedenfalls in ihre strategische Planung einbeziehen. So wird der relevante Markt faktisch erweitert. Im Rahmen dieses Prüfungsschrittes werden Marktteilnehmer als Unternehmen definiert, die gegenwärtig das entsprechende Produkt oder die entsprechende Dienstleistung in einem räumlichen Gebiet herstellen oder verkaufen. Zu diesen aktuellen Marktteilnehmern werden sog. committed entrants hinzugezählt.

(3) Marktanalysestufe: Wettbewerbliche Auswirkungen der Fusion (Competitive Effects Analysis/Analysis of Merger's Effects)

Auf einer weiteren Stufe werden die wettbewerblichen Auswirkungen der Fusion analysiert (Marktbeherrschungs- bzw. Marktanalysestufe). Allgemein wird untersucht, ob durch die Fusion die Wahr-

---

[455] So heißt es denn auch im WorldCom/MCI Order, aaO., Tz. 21: "Rightly understood, then, the analytical framework set forth in the Bell Atlantic/NYNEX Order is a natural extension of the principles, contained in the merger guidelines and existing antitrust case law, to transitional markets. That framework, which is well-tailored to the Commission's unique role as an expert agency with regulatory authority over these transitional markets, explains how and why the Commission will treat as 'most significant market participants' not only firms that already dominate transitional markets, but also those that are most likely to enter soon, effectively, and on a large scale once a more competitive environment is established". Vgl. hierzu auch SBC/Ameritech Order, aaO., Tz. 64, Fn. 142.

scheinlichkeit steigt, dass es zu einseitigen wettbewerbswidrigen Verhaltensweisen durch das fusionierte Unternehmen oder zu koordinierten wettbewerbswidrigen Verhaltensweisen mehrerer Marktteilnehmer kommt.[456]
Wettbewerbliche Auswirkungen, die eine Erhöhung von Marktmacht oder eine verbesserte Fähigkeit zur Absicherung von Marktmacht mit sich bringen, sind dabei eindeutig nicht im öffentlichen Interesse, unabhängig davon, ob die Ausübung von Marktmacht selbst durch Regulierung eingeschränkt wird.[457] Grundsätzlich folgt die Analyse der FCC den Vorgaben der 1992er Horizontal Merger Guidelines und es wird die derzeitige Marktsituation und deren mögliche Veränderung durch die zu untersuchende Fusion analysiert. Nach Auffassung der FCC kann es jedoch für sich entwickelnde Märkte notwendig sein, die Auswirkungen der Fusion auch auf die zukünftige Marktsituation zu berücksichtigen. Märkte dürfen im Telekommunikationsbereich nicht nur in ihrer heutigen Form betrachtet werden, sondern es muss zudem ein Blick in die Zukunft erfolgen und gefragt werden, wie sich die Märkte in der Zukunft entwickeln könnten.[458] Gerade auf den örtlichen Telekommunikationsmärkten entwickelt sich der Wettbewerb erst zwischen den ehemaligen Monopolisten und neuen Wettbewerbern, so dass eine Beurteilung der zukünftigen Entwicklung von grösserer Bedeutung ist als im Rahmen einer klassischen Antitrust-Analyse.[459] In der stärken Betonung der Berücksichtigung der zukünftigen

---

[456] WorldCom/MCI Order, aaO., Tz. 36.
[457] Vgl. Bell Atlantic/NYNEX Order, aaO., Tz. 95.
[458] Vgl. Bell Atlantic/NYNEX Order, aaO., Tz. 7: "In defining the relevant product markets, for example, we will examine not just the markets as they exist today, but as we expect they will exist after a Bell Company receives authorization to provide in-region interLATA services pursuant to Section 271 of the Communications Act".
[459] Vgl. hierzu die Ausführungen im Bell Atlantic/NYNEX Order, aaO., Tz. 96: "Ordinarily, our analysis of the competitive effects [...] will follow the framework of the 1992 Horizontal Merger Guidelines, with an assessment of present market conditions and an analysis of the ways in which the transaction is likely to alter the market. We believe that this is a useful way of applying economic principles in most merger cases (indeed, this is the precise purpose for which the 1992 Horizontal Merger Guidelines have been developed). In some cases, however, the transaction will have a greater effect on future, rather than present, market performance. This is especially true if a merger may be a strategic response to declining entry barriers, in which an incumbent firm is seeking to avoid competition by eliminating a potentially significant future competitor. In the case of local tele-

Entwicklung der Märkte liegt ein wesentlicher Unterschied der Analyse des öffentlichen Interesses (public interest analysis) der FCC zu den üblichen Analysen nach den Antitrust-Vorschriften. Gleichzeitig verschafft eine solche Interpretation der FCC einen Beurteilungsspielraum.

Die wettbewerblichen Auswirkungen werden wie nach der klassischen Analyse des Antitrust-Rechts analysiert, indem die FCC die Marktanteile betrachtet und die Marktkonzentration misst.[460]
Die Gerichte in den U.S.A. stellen zur Messung von Marktmacht allgemein auf den Marktanteil als Surrogat zur Messung von Marktmacht ab.[461] Der Marktanteil setzt sich zusammen aus dem Gesamtumsatz eines Unternehmens geteilt durch den Gesamtumsatz des Marktes bzw. der Produktionskapazität.[462] Während die Gerichte anfangs im Marktanteil das Hauptkriterium zur Messung von Marktmacht sahen, hat sich das später geändert.[463] Der Marktanteil ist demzufolge nur ein indirektes Kriterium für die Bestimmung von Marktmacht. Es gibt keinen fixen Prozentsatz, ab dem die Gerichte

---

communications markets, competition is only now emerging and a merger between a current monopolist and one of the new competitors may have a substantial adverse impact on future market performance even though the new competitor currently has only a small
number of customers".

460 Vgl. Bell Atlantic/NYNEX Order, aaO., Tz. 136; WorldCom/MCI Order, aaO., Tz. 17 und 37ff.. 1992 Horizontal Merger Guidelines, § 1.51(a)-(c).

461 Vgl. Sullivan/Harrison, § 2-06[A], S. 28, Hovenkamp, § 3.1b, S. 80; Areeda/Hovenkamp/Solow, Volume IIA, § 531. U.S. v. General Dynamics Corp. et al., 415 U.S. 486, 496 (1974).

462 Vgl. Sullivan/Harrison, § 2-06[A], S. 28; vgl. Areeda/Hovenkamp/Solow, Volume IIA, § 535.

463 So hat der Supreme Court z.B. in Brown Shoe Co., Inc. v. U.S., 370 U.S. 294, 343 (1962), den Marktanteil noch als einen der wichtigsten Faktoren angesehen. Später warnt er davor, dem Kriterium Marktanteil eine übergeordnete Bedeutung zu geben und sieht in dem Marktanteil lediglich einen Faktor unter anderen, vgl. z.B. U.S. v. General Dynamics Corp. et al., 415 U.S. 486, 496 (1974).

automatisch Monopol- bzw. Marktmacht annehmen[464], sondern nur grobe Orientierungslinien.[465]
In Fusionsfällen wird seit den 1982er Merger Guidelines zusätzlich zur Marktanteilsbetrachtung auf den sog. Herfindahl-Hirschman Index (HHI) zur Messung der Marktkonzentration abgestellt.[466] Nach dem HHI setzt sich die Marktkonzentration aus der Summe der Marktanteile zum Quadrat eines jeden Unternehmens zusammen.[467] Gibt es z.B. vier Unternehmen in einem Markt mit jeweils 25% Marktanteil, so ergibt sich ein HHI von 2500. Gibt es hingegen 10 Unternehmen mit jeweils 10% Marktanteil, dann ist der HHI 1000. Jeder Markt mit einem HHI von über 1800 wird als hochkonzentriert angesehen, zwischen 1800 und 1000 als leicht konzentriert und unter 1000 als nicht konzentriert.[468] Fusionen unter einem Wert von 1000 werden in der Regel genehmigt; Fusionen mit einem Wert zwischen 1000 und 1800 werden auch überwiegend genehmigt; Fusionen bei einem Wert über 1800 werden in der Regel untersagt.[469] Der Methode liegt die Überlegung zugrunde, dass die überproportionale Gewichtung der Marktanteile in etwa dem relativen Anstieg von Marktmacht bei steigenden Marktanteilen entspricht.[470] Marktanteil und

---

[464] U.S. v. Columbia Steel Co., 334 U.S. 495, 527f. (1948): "We do not undertake to prescribe any set of percentage figures by which to measure the reasonableness of a corporation's enlargement of its activities by the purchase of assets of a competitor. The relative effect of percentage command a market varies with the setting in which that factor is placed".

[465] So wird bei einem Marktanteil über 70 Prozent normalerweise von Markt- bzw. Monopolmacht ausgegangen; bei einem Marktanteil unter 50 Prozent kann in der Regel nicht von Markt- bzw. Monopolmacht ausgegangen werden; bei einem Marktanteil zwischen 50 und 70 Prozent bestehen Unklarheiten und es ist eine genauere Prüfung erforderlich. Vgl. hierzu Harvard Law Review, Note, March 2001, 114 Harv. L. Rev. 1623, 1625 (2001) m.w.N..

[466] Vgl. zu einer Darstellung des Aufkommens des HHI und seiner Aufnahme in die 1982er Merger Guidelines, Werden, The 1982 Merger Guidelines and the Ascent of the Hypothetical Monopolist Paradigm, veröffentlicht im Internet unter http://www.usdoj.gov/atr/hmerger/11256.pdf; vgl. auch Sullivan/Harrison, § 7.05[C], S. 351.

[467] Vgl. 1992 Horizontal Merger Guidelines (1997), aaO., § 1.5; vgl. van Arnheim, S. 37.

[468] Vgl. die Darstellung bei Sullivan/Harrison, § 7.05[C], S. 351, § 7.09[C], S. 376; vgl. auch 1992 Horizontal Merger Guidelines (1997), § 1.51.

[469] Diese Darstellung ist nur eine grobe Darstellung der tatsächlichen Prüfungsabläufe. Für eine genauere Darstellung vgl. Sullivan/Harrison, § 7.09[C], S. 386f.

[470] van Arnheim, S. 37.

Konzentrationsgrad sind wie erwähnt ein wichtiges, aber kein abschliessendes Kriterium.[471]
Markteintrittsbarrieren (Finanzierungsmöglichkeiten, Lizenzierungserfordernisse, Spektrumszuteilung) sind ebenfalls in die Analyse einzubeziehen.[472]
Darüber hinaus wird untersucht, welche Auswirkungen die Fusion auf die Anwendbarkeit der Regulierungsinstrumente durch die FCC hat, welche fusionsspezifischen Auswirkungen (Kostenreduzierung, Produktivitätssteigerungen, Innovationsförderung) es geben könnte und welche vertikalen Auswirkungen auf die Marktmacht eintreten könnten.[473]
Anders als bei der Fusionskontrolle nach Antitrust-Recht, bei der es darum geht, eine Beeinträchtigung des Wettbewerbs zu verhindern, werden bei der Genehmigungsprüfung der Fusion durch die FCC insbesondere auch die Erreichung der Ziele des TCA 1996 (v.a. Wettbewerbsförderung) beachtet. Es muss sichergestellt sein, dass diese nicht beeinträchtigt werden.[474]
Dieses Vorgehen, und insbesondere die Berücksichtigung solcher anderer Faktoren, wurde von den Gerichten ausdrücklich bestätigt.[475]

---

[471] Grundlegende Entscheidung hierzu ist U.S. v. General Dynamics Corp., 415 U.S. 486 (1974). Das Gericht „cautioned that statistics concerning market share and concentration, while of great significance, were not conclusive indicators of anticompetitive effects“, ebenda, S. 498, unter Hinweis auf Brown Shoe Co. v. U.S. 370 U.S. 294, 322, Fn 38 (1962); vgl. hierzu auch Sullivan/Harrison, § 7.07[B], S. 364.
[472] Vgl. Bell Atlantic/NYNEX Order, aaO., Tz. 61. WorldCom/MCI Order, aaO. Tz. 51.
[473] Vgl. Bell Atlantic/NYNEX Order, aaO., Tz. 37 m.w.N..
[474] Vgl. SBC/Ameritech Order, aaO., Tz. 63: „[...] the Act requires this Commission actively to promote the development of competition in telecommunications markets, not merely to prevent the lessening of competition, which is the policy objective of antitrust laws“; Bell Atlantic/NYNEX Order, aaO., Tz. 37.
[475] Vgl. SBC Communications Inc. v. FCC, 56 F3.d 1484, 1490f. (D.C. Cir. 1995): "When the Commission looked beyond the scope of antitrust law and considered the implications of the merger for the development of the telecommunications industry, technical innovation, international competitiveness, investment in infrastructure, and customer privacy, it found nothing but pro-competitive and otherwise beneficial effects. [...]. Nothing in the Commission's consideration of the pro-competitive and anti-competitive effects of the merger suggests that it 'manipulated legal standards' [...]".

b) Regulierung marktbeherrschender Anbieter (Dominant Carrier Regulierung)

Die FCC befasst sich darüber hinaus mit Marktmachtfragen im Rahmen der sog. Dominant Carrier Regulierung. Dominante bzw. marktbeherrschende Telekommunikationsanbieter (dominant carrier) unterliegen dieser besonderen Regulierung durch die FCC.[476] Das heißt die Anwendbarkeit bestimmter sektorspezifischer Regulierungsinstrumente hängt wie in Deutschland auch in den U.S.A. von der Marktmacht der auf dem Markt tätigen Unternehmen ab. Um aus der Dominant Carrier Regulierung entlassen zu werden, ist ein Antrag des bisher als dominant (marktbeherrschend) klassifizierten Netzbetreibers bei der FCC erforderlich. Über diesen Antrag auf Aufhebung des Marktbeherrschungsstatus entscheidet die FCC abschliessend.[477] In diesem Zusammenhang setzt sie sich mit der Marktmacht auf Telekommunikationsmärkten auseinander.

(1) Common Carrier und Dominant Carrier Regulierung

Die Dominant Carrier Regulierung geht zurück auf das erste Competitive Carrier Rulemaking von 1980[478], das die amerikanische Telekommunikationswelt in zwei Kategorien einteilte. Auf der einen Seite standen die dominant carriers (dominante/marktbeherrschende Unternehmen), auf der anderen Seite die non-dominant carriers (nicht-dominante/nicht-marktbeherrschende Unternehmen).[479] Diese Klassifizierung ist eine Schöpfung der FCC. Sie findet sich nicht in den Telekommunikationsgesetzen (insbesondere nicht im Communications Act 1934), sondern ist eine von der FCC eingeführte Modifizierung der gesetzlichen sog. Common Carrier Regulierung. Sie ist das Kernstück der Regulierung der U.S. amerikanischen Telekommunikati-

---

[476] Vgl. hierzu die nachfolgenden Ausführungen zur Dominant Carrier Regulierung, S. 119ff.

[477] Nach dem Antrag des Netzbetreibers auf Aufhebung des Marktbeherrschungsstatus bei der FCC geben die Public Utility Commissions (PUCs, vgl. Fn. 331) und anschliessend das DOJ eine Empfehlung ab. Die FCC lädt interessierte Parteien zur Kommentierung ein. Die Entscheidung der FCC kann auf Antrag bei der FCC (sog. Reconsideration) oder gerichtlich überprüft werden; vgl. hierzu Koenig/Kühling, Liberalisierung, S. 131.

[478] Competitive Carrier Rulemaking, vgl. Fn. 358.

[479] Eine ausführlichere Darstellung dieses sog. Dominant/Nondominant Carrier Approach findet sich bei Schoenwald, 49 Fed. Comm. L. J. 367 (1997).

onsindustrie und findet sich im zweiten Unterabsatz des Communications Act 1934 (47 U.S.C. §§ 201ff.). Nach diesen Vorschriften unterliegen die Common Carrier hinsichtlich des Marktzugangs, der Betriebsanlagen, der Tarife und allgemeinen Geschäftsbedingungen der Regulierung durch die FCC.[480] Die FCC hat demnach eine weitreichende Kompetenz zur Regulierung der Common Carrier.
Drei Voraussetzungen müssen für die Regulierung eines Common Carriers durch die FCC erfüllt sein. Es muss sich erstens um einen Common Carrier handeln, zweitens muss es um Basisdienste gehen, drittens muss es sich um zwischenstaatliche (interstate) Dienste handeln.
Ein Common Carrier ist ein Betreiber öffentlicher, allgemein zugänglicher Telekommunikationsdienste.[481] Zum Zeitpunkt des Erlasses des Communications Act 1934 herrschte noch die Vorstellung von der Telekommunikation als natürlichem Monopol, das folglich nach den Grundsätzen der Regulierung öffentlicher Güter (public utility-Theorie) behandelt wurde. Die Telekommunikationsunternehmen waren daher Common Carrier und unterlagen dem Kontrahierungszwang.[482] Ausserdem unterlagen Common Carrier einer besonderen Regulierung, d.h. Markteintritt, Tarife und Dienste wurden reguliert, die Bücher geprüft und nichtdiskriminierender Zugang sichergestellt.[483] Die FCC behandelt die meisten Telekommunikationsdienste, die von Telefongesellschaften angeboten werden, als Common-Carrier-Dienste.[484] Im Gegensatz dazu sind private Anbieter (private carriers)

---

480 Vgl. 47 U.S.C. §§ 201ff.; Wilmer Cutler & Pickering (Hrsg.), S. 19 u. 24ff.

481 Vgl. auch die Definition in 47 U.S.C. § 153(10): "The term 'common carrier' or 'carrier' means any person engaged as a common carrier for hire, in interstate or foreign communication by wire or radio or interstate or foreign radio transmission of energy, except where reference is made to common carriers not subject to this chapter; but a person engaged in radio broadcasting shall not, insofar as such person is so engaged, be deemed a common carrier."

482 Nach gerichtlicher Definition sind common carrier quasi-öffentlicher Natur und haben jedermann zu befördern, vgl. NARUC v. FCC 525 F2d 630, 640-642 (DC Cir. 1976), cert. denied 425 U.S. 992 (1976). Vgl. zu einer historischen Herleitung der Definition des Begriffes common carrier, Zuckman et al., § 12.1, S. 547ff.

483 Vgl. Windthorst, CR 1998, 281, 283; Krattenmaker, Telecommunications Law and Policy, S. 20.

484 Eine Ausnahme bilden die von Rundfunkstationen angebotenen Radio- und Fernsehunterhaltungsprogramme; vgl. 47 U.S.C. § 153(10): "[...] but a person engaged in radio broadcasting shall not, insofar as such person is so engaged, be deemed a common carrier".

solche, die kein eigenes Festnetz haben und individuell entscheiden, ob und unter welchen Bedingungen sie Leistungen erbringen.[485] Basisdienste (basic services) sind solche, bei denen die transportierten Informationen nicht durch Computer verändert werden. Bei Mehrwertdiensten[486] (enhanced services) wird dem Kunden neben dem blossen Transport ein Mehrwert bereitgestellt, der sich auf die übertragene Information auswirkt und diese verändert.[487] Nur die Basisdienste unterfallen der Regulierung durch die FCC. Die Unterscheidung zwischen Basis- und Mehrwertdiensten geht auf die sog. Computer Inquiries[488] zurück, eine Reihe von Entscheidungen, die sich mit dem Problem der Konvergenz von Telekommunikation und Computerindustrie auseinandergesetzt haben. Mittlerweile ist diese Differenzierung jedoch durch den TCA 1996 gesetzlich normiert, der zwischen Telekommunikationsdiensten als den früheren Basisdiensten[489] und Informationsdiensten als den früheren Mehrwertdiensten[490] unterscheidet.[491] In diesem Vorgehen kommt allgemein

---

[485] Vgl. NARUC v. FCC, 525 F2d, 630, 641; Wilmer Cutler & Pickering (Hrsg.), S. 20.

[486] Vgl. 47 C.F.R. § 64.702(a): "For the purpose of this subpart, the term enhanced service shall refer to services, offered over common carrier transmission facilities used in interstate communications, which employ computer processing applications that act on the format, content, code, protocol or similar aspects of the subscriber's transmitted information; provide the subscriber additional, different, or restructured information; or involve subscriber interaction with stored information. Enhanced services are not regulated under title II of the Act".

[487] Hierbei handelt es sich um computergestütze Dienste wie Fax, e-mail, voicemail.

[488] In the Matter of Regulatory and Policy Problems Presented by the Interdependence of Computer and Communications Services and Facilities, (Computer I Inquiry), 7 FCC 2d 11 (1966); vgl. auch allgemein Huber/Kellogg/Thorne, S. 1086-1103 (1999); Stockdale, S. 17ff.; Computer I, Final Decision and Order, 28 FCC 2d 267 (1971); Computer II, Final Decision, 77 FCC 2d 384 (1980); In the Matter of Amendment of Section 64.702 of the Commission's Rules and Regulations, Report and Order, (Computer III), 104 FCC 2d 958 (1986).

[489] Das ergibt sich aus der Definition von Telekommunikationsdiensten in 47 U.S.C. § 153(46): "The term 'telecommunications service' means the offering of telecommunications for a fee directly to the public, or to such classes of users as to be effectively available directly to the public, regardless of the facilities used".

[490] Das ergibt sich aus der Definition von Mehrwertdiensten (enhanced services) in 47 U.S.C. § 153(20): "The term 'information service' means the offering of a capability for generating, acquiring, storing, transforming, processing, retrieving, utilizing, or making available information via telecommunications, and includes

das Bestreben der FCC zum Ausdruck, wettbewerbsfähige Dienste nicht zu regulieren. Die Regulierung soll nicht ausgedehnt, sondern eher zurückgeführt werden. Die Übertragung von Marktmacht (leverage of market power) soll dennoch verhindert werden.
Das dritte Erfordernis der zwischenstaatlichen Telekommunikationsdienste ergibt sich schon aus dem Kompetenztitel des Bundes (Commerce Clause[492]); es findet sich aber auch noch einmal ausdrücklich in Section 152(b) des Communications Act 1934.[493]

Die FCC war nun der Auffassung, dass es nicht Sinn und Zweck der Vorschriften des Communications Act 1934 sei, Telekommunikationsanbieter ohne Marktmacht nach den strengen Regeln für Common Carrier zu regulieren. Daher nahm sie durch Einführung der Klassifizierung dominant/non-dominant eine Änderung ihrer Regulierungspraxis vor, indem die Common Carrier Regulierung des Communications Act 1934 allein auf dominante Telekommunikationsanbieter beschränkt wurde.[494] Folglich spricht man von der Dominant Carrier Regulierung.
Im Laufe dieses Prozesses wurde die Regulierung der non-dominant carrier nach und nach zurückgeschraubt (sog. Streamlining of Regulation).[495] Die FCC ging davon aus, dass die Beschwerdemöglichkeiten des Communications Act 1934, die Marktkräfte und die Möglichkeit der Wiedereinführung der Notifizierungs- und Genehmigungs-

---

electronic publishing, but does not include any use of any such capability for the management, control, or operation of a telecommunications system or the management of a telecommunications service".

[491] Für eine kurze Übersicht über die Entscheidungen im Rahmen der Computer Inquiries, vgl. J. Scott Marcus, FCC OPP Working Paper Series, No. 36, S. 4ff.

[492] Nach Art. I, Section 8, Satz 3 der U.S. Verfassung hat der Bund (Kongress) die Gesetzgebungskompetenz "To regulate commerce with foreign nations, and among the several states, and with the Indian tribes", also für zwischenbundesstaatlichen und ausländischen Handel.

[493] 47 U.S.C. 152(b): "[...] nothing in this chapter shall be construed to apply or to give the Commission jurisdiction with respect to

> (1) charges, classifications, practices, services, facilities, or regulations for or in connection with intrastate communication service by wire or radio of any carrier [...]".

[494] Vgl. z.B. die Begründung in Competitive Carier FNPRM, aaO., Tz.8. u. 54ff.

[495] Grundlage bildeten die Competitve Carrier Verfahren, vgl. Competitive Carrier First, aaO., Tz. 85-147; Competitve Carrier Third, aaO., Tz.5. Vgl. auch Schoenwald, 49 Fed. Com. L.J. 367, 385 (1997).

pflicht für Tarife (Tarifregulierung) und des Genehmigungserfordernisses für Telekommunikationseinrichtungen ausreichen würden, um die Fähigkeit solcher Anbieter, ungerechtfertigte, unangemessene oder diskriminierende Tarife zu verlangen, zu kontrollieren.[496] Marktbeherrschende (dominant) und nicht-marktbeherrschende Telekommunikationsunternehmen (non-dominant carriers) unterliegen unterschiedlichen regulatorischen Regeln. Grundidee ist, die beherrschenden Unternehmen einer strengen Regulierung zu unterziehen, die

---

[496] Vgl. Competitive Carrier Sixth, aaO., Tz. 1; vgl. auch Competitive Carrier First, aaO., Tz. 55: "That definition of dominance was one of market power"; eine kurze Darstellung dieses von Klagen begleiteten Prozesses findet sich bei Huber/Kellogg/Thorne, S. 791ff.. Vgl. die Begründung der FCC in Competitive Carrier FNPRM, aaO., Tz. 54ff.

Es war zwischen der Kommission und einigen Anbietern umstritten, ob die FCC die Kompetenz hat, die Anzeigepflicht von Tarifen einfach nicht mehr durchzusetzen. Hierzu gab es jahrelange Rechtsstreitigkeiten, in denen das Vorgehen der Kommission für rechtswidrig erklärt wurde. Heute räumt der Telecommunications Act 1996 der FCC jedoch ein solches Recht (forbearance) ausdrücklich ein und gibt ihr damit regulatorische Flexibilität, vgl. 47 U.S.C. § 160:

"(a) Regulatory flexibility

Notwithstanding section 332(c)(1)(A) of this title, the Commission shall forbear from applying any regulation or any provision of this chapter to a telecommunications carrier or telecommunications service, or class of telecommunications carriers or telecommunications services, in any or some of its or their geographic markets, if the Commission determines that -

(1) enforcement of such regulation or provision is not necessary to ensure that the charges, practices, classifications, or regulations by, for, or in connection with that telecommunications carrier or telecommunications service are just and reasonable and are not unjustly or unreasonably discriminatory;

(2) enforcement of such regulation or provision is not necessary for the protection of consumers; and

(3) forbearance from applying such provision or regulation is consistent with the public interest.

(b) Competitive effect to be weighed

In making the determination under subsection (a)(3) of this section, the Commission shall consider whether forbearance from enforcing the provision or regulation will promote competitive market conditions, including the extent to which such forbearance will enhance competition among providers of telecommunications services. If the Commission determines that such forbearance will promote competition among providers of telecommunications services, that determination may be the basis for a Commission finding that forbearance is in the public interest. [...]".

nicht marktbeherrschenden Unternehmen aber nach und nach aus der Regulierung zu entlassen.

(2) Einordnung als marktbeherrschendes/nicht-marktbeherrschendes Unternehmen (Dominant/Nondominant Carrier Classification)

Die Definition dieser beiden Arten von Telekommunikationsanbietern knüpft an das wettbewerbsrechtliche Konzept der Marktmacht an.[497] Das Unterscheidungskriterium ist die Dominanz bzw. Fähigkeit zur Machtausübung auf dem Markt.[498]

Ein dominant carrier (marktbeherrschendes Unternehmen) ist ein Unternehmen, das Marktmacht besitzt (z.B. Preissetzungsmacht)[499], das also die Fähigkeit hat, Preise zu verlangen, die über den Wettbewerbspreisen liegen. Nur solche unterfallen der Regulierung des 2. Titels des Communications Act 1934.[500] Folglich ist ein non-dominant carrier (nicht-marktbeherrschendes Unternehmen) ein Unternehmen, das keine Marktmacht[501] besitzt, d.h. nicht dazu in der Lage ist, seine

---

[497] Wie bereits ausgeführt, ist Marktmacht die Fähigkeit, Preise auf einem Niveau zu halten, das keinen Bezug zu den Kosten der Waren oder Dienstleistungen hat. Vgl. bereits S. 87. Vgl. z.B. Competitive Carrier First, aaO, Tz. 55 u. 60; Competitive Carrier Fourth, aaO., Tz. 6.

[498] "[W]e propose to distinguish between carriers on the basis of their dominance or power in the marketplace and apply different regulatory rules to each", Competitive Carrier First, aaO., Tz. 15; Brenner, S. 98; Schoenwald, 49 Fed. Comm. L.J. 367, 376 (1997).

[499] "We will consider a carrier to be dominant if it has market power (i.e., power to control price)", vgl. Competitive Carrier First, aaO., Tz. 26; Brenner, S. 100; Wilmer Cutler & Pickering (Hrsg.), S. 27. Vgl. auch 47 C.F.R. § 61.3(q): "Dominant carrier. A carrier found by the Commission to have market power (i.e., power to control prices)".

[500] 47 U.S.C. §§ 201ff., also der Common Carrier Regulierung.

[501] "[A] firm without market power does not have the ability or incentive to price its services unreasonably, to discriminate among customers unjustly, to terminate or reduce service unreasonably or to overbuild its facilities", vgl. Competitive Carrier First, aaO., Tz. 55. "[A] competitive firm, lacking market power, must take the market price as given, because if it raises price it will face an unacceptable loss of business, and if it lowers price it will face unrecoverable monetary losses in an attempt to supply the market demand at that price", ebenda, Tz. 56.

Preise zu erhöhen, seine Produktionsleistung einzuschränken oder eine Kampfpreisstrategie zu verfolgen.[502]
Es gilt die Regel, dass ein Telekommunikationsanbieter als nichtdominant anzusehen ist, es sei denn, die FCC ordnet ihn ausdrücklich als dominant ein.[503] Die FCC stellt fest, dass ein Unternehmen als dominant bezeichnet wird, wenn es ausreichend Möglichkeit und Anreiz hat, Preise für seine in stärkerem Wettbewerb stehenden Dienstleistungen mit Kapitalerträgen aus seinem Monopol oder monopolähnlichen Dienstleistungen zu subventionieren (Quersubventionierungspotential).[504] Ebenso deutet die Kontrolle über sog. bottleneck Einrichtungen (wesentliche Einrichtungen) prima facie auf Marktmacht hin, die eine Regulierung nach den Dominant Carrier Grundsätzen erfordert.[505]

Allein den dominanten Telekommunikationsanbietern werden daher die Common Carrier Regeln des Communications Act 1934[506] durch die FCC auferlegt. Dominante Anbieter müssen ihre Dienste grundsätzlich jedermann anbieten, können sich ihre Kunden nicht aussu-

---

[502] Nicht-marktbeherrschende Unternehmen (non-dominant carrier) werden definiert als „those unable to raise prices, curtail overall output, or engage in predatory or discriminatory pricing – in short, those firms that lacked market power", Huber/Kellogg/Thorne, S. 791; vgl. Competitive Carrier First, aaO., Tz. 54 u. 26f; Competitive Carrier Fourth, Tz. 1: "The non-dominant carriers are those lacking market power and, therefore, lacking the ability to set prices contrary to the goals of the Communications Act of 1934"; vgl. ebenda, Tz. 16. Competitive Carrier Sixth, aaO., Tz. 12. Vgl. Brenner, S.97ff.; Wilmer Cutler & Pickering (Hrsg.), S. 27. Vgl. auch 47 C.F.R. § 61.3(y): "Non-dominant carrier. A carrier not found to be dominant. The nondominant status of providers of international interexchange services for purposes of this subpart is not affected by a carrier's classification as dominant under § 63.10 of this chapter".

[503] Vgl. Access Charge Reform, CC Docket 96--262, Notice of Proposed Rulemaking, Third Report and Order, and Notice of Inquiry, 11 FCC Rcd 21354, 21476 (1996) (Access Charge Reform NPRM), Tz. 11.

[504] Vgl. Competitive Carrier First, aaO., Tz. 15; Wilmer Cutler & Pickering (Hrsg.), S. 27.

[505] In the Matter of Motion of AT&T Corp. to be Reclassified as Non-Dominant Carrier, Order, 11 FCC Rcd 3271 (1995), FCC 95-427 (AT&T Reclassification Order), Tz. 1; Competitive Carrier First, aaO., Tz. 58 m.w.N..

[506] 47 U.S.C. §§ 201ff.; diese werden daher auch als traditionelle Titel II Regulierung bezeichnet.

chen und müssen das physikalische Netz bauen und unterhalten.[507] Ihre Tarife müssen angemessen und verhältnismäßig sein.[508] Sie unterliegen einem Diskriminierungsverbot.[509] Ihre Dienste dürfen nur auf der Grundlage genehmigter Tarife angeboten werden und eine Änderung der Tarife muss 120 Tage im Voraus gegenüber der FCC und der Öffentlichkeit bekannt gegeben werden.[510] Bei Verstoss gegen diese Vorschriften kann die FCC die Tarife anordnen.[511] Das Betreiben neuer bzw. die Ausdehnung bestehender Telekommunikationsinfrastruktur bedarf der Genehmigung durch die FCC.[512] Demgegenüber unterliegen nicht-marktbeherrschende Unternehmen (non-dominant carriers) nur einem Minimum an Regulierung, da die FCC die Regeln der Common Carrier Regulierung überwiegend nicht auf sie anwendet.[513] Auf diese Weise soll den nicht-marktbeherrschenden Unternehmen ein flexibleres Marktverhalten ermöglicht werden.[514] Für die Tarife nicht-marktbeherrschender Unternehmen gilt die Vermutung, dass diese rechtmäßig sind, da davon ausgegangen wird, dass Unternehmen ohne Marktmacht keine Tarife oder Bedingungen verlangen können, die denen widersprechen, die sich bei

---

[507] 47 U.S.C. § 201(a): „It shall be the duty of every common carrier engaged in interstate or foreign communication by wire or radio to furnish such communication service upon reasonable request therefor; [...] to establish physical connections with other carriers, to establish through routes and charges applicable thereto and the divisions of such charges, and to establish and provide facilities and regulations for operating such through routes".

[508] 47 U.S.C § 201(b): „All charges, practices, classifications, and regulations for and in connection with such communication service, shall be just and reasonable, and any such charge, practice, classification, or regulation that is unjust or unreasonable is declared to be unlawful [...]".

[509] 47 U.S.C. § 202(a): „It shall be unlawful for any common carrier to make any unjust or unreasonable discrimination in charges, practices, classifications, regulations, facilities, or services for or in connection with like communication service, directly or indirectly, by any means or device, or to make or give any undue or unreasonable preference or advantage to any particular person, class of persons, or locality, or to subject any particular person, class of persons, or locality to any undue or unreasonable prejudice or disadvantage".

[510] 47 U.S.C. § 203(a), (b)(1).

[511] 47 U.S.C. §§ 205(a), 206ff.

[512] 47 U.S.C. § 214(a), vgl. hierzu Fn. 386.

[513] dieses sog. streamlining of regulation geht auf die Competitive Carrier Verfahren zurück, vgl. bereits Fussnote 478.

[514] Vgl. Competitive Carrier First, aaO., Tz. 85.

Wettbewerb auf dem Markt herausgebildet haben.[515] So wird auch nicht der Angemessenheitsstandard („just and reasonable") des § 201(b) und § 201(a) des Communications Act 1934 verletzt.[516]
Die Tarife der nicht-marktbeherrschenden Anbieter sind zwar anzuzeigen. Sie sind aber nur noch nur noch 14 Tage im Voraus anzuzeigen[517] und es brauchen keine Angaben über die wirtschaftliche Grundlage der Tarifberechnung gemacht werden, da davon ausgegangen wird, dass diese marktgerecht sind.[518]
Nicht-marktbeherrschende Unternehmen unterfallen aber den Regeln des Beschwerdeverfahrens (complaint process).[519]
Schliesslich befreite die FCC nicht-marktbeherrschende Anbieter von dem Erfordernis des § 214 Communications Act 1934 (47 U.S.C. § 214) eine Genehmigung für das Betreiben von Telekommunikationseinrichtungen von der FCC erlangen zu müssen.[520]

Die Anwendbarkeit der Regulierungsvorschriften des Communications Act 1934 hängt also im Wesentlichen von der Einordnung des zu regulierenden Unternehmens als dominant carrier ab. Die Einordnung als dominant bzw. non-dominant carrier hängt wiederum von der Feststellung der Marktmacht ab, die hier einem zweistufigen Schema folgt. Zunächst ist der relevante Markt in sachlicher und räumlicher Hinsicht abzugrenzen, auf dem die Marktmacht bestehen soll.[521] Anschliessend ist der Grad der Marktmacht festzustellen.[522] Auch im U.S. amerikanischen Telekommunikationsrecht gilt somit wie in Deutschland und der EU das Marktmachtkonzept zur Ermittlung der marktbeherrschenden Stellung bzw. beträchtlichen Marktmacht. Die FCC hat die Regeln der Dominant Carrier Regulierung erstmalig in

---

[515] Würden nicht-marktbeherrschende Unternehmen unangemessen hohe Tarife oder Bedingungen verlangen, würden sie Marktanteile verlieren, da die Kunden in einem Wettbewerbsmarkt zu anderen Anbietern wechseln würden. Vgl. Competitive Carrier First, aaO., Tz. 88.
[516] Vgl. Competitive Carrier First, aaO., Tz. 88.
[517] Vgl. Competitive Carrier First, aaO., Tz. 102.
[518] Vgl. Competitive Carrier First, aaO., Tz. 88-96; Schoenwald, 49 Fed. Com. L.J. 367, 385 (1997). Die Kosten, die für Erfassung der wirtschaftlichen Daten entstehen, wären folglich unangemessen.
[519] 47 U.S.C. §§ 206-209.
[520] Vgl. Competitive Carrier First, aaO., Tz. 114ff.
[521] LEC Regulatory Treatment Order, aaO, Tz. 11, 16.
[522] Vgl. z.B. LEC Broadband NPRM, aaO., Tz. 17.

den Verfahren zur Aufhebung des Dominant Carrier Status von AT&T im Jahre 1995 angewendet.[523]

(3) Marktabgrenzung auf Telekommunikationsmärkten in den U.S.A. im Rahmen der Dominant Carrier Regulierung

Die Abgrenzung des relevanten Telekommunikationsmarktes im Rahmen der Dominant Carrier Regulierung erfolgt im Prinzip nach den gleichen Grundsätzen wie im Rahmen von Fusionsfällen, mit der Massgabe, dass die Marktteilnehmer nicht gesondert ermittelt werden. In den Verfahren zur Reklassifizierung von AT&T als nicht marktbeherrschend auf den Märkten für nationale und internationale Fernverbindungen hat die FCC diese bereits in den Competitive Carrier Verfahren[524] entwickelten Grundsätze der Marktabgrenzung auch für die Dominant Carrier Regulierung übernommen.

(a) Abstrakte Grundsätze der Marktabgrenzung im Rahmen der Dominant Carrier Regulierung

((1)) Sachlich relevanter Markt: Produktmarkt

Die Abgrenzung des sachlichen Marktes (product market) erfolgt nach den gleichen Grundsätzen wie im Rahmen der Fusionszuständigkeit der FCC, also auf der Grundlage der 1992er Horizontal Merger Guidelines. Diese für Fusionen entwickelten Richtlinien sind damit auch auf die Marktmachtbestimmung ausserhalb der Fusionskontrolle durch die FCC anwendbar. Bei der Abgrenzung des Marktes wird ausschliesslich auf die Nachfragesubstitution abgestellt.[525]

---

[523] Vgl. AT&T Reclassification Order, aaO.; In the Matter of Motion of AT&T Corp. to be Declared Non-Dominant for International Service, Order, 11 FCC Rcd 17963 (1996), FCC 96-209 (AT&T International Non-Dominance Order); bestätigt in: In the Matter of Motion of AT&T to be Declared Non-Dominant for International Service, Order on Reconsideration, 13 FCC Rcd 21501 (1998), FCC 98-253 (AT&T International Non-Dominance Order on Reconsideration). Vgl. hierzu S. 129ff. u. S. 135ff..

[524] Vgl. Fn. 358.

[525] Vgl. bereits S. 104ff.; vgl. auch LEC Regulatory Treatment, Final Rule, aaO., Tz. 27.

((2)) Räumlich relevanter Markt: Geographischer Markt

Der räumlich relevante Markt wird auch für die Zwecke der Dominant Carrier Regulierung in der Regel national abgegrenzt. Im Übrigen gelten die Grundsätze zur räumlichen Abgrenzung in Fusionsfällen.[526]

((3)) Wichtigste Marktteilnehmer werden nicht ermittelt

Allerdings werden die wichtigsten Marktteilnehmer im Gegensatz zu Fusionsfällen im Falle der Dominant Carrier Regulierung im Rahmen der Marktabgrenzung nicht gesondert ermittelt.[527]

(b) Entscheidungspraxis der FCC zur Marktabgrenzung im Rahmen der Dominant Carrier Regulierung

In den U.S.A. unterfallen heute nur noch die früheren Monopolortsnetzgesellschaften (RBOCs/ILECs) der Dominant Carrier Regulierung. Vor 1995 unterlag auch AT&T als marktbeherrschendes Unternehmen der Regulierung auf dem Markt für Fern- und Auslandsgespräche. 1995 wurde AT&T zunächst aus der Regulierung für Ferngespräche, 1996 dann aus der Regulierung für Auslandsgespräche entlassen, weil AT&T auf diesen Märkten nicht mehr als dominant angesehen wurde. Diesen Entscheidungen vorausgegangen waren jeweils entsprechende Anträge von AT&T, in denen die Aufhebung des Status des marktbeherrschenden Unternehmens (dominant carrier) und die Reklassifizierung als nicht-marktbeherrschend (nondominant) für die jeweiligen Märkte beantragt wurde.
Die Entscheidungspraxis der FCC zur Aufhebung des Dominant Carrier Status von AT&T wird auch in Deutschland im Rahmen der Diskussion über eine Entlassung der DTAG aus der Regulierung für einzelne Teilmärkte trotz hoher Marktanteile immer wieder als beispielhaft angeführt.[528] Der RegTP wird so indirekt empfohlen, sich in ihrer Regulierungspraxis daran zu orientieren. Daher wird die Entschei-

---

[526] Vgl. S. 107ff.. Vgl. auch AT&T Reclassification Order, aaO., Tz. 7ff.; Competitive Carrier Fourth, aaO., Tz. 6, 14; LEC Regulatory Treatment Order, aaO., Tz. 64.

[527] Vgl. z.B. LEC Regulatory Treatment Order, aaO., Tz. 5.

[528] Also dafür, dass der Marktanteil nicht alleine aussagekräftig ist und zum Nachweis einer marktbeherrschenden Stellung nicht geeignet ist. Vgl. Immenga/Kirchner/Knieps/Kruse, S. 54; Knieps, MMR-Beilage 2/2000, S. 9; ders., MMR 2000, 266, 267.

dungspraxis der FCC hierzu im Folgenden ausführlich dargestellt. Auch wenn die FCC die Grundsätze der Marktabgrenzung im Antitrust-Recht für den Bereich der Telekommunikationsregulierung für anwendbar erklärt, hat sie diese Abgrenzung nicht immer konsequent durchgehalten.

((1)) AT&T Reclassification Order

Erstmalig setzte sich die FCC im Jahre 1995 in ihrer als AT&T Reclassification Order[529] bekannt gewordenen Entscheidung mit der Frage auseinander, ob AT&T in einem der angebotenen Dienstleistungen (Märkte) eine Preissetzungsmacht hat.[530] Um eine Entscheidung über den Antrag von AT&T treffen zu können, grenzt die FCC zunächst die Märkte sachlich und räumlich ab. Die FCC bestimmte als den sachlich und räumlich relevanten Markt den Gesamtmarkt für den zwischenstaatlichen nationalen Telefonverkehr ("overall interstate, domestic, interexchange services").[531] Damit wurde die Marktabgrenzung des Competitive Carrier, Fourth Report and Order, bestätigt. Allerdings wurde diese Marktabgrenzung im Folgenden nicht wirklich angewendet, denn es wurde eine Gesamtbetrachtung des Fernverkehrsmarktes (Long-Distance) durchgeführt, auch wenn zum Teil eine Dominanz von AT&T auf Einzelmärkten bestand (analog private line, 800 directory assistance service, services from and to Alaska).[532] Die FCC argumentierte jedoch, dass analoge Dienste durch die neue digitale Technologie an Bedeutung verlieren würden und es daher unwahrscheinlich sei, dass AT&T's Position von Dauer

---

[529] In the Matter of Motion of AT&T Corp. to be Reclassified as Non-Dominant Carrier, Order, 11 FCC Rcd 3271 (1995), FCC 95-427 (AT&T Reclassification Order).

[530] Überlegungen zur Einordnung AT&T's als nicht mehr dominant gab es aber schon lange vor der Entscheidung. Vgl. z.B. John Haring und Kathleen Levitz, What makes the dominant firm dominant?, OPP Working Paper Series, No. 25, April 1989, S. 15; AT&T hatte das schon längere Zeit gefordert und 1993 schliesslich den entsprechenden Antrag bei der FCC gestellt, der zwei Jahre später dann (zunächst teilweise) positiv beschieden wurde.

[531] Vgl. AT&T Reclassification Order, aaO., Tz. 20, 26, 35.

[532] Vgl. AT&T Reclassification Order, aaO., Tz. 105ff.; „analog private line service" ist das Angebot von analogen Mietleitungen; „800 directory assistance service" ist der Auskunftsdienst für die gebührenfreien 1-800er Nummern.

sein werde. Diese Märkte seien klein und unbedeutend und daher im Gesamtkontext zu vernachlässigen.[533]

((2)) AT&T International Non-Dominance Order/AT&T International Non-Dominance Order on Reconsideration

Die FCC weitete schliesslich 1996 die in dem AT&T Reclassification Order vorgegebene Argumentation auch auf den Markt für internationale Telefondienste aus.[534] Auch für diese wurde AT&T aus der Dominant Carrier Regulierung entlassen.[535]

---

[533] Vgl. AT&T Reclassification Order, aaO., Tz. 26: "As our analysis below demonstrates, AT&T does not have the ability unilaterally to control prices in the overall interstate, domestic, interexchange market. The record indicates that, to the extent AT&T has the ability to control price at all, it is only with respect to specific service segments that are either de minimis to the overall interstate, domestic, interexchange market, or are exposed to increasing competition so as not to materially affect the overall market." Und Tz. 105: „While we recognize that AT&T may have the ability to raise the price of analog private line service above competitive levels, the use of this analog service is declining with the advent of new digital technology and, hence, AT&T's position is unlikely to continue for a sustained period of time. We believe that the analog private line service segment, like 800 directory assistance service, is so small and insignificant relative to the overall interstate, domestic, interexchange market (accounting for only .02 percent (0.0002) of AT&T's total interstate revenues) as to be de minimis. More specifically, we conclude that the record will not support a finding that the absence of close substitutes for these two discrete services demonstrates that AT&T possesses market power in the interstate, domestic, interexchange market." Und Tz. 142: "[...] AT&T may have the ability to control prices with respect to certain narrow, specific services having de minimis revenues (specifically, 800 directory assistance and analog private line) when compared to total industry revenues. That does not mean, however, that AT&T has market power in the domestic, long-distance market as a whole."

[534] In the Matter of Motion of AT&T Corp. to be Declared Non-Dominant for International Service, Order, 11 FCC Rcd 17963 (1996), FCC 96-209 (AT&T International Non-Dominance Order); bestätigt in: In the Matter of Motion of AT&T to be Declared Non-Dominant for International Service, Order on Reconsideration, 13 FCC Rcd 21501 (1998), FCC 98-253 (AT&T International Non-Dominance Order on Reconsideration).

[535] Ursprünglich hatte AT&T die Aufhebung des dominant carrier status schon 1995 in dem Antrag, der dem AT&T Reclassification Order zugrunde lag, mitbeantragt. Die FCC hat diese Fragen jedoch abgetrennt, da diese Kategorie von Diensten eine andere Marktanalyse erfordere, vgl. AT&T Reclassification Order, aaO., Tz. 2 u. 171.

Bei der Abgrenzung des relevanten Marktes bestätigt die FCC ihre Marktabgrenzungsgrundsätze. So wiederholt sie ihre Auffassung, dass jedes Zielland einen eigenständigen räumlichen Markt darstellt.[536] Allerdings vermeidet sie es, sich an ihre eigene Marktabgrenzung zu halten, indem sie sich auf eine Gesamtmarktbetrachtung zurückzieht. Das heißt, obwohl AT&T auf Routen in vier Länder noch klar marktbeherrschend war, seien diese aber eher unbedeutend und im Rahmen einer Gesamtbetrachtung zu vernachlässigen.[537]

(4) Marktbeherrschung: Feststellung von Marktmacht im Rahmen der Dominant Carrier Regulierung (Market Power Analysis/Assessment of Market Power)

(a) Abstrakte Grundsätze zur Feststellung von Marktmacht

Im Anschluss an die Abgrenzung des relevanten Marktes ist das Vorliegen oder Nichtvorliegen von Marktmacht auf den jeweils relevanten sachlichen und räumlichen Märkten zu bestimmen (Marktanalysestufe).[538] Die kartellrechtliche Praxis der U.S.A. stellt auf Telekommunikationsmärkten darauf ab, ob das betreffende Unternehmen den Wettbewerb ausschliessen kann. Das kann zum einen durch die Fähigkeit zur Preiskontrolle geschehen, aber gerade auch auf Grundlage anderer Kriterien.[539] Die FCC hat hierzu einen Vier-Stufen-Test entwickelt und wendet diesen im Rahmen der Dominant Carrier Regulierung an, um herauszufinden, ob der bisher dominierende Anbieter auf dem relevanten Markt entsprechende Marktmacht besitzt:

---

[536] Vgl. AT&T International Non-Dominance Order, aaO., Tz. 21; so bereits In the Matter of International Competitive Carrier Policies, Report and Order, 102 F.C.C. 2d 812 (1985) (International Competitve Carrier), Tz. 37.

[537] Vgl. AT&T International Non-Dominance Order, aaO., Tz. 2: " [...] AT&T is the only facilities-based carrier on four small, international routes. These routes individually and collectively constitute a de minimis share of total U.S. billed minutes. We do not here determine whether AT&T is non-dominant on these four routes, because we conclude below that we should forbear from applying dominant carrier regulation as to these four de minimis routes". Dabei stützt sich die FCC erstmals auf ihre neue Forbearance (Nichtanwendbarkeit) Kompetenz unter dem durch den TCA 1996 geänderten Communications Act 1934, vgl. zu dieser Fn. 496.

[538] Vgl. LEC Broadband NPRM, aaO., Tz. 28; LEC Regulatory Treatment Order, aaO., Tz. 83, Fn. 214.

[539] Vgl. Competitive Carrier First, aaO., Tz. 19, Fn. 14; Brenner, S. 100, dort führt die FCC ausdrücklich weitere Faktoren auf.

(1) Zunächst analysiert sie den Marktanteil, (2) dann die Elastizität der Nachfrage (demand elasticity), (3) anschliessend die Elastizität des Angebots (supply elasticity) und (4) schliesslich die Kostenstruktur, Grösse und Ressourcen des bisher dominierenden Anbieters.[540] Diese Kriterien entsprechen inhaltlich im Wesentlichen denen, die die FCC bei der Fusionsprüfung prüft. Allerdings wird dort nicht von einem Vier-Stufen-Test gesprochen.[541]

Als Ausgangspunkt ihrer Analyse von Marktbeherrschung verwendet die FCC in Anlehnung an Antitrust-Prinzipien den Marktanteil und Marktzutrittshindernisse als Indikatoren für Marktmacht.[542] Obwohl der Marktanteil alleine nicht aussagekräftig ist, kann er als klares Indiz für Marktmacht angesehen und daher als Ausgangspunkt für die Analyse herangezogen werden.[543] Hohe Marktanteile sind nur eine notwendige, nicht jedoch eine hinreichende Bedingung für Marktmacht.[544] Beim Marktanteil ist sowohl die absolute Höhe als auch seine Veränderung im Zeitablauf relevant.[545] Ein Rückgang des Marktanteils kann Hinweise auf die Abwesenheit von Marktmacht liefern.[546]

Der erfolgreiche und einfache Markteintritt kann wiederum einen Rückgang des Marktanteils etablierter Anbieter andeuten. Das lässt

---

[540] Vgl. AT&T International Non-Dominance Order, aaO., Tz. 37ff.; AT&T International Non-Dominance Order on Reconsideration, aaO., Tz. 7ff.; auch wenn die FCC erst in diesen Entscheidungen ausdrücklich von einem Vier-Stufen-Test spricht, so hat sie inhaltlich die gleichen Kriterien auch schon früher verwendet, vgl. AT&T Reclassification Order, aaO., Tz. 38.

[541] Vgl. S. 93ff..

[542] Vgl. Competitive Carrier Fourth, aaO., Tz. 13.

[543] So z.B. in: AT&T International Non-Dominance Order, aaO., Tz. 34; AT&T Reclassification Order, aaO., Tz. 68 u. Fn. 185 m.w.N..

[544] Bereits im MFJ von 1982 heißt es: "But the inquiry of whether AT&T possesses monopoly power in the interexchange areas does not end with a description of AT&T's size or its market share". Und weiter heißt es unter Berufung auf Supreme Court Entscheidungen "Although monopoly power may be inferred from a firm's predominant market share of the market, size alone is not synonymous with market power, particularly where entry barriers are not substantial", United States v. American Telephone and Telegraph Company et al., 552 F. Supp. 131, 171 (1982); United States v. Grinnell, 384 U.S. 563, 571 (1966), United States v. du Pont de Nemours, 351 U.S. 377, 391 (1956); vgl. auch Sullivan/Harrison, S. 28. Vgl. Koenig/Kühling, Liberalisierung, S. 128.

[545] Vgl. Competitive Carrier Fourth, aaO., Tz. 13, Fn. 18 m.w.N..

[546] Vgl. Competitive Carrier Fourth, aaO., Tz. 13 u. Fn. 19 m.w.N..

den Rückschluss zu, dass solche Anbieter Wettbewerb nicht ausgeschlossen haben, Marktmacht demnach nicht vorliegt.[547]
Weitere Faktoren sind die Angebots[548]- und Nachfragesubstitutionsmöglichkeiten, Kostenstruktur, Grösse und Ressourcen des Unternehmens, Markteintrittshindernisse, Kontrolle über wesentliche Einrichtungen (bottlenecks).[549] Die Nachfrageelastizität beschreibt die Neigung der Kunden, den Anbieter zu wechseln. Diese Wechselbereitschaft hängt auch von den tatsächlichen Möglichkeiten der Kunden ab, den Anbieter zu wechseln, um einen besseren Preis bzw. gewünschte Dienste in Anspruch nehmen zu können.[550] Zwei Faktoren bestimmen die Angebotselastizität: Die Angebotskapazität und niedrige Markteintrittshindernisse. Die Angebotskapazität ist hoch, wenn die bestehenden Wettbewerber signifikante zusätzliche Kapazitäten in relativ kurzer Zeit bereitstellen können. Markteintrittshindernisse sind selbst bei fehlenden Kapazitäten der bestehenden Anbieter niedrig, wenn neue Anbieter in relativ kurzer Zeit in den Markt eintreten können.[551]
Die Indikatoren Kostenstruktur, Grösse und Ressourcen des betrachteten Unternehmens sind alleine nicht aussagekräftig, sondern in Beziehung zu den umliegenden Marktverhältnissen zu setzen. Das sind insbesondere die Grösse und die Finanzausstattung der Wettbewerber, sowie im Falle von ausländischen Anbietern, deren Zugang zu den Bottleneck-Einrichtungen (wesentliche Einrichtungen).[552]
Diese Kriterien, die die FCC als Indikatoren von Marktmacht heranzieht, entsprechen somit im Wesentlichen denen, auf die die RegTP und das europäische Telekommunikationsrecht zurückgreifen.[553]

---

[547] Vgl. Competitive Carrier Fourth, aaO., Tz. 13 u. Fn. 20 m.w.N..
[548] Seit dem LEC Regulatory Treatment Order, aaO., von 1997 wird die Angebotssubstitution auch von der FCC entsprechend den Vorgaben der 1992er Horizontal Merger Guidelines nur noch auf der Stufe der Ermittlung von Marktmacht und nicht mehr bei der Marktabgrenzung berücksichtigt.
[549] Vgl. LEC Broadband NPRM, aaO, Tz. 28; AT&T Reclassification Order, aaO., Tz. 38; Competitive Carrier First, aaO., Tz. 57.
[550] Vgl. AT&T International Non-Dominance Order, aaO., Tz. 42.
[551] Vgl. AT&T International Non-Dominance Order, aaO., Tz. 48.
[552] Vgl. AT&T International Non-Dominance Order, aaO., Tz. 66; AT&T International Non-Dominance Order on Reconsideration, aaO., Tz. 11. „Bottleneck-Einrichtungen" (Enpassbereiche) sind solche Einrichtungen, die unabdingbar sind, um den Kunden zu erreichen, und die nicht leicht dupliziert werden können (z.B. Zugang zum Ortsnetz).
[553] Vgl. S. 51ff. und S. 54ff..

(b) Entscheidungspraxis der FCC im Rahmen der Dominant Carrier Regulierung

((1)) AT&T Reclassification Order

Im AT&T Reclassification Order analysiert die FCC konkret den Markt für Ferngespräche. Die FCC untersucht für die Beantwortung der Frage, ob AT&T marktbeherrschend ist, ob das Unternehmen in dem Schwerpunktmarkt in der Lage ist, sich von seinen Wettbewerbern unabhängig zu verhalten. Die FCC kommt zu dem Ergebnis, dass AT&T auf dem Ferngesprächsmarkt über keinen solchen Verhaltensspielraum verfüge. AT&T habe insbesondere nicht die Fähigkeit, einseitig die Preise auf dem Gesamtmarkt für nationale Ferngespräche („overall domestic, interstate, interexchange market") zu kontrollieren.[554] Trotz eines hohen Marktanteils auf dem Markt für den „zwischenstaatlichen nationalen Verkehr" (interstate) sei AT&T nicht mehr marktbeherrschend.[555]

Die Marktmacht muss nicht für alle Märkte bestimmt werden, sondern vielmehr für den konkret untersuchten Markt. Auch wenn auf dem Hauptmarkt kein idealer Wettbewerb herrsche, sei AT&T nicht mehr als marktbeherrschend zu klassifizieren.[556] Dies wird vor allem damit begründet, dass sowohl das Angebot als auch die Nachfrage auf dem Markt sehr elastisch seien.[557] Zudem wird ausgeführt, dass der Marktanteil während des letzten Jahrzehnts um 33% gefallen sei, AT&T nicht mehr über die bottlenecks im Ortsnetz verfüge und es mit Sprint und MCI zwei vollwertige Wettbewerber gebe. Kostenstruktur, Grösse und Ressourcen von AT&T seien für sich genommen keine Begründung für die Annahme einer marktbeherrschenden Stellung. AT&T habe keine Preissetzungsmacht mehr, da sie die Preise aufgrund der starken Konkurrenten (MCI und Sprint) nicht mehr nach Belieben oberhalb eines kompetitiven Levels setzen könne, ohne relevante Marktanteilsverluste hinnehmen zu müssen.[558]

AT&T wurde als nicht mehr marktbeherrschend (Ferngesprächsmarkt) klassifiziert, mit der Folge, dass die besonderen Regeln der

---

[554] Vgl. AT&T Reclassification Order, aaO., Tz. 163.
[555] Vgl. AT&T Reclassification Order, aaO., Tz. 38ff., 67ff.
[556] Vgl. AT&T Reclassification Order, aaO., Tz. 35.
[557] Vgl. AT&T Reclassification Order, aaO., Tz. 57-66.
[558] Vgl. Koenig/Kühling, Liberalisierung, S. 130 u. 244.

Dominant Carrier Regulierung nicht mehr anzuwenden waren.[559] Im Ergebnis wurde AT&T damit von der Price-cap Regulierung der Endkundentarife, von der Kostenübermittlungspflicht und den jährlichen Berichtspflichten befreit. Es greifen die Regeln, die für alle nicht-dominanten Anbieter gelten.[560] AT&T kann damit wie die übrigen nicht dominanten Anbieter die Tarife für Ferngespräche ohne Genehmigungserfordernis ändern. Es genügt eine Mitteilung einen Tag vor deren Inkrafttreten. Die Gesetzmässigkeit der Tarife wird vermutet und einer Ex-post-Kontrolle unterstellt.[561]

((2)) AT&T International Non-Dominance Order/AT&T International Non-Dominance Order on Reconsideration

In den Entscheidungen zur Einordnung von AT&T als nicht-marktbeherrschender Anbieter im Markt für internationale Gespräche bestimmt die FCC im Anschluss an die Marktabgrenzung die Marktmacht von AT&T anhand des Vier-Stufen-Tests.[562] Bezüglich des Marktanteils stellt die FCC fest, dass der Marktanteil von AT&T auf dem Markt für internationale Verbindungen schneller fällt, als auf dem nationalen Ferngesprächsmarkt.[563] Er lag 1996 nur noch bei 49,3 Prozent.[564]

---

[559] Es wurden aber einige besondere Informationspflichten statuiert, vgl. AT&T Reclassification Order, aaO., Tz. 165.

[560] Nicht-marktbeherrschende Anbieter müssen nationalen Telefonverkehr zu gerechten, angemessenen und nicht diskriminierenden Bedingungen anbieten (47 U.S.C. §§ 201, 202). Für sie greift die Vermutung, dass ihre Tarife rechtmässig sind. Weiter greifen die Beschwerdemöglichkeiten nach 47 U.S.C. §§ 206-209, die Anzeigepflicht für Tarife (47 U.S.C. §§ 203, 205) und die Mitteilungspflicht vor Einstellung von Diensten, vgl. hierzu AT&T Reclassification Order, aaO., Tz. 13. Vgl. S. 119ff..

[561] Vgl. hierzu z.B. die Ausführungen im AT&T Reclassification Order, aaO., Tz. 12f.

[562] Vgl. hierzu S. 132.

[563] Vgl. AT&T International Non-Dominance Order on Reconsideration, aaO., Tz. 8.

[564] Vgl. AT&T International Non-Dominance Order on Reconsideration, aaO., Tz. 19.

Die Nachfrageelastizität wird von der FCC als hoch eingestuft, da AT&T-Kunden sehr preissensibel sind. AT&T könne daher die Preise nicht alleine auf ein nicht wettbewerbliches Niveau erhöhen.[565]
Die Elastizität des Angebots wird vor allem von zwei Faktoren bestimmt, der derzeitigen Angebotskapazität und niedrigen Markteintrittsbarrieren. Auch die Angebotselastizität sei hoch, da die Konkurrenten von AT&T ohne weiteres eigene Verträge mit ausländischen Anbieter abschliessen können bzw. eigene Unterseekabelkapazitäten einkaufen können[566], deren Verfügbarkeit zudem erheblich angestiegen sei.[567]
Des Weiteren lasse die Kostenstruktur, die Grösse und die Ressourcen von AT&T nicht alleine den Schluss auf Marktmacht zu, da die Wettbewerber von AT&T in diesem Marktsegment grosse finanzkräftige Investoren seien.[568]
Unter Berücksichtigung dieser Erwägungen stuft die FCC AT&T folglich als nicht-marktbeherrschend auf dem Markt für internationale Verbindungen insgesamt ein.

c) Sonstige Verfahren

Ausser in den Fällen der Fusionsgenehmigung und der Dominant Carrier Regulierung ist ein weiterer Anwendungsbereich für Marktmachtfragen der Erlass von Maßnahmen zur Absicherung von Wettbewerb (sog. competitive safeguards) durch die FCC. Ob, und gegebenenfalls welche Maßnahmen hierzu erlassen werden, wird in den Notice of Proposed Rulemaking (NPRM)[569] Verfahren zur Diskussion gestellt, in deren Rahmen dann auch Märkte abgegrenzt

---

[565] Vgl. AT&T International Non-Dominance Order on Reconsideration, aaO., Tz. 9.

[566] Vgl. AT&T International Non-Dominance Order on Reconsideration, aaO., Tz. 10 u. 48.

[567] Vgl. AT&T International Non-Dominance Order on Reconsideration, aaO., Tz. 19.

[568] Vgl. AT&T International Non-Dominance Order on Reconsideration, aaO, Tz. 11.

[569] In diesen Mitteilungen, die im Vorfeld von Entscheidungen ergehen können, macht die FCC Vorschläge, nach welchen Regeln sie den Bereich, der Gegenstand des Verfahrens ist, zukünftig behandeln (regulieren) will. Die Öffentlichkeit wird um die Abgabe von Stellungnahmen zu den jeweils behandelten Thematiken gebeten.

werden, auf denen der Wettbewerb geschützt werden soll.[570] So ging es in den sog. Computer Inquiries[571] der FCC z.B. um die Frage, welche Regulierungsmaßnahmen zur Absicherung des Wettbewerbs erforderlich wären, wenn es AT&T und den Bell Operating Companies (BOC) erlaubt würde, an dem beginnenden Wettbewerb im Markt der Mehrwehrtdienste (enhanced services) teilzunehmen.[572]
Die Ermittlung der Marktmacht erfolgt im Rahmen dieser Verfahren nach denselben Grundsätzen wie bei der Dominant Carrier Regulierung, d.h. es werden erst die relevanten sachlichen und räumlichen Märkte abgegrenzt. Im Anschluss daran wird der Grad der Marktmacht auf dem relevanten Markt bzw. den relevanten Märkten ermittelt.[573]

4. Zusammenfassung der Ermittlung von Marktmacht durch die FCC

Zusammenfassend kann festgehalten werden: Die FCC beschäftigt sich mit Fragen der Marktabgrenzung und Marktbeherrschung auf Telekommunikationsmärkten in drei Kontexten:
Erstens obliegt es ihr im Rahmen von Zusammenschlüssen von Telekommunikationsunternehmen festzustellen, ob durch den Zusammenschluss das öffentliche Interesse (public interest) gewahrt ist (S. 93ff.). Das ist nicht der Fall, wenn durch die Fusion das fusionierte Unternehmen Marktmacht besitzt bzw. diese verstärkt werden würde. Im Rahmen der Fusionsprüfung stützt sich die FCC zur Ermittlung der Marktmacht primär auf die anerkannten Grundsätze des Antitrust-Rechts, insbesondere auf die 1992er Horizontal Merger Guidelines von DOJ und FTC. Das heißt die FCC folgt im Rahmen der Analyse der Marktmacht dem Antitrust-Recht und grenzt zunächst den relevanten Markt in sachlicher und räumlicher Hinsicht (Produktmarkt

---

[570] Vgl. aus jüngerer Zeit z.B. LEC Broadband NPRM, aaO.. In diesem Verfahren ging es um die Frage, welche Maßnahmen im Bereich der Breitbanddienste der etablierten Ortsnetzgesellschaften (ILECs) erlassen werden sollten, um den Wettbewerb in diesem Bereich abzusichern.
[571] Vgl. Nachweise in Fn. 488.
[572] Vgl. LEC Broadband NPRM, aaO., Tz. 14.
[573] Vgl. LEC Broadband NPRM, aaO., Tz. 17ff., 28ff., unter Hinweis auf LEC Regulatory Treatment Order, aaO., Tz. 82; AT&T Reclassification Order, aaO., Tz. 19. Vgl. zur Marktabgrenzung und Marktbeherrschung nach den Grundsätzen der Dominant Carrier Regulierung bereits S. 128.

bzw. geographischer Markt) ab, wobei sie ausschliesslich auf die Nachfragersicht abstellt. In einem nächsten Schritt wird dann die Marktbeherrschung oder Nichtmarktbeherrschung des fusionierten Unternehmens anhand des Grades der Marktmacht bewertet. Auf dieser Stufe wird auch die Angebotssubstitution geprüft. In einem Zwischenschritt bestimmt die FCC aber entsprechend den 1992er Horizontal Merger Guidelines erst noch die wichtigsten Marktteilnehmer. Das ist zwar formal ein neuer Prüfungspunkt im Anschluss an die Marktabgrenzung. Jedoch wirkt die Einbeziehung der sog. uncommitted entrants in diesen Kreis der Marktteilnehmer wie eine Erweiterung des relevanten Marktes um eine Form des potentiellen Wettbewerbs. Uncommitted entrants werden schon als aktueller Wettbewerb gesehen und so indirekt im relevanten Markt berücksichtigt. Formal ergibt sich daraus folgender, dreistufiger Prüfungsablauf: Zunächst wird der relevante Markt in sachlicher und räumlicher Hinsicht bestimmt. Anschliessend werden die wichtigsten Marktteilnehmer identifiziert. Zum Schluss werden in einer wettbewerblichen Analyse die Auswirkungen der Fusion auf den relevanten Märkten anhand von Marktanteilen, Marktkonzentration und anderen Faktoren untersucht, wobei Besonderheiten des Telekommunikationsmarktes und dessen zukünftige Entwicklung berücksichtigt werden können.

Zweitens ist die Analyse von Marktmacht für die FCC im Rahmen der Dominant Carrier Regulierung (Regulierung marktbeherrschender Anbieter) erforderlich (S. 119ff.). Nach den Grundsätzen der Dominant Carrier Regulierung unterliegen nur marktbeherrschende Unternehmen (Dominant Carriers) der strengen Common Carrier Regulierung des Communications Act 1934 (47 U.S.C. §§ 201ff.), wobei Dominanz als Markbeherrschung definiert wird. Vor die FCC kommen diese Fragen im Zusammenhang mit einem Antrag auf Aufhebung des Marktbeherrschungsstatus (dominant carrier classification) von bisher als dominant eingestuften Telekommunikationsunternehmen (heute im Wesentlichen nur noch die RBOCs bzw. ILECs). Bei der Prüfung dieser Anträge stellt die FCC – anders als bei der Fusionsgenehmigung - eine zweistufige Analyse zur Feststellung der Marktbeherrschung an. Sie definiert zunächst den sachlich und räumlich relevanten Markt ausschliesslich unter Berücksichtigung der Nachfragersicht und bewertet dann anhand des Grades der Marktmacht und unter Berücksichtigung von Marktanteil und anderer Faktoren, ob ein Unternehmen marktbeherrschend und damit dominant ist. Die Ermittlung der Marktteilnehmer (market participants) erfolgt nicht mehr gesondert. Sie werden im Rahmen der Ermittlung der Marktmacht (market power analysis/assessment of market power) berücksichtigt. Folglich sind Aspekte des potentiellen Wettbewerbs nicht im Rahmen der Marktabgrenzung zu prüfen, was in der Theorie zu einer engeren Marktabgrenzung führen müsste.[574]

Drittens sind Marktmachtfragen für die FCC relevant, wenn es darum geht, geeignete Maßnahmen zur Absicherung bzw. Förderung von Wettbewerb auf Telekommunikationsmärkten (competitive safeguards) zu erlassen (S. 137). Die Prüfung von Marktmacht erfolgt hier wie bei der Dominant Carrier Regulierung zweistufig.

III. Zusammenfassung der Gemeinsamkeiten und Unterschiede des Konzeptes zur Ermittlung von Marktmacht im europäischen bzw. deutschen und U.S. amerikanischen Telekommunikationsrecht

Die Marktmacht auf Telekommunikationsmärkten wird in allen drei Rechtsordnungen nach ähnlichen Grundsätzen ermittelt (S. 5ff.). Grundlage der Prüfung von Marktmacht im Telekommunikationsrecht sind jeweils die Grundsätze des allgemeinen Wettbewerbsrechts. Folglich ist entsprechend dem Marktmachtkonzept auch im Telekommunikationsrecht die Marktbeherrschung (Marktmacht) zweistufig zu ermitteln. Zunächst sind die relevanten Märkte in sachlicher und räumlicher Hinsicht abzugrenzen, anschliessend ist der Beherrschungsgrad auf den zuvor abgegrenzten Märkten zu ermitteln (S. 21ff., 93ff.).

Während im europäischen und deutschen Telekommunikationsrecht die beträchtliche Marktmacht ausschliesslich für die Anwendbarkeit sektorspezifischer Regulierungsmaßnahmen durch die nationalen Regulierungsbehörden und die RegTP ermittelt wird, setzt sich die FCC mit Marktmachtfragen auch in anderen Kontexten auseinander. Ihre Regulierungspraxis ist nicht auf die klassischen telekommunika-

---

[574] Ob das auch in der Regulierungspraxis der FCC zu engeren Märkten als im deutschen bzw. europäischen Telekommunikationsrecht führt, wird in Teil C, S. 145ff., untersucht.

tionsspezifischen Regulierungsinstrumente beschränkt, sondern geht darüber hinaus. So beschäftigt sie sich mit Marktmachtfragen in drei Kontexten: Im Rahmen von Zusammenschlüssen von Telekommunikationsunternehmen, der Dominant Carrier Regulierung und beim Erlass wettbewerbssichernder Maßnahmen (Competitive Safeguards). Eine so umfassende Kompetenz hat weder die RegTP noch ist sie im europäischen Telekommunikationsrecht für die nationalen sektorspezifischen Regulierungsbehörden (NRBs) vorgesehen. Die FCC verwendet aber einen im Wesentlichen kongruenten Prüfungsablauf zur Ermittlung von Marktmacht (S. 138ff.).

Im Mittelpunkt der Marktabgrenzung steht im europäischen, deutschen und U.S. amerikanischen Wettbewerbs- und Telekommunikationsrecht das Bedarfsmarktkonzept, mit dessen Hilfe die funktionelle Austauschbarkeit der Produkte bzw. Dienstleistungen bestimmt wird. Es gilt sowohl für die sachliche wie auch die räumliche Marktabgrenzung (S. 24ff.). Ziel der Marktabgrenzung ist es, Märkte abzugrenzen, die möglichst genau den tatsächlichen Gegebenheiten entsprechen. Das Bedarfsmarktkonzept wird dabei insbesondere im europäischen und U.S. amerikanischen Recht ergänzt durch den hypothetischen Monopolistentest (SSNIP-Test (S. 30ff., 106ff.)). Dieser Test wird auch in Deutschland von der RegTP für die sachliche und räumliche Abgrenzung der Telekommunikationsmärkte favorisiert (S. 31). Der SSNIP-Test bestimmt die Nachfrage- bzw. Angebotssubstitution bei Preiserhöhungen anhand einer prozentualen Richtgrösse: Es wird gefragt, wie die Reaktion der Kunden auf eine kleine, aber signifikante und dauerhafte Preiserhöhung, die im Bereich von 5 bis 10% gesehen wird, ist. Messgegenstand ist der hypothetische Monopolist. Wenn die Kunden (Nachfrager) als Reaktion auf die beschriebene Preiserhöhung mit einem Abwandern zu anderen Anbietern reagieren würden, bedeutet das für die Nachfragesubstitution, dass das Anheben des Preises für einen hypothetischen Monopolisten nicht profitabel wäre und der Markt zu eng definiert ist. Für die Angebotssubstitution wird gefragt, ob die Anbieter als Reaktion auf die beschriebene Preiserhöhung mit ihren Substitutionsmöglichkeiten den hypothetischen Monopolisten disziplinieren können, er also diese Anbieter in sein Marktverhalten einbeziehen würde. Wenn das so ist, dann werden solche Anbieter bzw. deren Produkte in den abzugrenzenden Markt einbezogen. Hier besteht allerdings ein Unterschied zwischen dem europäischen bzw. deutschen und dem U.S. amerikanischen

Recht. Das U.S. amerikanische Telekommunikationsrecht bzw. die Anwendungspraxis der FCC folgt dem Antitrust-Ansatz und verschiebt die Berücksichtigung von angebotsseitigen Aspekten auf die Stufe der Ermittlung der Marktmacht (assessment of market power) (S. 104ff.). Das heißt die Angebotssubstitutionsmöglichkeiten werden nicht bereits auf der Stufe der Marktabgrenzung berücksichtigt. Als Folge müsste die Marktabgrenzung in der Theorie zu engeren sachlichen Märkten führen als im europäischen bzw. deutschen Telekommunikationsrecht, wo der potentielle Wettbewerb erst auf der Stufe der Feststellung von Marktmacht berücksichtigt wird. Eine Ausnahme gilt nur im Bereich der Fusionskontrollkompetenz der FCC. Im Rahmen dieses Kompetenzbereiches werden die Märkte um die wichtigsten Marktteilnehmer (most significant market participants), zu denen auch die sog. uncommitted entry Unternehmen gehören, ergänzt, was im Ergebnis zu einer Erweiterung des Marktes führt. Ob und inwieweit diese nach der Wettbewerbstheorie engere sachliche Marktabgrenzung in der Praxis der Marktabgrenzung festzustellen ist, ist Gegenstand der nachfolgenden Untersuchung.[575]
Das europäische und deutsche Telekommunikationsrecht berücksichtigen die Angebotssubstitution dagegen bereits auf der Stufe der Marktabgrenzung, was zu einer Erweiterung der Marktabgrenzung gegenüber dem U.S. Regulierungssystem führt.

Die im Anschluss an die Marktabgrenzung vorzunehmende Ermittlung des Beherrschungsgrades auf den Telekommunikationsmärkten erfolgt in der EU, Deutschland und den U.S.A. ebenfalls im Wesentlichen nach den gleichen Kriterien (S. 51ff.; 54ff.; 133ff.).
Nach der Konzeption des alten und neuen deutschen TKG stehen die wettbewerbsrechtlichen Kriterien wie z.B. Marktanteil, Finanzkraft, Zugang zu Absatz- und Beschaffungsmärkten, Marktzutrittsschranken und potentieller Wettbewerb im Mittelpunkt der Marktanalyse zur Feststellung des Beherrschungsgrades (S. 54ff.). Diese Kriterien sind im Rahmen einer Gesamtbewertung zu gewichten. Dabei können der Marktanteil und der Marktanteilsabstand grundsätzlich als Ausgangspunkt der Prüfung dienen. Die Finanzkraft ist in der durch finanzkräftige, grosse in- und ausländische Unternehmen geprägten Telekommunikationsindustrie im Rahmen einer telekommunikationsspezifischen Abwägung ebenfalls von besonderer Bedeutung.

---

[575] Vgl. Teil C, S. 145ff.

Die Marktzutrittsschranken spielen als Strukturkriterium im Telekommunikationssektor eine wichtige Rolle, da insbesondere von ihnen die Entwicklung von Wettbewerb in ehemals monopolistisch strukturierten Sektoren abhängt. Für die Umwandlung der Monopolstruktur in eine Wettbewerbsstruktur müssen diese besonders niedrig sein, weil nur dann ein Anreiz für Investoren besteht, in den Telekommunikationsmarkt einzusteigen. Der Einstieg möglichst vieler Investoren in den Telekommunikationsmarkt ist wiederum Voraussetzung dafür, dass sich eine Wettbewerbsstruktur entwickeln kann. Marktzutrittsschranken bestimmen so indirekt auch, welchen Anteil die übrigen unternehmensbezogenen Kriterien im Rahmen der Abwägung haben. Sie haben in diesem Sektor eine ungleich höhere Bedeutung als in den klassischen Wirtschaftssektoren, in denen eine funktionierende Wettbewerbsstruktur besteht.

Innerhalb dieser Gesamtbewertung ist auch eine Prognose der Marktentwicklung anzustellen, da es um die Anwendbarkeit von Ex-ante-Maßnahmen geht, die ja gerade darauf abzielen, Wettbewerbsmärkte zu entwickeln. Ein solches Vorgehen ist dem Wettbewerbsrecht zwar nicht fremd. So werden im Rahmen von Zusammenschlüssen (FKVO bzw. § 36 GWB) prognostische Elemente in die Marktbeherrschungsprüfung einbezogen. Im übrigen (Art. 82 EGV bzw. § 19 GWB) ist die wettbewerbsrechtliche Marktbeherrschungsprüfung aber vergangenheitsorientiert, geht es doch um die nachträgliche Beseitigung von Verhaltensweisen, die sich als wettbewerbsbeeinträchtigend erwiesen haben.

Die Prüfungsansätze des europäischen und deutschen Telekommunikationsrechts für die Stufe der Ermittlung des Beherrschungsgrades (Feststellung von beträchtlicher Marktmacht) stimmen überein. Sowohl im europäischen wie auch im deutschen Telekommunikationsrecht sind Wertungen im Rahmen der Marktanalyse durch die nationalen Regulierungsbehörden zu berücksichtigen. Die Kriterien für diese Marktanalyse stimmen ebenfalls überein. Auch wenn sie, anders als im deutschen Recht, nicht ausdrücklich in einer gesetzlichen Vorschrift aufgelistet sind, so werden sie doch von der europäischen Rechtsprechung und der EU-Kommission angewandt (S. 51ff.).

Das U.S. amerikanische Telekommunikationsrecht ermittelt die beherrschende Stellung (dominant position bzw. market power) hauptsächlich anhand der Kriterien Marktanteil, Marktkonzentration (HHI) und Angebotssubstituierbarkeit (potentieller Wettbewerb) (S. 114ff., 133ff.). Aber auch andere Kriterien sind im Rahmen der an den

Grundsätzen des Antitrust-Rechts (insbesondere den 1992er Horizontal Merger Guidelines) orientierten Gesamtbewertung (market analysis) zu berücksichtigen. Telekommunikationsspezifische Besonderheiten fließen ebenfalls in die Prüfung ein.
Im Ergebnis ist die Prüfung auf der zweiten Stufe der Markmachtprüfung somit in der EU, Deutschland und den U.S.A. im Wesentlichen gleich. Ein Unterschied besteht nur darin, dass die FCC hier stärker auf angebotsseitige Faktoren in einer Gesamtabwägung abstellt als die deutsche bzw. europäische Rechtsanwendungspraxis, die diese Aspekte bereits auf der ersten Stufe der Marktmachtprüfung berücksichtigt.

Insgesamt stimmen die Konzepte des europäischen, deutschen und U.S. amerikanischen Telekommunikationsrechts zur Ermittlung von Marktmacht im Wesentlichen überein. Marktmacht wird damit auf Telekommunikationsmärkten in der EU, Deutschland und den U.S.A. nach ähnlichen Grundsätzen ermittelt. Es bleibt daher zu untersuchen, ob man bei der Anwendung dieser Grundsätze in der Praxis der Ermittlung von Marktmacht zu vergleichbaren Ergebnissen kommt oder ob es Unterschiede in der Rechtsanwendungspraxis gibt. Das ist das Anliegen des folgenden Teil C. Dieser befasst sich mit den Einzelproblemen der Marktabgrenzung und Ermittlung des Beherrschungsgrades im Telekommunikationsrecht und macht Vorschläge für deren Lösung aus rechtsvergleichender Sicht.

C. Einzelprobleme der Marktabgrenzung und Ermittlung des Beherrschungsgrades im Telekommunikationsrecht und Vorschläge für deren Lösung aus rechtsvergleichender Sicht

Nach der Darstellung der Grundsätze der Ermittlung von Marktmacht im europäischen bzw. deutschen und U.S. amerikanischen Telekommunikationsrecht wird im folgenden Teil C die Anwendung dieser Grundsätze in der Praxis des Telekommunikationsrechts untersucht. Zu diesem Zweck werden konkrete Anwendungsfälle aus dem Bereich der Marktabgrenzung und Ermittlung des Beherrschungsgrades im Telekommunikationsrecht behandelt.

Ausgangspunkt der folgenden Analyse sind die Marktabgrenzungen wie sie im bisherigen Telekommunikationsrecht in Deutschland seitens der RegTP[576] in der Praxis durchgeführt bzw. in der Literatur diskutiert werden. Es werden einige theoretisch denkbare Marktabgrenzungen dargestellt. Wie die vorhergehende Untersuchung gezeigt hat, wird das deutsche Telekommunikationsrecht aufgrund der neuen kommunikationsrechtlichen Richtlinienvorschriften der EU stark europarechtlich vorbestimmt (S. 8ff). Insbesondere die Abgrenzung der sachlich relevanten Märkte wird durch die detaillierte Empfehlung zu relevanten Märkten und die Leitlinien zur Marktanalyse weitgehend vorgegeben. Die nachfolgenden Ausführungen beschränken sich jedoch nicht auf die in der Empfehlung zu relevanten Märkten aufgeführten Märkte. Denn zum einen kann es für die RegTP erforderlich werden, von den dort aufgeführten Märkten abzuweichen. Zum anderen kann es für die EU-Kommission notwendig werden, im Rahmen der regelmäßig stattfindenden Überprüfung der Empfehlung zu relevanten Märkten andere Märkte abzugrenzen. Es ist deshalb erforderlich, sich zuvor einen Überblick über die Hauptanwendungsfälle möglicher sachlicher und räumlicher Marktabgrenzungen zu verschaffen. Erfahrungen der U.S. amerikanischen Regulierungspraxis können hierbei hilfreich sein. Dabei ist darauf hinzuweisen, dass es die FCC anders als die EU-Kommission nicht unternommen hat, eine umfassende Liste mit relevanten Telekommunika-

[576] Ein Überblick über die allgemeine Entscheidungspraxis der RegTP findet sich bei Gramlich, CR 1999, 489ff.; CR 2000, 509ff.; CR. 2001, 373ff.; CR 2002, 488ff.; CR 2003, 414ff.; vgl. auch Scherer, NJW 2003, 1004ff..

tionsmärkten aufzustellen, für die eine Ex-ante-Regulierung in Betracht kommt.
Im Telekommunikationsrecht werden verschiedene Möglichkeiten für die Abgrenzung der sachlich relevanten Märkte diskutiert bzw. angewandt. So können Telekommunikationsmärkte z.B. nach Produktionsstufen, nach Produkten bzw. Produktgruppen und nach Entfernungsbereichen abgegrenzt werden. Diese und weitere Marktabgrenzungsmöglichkeiten werden nachfolgend zunächst abstrakt dargestellt. Im Anschluss daran wird erläutert, ob die jeweils untersuchte telekommunikationsrechtliche Marktabgrenzung mit den Vorgaben des EU-Kommunikationsrechts vereinbar ist und von der RegTP in ihrer Entscheidungspraxis verwendet wird. Anschliessend wird anhand der Entscheidungspraxis der FCC untersucht, welche Lösungen das U.S. amerikanische Telekommunikationsrecht für die einzelnen speziellen Marktabgrenzungs- und Markbeherrschungsprobleme entwickelt hat. Unter dem Gliederungspunkt „Stellungnahme und Vorschlag“ wird jeweils am Ende der Darstellung der jeweiligen Marktabgrenzungsmöglichkeit festgestellt, ob die in Deutschland bisher praktizierte Marktabgrenzung auch unter Geltung des neuen EU-Kommunikationsrechtsrahmens fortgeführt werden kann oder ob und gegebenenfalls welche Änderung der Regulierungspraxis erforderlich ist. In diese Analyse werden die in der vorhergehenden Untersuchung gewonnenen Erkenntnisse der U.S. amerikanischen Rechtsanwendungspraxis in Bezug auf die Abgrenzung von Telekommunikationsmärkten einbezogen. Für den Fall, dass die im U.S. amerikanischen Telekommunikationsrecht praktizierte Marktabgrenzung überzeugt, wird vorgeschlagen, diese in die europäische bzw. deutsche Regulierungspraxis zu übernehmen.
Die Möglichkeiten für die Abgrenzung der räumlich relevanten Märkte im Telekommunikationsrecht werden anschliessend in entsprechender Weise dargestellt.[577]

I. Marktabgrenzung nach Produktionsstufen: Vorleistungsmärkte – Endkundenmärkte

1. Die Abgrenzung von Vorleistungs- und Endkundenmärkten

Die Abgrenzung kann sachlich nach Produktionsstufen erfolgen: So kann ein Markt für Dienstleistungen für Endabnehmer (Endkunden-

---

[577] Vgl. S. 223ff..

markt oder Dienstleistungsmarkt) und ein Markt für die Erbringung von Telekommunikationsdienstleistungen (Vorleistungsmarkt/Zugangsmarkt) unterschieden werden.

a) Vorgaben des EU-Kommunikationsrechts

Die Abgrenzung eines Endkundenmarktes und eines Vorleistungsmarktes steht im Einklang mit europäischem Recht.[578] Die Empfehlung zu relevanten Märkten nimmt diese Einteilung der Telekommunikationsmärkte ausdrücklich vor und auch die Leitlinien zur Marktanalyse schlagen diese Einteilung vor.[579]

b) Entscheidungspraxis der RegTP

Die RegTP hat in ihren Entscheidungen die Abgrenzung zwischen einem Endkunden- und einem Vorleistungsmarkt (Diensteanbieter) im Ergebnis mit dem Hinweis offen gelassen, dass auf beiden Märkten die DTAG jedenfalls marktbeherrschend sei.[580] Sie hält eine solche Abgrenzung aber für denkbar.[581]

c) Entscheidungspraxis der FCC

Die FCC unterscheidet ebenfalls Endkunden- („end-user markets") und Vorleistungsmärkte („input markets"). Beim Endkundenmarkt ist der Kunde der Endnutzer, beim Vorleistungsmarkt sind Kunden Unternehmen, welche das Produkt bzw. die Dienstleistung dazu ver-

---

578 Vgl. Mitteilung über die Anwendung der Wettbewerbsregeln auf Zugangsvereinbarungen im Telekommunikationsbereich, Rahmen, Relevante Märkte, Grundsätze, ABl. EG v. 22.8.1998, Nr. C 265, S. 2ff., Rn. 43ff.; vgl. bereits S. 38ff.; vgl. Wendland, in: BeckTKG, Vor § 33 Rn. 20ff..

579 Vgl. Empfehlung zu relevanten Märkten, aaO., Erwägungsgrund 6 und Anhang; dort wird von Endkundenmärkten und Großkundenmärkten gesprochen. Die englische Version der Empfehlung zu relevanten Märkten spricht bei Großkundenmärkten von wholesale markets. Die Bezeichnung „Vorleistungsmärkte" ist daher genauer. Vgl. auch Leitlinien zur Marktanalyse, aaO., Tz. 64ff.

580 RegTP, BK 2 v. 27.4.2000, Az. BK2c 00/004 „T-ISDN-XXL", S. 11, bestätigt in RegTP, BK 3 v. 7.6.2000, Az. BK 3-2-99/033 „letzte Meile", MMR 2000, 500, 502.

581 Vgl. RegTP, BK 3a v. 30.3.2001, Az. BK 3a-00/025, „Resale im Teilnehmernetzbereich", MMR 2001, 485, 485. Für den Internetbereich hat sie separate Märkte für Endkunden und Diensteanbieter abgegrenzt, vgl. RegTP, BK 3a v. 16.6.1999, Az. 3a-99/014, MMR 1999, 557, 560.

wenden, um andere Produkte oder Dienstleistungen zu produzieren.[582]

Die Einteilung des Telekommunikationsmarktes in einen Endkundenmarkt als Dienstleistungsmarkt und einen Zugangsmarkt als Vorleistungsmarkt ist damit allgemein anerkannt.[583] Beide Märkte können jeweils wie folgt weiter unterteilt werden:

---

[582] Vgl. In the Matter of The Merger of MCI Communications Corporation and British Telecommunications plc, Memorandum Opinion and Order, GN Docket 96-245, FCC 97-302, 12 FCC Rcd 15351 (1997), (BT/MCI II Order), Tz. 35: „We note that, in defining relevant markets, we may identify both 'final product markets' or 'end-user markets', where the product or service is sold to end-user customers, and 'input markets', where the product or service is sold to firms which use it as an input in producing other products or services." In diesem Fusionsfall werden dann konkret drei Endkundenmärkte und sechs Vorleistungsmärkte abgegrenzt, für die die wettbewerblichen Auswirkungen der Fusion von MCI und BT untersucht werden, vgl. Tz. 43ff., 53ff., 58ff. Vgl. auch In re Applications of VOICESTREAM WIRELESS CORPORATION, POWERTEL, INC., Transferors, and DEUTSCHE TELEKOM AG, Transferee, for Consent to Transfer Control of Licenses and Authorizations Pursuant to Sections 214 and 310(d) of the Communications Act and Petition for Declaratory Ruling Pursuant to Section 310 of the Communications Act and POWERTEL, INC., Transferor, and VOICESTREAM WIRELESS CORPORATION, Transferee, for Consent to Transfer Control of Licenses and Authorizations Pursuant to Sections 214 and 310(d) of the Communications Act and ELISKA WIRELESS VENTURES LICENSE SUBSIDIARY I, L.L.C., WIRELESS ALLIANCE L.L.C., COOK INLET/VS GSM IV PCS, LLC and COOK INLET/VS GSM V PCS, LLC, Petitions for Declaratory Ruling Pursuant to Section 310(b)(4) of the Communications Act and IOWA WIRELESS SERVICES HOLDING CORPORATION, et al., Petition for a Declaratory Ruling Pursuant to Section 310(b)(4) of the Act, and for a Ruling that the Transfer of a Minority Ownership Interest in the Licensee does not constitute a transfer of control under Section 310(d), Memorandum Opinion and Order, April 27, 2001, IB-Docket No. 00-187, FCC 01-142 (DT/VoiceStream Order), Tz. 97, Fn. 282, wo Endkundendienste wie folgt definiert werden: „End-user services refer to the complete telecommunications service offered to business or residential customers [...]"; vgl. AT&T/TCG Order, aaO., Tz. 15.; WorldCom/MCI Order, aaO., Tz. 81ff.

[583] Vgl. auch Bunte/Welfens, S. 67; Monopolkommission, 1. Sondergutachten TK 1999, Tz.6; 12; dieselbe, 2. Sondergutachten TK 2001, Tz. 177ff.; Immenga, in: Immenga/Kirchner/Knieps/Kruse, S. 58f.; Salje, K&R 1998, 331, 331; Lampert, WuW 1998, 27, 30; Schulz, S. 186; Gramlich, in: Heun, Teil 3 Rz. 150.

2. Vorleistungsmärkte

Vorleistungen umfassen insbesondere alle Infrastruktureinrichtungen, die zur Erbringung von Telekommunikationsleistungen erforderlich sind. Hierzu gehören die Teilnehmeranschlussleitung (TAL), die Übertragungswege und Vermittlungseinrichtungen. Der Vorleistungsmarkt umfasst somit Zusammenschaltungsleistungen, Zugang zur Teilnehmeranschlussleitung und Mietleitungen.[584]

a) Vorleistungsmarkt: Zugangsmarkt

Beim Zugangsmarkt[585] geht es um den Zugang zu einer oder mehreren vorgelagerten oder nachgeordneten Einrichtungen, die für die Erbringung der Telekommunikationsdienstleistung erforderlich sind.[586] Er ist Teil des Vorleistungsmarktes. Auf Nachfragerseite steht immer ein Telekommunikationsanbieter selbst, der den Zugang zu diesen Einrichtungen benötigt, um Telekommunikationsdienstleistungen gegenüber seinen Endkunden erbringen zu können.[587] Dabei handelt es sich zum einen um den physischen Zugang, also den Zugang zu den Anschlusspunkten der Telekommunikationsnetze, an die die Endnutzer angeschlossen sind. Zum anderen wird auch der Zugang zu weiteren Einrichtungen benötigt, die die Vermarktung der Dienstleistung an Endbenutzer erlauben (z.B. Eintragung in Telefonauskünfte und -verzeichnisse; Fakturierung und Inkasso).[588]

Die wichtigste Form des Zugangs ist der Zugang zur Teilnehmeranschlussleitung (TAL). Die Teilnehmeranschlussleitung ist eine Leitung, die die Verbindung zwischen dem Hauptverteiler in der Ortsvermittlungsstelle und der Telekommunikationsabschlusseinheit (TAE) beim Teilnehmer (Endkunden) herstellt.[589] Bei dem Zugang zur

---

584 Vgl. Gramlich, in: Heun, Teil 3, Rz. 152.

585 Dieser wird auch als vorgelagerter Markt bezeichnet, vgl. Immenga, in: Immenga/Kirchner/Knieps/Kruse, S. 58; RegTP, BK 3 v. 7.6.2000, Az. BK 3-2-99/033 „letzte Meile", MMR 2000, 500, 502.

586 Vgl. Wendland, in: BeckTKG, Vor § 33 Rn. 20ff., 58ff.; vgl. RegTP, BK 2 v. 27.4.200, Az. BK 2c 00/004, S. 11 „T-ISDN-XXL".

587 Vgl. Wendland, in: BeckTKG, Vor § 33 Rn. 57.

588 Vgl. Bunte/Welfens, S. 67; Monopolkommission, 2. Sondergutachten TK 2001, Tz. 70.

589 Vgl. Siemens Online Lexikon, Stichwort „Teilnehmeranschlussleitung" (http://www.networks.siemens.de/solutionprovider/_online_lexikon/start.htm). Sie ist in der Regel eine Kupfer-Doppelader, kann aber auch durch Lichtwellenleiter-

TAL wird dem Telekommunikationsanbieter der Übertragungsweg (Leitung) vom Hauptverteiler bis zur Telekommunikationsabschlusseinheit beim Endkunden (= TAL) gegen Gebühr überlassen. Der Zugang wird entbündelt oder gebündelt angeboten. Beim gebündelten Zugang kann der nachfragende Telekommunikationsanbieter die eingesetzten, vorgeschalteten übertragungstechnischen Systeme mitbenutzen.[590] Beim entbündelten Zugang nutzt der Telekommunikationsanbieter die TAL ohne vorgeschaltete, aber mit gegebenenfalls zwischengeschalteter Übertragungs- bzw. sonstiger passiver Technik.[591] In der Regel fragen Telekommunikationsanbieter den vollständig entbündelten Zugang zur TAL nach, also die Miete der blanken Leitung ohne vorgeschaltete Übertragungstechnik. Zusätzliche Dienstleistungen (z.B. technische und administrative Zusatzleistungen) erbringen sie in der Regel selbst. Insofern unterscheidet sich ihr Bedarf von dem Bedarf eines Endkunden, der sich auf die Herstellung der vollständigen Verbindung inklusive der Zusatzleistungen richtet.[592] Der Zugangsmarkt stellt daher einen eigenständigen Vorleistungsmarkt dar. Der Zugangsmarkt besteht aus mehreren Teil-

---

kabel und Funkübertragungen (Wireless Local Loop) realisiert werden. Die Leitung dient zum Anschluss von Teilnehmereinrichtungen an die zuständige Teilnehmervermittlungsstelle im Ortsnetz. Vgl. Lexikon IT-Fachbegriffe, Stichwort „Teilnehmeranschlussleitung" (http://www.interest.de/online/tkglossar/).

[590] Vgl. Lexikon IT-Fachbegriffe, aaO., Stichwort „Zugang zur Teilnehmeranschlussleitung". Es lassen sich verschiedene Formen der „Entbündelung" unterscheiden: So kann die Anschlussleitung durch den Marktneuling komplett und dauerhaft übernommen werden (full unbundling); beim line-sharing wird die Anschlussleitung in Sprachtelefondienstleistungen und Datendienste aufgeteilt: Der Marktneuling übernimmt nur die breitbandigen Datendienste, der etablierte Anbieter behält die Telefongespräche und den Anschluss selbst; beim bitstream access rüstet der etablierte Anbieter selbst seine Anschlussleitungen mittels xDSL auf und gewährt alternativen Anbietern Zugang zu einer bestimmten Übertragungsbreite für breitbandige Dienste. Wie beim line sharing werden auch hier Telefon- und Datenverkehr über Filter von der Teilnehmervermittlungsstelle des etablierten Anbieters voneinander getrennt und der etablierte Anbieter behält die volle Kontrolle über sein Netz (es findet dann allerdings auch kein Wettbewerb um die überlegene Übertragungstechnologie statt), vgl. hierzu Gabelmann, Diskussionsbeitrag 68, S. 5ff. (mit erläuternden Abbildungen).

[591] Vgl. Lexikon IT-Fachbegriffe, aaO., Stichwort „Zugang zur Teilnehmeranschlussleitung".

[592] Vgl. Wendland, in: BeckTKG, Vor § 33 Rn. 63.

märkten, insbesondere dem Markt für Zusammenschaltung von Netzen und dem Markt für Mietleitungen.[593]

(1) Vorgaben des EU-Kommunikationsrechts

Das europäische Kommunikationsrecht grenzt den Zugangsmarkt ebenfalls als Vorleistungsmarkt ab.[594] Dabei geht es um den Zugang zur Teilnehmeranschlussleitung, den Telekommunikationsanbieter benötigen, um ihre Dienstleistungen dem Endkunden anbieten zu können.

(2) Entscheidungspraxis der RegTP

Die RegTP hat den Markt für den Zugang zur drahtgebundenen Teilnehmeranschlussleitung (TAL) als separaten Markt abgegrenzt, weil dieser von den Telekommunikationsanbietern (Nachfrager) für die Erbringung von Dienstleistungen benötigt wird.[595]

b) Vorleistungsmarkt: Zusammenschaltungsmarkt

Zusammenschaltung ist die Verbindung öffentlicher Telekommunikationsnetze verschiedener Netzbetreiber.[596] Aus Sicht des nach dem Bedarfsmarktkonzept massgeblichen Nachfragers ist die Zusammenschaltung mit einem bestimmten Telekommunikationsnetz nicht durch eine Zusammenschaltung mit einem anderen Telekommunikationsnetz austauschbar, denn die an ein bestimmtes Netz angeschlossenen Teilnehmer können in der Regel nicht über andere Netze erreicht

---

[593] Vgl. Wendland, in: BeckTKG, Vor § 33 Rn. 21; Bunte/Welfens, S. 67.

[594] In der Empfehlung zu relevanten Märkten, aaO., Anhang, wird ein Markt für den entbündelten Großkunden-Zugang (einschließlich des gemeinsamen Zugangs) zu Drahtleitungen und Teilleitungen für die Erbringung von Breitband- und Sprachdiensten (Markt Nr. 11) und ein Markt für den Breitbandzugang für Großkunden als Vorleistungsmärkte abgegrenzt, die zukünftig der Ex-ante-Regulierung unterliegen sollen. Vgl. auch Mitteilung über die Anwendung der Wettbewerbsregeln auf Zugangsvereinbarungen im Telekommunikationsbereich, Rahmen, Relevante Märkte, Grundsätze, ABl. EG v. 22.8.1998, Nr. C 265, S. 2ff., Rn. 43ff; Leitlinien Marktanalyse, Rn. 65.

[595] Vgl. RegTP, BK 3 v. 7.6.2000, Az. BK 3-2-99/033 „letzte Meile", MMR 2000, 500, 502; BK 4 v. 31.3.2000, Az. BK 4e-006/25.2.2000.

[596] Vgl. Lexikon IT-Fachbegriffe, aaO., Stichwort „Zusammenschaltung".

werden.[597] Die Zusammenschaltung eines Netzes mit einem anderen Netz kann daher nach dem Bedarfsmarktkonzept einen selbständigen Markt darstellen.[598] Unterschiedliche Märkte können bei unterschiedlichen Wettbewerbsbedingungen angenommen werden. Bei homogenen Wettbewerbsbedingungen besteht kein Anlass für eine differenzierte Abgrenzung. Es werden folgende Zusammenschaltungsmärkte vorgeschlagen:

(1) Zusammenschaltung von Festnetzen mit anderen Festnetzen

Bei der Zusammenschaltung von Festnetzen mit anderen Festnetzen wird im deutschen Telekommunikationsrecht von einem einheitlichen Markt ausgegangen, da aufgrund der Entgeltregulierung nach geltendem Recht einheitliche Zusammenschaltungsentgelte gelten.[599] Darüber hinaus lassen sich auf dem Markt für die Zusammenschaltung von Festnetzen je nach Netzübergabepunkt lokale, regionale und nationale Netzzusammenschaltungsleistungen (Zuführung, Durchleitung, Terminierung[600]) unterscheiden, die untereinander nicht austauschbar sind.[601] Sie bilden eigene sachlich relevante (Vor-

[597] Wendland, in: BeckTKG, Vor § 33 Rn. 60. Zum Bedarfsmarktkonzept vgl. bereits S. 23ff.

[598] Vgl. BGH, WuW/E BGH 3058, 3062 – Pay-TV-Durchleitung.

[599] Vgl. Wendland, in: BeckTKG, Vor § 33 Rn. 60. Diese Einteilung ist aber nicht zwingend und kann sich ändern, sollte es zukünftig keine einheitlichen Zusammenschaltungsentgelte geben.

[600] Es kann hier nach dem Zweck der Zusammenschaltung zwischen Zuführung, Transit (blosse Durchleitung durch das Festnetz, ohne Zuführungs- oder Terminierungsleistung) und Terminierung unterschieden werden. Oberbegriff für die drei verschiedenen Netzleistungen ist die Netzzusammenschaltung, vgl. Gabelmann, Diskussionsbeitrag 68, S. 2, Fn. 4.

[601] Diese Einteilung ist abhängig von der Netzstruktur des Telekommunikationsnetzes der DTAG: Bei der lokalen Zusammenschaltung (local transit) liegt der Netzübergabepunkt bei einer Teilnehmervermittlungsstelle und ermöglicht so den Zugang zu allen angeschlossenen Teilnehmeranschlüssen; bei der regionalen Zusammenschaltung (single transit) erfolgt die Übergabe des Gesprächs bei einer der 294 Weitvermittlungsstellen, die alle Verbindungen eines Grossraums bündeln; bei der nationalen Zusammenschaltung (double transit) liegt der Netzübergabepunkt bei einem der Verbindungspunkte der insgesamt 23 Grundeinzugsbereiche des Telefonnetzes; vgl. hierzu Erläuterung bei Monopolkommission, 1. Sondergutachten TK 1999, Tz. 41; dieselbe, 2. Sondergutachten TK 2001, Tz. 73f.; dieselbe, 3. Sondergutachten TK 2003, Tz. 56ff.. Eine Abbildung

leistungs-)Märkte. Alternativ kann auch ein alle drei Leistungen umfassender Gesamtmarkt für Zusammenschaltung angenommen werden. Eine Marktabgrenzung der Netzzusammenschaltungsleistungen nach unterschiedlichen Entfernungszonen kommt dabei nicht in Betracht, da aus Sicht der Nachfrager (andere Netzbetreiber) entscheidend ist, dass die Verbindung dem eigenen Netz zugeführt bzw. in das eigene Netz terminiert wird. Es kommt allein auf die Erreichbarkeit des Netzes bzw. die Weiterleitung an einen Endkunden in einem fremden Netz an. Eine Austauschbarkeit dieser Leistungen durch andere Netzteilnehmer ist nicht möglich.[602]

(a) Vorgaben des EU-Kommunikationsrechts

Das europäische Telekommunikationsrecht unterscheidet bei der Zusammenschaltung zwischen den Leistungen Zuführung (Verbindungsaufbau bzw. call origination), Transit (Transitdienste bzw. transit services) und Terminierung (Anrufzustellung bzw. call termination), die jeweils eigenständige sachliche Märkte bilden.[603] Zum Markt für den Verbindungsaufbau (Zuführung) gehören der Zugang oder die Zusammenschaltung.[604] Der Terminierungsmarkt[605] entspricht in seinem Umfang zumindest der Größe des Netzbetreibers, da es für ein Unternehmen, das Anrufzustellung für ein anderes Unternehmen anbietet, schwierig ist, Preisunterschiede zwischen den Zustellungsentgelten für unterschiedliche Teilnehmer oder Standorte in seinem

---

zur logischen Struktur des Verbindungsnetzes findet sich bei Monopolkommission, 2. Sondergutachten TK 2001, Tz. 74 (S. 58).

[602] So auch RegTP, BK 4 v. 23.12.1999, Az. BK 4 e-99-042/E 15.10.99, MMR 2000, 233, 236; VATM in seiner Stellungnahme v. 24.8.2001 zu dem Eckpunktepapier der RegTP, zu Eckpunkt 3: Der VATM lehnt eine weitere Differenzierung nach Entfernung ab, da die Interconnectionspartner der DTAG vielmehr eine einheitliche IC-Leistung nachfragen würden, unabhängig von der Entfernung oder der Anzahl der in Anspruch genommenen Netzelemente; Im übrigen gehe es allein um die Herstellung einer Punkt-zu-Punkt-Verbindung und nicht um die überbrückte Entfernung.

[603] Vgl. Empfehlung zu relevanten Märkten, aaO., Anhang, Nr. 8-10.

[604] Vgl. Empfehlung zu relevanten Märkten, aaO., Anhang, Nr. 8: Markt für den „Verbindungsaufbau im öffentlichen Telefonnetz an festen Standorten"; Anmerkungen zur Empfehlung, aaO., S. 18.

[605] Vgl. Empfehlung zu relevanten Märkten, aaO., Anhang, Nr. 9: Markt für die „Anrufzustellung in einzelnen öffentlichen Telefonnetzen an festen Standorten."

Netz zu machen.[606] Die Vorleistung der Anrufzustellung besteht darin, Gespräche zu gerufenen Standorten oder Teilnehmern zuzustellen.[607] Der Markt für Transitdienste umfasst die Übertragung zwischen Knotenvermittlungen eines bestimmten Netzes, verschiedener Netze oder ausschliesslich über ein drittes Netz.[608] Hierbei geht es um die Übertragung eines vermittelten Anrufes über das öffentliche Netz zum Zwecke der Terminierung. Die Grenze zwischen dem Markt für Verbindungsaufbau und dem Markt für Transitdienste kann je nach Netztopologie unterschiedlich verlaufen. Die Definition der jeweiligen Elemente des betreffenden Abschnittes ist Aufgabe der nationalen Regulierungsbehörden.[609]

(b) Entscheidungspraxis der RegTP

Die RegTP hat sich im Rahmen der Diskussion um die Abgrenzung von Zusammenschaltungsmärkten zu den Abgrenzungsmöglichkeiten nach Netzübergabepunkten nicht eindeutig geäussert, da sie davon ausgeht, dass die DTAG auf den drei abgrenzbaren Märkten wie auch für den Gesamtmarkt jedenfalls marktbeherrschend ist. Eine Abgrenzung des Zusammenschaltungsmarktes nach Entfernungszonen lehnt sie allerdings ab.[610]

(2) Zusammenschaltung von Festnetzen mit Mobilfunknetzen

Es wird diskutiert, ob unterschiedliche Zusammenschaltungsmärkte bei der Zusammenschaltung von Festnetzen mit Mobilfunknetzen anzunehmen sind. Dies wird überwiegend bejaht, da die Zusammenschaltungstarife der jeweiligen Mobilfunknetzbetreiber untereinander erheblich differieren, so dass nicht von einheitlichen Wettbewerbsbedingungen ausgegangen werden könne. Der Nachfrager verlangt Zugang zu einem bestimmten Mobilfunknetz, das der zu erreichende Teilnehmer nutzt. Es gebe insofern keine Ausweichmög-

---

606 Vgl. Anmerkungen zur Empfehlung, aaO., S. 19.
607 Vgl. Anmerkungen zur Empfehlung, aaO., S. 19.
608 Vgl. Empfehlung zu relevanten Märkten, aaO., Anhang, Nr. 10: Markt für „Transitdienste im öffentlichen Festtelefonnetz"; vgl. Anmerkungen zur Empfehlung, aaO., S. 18.
609 Vgl. Anmerkungen zur Empfehlung, aaO., S. 19.
610 RegTP, BK 4 v. 23.12.1999, Az. BK 4 e-99-042/E 15.10.99, MMR 2000, 233, 236.

lichkeiten. Folglich sei die Zusammenschaltung von Festnetzen mit jedem einzelnen Mobilfunknetz jeweils ein selbständiger relevanter Markt.[611] Andere nehmen einen einheitlichen Zusammenschaltungsmarkt für die Zusammenschaltung bzw. den Zugang zur Gesamtheit der Mobilfunknetze an.[612]

(a) Vorgaben des EU-Kommunikationsrechts

Das europäische Kommunikationsrecht sieht in der Anrufszustellung (call termination) in jedes einzelne Mobilfunknetz einen eigenständigen sachlichen Markt.[613] Der die Zusammenschaltung mit einem Mobilfunknetz nachfragende Telekommunikationsanbieter hat keine Ausweichmöglichkeiten, sondern muss den Anruf an das Mobilfunknetz durchstellen, in dem sich der Teilnehmer befindet, den sein Kunde erreichen will. Dazu benötigt er die Zusammenschaltung mit dem jeweiligen Mobilfunknetz. Der Telekommunikationsanbieter des Anrufers kann die Anrufzustellung in ein bestimmtes Netz nicht von einer anderen Quelle beziehen, eine Substitution mit einem anderen Mobilfunknetz kommt somit nicht in Betracht.[614]

(b) Entscheidungspraxis der RegTP

Die RegTP hat es bisher offen gelassen, ob auf einen Markt für Zusammenschaltungen in jeweils ein bestimmtes Mobilfunknetz oder aber auf den Markt für Zusammenschaltung in Mobilfunknetze insgesamt abzustellen ist.[615] Aufgrund der Vorgaben des EU-Kommuni-

---

[611] Vgl. Wendland, in: BeckTKG, Vor § 33 Rn. 60; Bunte, MMR-Beilage 1/2002, 1, 4. Vgl. hierzu auch Monopolkommission, 3. Sondergutachten TK 2003, Tz. 209ff..

[612] So z.B. Kirchner, MMR-Beilage 8/2002, 1, 19, der ein anderes Vorgehen vor allem aufgrund der erheblichen Netzinvestitionen für ökonomisch nicht zu rechtfertigen hält.

[613] Vgl. Empfehlung zu relevanten Märkten, aaO., Anhang, Nr. 16, sowie den Entwurf einer Empfehlung der Kommission über relevante Produktmärkte des elektronischen Kommunikationssektors, die aufgrund der Richtlinie 2002/../EG des Europäischen Parlaments und des Rates über einen gemeinsamen Rechtsrahmen für elektronische Kommunikationsnetze und –dienste für eine Vorabregulierung in Betracht kommen, Anhang. Vgl. bereits S. 38ff..

[614] Vgl. Anmerkungen zur Empfehlung, aaO., S. 32-34.

[615] RegTP, Amtsblatt Nr. 5/2000, S. 879, Entscheidung 21/2000. Die RegTP liess die Abgrenzung insoweit offen, weil sie der Auffassung war, dass im Bereich der

kationsrechts wird sie aber zukünftig Terminierungsmärkte abgrenzen müssen.[616]

(3) Zusammenschaltung von Mobilfunknetzen mit anderen Mobilfunknetzen

Denkbar wäre auch die Zusammenschaltung von einzelnen Mobilfunknetzen untereinander als jeweils separaten sachlichen Markt abzugrenzen. Diese theoretische Möglichkeit ist jedoch praktisch nicht relevant. Zusammenschaltungen von Mobilfunknetzen existieren zum gegenwärtigen Zeitpunkt nicht[617], da ein Anruf von Teilnehmern eines Mobilfunknetzes zu Teilnehmern anderer Mobilfunknetze über den „Umweg" des Festnetzes zusammengeschaltet wird. Daher grenzen weder das europäische Recht noch die RegTP in ihrer Entscheidungspraxis einen Zusammenschaltungsmarkt von Mobilfunknetzen untereinander ab.

c) Vorleistungsmarkt: Mietleitungsmarkt

Die Mietleitung ist ein gegen Gebühr überlassener, festgeschalteter physikalischer Übertragungsweg mit permanenter Leistungsbereitschaft.[618] Je nachdem auf welcher Marktebene das Ende der Mietleitung liegt, kann man zwischen lokalen Mietleitungen, Fernmietleitungen und internationalen Mietleitungen unterscheiden.[619]
Das Angebot von Mietleitungen ist eine weitere Vorleistung. Mietleitungen unterscheiden sich von der Zusammenschaltung dadurch, dass sie zwei Anschlussstellen dauerhaft miteinander verbinden und

---

Zusammenschaltung zum Zwecke der Terminierung in Mobilfunknetze keiner der Mobilfunknetzbetreiber eine marktbeherrschende Stellung inne hatte, vgl. Stellungnahme der RegTP zum Entwurf einer Empfehlung der EU-Kommission über relevante Produkt- und Dienstmärkte des elektronischen Kommunikationssektors, MMR-Beilage 1/2003, 34, 42.

[616] Vgl. S. 163f.

[617] Wendland, in: BeckTKG, Vor § 33 Rn. 60.

[618] Vgl. Lexikon IT-Fachbegriffe, aaO., Stichwort „Mietleitung"; Siemens Online Lexikon, aaO., Stichwort „Mietleitung".

[619] Vgl. Monopolkommission, 2. Sondergutachten TK 2001, Tz. 83; dieselbe, 3. Sondergutachten TK 2003, Tz. 61. Bei lokalen Mietleitungen liegen Anfang und Ende des Übertragungsweges in demselben Ortsnetzbereich; bei der Fernmietleitung liegt das Ende des Übertragungsweges in einem anderen Ortsnetzbereich in Deutschland als der Beginn des Übertragungsweges; bei internationalen Mietleitungen liegt das Ende des Übertragungsweges im Ausland.

dass sie nur einem einzigen Nachfrager zur Nutzung überlassen werden.[620] Kriterien der Abgrenzung der Mietleitungsmärkte sind die Art der Nutzer (Netzbetreiber oder Endkunde) und die Übertragungskapazität.[621] Als Nutzergruppen kommen Netzbetreiber und Geschäftskunden (Endkunden) in Betracht, die sich durch die Art der nachgefragten Übertragungskapazität unterscheiden: Netzbetreiber fragen in der Regel Leitungen mit Übertragungskapazitäten von mehr als 64 Kbit/s nach.[622] Der Mietleitungsmarkt für Geschäftskunden ist dem Endkundenmarkt zuzuordnen. Der Mietleitungsmarkt als Vorleistungsmarkt richtet sich an die Telekommunikationsanbieter als Nachfrager. Diese benötigen Mietleitungen zum Aufbau eigener Telekommunikationsnetze.[623] Bei den Fernmietleitungen und internationalen Mietleitungen gibt es inzwischen viele alternative Anbieter, insbesondere auf den Haupttrassen zwischen und innerhalb von Großstädten und ins Ausland.

(1) Vorgaben des EU-Kommunikationsrechts

Die Abgrenzung von Mietleitungsmärkten als eigenständige Märkte sowohl für Endnutzer wie auch für den Vorleistungsmarkt der Netzbetreiber wird von der EU-Kommission in ihrer Empfehlung zu relevanten Märkten bestätigt.[624] Anders als die RegTP in ihrer Entscheidungspraxis[625] hält sie zusätzlich eine Abgrenzung nach Nutzergruppen für möglich und erforderlich. Nach Auffassung der EU-Kommission kann der Markt für Mietleitungen nach der Kapazität, z.B. niedrigere und höhere Bandbreite, weiter aufgegliedert werden, insbesondere wenn das Ersatzangebot mit einer Bandbreite von mehr als 2 Mb/sec bereitzustellen ist.[626]

---

[620] Vgl. Monopolkommission, 1. Sondergutachten TK 1999, Tz. 13.
[621] Vgl. Monopolkommission, 1. Sondergutachten TK 1999, Tz. 13; Gramlich, in: Heun, Teil 3, Rz. 152.
[622] Vgl. Monopolkommission, 1. Sondergutachten TK 1999, Tz. 51.
[623] Telekommunikationsnetze werden entweder auf der Grundlage eigener Übertragungswege oder auf der Grundlage von Mietleitungen realisiert. Vgl. Monopolkommission, 3. Sondergutachten TK 2003, Tz. 60.
[624] Empfehlung zu relevanten Märkten, aaO., Anhang, Nr. 6 bzw.13 u. 14.
[625] Vgl. hierzu sofort im Anschluss, S.158f.
[626] Vgl. Empfehlung zu relevanten Märkten, aaO., Anhang, Nr. 7,13, 14; vgl. auch Anmerkungen zur Empfehlung der Kommission zur relevanten Märkten (Anmerkungen zur Empfehlung), S. 28 (Punkt 4.2.3.). Diese kann abgerufen werden

(2) Entscheidungspraxis der RegTP

Die RegTP will die Abgrenzung des Mietleitungsmarktes allein anhand des Kapazitätskriteriums durchführen, da sie allgemein eine Abgrenzung nach Nutzergruppen ablehnt.[627] Eine Differenzierung nach Auslastungsgraden und eine Unterteilung in Orts- und Fernleitungen lehnt sie vor allem mit dem Argument ab, dass eine solche Differenzierung nicht den tatsächlichen Verhältnissen entspreche.[628] Eine Segmentierung nach Nutzergruppen, bei denen etwa digitale Mietleitungen für Endkunden von denen für Netzbetreiber abzugrenzen wären, sei nicht geboten, da wie Untersuchungen der Marktverhältnisse durch die RegTP gezeigt hätten, ein grosser Teil der Anbieter keine Differenzierung vornimmt. Die Mehrzahl der Anbieter richte ihr Angebot nicht entsprechend dem unterschiedlichen Bedarf der Nachfrager aus, sondern sei für alle möglichen Nachfragergruppen offen.[629] Dementsprechend grenzt sie drei Mietleitungsmärkte ab: Analoge Mietleitungen und digitale Mietleitungen, wobei der digitale Mietleitungsmärkte in zwei Teilmärkte zu untergliedern ist: Mietleitungen mit einer Übertragungsrate bis 64 kbit/sec, einschliesslich eines Vielfachen von 64 kbits/sec und Mietleitungen mit einer Übertragungsrate grösser/gleich 2 Mbit/sec.[630] Eine Unterscheidung zwischen analogen und digitalen Mietleitungen sei aus Sicht der Nachfrager erforderlich, da sich analoge Mietleitungen aufgrund ihrer geringen Übertragungskapazität vor allem zur Übertragung von Sprache eigneten, digitale Mietleitungen dagegen auch für schnelle Daten-

---

unter http://www.europa.eu.int/information_society/ topics/telecoms/regulatory/ maindocs/documents/explanmemode.pdf.

[627] Vgl. RegTP, BK 3 v. 31.5.2002, Az. 3a-01/35, abgedruckt in MMR 2003, 64. Vgl. Stellungnahme der RegTP zum Entwurf einer Empfehlung der EU-Kommission über relevante Produkt- und Dienstmärkte des elektronischen Kommunikationssektors, MMR-Beilage 1/2003, 34, 39f.

[628] Vgl. Stellungnahme der RegTP zum Entwurf einer Empfehlung der EU-Kommission über relevante Produkt- und Dienstmärkte des elektronischen Kommunikationssektors, MMR-Beilage 1/2003, 34, 40.

[629] Vgl. Stellungnahme der RegTP zum Entwurf einer Empfehlung der EU-Kommission über relevante Produkt- und Dienstmärkte des elektronischen Kommunikationssektors, MMR-Beilage 1/2003, 34, 40.

[630] Vgl. RegTP, BK 3 v. 31.5.2002, Az. 3a-01/35, abgedruckt in MMR 2003, 64, 65.

übertragungen herangezogen werden können.[631] Bei digitalen Mietleitungen sei eine weitere Differenzierung im Sinne der dargestellten Übertragungsraten erforderlich, wobei Grenzen dort zu setzen seien, wo die Kapazität der Mietleitung nicht nur einen Geschwindigkeitsvorteil bei der Informationsübertragung mit sich bringt, sondern bestimmte Dienste wegen der zu geringen Bandbreite nicht mehr sinnvoll bzw. qualitativ gleichwertig angeboten werden können.[632]

d) Entscheidungspraxis der FCC zu Vorleistungsmärkten

Die FCC nimmt in Abweichung zu den europarechtlichen und deutschen Abgrenzungen teilweise andere Abgrenzungen der Vorleistungsmärkte vor.
Die FCC grenzt den Zugangsmarkt („exchange access service") als Vorleistungsmarkt ab.[633]
Sie hat allerdings in ihren Merger-Orders und in den Dominant-Carrier-Verfahren bisher keine eigenständigen Zusammenschaltungsmärkte abgegrenzt, da sie hierfür aufgrund der vorhandenen Regulierungsinstrumente keine Notwendigkeit sah. Die FCC diskutiert die Zusammenschaltung von Netzen in einem anderen Zusammenhang.[634] Sie nimmt eine andere Unterteilung der Zusammenschal-

---

631 Vgl. RegTP, BK 3 v. 31.5.2002, Az. 3a-01/35, abgedruckt in MMR 2003, 64, 65. Vgl. Stellungnahme der RegTP zum Entwurf einer Empfehlung der EU-Kommission über relevante Produkt- und Dienstmärkte des elektronischen Kommunikationssektors, MMR-Beilage 1/2003, 34, 39.

632 Vgl. RegTP, BK 3 v. 31.5.2002, Az. 3a-01/35, abgedruckt in MMR 2003, 64, 65.

633 Vgl. AT&T/TCG Order, aaO., Tz. 20: „We also identify [...] one relevant input product market, namely, exchange access service." „Exchange access service" ist in 47 U.S.C. § 153(16) legaldefiniert als „the offering of access to telephone exchange services or facilities for the purpose of the origination or termination of telephone toll services." (Zugang zu Telekommunikationsdiensten und –einrichtungen zum Zwecke der Zuführung oder Terminierung von Telefondiensten).

634 Vgl. z.B. die Access Charge Reform Verfahren: Access Charge Reform, CC Docket 96--262, Notice of Proposed Rulemaking, Third Report and Order, and Notice of Inquiry, 11 FCC Rcd 21354, 21476 (1996) (Access Charge Reform NPRM); Access Charge Reform, CC Docket 96--262, First Report and Order, 12 FCC Rcd 15982 (Access Charge Reform Order); In the Matter of Access Charge Reform; Reform of Access Charges Imposed by Competitive Local Exchange Carriers, CC Docket 96—262, Seventh Report and Order and Further Notice of

tungsmärkte vor als in Deutschland bzw. Europa üblich. So identifiziert sie keine Zusammenschaltungsmärkte von Festnetzen untereinander oder von Festnetzen mit Mobilfunknetzen. Die FCC unterscheidet bei der Zusammenschaltung lediglich nach dem Zweck der Zusammenschaltung nach Zuführung (originating access) und Terminierung (terminating access)[635], unabhängig von der Art des Netzes. Eine Differenzierung nach der Art des Netzes hat sie bisher nicht für notwendig gehalten: Nach dem TCA 1996 unterliegen nur die Zusammenschaltungstarife der marktbeherrschenden Anbieter (ILECs[636]) der Regulierung.[637] CLECs[638], zu denen auch die Mobilfunkanbieter gehören[639], gelten als nicht-marktbeherrschend, da sie bisher nicht als dominant eingestuft wurden.[640] Damit unterliegen auch deren Zusammenschaltungstarife nicht der Regulierung. Die marktbeherrschenden Anbieter (ILECs) können eventuell überhöhte Zusammenschaltungsentgelte (unabhängig von der Art des Netzes)

Proposed Rulemaking, 16 FCC Rcd 9923 (Access Charge Reform Seventh). Für eine ausführliche Auseinandersetzung mit dem in den USA angewandten Zusammenschaltungsregime vgl. In the Matter of Implementation of the Local Competition Provisions in the Telecommunications Act of 1996; Interconnection between Local Exchange Carriers and Commercial Mobile Radio Service Providers, First Report and Order, 11 FCC Rcd 15499, FCC 96-325, Tz. 172ff.

635 Vgl. Access Charge Reform Seventh, aaO., Tz. 10.

636 Incumbent Local Exchange Carriers, vgl. zu diesem Begriff auch Fn. 344.

637 Vgl. 47 U.S.C. § 251. Nach 47 U.S.C. § 251(c)(2)(D) müssen die Zusammenschaltungtarife der ILECs „just, reasonable, and nondiscriminatory" (angemessen, verhältnismässig und nicht diskriminierend) sein.

638 Competitive Local Exchange Carriers, vgl. zu diesem Begriff auch Fn. 344.

639 Auch diese werden mangels ausdrücklicher Einordnung als dominant durch die FCC bisher als nicht-dominant eingestuft und unterliegen deshalb auch nicht der Dominant Carrier Regulierung. Es gilt die Regel, dass ein Telekommunikationsanbieter nicht dominant ist, es sei denn die FCC ordnet ihn als dominant ein, vgl. Access Charge NPRM, aaO., Rz. 277; Competitive Carrier First, aaO., Tz. 23f; Vgl. zur Dominant Carrier Regulierung S. 119ff.

640 Vgl. Access Charge Reform Seventh, aaO., Tz. 8, Fn. 5; Access Reform NPRM, aaO., Tz. 277. Ein CLEC ist selbst auch zur Zusammenschaltung verpflichtet, vgl. 47 U.S.C. 251(a); seine Zusammenschaltungstarife unterfallen nur nicht der Regulierung. Wenn ein CLEC nicht in der Lage ist, ein Zusammenschaltungsabkommen mit einem Incumbent zu verhandeln, dann kann der CLEC Streitschlichtung (mediation) oder ein schiedsrichterliches Verfahren (arbitration) vor den Regulierungsbehörden der Bundesstaaten verlangen, vgl. zu den weiteren Einzelheiten dieses Verfahrens 47 U.S.C. § 252.

auf Grund des sog. geograhic rate averaging[641] nicht an die Endkunden weitergeben. Daher sah die FCC auch keine Notwendigkeit, andere Zusammenschaltungsmärkte als die Zuführung und Terminierung zu unterscheiden.
Allerdings diskutiert die FCC in ihren Access Charge Reform Verfahren, ob die Terminierungsentgelte der CLECs regulierungsbedürftig sind. Das wird im Ergebnis bisher noch verneint.[642] Auf diese Diskussion wird an dieser Stelle kurz eingegangen, da die Argumente für die Einführung der Regulierung von Terminierungsentgelten der CLECs auch für die deutsche Diskussion darüber, ob die Terminierungsleistung mit jedem einzelnen Mobilfunknetz einen eigenständigen sachlich relevanten Markt darstellt, relevant sind. Schliesslich gehören zu den CLECs auch Mobilfunkanbieter, deren Terminierungsentgelte derzeit in den U.S.A. zwar nicht reguliert werden, für die eine Regulierung aber zunehmend diskutiert wird.[643]
In den U.S.A. wird die Diskussion über die Regulierungsbedürftigkeit der Terminierungsentgelte der CLECs vor dem Hintergrund geführt, dass die CLECs möglicherweise aufgrund des bestehenden Regulierungssystems einen Anreiz haben, überhöhte Tarife für die Terminierung zu verlangen.[644] Unter dem gegenwärtigen System muss das Netz des anrufenden Teilnehmers das Netz des angerufenen Teilnehmers für die Terminierung bezahlen. Zusätzlich muss das Netz des anrufenden Teilnehmers dem Netz des Angerufenen den Transport des Anrufes bezahlen, wenn das anrufende Netz Transporteinrichtungen des angerufenen Netzes benutzen muss, um den Anruf zur Ortsvermittlungsstelle des angerufenen Teilnehmers zu transportieren. Bei einem Ferngespräch muss der Ferngesprächsanbieter des anrufenden Teilnehmers sowohl dem zuführenden Ortsge-

---

641 Vgl. hierzu Fn. 442.

642 Die FCC stellt aber in Access Charge Reform Seventh eine Regulierung der Terminierungsentgelte der CLECs zur Diskussion, da sie der Auffassung ist, dass die bisherige Regulierungspraxis nicht in der Lage war, sicherzustellen, dass die Zusammenschaltungstarife (access charges) der CLECs im Bereich der Angemessenheit blieben, vgl. Access Charge Reform Seventh, aaO., Tz. 25.

643 Vgl. Access Charge Reform Seventh, aaO., Tz. 10ff.; Atkinson/Barnekov, FCC OPP Working Paper Series, Nr. 34, Tz. 10; DeGraba, FCC OPP Working Paper Series, Nr. 33, Tz. 10ff..

644 Access Charge NPRM, aaO., Tz. 279; Access Charge Reform Seventh, aaO., Tz. 10.

sprächsanbieter als auch dem terminierenden Ortsgesprächsanbieter die jeweiligen Zusammenschaltungstarife bezahlen.
Überhöhte Terminierungsentgelte können aufgrund der Verpflichtung, nur die durchschnittlichen Entgelte verlangen zu können (geographic rate averaging, 47 U.S.C. §254(g)[645]), nicht an den Endkunden weitergegeben werden. Der Telefonkunde (Endkunde) hat hier keinerlei Kontrolle über die Zusammenschaltungstarife und das anrufende Netz hat keine Möglichkeit überhöhten Terminierungsentgelten auszuweichen, da sein Endkunde den Endkunden des anderen Netzes erreichen will.[646] Der CLEC hat daher einen Anreiz, überhöhte Terminierungsentgelte zu verlangen, denn der Netzbetreiber des anrufenden Teilnehmers bleibt nichts anderes übrig, als die Terminierungsentgelte des angerufenen Teilnehmers im CLEC-Netz zu bezahlen. Er kann die höheren Terminierungsgebühren auch nicht beim Endkunden kompensieren. Eine Regulierung der Terminierungsentgelte der CLECs (inklusive Mobilfunkanbieter) wird deshalb teilweise befürwortet.[647] Bisher wurden nur die Zusammenschaltungstarife der marktbeherrschenden Anbieter (ILECs) reguliert, die aber unterschiedliche Zusammenschaltungstarife der CLECs nicht weitergeben konnten.

3. Endkundenmärkte/Dienstleistungsmärkte

Gegenstand des Endkundenmarktes ist der Anschluss an das Telekommunikationsnetz und die Erbringung von Telekommunikationsdienstleistungen (Sprach-, Daten-, andere Mehrwertdienste) für einen Endkunden. Nachfrager sind damit die Endabnehmer von Telekommunikationsdienstleistungen.[648] Grob kann man den Endkundenmarkt in jeweils einen Markt für Festnetz, Mobilfunk und Breitbandkabel unterteilen. Innerhalb des Festnetzmarktes kann weiterhin nach ei-

---

645 Vgl. Fn. 442.

646 Vgl. DeGraba, FCC OPP Working Paper Series, Nr. 33, Tz. 12ff.; Atkinson/Barnekov, FCC OPP Working Paper Series, Nr. 34, Tz. 10.

647 Access Charge NPRM, aaO., Tz. 279; Access Charge Reform Seventh, aaO., Tz. 10.

648 Endkunden wollen ihre Telekommunikationsgeräte anschliessen und Telekommunikationsdienstleistungen nachfragen. Vgl. Schulz, S. 187; Wendland, in: BeckTKG, Vor § 33 Rn. 22; Mitteilung über die Anwendung der Wettbewerbsregeln auf Zugangsvereinbarungen im Telekommunikationsbereich, Rahmen, Relevante Märkte, Grundsätze, ABl. EG v. 22.8.1998, Nr. C 265, S. 2ff., Rn. 48.

nem Anschlussmarkt[649], einem (weiter unterteilbaren) Markt für Telefongespräche im Festnetz und einem Markt für Mehrwertdienste abgegrenzt werden. Diese zahlreichen Abgrenzungs- und Unterteilungsmöglichkeiten innerhalb des Endkundenmarktes werden in den nachfolgenden Kapiteln noch ausführlich dargestellt.[650]

4. Stellungnahme und Vorschlag

Die Einteilung des Telekommunikationsmarktes in einen jeweils weiter unterteilbaren Vorleistungs- und Endkundenmarkt ist im europäischen, deutschen und U.S. amerikanischen Telekommunikationsmarkt allgemein anerkannt.

Der Vorleistungsmarkt ist im Einklang mit dem europäischen Recht in einen Zugangs-, Zusammenschaltungs- und einen Mietleitungsmarkt zu unterteilen.[651] Der Nachfrager ist hier der Telekommunikationsanbieter.

Im Rahmen des Zugangsmarktes geht es um den Zugang zum Teilnehmernetz sowie um den Zugang zu sonstigen Einrichtungen, die für die Vermarktung der Dienstleistung an Endnutzer erforderlich sind (z.B. Fakturierung und Inkasso, Telefonauskunftseintrag). Der bedeutenste Zugangsmarkt ist der für den Zugang zur Teilnehmeranschlussleitung. Wettbewerber können dem Endkunden ihre Telekommunikationsdienste nur so zu kalkulierbaren Kosten anbieten. Eine Duplizierung dieser Telekommunikationsinfrastruktur ist nicht wirtschaftlich.

Der Zusammenschaltungsmarkt besteht aus einem Markt für die Zusammenschaltung von Festnetzen mit anderen Festnetzen, und einen Markt für die Zusammenschaltung von Festnetzen mit Mobilfunknetzen. Aufgrund europarechtlicher Vorgaben, nach denen die Terminierungsleistung in jedes einzelne Mobilfunknetz einen eigenen sachlich relevanten Markt darstellt, ist die Zusammenschaltung mit jedem einzelnen Mobilfunknetz als eigenständiger sachlich relevanter Markt abzugrenzen. Die Auffassung der RegTP, die bisher für einen einheitlichen Markt für Zusammenschaltungen von Festnetz und Mobilfunknetzen argumentiert hat, ist daher abzulehnen. Die RegTP

---

[649] Zu der Frage, ob der Teilnehmeranschluss als ein separater Markt abzugrenzen ist, vgl. S. 165ff..

[650] Vgl. hierzu S. 165ff.; vgl. Wendland, in: BeckTKG, Vor § 33 Rn. 63ff.

[651] Es gibt zwar weitere Vorleistungen; diese lassen sich jedoch jeweils einem der drei Vorleistungsmärkte zuordnen.

sollte sich für den Bereich der Marktabgrenzung den Vorgaben der EU beugen. Ob sie dann Ex-ante-Verpflichtungen auferlegt, ist damit aber noch nicht entschieden. Die RegTP hat im Rahmen der sich der Marktabgrenzung anschliessenden Marktanalyse[652] Entscheidungsspielraum bei der Frage, ob tatsächlich beträchtliche Marktmacht eines Unternehmens auf dem Markt für die Anrufszustellung in einzelne Mobilfunknetze vorliegt. Wenn sie keine beträchtliche Marktmacht feststellt, darf sie auch keine Ex-ante-Verpflichtungen auferlegen. Das bedeutet aber, dass in Deutschland entgegen der bisherigen Regulierungspraxis auch Mobilfunkmärkte erstmals der Regulierung unterliegen können (wenn die weiteren Voraussetzungen vorliegen). Für eine Abgrenzung der Terminierungsleistung in jedes einzelne Mobilfunknetz als eigenständigen sachlich relevanten Markt können die Argumente, die die FCC im Rahmen der Diskussion um die mögliche Regulierung der Terminierungsleistung von CLECs anführt, unterstützend herangezogen werden. Die Terminierungsleistung in ein Mobilfunknetz ist aus Sicht des nachfragenden Netzbetreibers, der für seinen Telefonkunden die Verbindung zu einem Teilnehmer in einem bestimmten Mobilfunknetz herstellen muss, nicht durch die Zusammenschaltung mit einem anderen Netz austauschbar. Er muss sich mit dem einen Mobilfunknetz zusammenschalten. Diese Argumentation wird auch von der EU-Kommission geteilt. Die FCC beschränkt ihre Argumentation allerdings nicht nur auf Mobilfunknetzbetreiber, sondern lässt sie allgemein für nicht marktbeherrschende Anbieter gelten, die nicht den Regulierungsvorgaben des TCA 1996 unterliegen. Sie müssen zwar Zusammenschaltung anbieten, unterliegen aber in den Preisen keinen Vorgaben und die die Zusammenschaltungsleistung nachfragenden Anbieter müssen diese akzeptieren.

Der Mietleitungsmarkt lässt sich nach Art der Nutzer und Übertragungskapazität abgrenzen. Eine Begrenzung auf die Übertragungskapazität, für die die RegTP argumentiert, ist abzulehnen. Sie lässt sich nicht mit den Vorgaben des europäischen Kommunikationsrechts in Einklang bringen. Der Übertragungskapazität sollte dabei nicht zu viel Bedeutung beigemessen werden, da sich diese aufgrund des technischen Fortschritts und sich ändernder Nachfragemuster nicht mehr als eindeutiges Abgrenzungskriterium eignet.

---

[652] Vgl. hierzu bereits S. 49ff..

Der Endkundenmarkt kann weiter unterteilt werden. Es kommen folgende Unterteilungen in Betracht:

II. Markt für den Teilnehmeranschluss

1. Der Teilnehmeranschluss

Die Bereitstellung des Teilnehmeranschlusses könnte als separater Endkundenmarkt von dem Markt für Telefonverbindungen abzugrenzen sein. Als Teilnehmeranschluss wird das Gesamtsystem von Teilnehmerendgerät, Teilnehmeranschlussleitung und Vermittlungsstellenzugang verstanden, das einem Teilnehmer individuell oder gemeinschaftlich mit anderen Teilnehmern zur Verfügung steht, um Verbindungen herzustellen und zu betreiben.[653]

Für einen separaten Markt für die Bereitstellung des Teilnehmeranschlusses spricht das Ergebnis der Anwendung des Bedarfsmarktkonzepts: Der Teilnehmeranschluss und die über diesen geführten Telefonverbindungen sind aus Sicht des Nachfragers nicht austauschbar (substituierbar). Der Nachfrager benötigt den Teilnehmeranschluss um überhaupt Telefongespräche führen zu können.

2. Vorgaben des EU-Telekommunikationsrechts

Im europäischen Telekommunikationsrecht werden separate Märkte für den Teilnehmeranschluss und die über diese geführten abgehenden Telefonverbindungen unterschieden.[654] Als Begründung wird unter anderem angeführt, dass der Nachfrager (Telefonkunde) durch die Nutzung von Call-by-Call oder Preselection relativ leicht auf alternative Anbieter umsteigen kann, auch wenn er den Telefondienst in der Regel als Paket (Anschluss und Nutzung) nachfragt, und er in der Regel auch den gleichen Anbieter für die Telefongespräche benutzt, der auch den Anschluss anbietet. Anbieter von Anschlüssen konkur-

---

[653] Lexikon IT-Fachbegriffe, Stichwort „Teilnehmeranschluss". Teilweise werden die Begriffe „Teilnehmeranschluss" und „Teilnehmeranschlussleitung" aber synonym verwendet und auch im Falle des Teilnehmeranschlusses verkürzt von der TAL gesprochen. Allerdings besteht dann eine Verwechselungsgefahr mit dem Vorleistungsprodukt „Zugang zur TAL". Der Zugang zur TAL ist eine Vorleistung, die für die Bereitstellung des Teilnehmeranschlusses benötigt wird. Vgl. S. 149f.

[654] Vgl. Empfehlung zu relevanten Märkten, aaO., Anhang. Vgl. auch Anmerkungen zur Empfehlung, aaO., S. 17. Vgl. Wendland, in: BeckTKG, Vor § 33 Rn. 63. Vgl. bereits S. 38f.

rieren auf dem Markt für abgehende Anrufe. Dennoch scheint es nicht so zu sein, dass Unternehmen, die abgehende Anrufe über Betreiberauswahl und –vorauswahl anbieten, infolge einer geringen, jedoch massgebenden, anhaltenden Preisanhebung den Zugangsmarkt systematisch erschliessen.[655]

3. Der Streit über einen separaten Markt für den Teilnehmeranschluss in Deutschland und die Entscheidungspraxis der RegTP

Im Gegensatz zum EU-Kommunikationsrecht fasste die in Deutschland bisher herrschende Meinung[656] Ortsverbindungen und den Teilnehmeranschluss zu einem Markt zusammen. In diesem Sinne wurde in Veröffentlichungen vor Einführung der Betreiberauswahl im Ortsnetz durch die kleine TKG-Novelle[657] aufgrund tatsächlicher Marktbedingungen argumentiert: Zwar seien beide Leistungen aus Nachfragersicht (Bedarfsmarktkonzept) nicht austauschbar. Der Nachfrager könne den Anschluss nicht durch die Ortsgespräche ersetzen und umgekehrt. Beide Leistungen würden jedoch ausschließlich in Kombination angeboten. Wegen der festen Koppelung unterlägen beide Leistungen einheitlichen Wettbewerbsbedingungen, was die Zuordnung zu demselben sachlich relevanten Markt rechtfertige.[658]
Gegen eine Zusammenfassung von Teilnehmeranschluss und Ortsnetzgesprächen zu einem einheitlichen Markt wurde vorgebracht, dass der Bedarf des Endkunden auf die Herstellung der physischen

---

[655] Vgl. Anmerkungen zur Empfehlung, aaO, S. 16f.

[656] Vgl. Monopolkommission, 1. Sondergutachten TK 1999, Tz. 7; dieselbe, 2. Sondergutachten TK 2001, Tz. 181; vgl. auch Holthoff-Frank, MMR 2002, 294ff.; RegTP, BK 2 v. 27.4.2000, Az. BK2c 00/004 „T-ISDN-XXL"; RegTP, BK 3 v. 7.6.2000, Az. BK 3-2-99/033 „letzte Meile", MMR 2000, 500, 502.

[657] Erstes Gesetz zur Änderung des Telekommunikationsgesetzes vom 21.10.2002, verkündet am 25.10.2002, BGBl. I, S. 4186. Hierdurch wurde § 43 Abs. 6 in das TKG von 1996 eingefügt, der die Verpflichtung zur Ermöglichung der Betreiberauswahl im Einzelverfahren (Call-by-Call) und der dauerhaften Betreibervorauswahl (Preselection) regelt.

[658] Monopolkommission, 1. Sondergutachten TK 1999, Tz. 7; bestätigt im 2. Sondergutachten TK 2001, Tz. 17ff: Dort hält sie an der Zusammenfassung von Ortsverbindungen und Teilnehmeranschluss fest, analysiert dann aber in einem späteren Teil des Gutachtens doch beide Märkte getrennt, vgl. dieselbe, 2. Sondergutachten TK 2001, Tz. 47ff., 52ff.. Mittlerweile grenzt sie aber wegen der Einführung der Betreibervorauswahl im Ortsnetz beide Märkte getrennt ab, vgl. Monopolkommission, 3. Sondergutachten TK 2003, Tz. 75ff..

Verbindung gerichtet sei. Zudem könne die tatsächliche Koppelung an sich unterschiedlicher Leistungen nicht dazu führen, daß die gekoppelten Produkte einem Markt zugerechnet werden, obwohl es um unterschiedliche Leistungen gehe.[659]
Die RegTP ist in ihren Entscheidungen der Auffassung der in Deutschland bisher herrschenden Meinung gefolgt, die den Markt für den Teilnehmeranschluss und den Markt für Ortsverbindungen (Telefonverbindungen) zu einem einheitlichen Markt zusammengefasst hat.[660] Eine Begründung für diese Abgrenzung führt sie aber nicht an.[661] Der Argumentation, dass aufgrund ihrer festen Koppelung Ortsverbindungen und der Teilnehmeranschluss einen einheitlichen Markt bilden, ist aber durch die Einführung der Betreibervorauswahl im Ortsnetz in Deutschland Ende April 2003 die Grundlage entzogen worden, so dass sich der Streit hierüber erledigt haben dürfte.

4. Entscheidungspraxis der FCC

Die FCC hat sich in ihrer Entscheidungspraxis - soweit ersichtlich - mit der Frage, ob der Teilnehmeranschluss und die Ortsgespräche als separate Märkte abzugrenzen sind, nicht auseinandergesetzt. Jedenfalls hat sie den Teilnehmeranschluss und die Ortsnetzgespräche bisher nicht ausdrücklich separat abgegrenzt.[662]

---

[659] Vgl. Beese/Müller, RTKom 2001, 83, 86; Immenga, in: Immenga/Kirchner/Knieps/Kruse, S. 59; Bunte/Welfens, S. 74f. und S. 90; Wendland, in: BeckTKG, Vor § 33 Rn. 63f.; vgl. auch Eckpunkte, Zusammenfassung der Stellungnahmen, MMR-Beilage 7/2002, 27, 31.
[660] RegTP, BK 2 v. 27.4.2000, Az. BK2c 00/004 „T-ISDN-XXL", bestätigt in RegTP, BK 3 v. 7.6.2000, Az. BK 3-2-99/033 „letzte Meile", MMR 2000, 500, 502.
[661] Die RegTP weist lediglich darauf hin, dass die Marktabgrenzung dahingestellt bleiben könne, da die Antragstellerin auf den Endkundenmärkten und Diensteanbietermärkten für Ortsverbindungen inklusive der Teilnehmeranschlüsse, Fern- und Auslandsverbindungen und einem Markt für Sprachtelefondienst insgesamt derzeit jeweils über eine marktbeherrschende Stellung verfüge. Vgl. RegTP, BK 2 v. 27.4.2000, Az. BK2c 00/004 „T-ISDN-XXL", S. 11, bestätigt in RegTP, BK 3 v. 7.6.2000, Az. BK 3-2-99/033 „letzte Meile", MMR 2000, 500, 502.
[662] Eine solche, separate Abgrenzung wäre grundsätzlich möglich, da unter dem TCA 1996 auch die „Ortsnetzdienste" (local exchange and exchange access services) im Rahmen des Wiederverkaufs (Resale) angeboten werden müssen, vgl. 47 U.S.C. § 251(b)(1), § 251(c)(4).

5. Stellungnahme und Vorschlag

Der Markt für den Teilnehmeranschluss und der Markt für Telefonverbindungen sind als separate Märkte abzugrenzen (letzterer ist weiter zu unterteilen), da der maßgebliche Nachfrager den Anschluss nicht gegen die Telefonverbindungen austauschen kann. Insbesondere die Tatsache, dass nach der kleinen TKG-Novelle[663] aufgrund europäischer Vorgaben seit dem 25.04.2003 ein Call-by-Call auch im Ortsnetz möglich ist[664], spricht für den Teilnehmeranschluss als separaten Markt. Selbst eine faktische Bündelung von Teilnehmeranschluss und Ortsnetzverbindungen steht einer Abgrenzung von separaten Märkten nicht entgegen, da sich die Abgrenzung von Märkten an der tatsächlichen Nachfrage orientiert. Es ist zu erwarten, dass die RegTP ihre bisher praktizierte gegenteilige Marktabgrenzung ändert und separate Märkte für den Teilnehmeranschluss und Ortsverbindungen (Telefonverbindungen) abgrenzt, da sich die rechtlichen Voraussetzungen und die Marktsituation geändert haben und darüber hinaus im europäischen Kommunikationsrecht beide Märkte unterschieden werden.
Die FCC hat sich zu dieser Marktabgrenzungsfrage nicht geäußert. Insofern können U.S. amerikanische Erfahrungen hier nicht vergleichend herangezogen werden.

III. Marktabgrenzung nach Produkten bzw. Produktgruppen: Festnetz, Mobilfunk, Breitbandkabel

1. Die Abgrenzung Festnetz – Mobilfunk

Der Endkundenmarkt im Telekommunikationsmarkt kann in einen Festnetzmarkt und einen Mobilfunkmarkt unterteilt werden.[665] Auch diese Abgrenzung muss das Bedarfsmarktkonzept als Ausgangspunkt berücksichtigen. Es ist also zu untersuchen, ob die festnetzge-

---

663 Erstes Gesetz zur Änderung des Telekommunikationsgesetzes vom 21.10.2002, verkündet am 25.10.2002, BGBl. I, S. 4186.
664 So hätte Deutschland nach der Richtlinie 98/61/EG bereits zum 1.1.2000 Call-By-Call im Ortsnetz ermöglichen müssen.
665 Vgl. zu dieser Abgrenzung die zahlreichen Aufsätze aus jüngster Zeit: Z.B. Bunte, MMR-Beilage 1/2002, 1, 4ff.; Kirchner, MMR-Beilage 8/2002, 1, 5 und 16; MMR-Beilage 1/2003. Vgl. Monopolkommission, 2. Sondergutachten TK 2001, Tz. 23 u. 88ff. u. 99; dieselbe, 3. Sondergutachten TK 2003, Tz. 26ff. und 229; RegTP, Tätigkeitsbericht 2000/2001, S. 57f.

bundene Sprachtelekommunikation und die Sprachtelefonie auf Basis von Mobilfunk als im Wesentlichen gleichwertige Angebote aus Sicht der Endkunden (Nachfrager) zu betrachten sind.[666] Nur wenn das nicht der Fall ist, stellen Mobilfunk und Festnetz jeweils getrennte Märkte dar. In jüngerer Zeit wurde von einigen Autoren eine solche Gleichwertigkeit vor dem Hintergrund der Tatsache, dass im Verlauf des Jahres 2001 die Anzahl der Mobilfunkanschlüsse die der Festnetzanschlüsse erstmals überstieg[667], diskutiert. Zwar erfüllen beide Arten von Telekommunikationsdienstleistungen dasselbe Bedürfnis, nämlich individuelle Kommunikation mit einem anderen Teilnehmer. Insofern sind aus Nachfragersicht Gespräche von Festnetz- und Mobilfunkanschlüssen zumindest teilweise im Einzelfall austauschbar[668], denn ohne Mobiltelefonie würde ein Teil der Gespräche über das Festnetz geführt werden.[669] Allerdings mangelt es zumindest auf mittelfristige Sicht noch an der Gleichwertigkeit des Angebots von Mobilfunk und Festnetz aus Sicht der Endkunden. Das lässt sich an verschiedenen Beobachtungen festmachen[670]: So melden Mobilfunkteilnehmer in der Regel ihr Festnetztelefon nicht ab (geringe Substitution bei den Anschlüssen und Verbindungen); die Kosten für die Nutzung des Mobiltelefons sind signifikant höher als die Kosten für Festnetztelefondienste (Preisunterschiede); das Mobiltelefon kann ortsunabhängig genutzt werden; es gibt unterschiedliche Datenraten

---

[666] Bunte, MMR-Beilage 1/2002, 1, 4.

[667] Vgl. Monopolkommission, 2. Sondergutachten TK 2001, Tz. 88, insbesondere Tz. 96, Tabelle 12 (dort auch zur Bewertung dieser Zahlen). Zur Entwicklung der Mobilfunkdienstleistungen vgl. RegTP, Tätigkeitsbericht 2000/2001, S. 191ff.; dieselbe, Tätigkeitsbericht 2002/2003, Tz. 29ff..

[668] Zwei Arten von Substitutionsbeziehungen erscheinen hierbei möglich: völlige Substitution (Festnetzteilnehmer meldet dann seinen Festnetzanschluss ab und ersetzt seinen Bedarf an Telefonie- und Datendiensten durch einen Mobilfunkanschluss) oder eine Art parallele Substitution (Festnetzanschluss wird beibehalten, aber ein Teil der Sprach- bzw. Datenkommunikation wird vom festen auf den mobilen Anschluss verlagert), vgl. hierzu Monopolkommission, 2. Sondergutachten TK 2001, Tz. 92.

[669] Vgl. Bunte/Welfens, S. 73; Bunte, MMR-Beilage 1/2002, 1, 4; Monopolkommission, 1. Sondergutachten TK 1999, Tz. 9; 2. Sondergutachten TK 2001, Tz. 17; Plum/Schwarz-Schilling, WIK-Diskussionsbeitrag Nr. 200, S. 65.

[670] Vgl. hierzu Immenga, in: Immenga/Kirchner/Knieps/Kruse, S. 58; Bunte/Welfens, S. 73; Monopolkommission, 2. Sondergutachten TK 2001, Tz. 99; Wendland, in: BeckTKG, Vor § 33 Rn. 64; RegTP, Tätigkeitsbericht 2000/2001, S. 58ff.

(bei ISDN bei Kanalbündelung bis zu 128 Kbit/s; bei GSM-Netzen max. 9,6 Kbit/s, höher bei GPRS bzw. HSCSD). In der Vergangenheit wurde auch noch vorgebracht, dass es Qualitätsunterschiede bei der Sprachübertragung im Mobilfunk und Festnetz gebe.[671] Durch die Digitalisierung des Mobilfunks und durch die Verbesserung der Netzabdeckung ist dieses Argument aber mittlerweile in seiner Überzeugungskraft geschwächt. Mobilfunk wird derzeit aus Sicht der Nachfrager nicht als Ersatz, sondern als Ergänzung zum Festnetz verstanden.[672] Unterschiede bestehen in der Entgelthöhe, der Entgeltstruktur, der Erreichbarkeit und der Störfestigkeit, sowie in unterschiedlichen gesetzlichen Regelungen.[673] Abhängig vor allem von der Entwicklung der Mobilfunkpreise kann der Wettbewerbsdruck, der von der Mobilfunktelefonie auf die Festnetztelefonie ausgeht, zur Bildung eines einheitlichen Marktes in Zukunft beitragen.[674] Zudem ist zukünftig vorstellbar, dass Konzepte, die auf eine Integration von Festnetz- und Mobilfunknetz hinauslaufen, wie z.B. das HomeZone-Angebot von O2 (früher Viag Interkom), (weiter-)entwickelt werden. Dann kann sich ein Substitutionspotential ergeben. Der Festnetzmarkt und der Mobilfunkmarkt sind allerdings bis dahin noch als separate Märkte anzusehen.[675] Hieran ist trotz der Tatsache, dass u.a. mit dem Hinweis auf Konvergenzentwicklungen eine Verschmelzung von Mobilfunk und Festnetz zu einem einheitlichen Markt bereits seit Beginn der Mobiltelefonie vorausgesagt wurde, festzuhalten, da diese bis heute noch nicht stattgefunden hat. Zu einer solchen Verschmelzung von Festnetz- und Mobilfunkmarkt kann es durch die Einführung des UMTS-Mobilfunkstandards kommen, der insbesondere bei der Sprachqualität und der Datenrate zum Festnetz auf-

---

[671] So die Monopolkommission, 1. Sondergutachten TK 1999, Tz. 9.

[672] Vgl. Wendland, in: BeckTKG, Vor § 33 Rn. 64; Mestmäcker, MMR-Beilage zu 8/1998, 1, 11.

[673] Vgl. Salje, K&R 1998, 331, 332.

[674] Wendland, in: BeckTKG, Vor § 33 Rn. 64, spricht in diesem Zusammenhang gar von einer Wahrscheinlichkeit: „Je weiter die Mobilfunkpreise in nächster Zeit fallen werden, umso größer wird der Wettbewerbsdruck, der von der Mobilfunk- auf die Festnetztelefonie ausgeht, so daß in absehbarer Zeit die Bildung eines einheitlichen Marktes wahrscheinlich ist." Vgl. auch Mestmäcker, MMR-Beilage zu 8/1998, 1, 11.

[675] Dem stimmt auch die EU-Kommission zu: Entscheidung der Kommission, ABl. EG 1995 Nr. L 280, S. 52, Rn. 10; vgl. Wendland, in: BeckTKG, Vor § 33 Rn 65. Vgl. auch Monopolkommission, 3. Sondergutachten TK 2003, Tz. 229.

schliessen soll.[676] Da das UMTS-Netz aber noch nicht in Betrieb ist und auch die jeweiligen Dienstleistungsangebote noch nicht bekannt sind, kann eine Vorhersage über das Substitutionspotential dieser Technik zum gegenwärtigen Zeitpunkt nicht getroffen werden.
Der Mobilfunkmarkt wurde in der Vergangenheit auch nach dem jeweils verwendeten technischen Standard (analoge Technik und digitale Technik des GSM900 und GSM1800 Standards) in unterschiedliche Märkte unterteilt.[677] Eine solche Unterteilung wird aber im Zeitalter der Digitalisierung des Mobilfunks nicht mehr durchgeführt. Die analoge Technik ist weitgehend durch die digitale GSM-Technik abgelöst worden. Darüber hinaus stellen die beiden digitalen Techniken aus Sicht des Nachfragers einen einheitlichen Markt dar (die GSM-Netze sind also substituierbar), weil die Mobiltelefone in beiden Netzen (Dual-Mode Mobiltelefone) funktionieren. Es ist von einem einheitlichen Markt für digitale Mobilfunktelefondienste auszugehen, unabhängig von dem verwendeten Standard.[678]

2. Breitbandkabel

Der Breitbandkabelmarkt[679] stellt einen eigenständigen Markt dar. Er wird derzeit überwiegend für Rundfunk- und Fernsehprogrammsig-

---

[676] UMTS steht für Universal Mobile Telecommunications System und wird auch als 3G (Third Generation Network) bezeichnet. Im Unterschied zu seinen Vorgängern (analoges C-Netz und die auf dem GSM-Standard basierenden D- und E-Netze) ist bei UMTS eine deutlich höhere Datenübertragungsrate von theoretisch bis zu 2 Mbit/s (31-fache ISDN Geschwindigkeit) möglich. Dadurch soll ein schneller Internetzugang, mobile multimediale Video- und Datenanwendungen, Bildtelefonie möglich sein.

[677] Insbesondere die EU-Kommission vertrat diese Auffassung; vgl. Entscheidung der Kommission im Fall Telecom Italia, ABl. EG v. 23.11.1995, Nr. L 280, S. 52, Rn. 11; Entscheidung der Kommission im Fall Cable and Wireless/Vebacom, ABl. EG v. 5.9.1995, Nr. C 231, S. 3ff.; vgl. Mestmäcker, MMR-Beilage zu 8/1998, 1, 11.; vgl. Nachweise bei Wendland, in: BeckTKG, Vor § 33 Rn. 74f.

[678] Vgl. Wendland, in: BeckTKG, Vor § 33 Rn. 75; Mestmäcker, MMR-Beilage 8/1998, 1, 11; Bunte, MMR-Beilage 1/2002, 1, 4; vgl. Entscheidung der EU-Kommission im Fall Nr. IV/M.1430 -Vodafone/Airtouch, Tz. 9f.; Nr. IV/M.1669 – DeutscheTelekom/One2One, Tz. 7; Viag/Orange, ABl. EG v. 23.6.1999, Nr. C 178, S. 16; Leitlinien Marktanalyse, aaO., Tz. 66 m.w.N.

[679] Dieser lässt sich in einen Empfangs- und eine Durchleitungsmarkt unterteilen, wobei weitere Unterteilungen möglich sind. Vgl. hierzu ausführlich Wendland, in: BeckTKG, Vor § 33 Rn. 61 und 78ff. m.w.N.; Schultze-Petzold, WuW 2001,

nale benutzt. In rückkanalfähigen Breitbandkabelnetzen[680] sind zudem Kommunikationsdienstleistungen möglich.[681] Diese können als Substitut zur Nutzung der TAL des Telekommunikationsanbieters gemäss dem Bedarfsmarktkonzept in Betracht kommen und dementsprechend den relevanten Markt der TAL erweitern. Sie können in diesen Gebieten die Marktmacht der Betreiber von (schmalbandigen) reinen Telekommunikationsnetzen disziplinieren. Auf absehbare Zeit ist das aber nicht zu erwarten[682], so dass derzeit von einem eigenständigen Markt auszugehen ist.

3. Vorgaben des EU-Telekommunikationsrechts

Die EU-Kommission hat in verschiedenen Entscheidungen aus Nachfragersicht (Bedarfsmarktkonzept) die verschiedenen Mobilfunkdienstleistungen und die festnetzgestützten Dienstleistungen als separate Märkte abgegrenzt.[683]

Der Mobilfunkmarkt wird als einheitlicher Markt abgegrenzt, der nicht weiter zu unterteilen ist. Auf den verwendeten technischen Standard (analoge Technik und digitale Technik des GSM900 und GSM1800

134ff.; einen Überblick über das Recht der Breitbandkabelkommunikation geben Schalast/Schalast, TKMR 2002, 429ff. sowie die MMR-Beilage 2/2001, S. 1ff.

[680] Der Rückkanal ist der Sendekanal des Benutzers, über den er das Programmangebot oder den Informationsabruf steuern kann. Rückkanäle sind Bestandteile von Kommunikationsverbindungen. Der Rückkanal kann schmalbandiger sein und auch von anderen Protokollen unterstützt werden. Vgl. hierzu Siemens Online Lexikon, aaO., sowie Lexikon IT-Fachbegriffe, aaO., Stichwort Rückkanal. Über ihn können in Kabelnetzen auch Telekommunikationsdienste angeboten werden.

[681] Derzeit verfügen aber nur einige wenige Kabelnetzbetreiber wie z.B. Netcologne über rückkanal- und damit kommunikationsfähige Breitbandkabelnetze.

[682] Die Ursachen können hier nur angedeutet werden: Sie sind in der derzeitigen Struktur des Kabelnetzes (Trennung in die Netzebene (NE) 3 und NE 4), in der für die Herstellung der Rückkanalfähigkeit der Kabelnetze erforderlichen erheblichen Finanzmittel und der Eigentümerstruktur der deutschen Kabelnetze (DTAG hat auch in den zum Verkauf stehenden regionalen Kabelgesellschaften Mindestbeteiligungen von 25% plus eine Stimme, mit der Grundsatzentscheidungen blockiert werden können) zu suchen. Vgl. hierzu ausführlich Rhein, MMR-Beilage 2/2001, 3, 5ff.; Möschel, MMR-Beilage 2/2001, 13, 16ff.

[683] Vgl. Entscheidung der Kommission in der Sache Nr. COMP/M.2574 – Pirelli/Edizione/Olivetti/Telecom Italia, Tz. 33; vgl. Leitlinien Marktanalyse, aaO., Tz. 66 m.w.N.

Standards) kommt es bei der Abgrenzung der Märkte nicht an: Analoge Mobilfunkplattformen spielen heute keine Rolle mehr und die Verbraucher unterscheiden innerhalb der digitalen Mobilfunkplattformen nicht nach dem verwendeten technischen Standard (GSM 900 oder GSM 1800), weil moderne Mobiltelefone in beiden GSM Netzen funktionieren.[684] Die GSM-Netze substituieren sich also und sind als einheitlicher Markt abzugrenzen. Mobile Datendienste werden nicht als separate Märkte abgegrenzt, da derartige Dienste gerade erst entwickelt werden. Für mobile Datenkommunikation werden höhere Übertragungsgeschwindigkeiten benötigt, die erst die Netze der dritten Mobilfunkgeneration (3G bzw. UMTS) bieten. In diesen 3G-Netzen können sich dann mobile Datendienste entwickeln. Diese Entwicklung ist nach Auffassung der EU-Kommission erst abzuwarten, bevor mobile Datendienste als separate Märkte für die Abgrenzung in Betracht kommen.[685] Der Mobilfunkmarkt wird daher insgesamt als einheitlicher Markt abgegrenzt, der nicht weiter zu unterteilen ist.

Das rückkanalfähige Breitbandkabel, in dem auch Telekommunikationsdienstleistungen möglich sind, ist in Europa noch nicht sehr verbreitet. Es wird daher von der EU-Kommission noch nicht als Substitut für den Telekommunikationsmarkt angesehen und stellt daher einen separaten Markt dar.[686] Die Empfehlung über relevante Produkt- und Dienstmärkte erwähnt den Breitbandkabelmarkt nicht als zu regulierenden Markt.[687]

---

[684] In einer Entscheidung aus dem Jahre 1995 hatte die EU-Kommission den Mobilfunkmarkt noch nach der verwendeten Technik in einen Markt für analoge Mobilfunksysteme und einen Markt für digitale Mobilfunksysteme unterteilt, da der digitale Mobilfunk höhere Sprachqualität und neue Funktionen (z.B. Roaming, Datendienste) bietet, vgl. Entscheidung der Kommission v. 4.10.1995, ABl. EG v. 23.11.1995, Nr. L 280, S. 49ff, Tz. 11ff. Diese Unterscheidung hat sie aber mittlerweile aufgegeben; sie geht von einem einheitlichen Mobilfunkmarkt aus, der digitale und analoge Plattformen umfasst, vgl. die Entscheidungen der EU-Kommission: Nr. IV/M.1430 - Vodafone/Airtouch, Tz. 8ff.; Nr. IV/M.1669 – Deutsche Telekom/One2One, Tz. 7; Nr. COMP/M.2469 – Vodafone/Airtel, Tz. 7; COMP/M.1439 – Telia/Telenor, Tz. 94. Vgl. Leitlinien Marktanalyse, aaO., Tz. 66 m.w.N.

[685] Vgl. Anmerkungen zur Empfehlung zu relevanten Märkten, aaO., S. 36.

[686] Vgl. Leitlinien zur Marktanalyse, aaO., Tz. 68.

[687] Vgl. auch Anmerkungen zur Empfehlung zu relevanten Märkten, aaO., S. 16.

4. Entscheidungspraxis der RegTP

Die RegTP geht von getrennten Märkten für Mobilfunk und Festnetz aus.[688] Nach Auffassung der RegTP stellen Mobilfunkdienste gegenüber Festnetzangeboten keine wirkliche Alternative dar, da sie zum einen immer noch erheblich teurer sind und sich darüber hinaus auch in Bezug auf die Leistungsqualität noch deutlich unterscheiden.[689] Gleichwohl deutet die RegTP an, dass Festnetz- und Mobilfunktelefonie zukünftig einem Markt zuzuordnen sein könnten. Sie erkennt erste Substitutionsbeziehungen zwischen Mobilfunk und Festnetz. So stellt sie einen sichtlichen Rückgang des Orts- und Nahverkehrs[690] fest, den sie mit Substitutionseinflüssen des Mobilfunks erklärt.[691] Aus der hohen Verbreitung von Mobiltelefonen folge nämlich, dass „ein größer werdender Teil des Gesprächsbedarfs mobil-mobil abgewickelt" werde. Das werde durch Verkehrsanalysen bestätigt, wonach „Gespräche sowohl von Festnetzanschlüssen als auch von Mobilfunkanschlüssen überwiegend im näheren Lebensumkreis der Nutzer geführt" würden. Der zunehmende Verkehr, der innerhalb der Mobilfunknetze verbleibt, ersetze folglich am ehesten Orts- und Nahgespräche des Festnetzes.

Auch der Breitbandkabelmarkt ist derzeit ein eigenständiger Markt, da aufgrund der fehlenden Rückkanalfähigkeit keine Substitution mit dem Telekommunikationsnetz stattfindet.[692]

---

688 Vgl. RegTP, Tätigkeitsbericht 2000/2001, S. 57f.; vgl. auch RegTP, BK 2c v. 26.3.2003, BK 2c 01/016 – Japan, S. 15.

689 Vgl. RegTP, BK 2c v. 26.3.2003, BK 2c 01/016 – Japan, S. 15.

690 Der Unterschied zwischen Orts- und Nahgesprächen liegt darin, dass Nahgespräche innerhalb eines 20 km-Radius zwar mittels der Vorwahl einer Ortskennziffer beginnen, aber nach der Tarifierung für den Ortsverkehr abgerechnet werden, vgl. Monopolkommission, 3. Sondergutachten TK 2003, Fn. 5 zu Tz. 28; RegTP, Tätigkeitsbericht 2002/2003, S. 16.

691 Vgl. hierzu und zum Folgenden: RegTP, Tätigkeitsbericht 2002/2003, S. 16f. und S. 42.

692 Vgl. für eine Entscheidung aus dem Bereich Breitbandkabel, RegTP, BK 3b v. 24.3.1999, Az. BK 3b 99/001, MMR 1999, 299ff. Zur Bedeutung des Rückkanals vgl. Fn. 680.

5. Entscheidungspraxis der FCC

Die FCC grenzt den Mobilfunkmarkt als eigenständigen Markt ab.[693] Dieser kann weiter unterteilt werden in einen Markt für mobile Sprachtelefondienste (mobile voice services) und einen Markt für mobile Datendienste (mobile data services).[694] Die Abgrenzung eines vom Festnetzmarkt separaten Mobilfunkmarktes wird bisher ohne Argumentation, d.h. ohne ausführliche Anwendung der Abgrenzungsmethoden (SSNIP-Test), durchgeführt. Ausserhalb der Entscheidungspraxis der FCC zur Fusionskontrolle und der Dominant Carrier Regulierung deutet die FCC allerdings an, dass der Mobilfunk das Potential hat, den Festnetzbereich in Zukunft zu ersetzen.[695]

Die Frage, ob der Breitbandkabelmarkt einen separaten Markt darstellt, ist in den U.S.A. von der FCC bisher nicht abschliessend beantwortet worden.[696] Bereits die Definition bzw. Einordnung von Breitbanddiensten wird in den U.S.A. kontrovers diskutiert.[697] So hat

---

[693] Vgl. DT/VoiceStream Order, aaO., Tz. 79ff.

[694] Vgl. In re Applications of SBC COMMUNICATIONS INC. And BELLSOUTH CORPORATION For Consent to Transfer of Control or Assignment of Licenses and Authorizations, Memorandum Opinion and Order, File Nos. 0000117778, et al., and WT Dkt. No. 00-81, DA 00-2223 (SBC/Bell South Order), Tz. 19ff.; SBC/Ameritech, aaO., Tz. 520.

[695] Vgl. In the Matter of Local Competition and Broadband Reporting, Notice of Proposed Rulemaking, CC Docket 99-301, FCC 99-283, v. 22.10.1999 (Local Competition and Broadband Reporting NPRM), Tz. 28ff., 39; In the Matter of Application of BellSouth Corporation, BellSouth Telecommunications Inc., and BellSouth Long Distance, Inc., for Provision of In-Region, InterLATA Services in Louisiana, Memorandum and Opinion, FCC 98-271, 13.10.1998 (BellSouth Louisiana Order), Tz. 33; In the Matter of Application by BellSouth Corporation, et al. Pursuant to Section 271 of the Communications Act of 1934, as amended, To Provide In-Region, InterLATA Services in Louisiana, Memorandum and Opinion, 4.2.1998, FCC 98-17 (First BellSouth Louisiana Order), Tz. 73; BellAtlantic/NYNEX Order, aaO., Tz. 90.

[696] Vgl. hierzu auch Vogelsang, MMR-Beilage 3/2003, 6ff., der sich insbesondere mit dem Wettbewerb im U.S. Internetzugangsmarkt auseinandersetzt. Vgl. zur Frage, wie Breitbanddienste der ILECs zukünftig reguliert werden sollen, LEC Broadband NPRM, aaO..

[697] Vgl. Brand X Internet Services v. FCC, 2003 U.S. App. LEXIS 20306 (abrufbar unter http://www.ca9.uscourts.gov), S. 11 und 17ff. (Brand X v. FCC); es geht um die Frage, ob Breitbanddienste als Telekommunikationsdienst, Informationsdienst oder eine Kombination aus beiden einzuordnen sind. Vgl. auch In the Matter of Inquiry Concerning High-Speed Access to the Internet Over Cable and

die FCC bisher die Auffassung vertreten, Kabelnetzdienste seien als Informationsdienste („information services") einzuordnen und nicht als Telekommunikationsdienste („telecommunications services").[698] Folge einer solchen Einordnung ist, dass Kabelnetzdienste als Informationsdienste nicht den strengen Regulierungsvorschriften der FCC für Telekommunikationsdienste (47 U.S.C. §§ 201ff.) unterliegen. Dieser Einordnung hat das U.S.-Berufungsgericht in San Fransico (Court of Appeals, Ninth Circuit) widersprochen.[699] Es ist der Ansicht, dass sich Kabelnetze auch für die Telekommunikation eignen und daher entsprechenden Regulierungen zu unterwerfen sind. Als Konsequenz dieser Einordnung als Telekommunikationsdienst müssten Kabelnetzbetreiber ihre Netze für andere Internet-Service-Provider öffnen. Das Verfahren ist aber noch nicht abgeschlossen, da die Entscheidung von der FCC und anderen angefochten wird.
Breitbanddienste, die also nicht abschliessend definiert sind, können über verschiedene Plattformen (Kabelmodems, Digital Subscriber Line (DSL), Satellit und Wireless Local Loop (WLL)) angeboten werden. Ob diese verschiedenen Breitbandplattformen einen gemeinsamen Markt für Breitbanddienste darstellen, ist ebenfalls noch nicht geklärt.[700]

Other Facilities, GEN Docket No. 00-185, 15 FCC Rcd 19287; 2000 FCC LEXIS 5242, FCC 00-355, Notice of Inquiry (High Speed Access NOI); In the Matter of Inquiry Concerning High-Speed Access to the Internet Over Cable and Other Facilities; Internet Over Cable Declaratory Ruling; Appropriate Regulatory Treatment for Broadband Access to the Internet Over Cable Facilities, GN Docket No. 00--185; CS Docket No. 02-52; 17 FCC Rcd 4798; 2002 FCC LEXIS 4534; FCC 02-77, Declaratory Ruling and Notice of Proposed Rulemaking (High-Speed Access Declaratory Ruling and NPRM). Vgl. Vogelsang, MMR-Beilage 3/2003, 6, 10f.; Spies, MMR 11/2003, S. VI.

[698] Vgl. High-Speed Access Declaratory Ruling and NPRM, aaO., Tz. 31ff. und 72. In dieser Entscheidung wurden Kabelnetzdienste ausdrücklich als Informationsdienste eingeordnet, diese Einordung gilt aber auch für DSL als eine andere Form des Breitbanddienstes.

[699] Brand X v. FCC, aaO., S. 24. Das Gericht bestätigte damit eine frühere Entscheidung, vgl. AT&T v. City of Portland, 216 F.3d 871 (U.S. Cir, 9th, 1999).

[700] Vgl. Vogelsang, MMR-Beilage 3/2003, 6, 8f.; LEC Broadband NPRM, aaO., Tz. 19.

Die FCC hat zu der Frage der Abgrenzung des Breitbandes[701] ein sog. Rulemaking-Verfahren eingeleitet, in dem sie die Marktteilnehmer um Vorschläge für eine Abgrenzung des Breitbandmarktes bittet.[702] Die Diskussion dreht sich in den U.S.A. vor allem um das Substitutionspotential für den Internetzugang und weniger für den Bereich der Sprachtelekommunikation. Das liegt daran, dass der Telekommunikationsteil des Kabels nicht separat angeboten wird, so dass bisher keine direkte Substituierbarkeit zwischen Telekommunikationsdiensten im klassischen Telefonnetz und dem Kabelnetz besteht.[703] Folglich hat sich die FCC mit dieser Frage im Rahmen von Marktabgrenzungen im Telekommunikationssektor nicht auseinander setzen müssen. Die gegenwärtige Regulierungspraxis spricht aber in der Tendenz dafür, den Breitbandkabelmarkt als eigenständigen Markt einzuordnen, da es aus Sicht der FCC keine direkte Substituierbarkeit zum Telekommunikationsmarkt gibt und die Einordnung des Breitbandkabeldienstes als Informationsdienst anstatt als Telekommunikationsdienst auf die Eigenständigkeit des Breitbandkabelmarktes insgesamt schliessen läßt.

6. Stellungnahme und Vorschlag

Der Endkundenmarkt ist nach Produkten bzw. Produktgruppen derzeit in separate Märkte für Festnetz, Mobilfunk und Breitbandkabel abzugrenzen.

Die Einteilung in jeweils separate Märkte wird von der europäischen, deutschen und U.S. amerikanischen Regulierungspraxis mit im Wesentlichen übereinstimmenden Argumenten begründet. So besteht zwar grundsätzlich zwischen allen Märkten ein Substitutionspotential, da diese den Bedarf nach individueller Kommunikation erfüllen, doch sieht der Nachfrager die Märkte derzeit noch als separat an. Entscheidend für diese Sicht ist im Hinblick auf die Abgrenzung von Festnetz und Mobilfunknetz, dass Mobilfunkteilnehmer ihr Festnetz-

---

701 Vgl. hierzu Vogelsang, MMR-Beilage 3/2003, 6, 8. Jedenfalls sind für den Internetzugangsmarkt der Markt für den Breitbandzugang und der Markt für den Schmalbandzugang als separate Märkte zu unterscheiden.

702 Vgl. LEC Broadband NPRM, aaO., Tz. 18ff.

703 Traditionell ist bedingt durch die frühe Trennung von Kabelfernsehen und Telefonnetz der Verbreitungsgrad von rückkanalfähigen Kabelnetzen in den U.S.A. weit höher als in Deutschland. Es kam früh zu intermodalem Wettbewerb, insbesondere im Bereich des schnellen Internetzugangs.

telefon vor allem wohl aufgrund der Kostenunterschiede, der Ortsunabhängigkeit und der unterschiedlichen Datenraten nicht abmelden. Das mag sich zukünftig durch Konzepte ändern, die auf eine Integration von Festnetz und Mobilfunknetz hinauslaufen und durch den neuen UMTS-Standard. Daneben kann eine Angleichung der Minutenpreise im Mobilfunk an die Minutenpreise im Festnetz eine Substitution des Festnetzes durch den Mobilfunk in Zukunft begünstigen.[704]
Der Breitbandkabelmarkt ist als separater Markt abzugrenzen. Der Rechtsvergleich mit den U.S.A. bestätigt diese Einordnung im Grundsatz, liefert aber keine unmittelbaren Argumente, da der Breitbandkabelmarkt von der FCC bisher nicht als Telekommunikationsdienst, sondern als Informationsdienst eingeordnet wurde, der damit auch nicht reguliert wurde. Für die FCC stellte sich die Frage der Substitutionsfähigkeit für den Telekommunikationsmarkt nicht. Nach ihrer Auffassung kommt Breitband allein als mögliches Substitut für den Internetzugang und nicht für Telekommunikationsmärkte in Betracht. Die Frage der Substitution ist aber in den U.S.A. gerichtlich nicht abschließend geklärt, da die Einordnung des Breitbandkabelnetzes als Informationsdienst umstritten ist.
Für die europäische bzw. deutsche Marktabgrenzung stellt der Breitbandkabelmarkt überwiegend kein Substitut für die TAL dar, da die Rückkanalfähigkeit noch nicht hergestellt ist.

IV. Marktabgrenzung nach Entfernungsbereich/Vorwahlbereich: Ortsverbindungen, Fernverbindungen, Auslandsverbindungen

1. Die Abgrenzung von Orts-, Fern- und Auslandsverbindungen

Der Festnetzmarkt lässt sich jeweils weiter unterteilen, und zwar grundsätzlich nach der Entfernungszone in Ortsverbindungen, Fern-

---

[704] In diesem Zusammenhang ist auf das Angebot des Mobilfunkunternehmens E-Plus zu verweisen, dass in seinen Geschäftskundentarifen einen Minutenpreis von drei Cents in das deutsche Festnetz anbietet. Andere Anbieter werden, soweit ihr Netzauslastungsgrad das erlaubt, in naher Zukunft wohl nachziehen. Mit dem Start der UMTS-Netze werden die Netzkapazitäten wesentlich erweitert werden, so dass spätestens dann mit einer stärkeren Substitution des Festnetzes und des Mobilfunknetzes durch Angleichung der Minutenpreise zu rechnen ist. Vgl. auch Handelsblatt v. 5.8.2003, S. 9, „Mobilfunker attackieren Festnetzpreise".

verbindungen und Auslandsverbindungen.[705] Die Abgrenzung von Orts-, Fern- und Auslandsmärkten entspricht der ganz überwiegenden Ansicht.[706] Es wird argumentiert, dass Orts-, Fern- bzw. Auslandstelefonate untereinander nicht austauschbar sind, da der Nachfrager nach Telekommunikationsdienstleistungen, der jemanden im Ortsnetz erreichen will, diese Verbindung nicht durch ein Gespräch mit jemanden in einem anderen Ortsnetz (Ferngespräch) bzw. Ausland ersetzen will.[707] Weiterhin wird auch argumentiert, dass insbesondere Orts- und Ferngespräche regulatorisch bedingt grundsätzlich unterschiedlichen Wettbewerbsbedingungen unterliegen.[708] So müssen Ferngespräche aufgrund der Verbindungsnetzbetreiberauswahl (Call-by-Call oder Preselection) nicht mit dem Betreiber geführt werden, der den Teilnehmeranschluss bereitstellt.[709] Gleiches gilt für Auslands- und Mobilfunkgespräche. Allerdings verliert das Argument der unterschiedlichen regulatorischen Behandlung durch die Einführung der Möglichkeit der Verbindungsnetzbetreiberauswahl auch für den Ortsnetzbereich durch den neuen § 43 Abs. 6 TKG seine Überzeugungskraft.[710]

Die Notwendigkeit einer weiteren Unterteilung wird jedoch teilweise kritisch gesehen. Bunte/Welfens lehnen jede weitere Unterteilung ab (Theorie des einheitlichen Verbindungsmarktes).[711] Sie lehnen insbesondere die Auffassung ab, dass Orts- und Ferngespräche selbständige Märkte seien. Sie führen hierzu aus, dass jeder Telefonkunde zu einem bestimmten Zeitpunkt nur mit einem bestimmten anderen Teilnehmer sprechen wolle, unabhängig davon, ob sich dieser in einem Orts-, Fern- oder Auslandsnetz befinde. Auf diesen Teil-

---

[705] Beese/Müller, RTKom 2001, 83, 86 bezeichnen diese Einteilung als Theorie der Netzzugehörigkeit (Ortsnetz, Inland, Ausland).

[706] Vgl. Immenga, in: Immenga/Kirchner/Knieps/Kruse, S. 59; Monopolkommission, 1. Sondergutachten TK 1999, Tz. 8; dies., 2. Sondergutachten TK 2001, Tz. 21; RegTP, BK 3 v. 7.6.2000, Az. BK 3-2-99/033, MMR 2000, 500, 502, „letzte Meile".

[707] Vgl. Monopolkommission, 1. Sondergutachten TK 1999, Tz. 8.

[708] Vgl. Monopolkommission, 1. Sondergutachten TK 1999, Tz. 8.

[709] Vgl. Monopolkommission, 1. Sondergutachten TK 1999, Tz. 8.

[710] Die Umsetzung der Verbindungsnetzbetreiberauswahl wurde durch die RegTP zunächst ausgesetzt und nun für Call-by-Call zum 25.4.2003 und für Preselection zum 9.7.2003 verbindlich vorgeschrieben, vgl. RegTP, Pressemitteilung v. 21.2.2003, „Klare Bedingungen für Netzbetreiberauswahl im Ortsnetz".

[711] Bunte/Welfens, S. 75ff..

nehmerwunsch könne im Rahmen der Marktabgrenzung aber nicht abgestellt werden, denn sonst wäre jede einzelne Verbindung zu einem anderen Teilnehmer ein eigenständiger Markt.[712] Der Telefonkunde habe vielmehr eine ständige Nachfrage nach Telefonverbindungen, für die ihm der Teilnehmeranschluss zur Verfügung gestellt wird. Von dort könne er je nach seinem Bedarf Ortsgespräche, nationale und internationale Ferngespräche sowie Gespräche zu Mobilfunkanschlüssen führen.[713] Das heißt, dem Bedarfsmarktkonzept entsprechend wird argumentiert, dass der Endkunde grundsätzlich ein Produktbündel nachfragen wird, welches seinen gesamten Bedarf abdeckt.[714] Insbesondere vor dem Hintergrund einer zunehmenden Konvergenz der Übertragungsmedien könne eine sachliche Marktabgrenzung im Grunde nur zwischen den Vorleistungs- und Endkundenprodukten vorgenommen werden. Die Tatsache, dass angebotsseitig verstärkt Bündelprodukte angeboten würden, also keine Einzelmärkte kalkuliert werden, wird als Beleg für diese Entwicklung gesehen.[715]

2. Vorgaben des EU-Telekommunikationsrechts

Bei abgehenden Anrufen können aus Sicht der Endnutzer Orts-, Inlands- und Auslandsgespräche einander nicht ersetzen und Telekommunikationsanbieter benötigen Zugang zu den jeweiligen Netzen (Orts-, Fern- und Auslandsnetze).[716] Daher grenzt das europäische Recht die Märkte nach Orts-, Fern- und Auslandsverbindungen ab.[717]

3. Entscheidungspraxis der RegTP

Die RegTP hat in ihrer Entscheidungspraxis eine Abgrenzung nach Entfernungsbereichen vorgenommen. Sie unterteilt sowohl den End-

---

[712] Vgl. Bunte/Welfens, S. 76.
[713] Vgl. Bunte/Welfens, S. 76.
[714] Stellungnahme des VATM v. 24.8.2001 zu dem Eckpunktepapier der RegTP, zu Eckpunkt 3.
[715] Vgl. Stellungnahme des VATM v. 24.8.2001 zu dem Eckpunktepapier der RegTP, zu Eckpunkt 3.
[716] Vgl. Anmerkungen zur Empfehlung zu relevanten Märkten, aaO., S. 17; Entscheidung der EU-Kommission, COMP/M.1439 – Telia/Telenor, Tz. 88ff., 95.
[717] Vgl. Empfehlung zu relevanten Märkten, aaO., Anhang; Anmerkungen zur Empfehlung zu relevanten Märkten, aaO., S. 17; Leitlinien zur Marktanalyse, aaO., Tz. 65.

kunden- als auch den Vorleistungsmarkt in Orts-, Fern- und Auslandsverbindungen.[718]

4. Entscheidungspraxis der FCC

Nach Ansicht der FCC stellen Orts-, Fern- und Auslandsverbindungen eigenständige sachliche Märkte dar. Diese Abgrenzung wurde durch die Unterteilung des amerikanischen Telekommunikationsmarktes in die LATA-Bereiche im MFJ vorgegeben und wird seither praktiziert.[719] So hat die FCC in verschiedenen Entscheidungen jeweils die drei Produktmärkte „local exchange and exchange access services", „domestic long distance services" bzw. „interstate, domestic, interexchange telecommunications services"[720] und „U.S. international telephone service" abgegrenzt, da es für diese keine Nachfragesubstitute gibt.[721]
Der Ortsgesprächsmarkt wurde als separater Markt abgegrenzt.[722]

---

[718] Vgl. RegTP, BK 2 v. 27.4.2000, Az. BK2c 00/004 „T-ISDN-XXL", S. 11, bestätigt in RegTP, BK 3 v. 7.6.2000, Az. BK 3-2-99/033 „letzte Meile", MMR 2000, 500, 502; vgl. auch RegTP, BK 2 v. 23.11.1999, Az. BK 2c-99/012, MMR 2000, 243, 244 (dort spricht die RegTP die Möglichkeit der differenzierten Abgrenzung an, lässt sie aber im Ergebnis offen). Im Ergebnis lässt sie eine Unterscheidung bzw. Zusammenfassung von Orts-, Fern- und Auslandsverbindungen offen, weil sie bei allen denkbar erscheinenden Abgrenzungen des sachlich relevanten Marktes das Vorliegen einer marktberrschenden Stellung bejaht, vgl. Stellungnahme der RegTP zum Entwurf einer Empfehlung der EU-Kommission über relevante Produkt- und Dienstmärkte des elektronischen Kommunikationssektors, MMR-Beilage 1/2003, 34, 39.

[719] Vgl. hierzu bereits S. 83f.

[720] In den USA gibt es verschiedene Begriffe für den nationalen Telefonverkehr (Fernverbindungen): (domestic) long distance; interstate, interexchange, long distance service; interLATA services, vgl. Bell Atlantic/NYNEX Order, aaO., Tz. 51, Fn. 114.

[721] Vgl. AT&T/TCG Order, aaO., Tz. 20: „[...] we find no close demand substitutes for local exchange and exchange access services, domestic long distance, and U.S. international services". Vgl. auch Bell Atlantic/NYNEX Order, aaO., Tz. 50f.; LEC Regulatory Treatment Order, aaO., Tz. 54 u. Fn. 19; BT/MCI II Order, aaO., Tz. 52; WorldCom/MCI Order, aaO., Tz. 24, Fn. 61: „[...] we will examine domestic interstate, interexchange, long distance services separately from local exchange and exchange access services, because consumers wishing to make a long distance call cannot substitute local telephone service".

[722] Vgl. z.B. Bell Atlantic/NYNEX Order, aaO., Tz. 50; SBC/Ameritech Order, aaO., Tz. 66ff., 91. Der „Ortsgesprächsmarkt" könnte dabei grundsätzlich noch

Der nationale Fernverbindungsmarkt wird dabei als Gesamtmarkt definiert und nicht weiter unterteilt.[723] Die FCC schliesst allerdings die Möglichkeit der weiteren Unterteilung für den Fall nicht aus, dass es glaubwürdige Beweise gibt, die vermuten lassen, dass es keinen Wettbewerb in Bezug auf diese Dienstleistung gibt oder geben könnte.[724]

5. Stellungnahme und Vorschlag

Der Festnetzmarkt ist nach Entfernungsbereichen zu unterteilen. Er besteht aus jeweils separaten Märkten für Orts-, Fern- und Auslandsverbindungen. Diese Abgrenzung ist von der europäischen, deut-

---

weiter unterteilt werden in einen reinen Ortsgesprächsmarkt (local calls market) und einen Regionalgesprächsmarkt (intraLATA market). Eine solche Abgrenzungsmöglichkeit hat die FCC aber nicht diskutiert, vermutlich weil sie nicht ermächtigt ist über den Bereich der intraLATA-Gespräche zu entscheiden (diese gehen in der Regel nicht über die Grenze eines Bundesstaates hinaus. Grenzüberschreitender Verkehr (interstate commerce) ist aber nach dem Kompetenztitel des Bundes (Commerce Clause der U.S. Verfassung) Voraussetzung für ein Tätigwerden der FCC als Bundesbehörde). Ausserdem war z.Zt. des Erlasses des Bell Atlantic/NYNEX Orders die Verpflichtung zur Ermöglichung von Wettbewerb im Intra-LATA Bereich von den Bundesstaaten noch nicht umgesetzt. Vgl. 47 U.S.C. § 271(e)(2), § 272(e)(4). Grundsätzlich können die Kunden heute für die Bereiche des klassischen Ortsnetzes (local calls), der Regionalgespräche (intra-LATA calls) und der Ferngespräche (inter-LATA calls und international calls) jeweils separate Anbieter wählen. Vgl. In the Matters of Implementation of the Local Competition, CC Docket No. 96-98, Provisions of the Telecommunications Act of 1996, Petition of U S WEST Communications, Inc., NSD File No. 98-L-121 for Waiver of Dialing Parity Dates Established in March 23, 1999 Dialing Parity Order, Order (Dialing Party Order), Tz. 1ff.

723 Vgl. Competitive Carrier Fourth, aaO., Tz. 13f; Implementation of Section 254(g), aaO., Tz. 44; AT&T Reclassification Order, aaO., Tz. 34, 21.

724 Vgl. Implementation of Section 254/g), aaO., Tz. 47: „We believe that it would be administratively burdensome to delineate all relevant product markets for interstate, interexchange services. The fact that we have previously found that there is substantial competition with respect to most interstate, domestic, interexchange service offerings suggests that we do not need to do so at this time. Accordingly, we tentatively conclude that we should address the question whether a specific interstate, interexchange service (or group of services) constitutes a separate product market only if there is credible evidence suggesting that there is or could be a lack of competitive performance with respect to that service (or group of services)". Vgl. auch LEC Regulatory Treatment Final Rule, aaO., Tz. 31, 42.

schen und U.S. amerikanischen Regulierungspraxis anerkannt, da die Verbindungen untereinander nicht austauschbar sind. Die Argumentation, dass der Endkunde grundsätzlich ein Produktbündel nachfragen wird, welches seinen gesamten Bedarf abdeckt, - wie sie von den Vertretern der Ansicht von einem einheitlichen Markt für Telefonverbindungen vorgetragen wird -, scheint auf den ersten Blick zwar zu überzeugen. Allerdings geben die Vertreter diese Ansicht selber zu, dass es einen „Bedarf" nach Ortsgesprächen und anderen Verbindungen gibt, also eine differenzierte Betrachtung erforderlich ist. Ausserdem überzeugt die Argumentation, dass es für den Kunden unerheblich sei, ob sich sein Gesprächsteilnehmer in demselben Ortsnetz, einem anderen Ortsnetz oder im Ausland befindet, nicht. Insbesondere durch den Erfolg des Call-by-Call wird deutlich, dass der Nachfrager genau diese differenzierenden Überlegungen anstellt, wenn er mit jemandem telefonieren möchte. Befindet sich der Gesprächsteilnehmer im billigeren Ortsnetzbereich, so wird er grundsätzlich eher zum Telefonhörer greifen. Auch die Preisstruktur spricht dagegen. Ein einheitlicher Markt für Telefonverbindungen könnte allenfalls dann angenommen werden, wenn es – wie im Mobilfunk überwiegend üblich - einen einheitlichen Preis für eine Telefonverbindung geben würde, unabhängig von der Entfernung. Zugegebenermassen müsste dann streng am Bedarfsmarktkonzept orientiert jedes individuelle Gespräch einen eigenständigen Markt darstellen. Doch ist hier – wie bereits ausgeführt – aus Praktikabilitätsgründen für die Zwecke der Marktabgrenzung eine gröbere Unterteilung vorzunehmen. Das Argument, dass es angeblich einen weitgehenden Bedarf nach solchen Bündelprodukten (Telefonverbindungen) gibt, ist nicht zwingend, da es mit sehr grosser Wahrscheinlichkeit immer Teilnehmer geben wird, die ihre Telefonprodukte individuell einkaufen. Dementsprechend wird es auch die Einzelleistungen Orts-, Fern- oder Auslandsverbindung weiterhin als eigenständige Märkte geben.

V. Marktabgrenzung nach Kundengruppen: Geschäftskunden – Privatkunden

1. Die Abgrenzung nach Geschäfts- und Privatkunden

Weiterhin ist eine Unterteilung von Dienstleistungsmärkten nach Kundengruppen möglich. In diesem Zusammenhang ist vor allem die Unterteilung in Märkte für Geschäftskunden und Privatkunden zu nennen, die gerade auch auf dem Telekommunikationsmarkt benutzt wird.[725] Im Sinne des Bedarfsmarktkonzepts lässt sich das nur rechtfertigen, wenn Geschäftskunden und Privatkunden unterschiedliche Nachfragestrukturen aufweisen, d.h. wenn sich die Wettbewerbsbedingungen bei beiden Kundengruppen deutlich unterscheiden. Die Schwierigkeit bei einer solchen Abgrenzung besteht darin, geeignete Kriterien zur Unterscheidung der beiden Kundensegmente zu finden, da ja beiden Kundengruppen im Wesentlichen die gleichen Telekommunikationsdienstleistungen angeboten werden. Es fragt sich, welche Kriterien einen Kunden als Geschäftskunden qualifizieren und dementsprechend zu einer Abgrenzung eines gesonderten Geschäftskundenmarktes führen können. Ein solcher Markt würde einen speziellen Bedarf für „Geschäftskunden" voraussetzen, der sich vom Bedarf anderer Kundengruppen, also den „Privatkunden" abgrenzen liesse. Indiz für das Vorliegen unterschiedlicher Wettbewerbsbedingungen sind unterschiedliche Markt- und Absatzstrategien der Anbieter.[726]

a) Argumente für eine Abgrenzung separater Märkte für Geschäftskunden und Privatkunden

Die Befürworter der Ansicht, die getrennte Märkte für Geschäfts- und Privatkunden abgrenzt, bejahen den Geschäftskundenstatus unter Hinweis auf die nachgefragte Qualität und Quantität der Dienstleistung sowie der beanspruchten Zeit (Dauer und Zeitpunkt der Telefonverbindungen).[727] Im Einzelnen wird vorgebracht, dass von den Gruppen teilweise unterschiedliche Telekommunikationsleistungen nachgefragt würden. Es würden verschiedene Anschlussarten (Standardanschluss, ISDN-Basisanschluss oder ISDN-Primärmultiplexanschluss) benötigt. Hier nutzten Geschäftskunden überproportional häufig ISDN-Basisanschlüsse und sie seien die einzigen Nutzer von Primär-Multiplex-Anschlüssen.

---

[725] Vgl. Plum/Schwarz-Schilling, WIK-Diskussionsbeitrag Nr. 200, S. 57; Klaue/Schwintowski, S. 103; Monopolkommission, 2. Sondergutachten TK 2001, Rn. 171; Mayen, MMR 2001, 496, 498.

[726] Vgl. RegTP, BK 2c 00/019 v. 20.2.2001 - Dänemark, S. 27; vgl. RegTP, BK 2c 00/021 v. 16.1.2002 – Regionalmarkt Berlin, S. 16; Ruppelt, in: Langen/Bunte, § 19 Rn. 15.

[727] Vgl. Antragsbegründung DTAG in: RegTP, BK 2c 00/021 v. 16.1.2002 – Regionalmarkt Berlin, S. 6; RegTP, BK 2c 00/019 v. 20.2.2001 – Dänemark, S. 5.

Beide Gruppen hätten ein deutlich unterschiedliches Nutzerverhalten und hätten folglich einen unterschiedlichen Bedarf.[728] Dies betreffe die Frage der zeitlichen Schwerpunkte für die Inanspruchnahme von Telefonverbindungen[729], den Umfang des jeweils erzeugten Verkehrs[730] und den Umfang des Auslandsverkehrs.[731] Dadurch komme es zu einer zusätzlichen Verstärkung der Wettbewerbsintensität bei Geschäftskunden.[732] Beide Gruppen fragten unterschiedliche Kombinationen von Telekommunikationsleistungen nach.
Auf der Anbieterseite ist auf folgende Verhaltensweisen hinzuweisen: Die meisten Telekommunikationsanbieter haben unterschiedliche Tarife für Privat- und Geschäftskunden. Einige Unternehmen würden sich zudem ausschliesslich an Geschäftskunden wenden. Geschäftskunden erhielten aufgrund ihres Nachfrageverhaltens üblicherweise bestimmte Rabattierungen, z.T. bei bestimmten Mindestumsätzen (Verbund-, Volumenrabatte und Anschlussangebote).[733] Es existieren besondere Produkte und Serviceangebote, die sich ausschliesslich an Geschäftskunden richteten.[734]
Als weiteres Abgrenzungskriterium können die personalen Eigenschaften des Kunden wie die Rechtsform und die Firmierung zur Einordnung herangezogen werden. Das heißt, wenn der Kunde unter einer gesellschaftsrechtlichen Bezeichnung (z.B. als GmbH) firmiert, so ist er als Geschäftskunde anzusehen.

---

[728] Vgl. Mayen, MMR 2001, 496, 498; Die RegTP stimmt der Feststellung des unterschiedlichen Nutzerverhaltens grundsätzlich zu, vgl. RegTP, BK 2c 00/021 v. 16.1.2002 – Regionalmarkt Berlin, S. 16.

[729] Privatkunden telefonieren überwiegend in der Abendzeit; Geschäftskunden während der Tageszeit.

[730] Geschäftskunden haben einen deutlich höheren Gesprächsumsatz, vor allem im Fern- und Auslandsbereich.

[731] Vgl. Mayen, MMR 2001, 496, 498.

[732] Vgl. Antragsbegründung DTAG, in: RegTP, BK 2b 00/014 v. 20.2.2001 – USA, S. 5.

[733] Vgl. Antragsbegründung DTAG, in: RegTP, BK 2c 00/019 v. 20.2.2001 – Dänemark, S. 5.

[734] Vgl. RegTP, BK 2c 00/021 v. 16.1.2002 – Regionalmarkt Berlin, S. 16.

b) Argumente gegen eine Abgrenzung separater Märkte für Geschäftskunden und Privatkunden

Gegen eine solche Einteilung werden im Wesentlichen folgende Argumente vorgebracht:[735] Es gelte, eine Atomisierung bzw. Zersplitterung des Marktes zu verhindern. Eine Aufteilung in Privat- und Geschäftskunden sei willkürlich und entspreche nicht den Marktgegebenheiten, da der nach dem Bedarfsmarktkonzept allein maßgebliche Kunde kein spezifisches Privat- oder Geschäftskundengespräch führen wolle, sondern eine einheitliche Kommunikationsdienstleistung in Anspruch nehme, die sich allenfalls im Pricing unterscheide.[736] Die personale Qualität des Kunden ist nach dieser Ansicht irrelevant. Die günstigeren Tarife für Geschäftskunden bedeuteten nur eine besondere Vertriebskondition innerhalb eines einheitlichen Marktes für ein einheitliches Produkt.[737] Zwar wird zugegeben, dass Geschäftskunden in stärkerem Masse auf alternative Anbieter zurückgreifen können. Doch führe dies noch nicht zu unterschiedlichen Wettbewerbsbedingungen. Die Nachfragestrukturen allein könnten eine Differenzierung in Geschäfts- und Privatkunden nicht begründen.

Teilweise wird dem eine andere Abgrenzung, nämlich die Aufteilung zwischen Standardprodukten und Individualprodukten, gegenüber gestellt (dementsprechend zwischen Standardkunden und Individualkunden).[738] Denn allein die Tatsache, dass jemand Geschäftskunde ist, bedeute in der Praxis nicht, dass er anderen Bedingungen unterliege als ein Privatkunde. Besondere Bedingungen würden allenfalls für Individualkunden angeboten, die eine spezielle technische Lösung verlangten. Standardkunden würden dagegen auf eine vorgegebene technische Lösung zurückgreifen, bei der die rechtlichen und wirtschaftlichen Bedingungen vorformuliert sind.[739] Die Abgrenzungs-

---

[735] Vgl. Beese/Müller, RTKom 2001, 83, 90; Bunte/Welfens, S. 75ff.; vgl. die Stellungnahmen der Beigeladenen im Verfahren RegTP, BK 2c 00/019 v. 20.2.2002 – Dänemark, S. 8ff.

[736] Vgl. Stellungnahme Debitel im Verfahren RegTP, BK 2c 00/019 v. 20.2.2002 – Dänemark, S. 11; Vgl. Beese/Müller, RTKom 2001, 83, 90; Bunte/Welfens, S. 75.

[737] Vgl. Beese/Müller, RTKom 2001, 83, 90.

[738] Bunte/Welfens, S. 75; vgl. auch Stellungnahme der Beigeladenen 3 (Viag Interkom) im Verfahren RegTP, BK 2c 00/019 v. 20.2.2001 – Dänemark, S. 14.

[739] So Bunte/Welfens, S. 75.

kriterien Anschlüsse, Kanäle, Verbindungsvolumina und Umsatz seien vertrieblicher Natur.[740]
Die Kritiker einer Abgrenzung zwischen Geschäfts- und Privatkundenmarkt lehnen diese also im Kern aufgrund der praktischen Schwierigkeiten ab, geeignete Abgrenzungskriterien zu finden.

2. Vorgaben des EU-Telekommunikationsrechts

Das europäische Telekommunikationsrecht grenzt Geschäfts- und Privatkunden als separate Märkte ab.[741] Insbesondere die unterschiedlichen Preisgestaltungsmodelle und Angebote gegenüber Privat- und Geschäftskunden sprechen nach Auffassung der EU-Kommission dafür, dass beide Gruppen separate Märkte bilden.[742]

3. Entscheidungspraxis der RegTP

Die RegTP stellt die Möglichkeit der Abgrenzung eines Geschäfts- und Privatkundenmarktes nicht grundsätzlich in Abrede. Voraussetzung für die Abgrenzung eines sachlich relevanten Marktes für Sprachtelefondienstverbindungen für Geschäftskunden ist nach Auffassung der RegTP eine entsprechende Absatzstrategie der Anbieter.[743] Eine solche hat die RegTP in ihrer bisherigen Entscheidungspraxis verneint.[744] So hat sie in ihrer Entscheidung zum Regional-

---

[740] Vgl. Stellungnahme der Beigeladenen im Verfahren RegTP, BK 2c 00/021 v. 16.1.2002 – Regionalmarkt Berlin, S. 10.

[741] Vgl. Empfehlung zu relevanten Märkten, aaO., Anhang; vgl. Anmerkungen zur Empfehlung zu relevanten Märkten, aaO., S. 16.

[742] Vgl. Leitlinien Marktanalyse, aaO., Rn. 46, 65, 67 Fn. 65 m.w.N.. So hat die Kommission auf dem Markt für festnetzgestützte Telefondienste an Endabnehmer zwei unterschiedliche Gruppen unterschieden, nämlich die privaten und beruflichen Nutzer. Bei Geschäftskunden bestehen im Vergleich zu anderen privaten Nutzern erhebliche Unterschiede in der Nachfrage (und im Angebot) von Diensten, vgl. Kommissionsentscheidungen, Sache Nr. IV/JV.15 – BT/AT&T; Sache Nr. COMP/M.1741 – MCI WorldCom/Sprint; Sache Nr. COMP/M.2257 – France Télécom/Equant.

[743] Vgl. RegTP, Bk 2c 00/019 v. 20.2.2001 – Dänemark, S. 27.; Stellungnahme der RegTP zum Entwurf einer Empfehlung der EU-Kommission über relevante Produkt- und Dienstmärkte des elektronischen Kommunikationssektors, MMR-Beilage 1/2003, 34, 39; vgl. auch Monopolkommission, 2. Sondergutachten TK 2001, Rz. 146.

[744] Nach Auffassung der RegTP gibt es, obwohl sich die Begriffe „Geschäftskunden“ im Gegensatz zu „Privatkunden“ eingebürgert haben, nach ihren Ermittlun-

markt Berlin ausgeführt, dass als Voraussetzung für eine entsprechende Abgrenzung von Geschäfts- und Privatkunden ein spezieller Bedarf für „Geschäftskunden" existieren muss, der sich von dem der „Privatkunden" abgrenzen lasse, so dass keine Austauschbarkeit der von Geschäftskunden einerseits und Privatkunden andererseits nachgefragten Produkte bestünde.[745]
In ihrer Dänemark-Entscheidung lehnt die RegTP einen speziellen Geschäftskundenmarkt auf der Strecke Deutschland-Dänemark ab, da es keinen speziellen Bedarf für „Geschäftskunden" gebe. Nach Kundengruppen unterscheidbare Markt- bzw. Absatzstrategien der Anbieter seien derzeit nicht feststellbar.[746] Die Kriterien für die Inanspruchnahme von „Geschäftskunden"-Angeboten seien mannigfaltig und je nach Anbieter unterschiedlich.[747] Auch wenn sie eine solche Einteilung für möglich hält, hat sie auch in der Entscheidung zum Regionalmarkt Berlin einen separaten Geschäftskundenmarkt vor allem mit dem Argument mangelnder eindeutiger Zuordnungskriterien für die Kundengruppe „Geschäftskunden" abgelehnt. Die Tatsache, dass Geschäftskunden aufgrund ihrer unterschiedlichen Bedürfnisse (andere Volumina und Tarifzeiten) möglicherweise in den Genuss günstigerer Tarife kommen können, vermöge einen eigenständigen Markt für Geschäftskunden nicht zu begründen.[748] Im Weiteren geht die RegTP darauf ein, dass grundsätzlich anerkannt sei, dass im Falle von technisch-funktionell übereinstimmenden Leistungen Preisunterschiede für die Austauschbarkeit von Bedeutung sein können.[749] Jedoch lägen nur dann unterschiedliche Märkte vor, wenn der Preis Ausdruck einer in dem besonderen Verwendungszweck der Leistung

---

gen keine klar abgrenzbare Nachfragergruppe der Geschäftskunden, so dass eine hierauf gegründete Marktabgrenzung ausscheide, vgl. Stellungnahme der RegTP zum Entwurf einer Empfehlung der EU-Kommission über relevante Produkt- und Dienstmärkte des elektronischen Kommunikationssektors, MMR-Beilage 1/2003, 34, 39.

[745] Vgl. RegTP, BK 2c 00/021 v. 16.1.2002 – Regionalmarkt Berlin, S. 16; vgl. bereits RegTP, Bk 2c 00/019 v. 20.2.2001 – Dänemark, S. 27.

[746] Vgl. RegTP, BK 2c 00/019 v. 20.2.2001 - Dänemark, S. 27.

[747] Vgl. Stellungnahme der RegTP zum Entwurf einer Empfehlung der EU-Kommission über relevante Produkt- und Dienstmärkte des elektronischen Kommunikationssektors, MMR-Beilage 1/2003, 34, 39.

[748] Vgl. RegTP, BK 2c 00/021 v. 16.1.2002 – Regionalmarkt Berlin, S. 17.

[749] Vgl. RegTP, BK 2c 00/021 v. 16.1.2002 – Regionalmarkt Berlin, S. 17, unter Hinweis auf Ruppelt, in: Langen/Bunte, § 19 Rn. 18; vgl. auch Möschel, in: Immenga/Mestmäcker, § 19 Rn. 29; Bechtold, § 19 Rn. 9.

begründeten Qualität sei. Hingegen lägen keine unterschiedlichen Märkte vor, wenn die unterschiedlichen Preise lediglich Leistungsbündel und dementsprechend Kostenunterschiede widerspiegeln. In diesem Falle handele es sich nämlich um marktgleichwertige Angebote, welche lediglich alternative Absatzstrategien darstellen würden.[750]

Im Ergebnis ist die RegTP damit der Auffassung, dass es sich bei den Leistungen für Geschäftskunden nur um eine alternative Absatzstrategie für marktgleichwertige Angebote handelt. Damit lehnt sie eine Abgrenzung von Privat- und Geschäftskundenmärkten in der Telekommunikation ab, auch wenn sie eine Abgrenzung nach Kundengruppen im Grundsatz für möglich hält.

4. Entscheidungspraxis der FCC

Traditionell unterscheidet die FCC zwei Märkte für Telekommunikationsdienste innerhalb eines abgegrenzten Produktmarktes. Zum einen den Massenmarkt (mass market), der hauptsächlich aus Privatkunden (residential customers) und kleineren Geschäftskunden (small business customers) besteht.[751] Zum anderen den grösseren Geschäftskundenmarkt (larger business market), der sich aus mittleren und grossen Geschäftskunden (medium-sized and large business customers) zusammensetzt.[752] Somit grenzt sie einen Markt für Privatkunden und einen Markt für Geschäftskunden ab. Unterscheidungskriterium ist die Tatsache, dass die Dienste, die einer Gruppe angeboten werden, keine vergleichbaren Substitute für Dienste sind, die der anderen Gruppe angeboten werden.[753] Privatkunden haben ausserdem andere Entscheidungsfindungsabläufe als Geschäftskunden und müssen demzufolge anders umworben werden.[754] Geschäftskunden werden in der Regel mit individuell verhandelten Verträgen bedient und im Rahmen eines Direktmarketings angespro-

---

[750] Vgl. RegTP, BK 2c 00/021 v. 16.1.2002 – Regionalmarkt Berlin, S. 17 unter Hinweis auf BGH v. 11.3.1986, BGH WuW/E BGH 2231, 2235f – Metro/Kaufhof.

[751] Vgl. z.B. SBC/Ameritech Order, aaO., Tz. 68 m.w.N..; AT&T/TCG Order, aaO., Tz. 21.

[752] Vgl. z.B. SBC/Ameritech Order, aaO., Tz. 68; BT/MCI II Order, aaO., Tz. 50.

[753] Vgl. LEC Broadband NPRM, aaO., Tz. 20; SBC/Ameritech Order, aaO., Tz. 68.

[754] Vgl. Worldcom/MCI Order, aaO., Tz. 164; Bell Atlantic/NYNEX, aaO., Tz. 53.

chen.[755] Demnach gibt es nach Auffassung der FCC unterschiedliche Markt- und Absatzstrategien, die die Abgrenzung von separaten Geschäftskundenmärkten rechtfertigen.

5. Stellungnahme und Vorschlag

Es spricht vieles dafür, separate Geschäftskunden- und Privatkundenmärkte abzugrenzen: Geschäftskunden haben einen anderen Bedarf an Telefondienstleistungen als Privatleute. Geschäftskunden fragen in der Regel höherbitratige Leistungen und Primärmultiplexanschlüsse nach. Ihr Bedarf an Telefonverbindungen liegt weit höher als von Privatkunden und folgt anderen Nachfragemustern (z.B. Nachfragespitze zur Tageszeit). Es ist zwar zum Teil schwierig, Abgrenzungskriterien zu finden, die eindeutig auf die Geschäftskunden- bzw. Privatkundeneigenschaft schliessen lassen. Allein die Schwierigkeit, geeignete Abgrenzungskriterien zu finden, kann jedoch nicht gegen die grundsätzliche Richtigkeit sprechen, Märkte nach Privat- und Geschäftskunden abzugrenzen. Nach dem Bedarfsmarktkonzept können auch angebotsseitige Aspekte bei der Abgrenzung berücksichtigt werden. So unterscheiden einige Telekommunikationsanbieter in ihren Tarifbestimmungen und Geschäftsmodellen Geschäftskunden und Privatkunden und verfolgen teilweise unterschiedliche Markt- und Absatzstrategien bezüglich dieser Kundengruppen (z.B. wenden sich einige Anbieter ausschliesslich an Geschäftskunden). Letztlich kann dann ein Kriterium allein nicht ausschlaggebend sein. Es ist vielmehr im Sinne einer Gesamtbetrachtung aller möglichen Kriterien (Anschlussart, Umsatz, gewähltes Tarifpaket, Vorsteuerabzugsfähigkeit, Rechtsform) auf den Status als Geschäfts- bzw. Privatkunde zu schliessen. Schwierigkeiten bleiben bei der Grenzziehung z.B. bei kleineren Unternehmen bzw. Selbständigen. Hier kommt es auf den jeweiligen Einzelfall an.
Die RegTP hat bisher einen gesonderten Geschäftskundenmarkt abgelehnt, stellt die Möglichkeit aber nicht grundsätzlich in Abrede. Das EU-Kommunikationsrecht grenzt eindeutig Geschäftskunden- und Privatkundenmärkte als separate Märkte ab. Aufgrund dieser Vorgaben sollte auch die RegTP zukünftig Privatkunden- und Geschäftskundenmärkte abgrenzen. Im U.S. amerikanischen Telekommunikationsrecht wird eine Abgrenzung in separate Märkte für Geschäfts-

---

[755] Vgl. SBC/Ameritech Order, aaO., Tz. 68, Fn. 146.

kunden und Privatkunden grundsätzlich nicht problematisiert, sondern allgemein für möglich gehalten. Anders als die RegTP, die solche Märkte zwar abstrakt für abgrenzbar hält, dies aber in der Praxis noch nicht getan hat, hat die FCC solche Märkte bereits konkret abgegrenzt. So grenzt die FCC in ihrem WorldCom/MCI Order und nachfolgenden Entscheidungen[756] einen Massenmarkt (mass market) ab, der grundsätzlich dem deutschen Privatkundenmarkt entspricht. Dabei zählt sie allerdings anders als das deutsche und europäische Recht neben den Privatkunden (residential customers) auch kleinere Geschäftskunden (small business customers) zu diesem Markt. Zum separaten grösseren Geschäftskundenmarkt (larger business customers) gehören dementsprechend mittlere und grosse Geschäftskunden (medium-sized and large business customers). Durch die Einbeziehung der kleineren Geschäftskunden in den Massenmarkt (Privatkundenmarkt) will sie offensichtlich Abgrenzungsprobleme insbesondere im Bereich der selbständigen Arbeitnehmer vermeiden. Diese Abgrenzung sollte auf die Telekommunikationsmärkte in Deutschland übertragen werden. Sie steht im Einklang mit dem europäischen Kommunikationsrecht, das nur eine Abgrenzung von Privat- und Geschäftskundenmärkten vorsieht, jedoch die Einzelheiten der Abgrenzung von Privat- und Geschäftskunden den nationalen Regulierungsbehörden überlässt. In der Empfehlung zu relevanten Märkten werden den Privatkunden „andere Kunden" gegenübergestellt. Unter den Begriff der „anderen Kunden" („non-residential" customers in der englischsprachigen Version der Empfehlung zu relevanten Märkten) lassen sich mittlere und grosse Geschäftskunden fassen. Zwar kann dagegen vorgebracht werden, dass eine Übertragung dieser Einteilung auf deutsche Telekommunikationsmärkte die Abgrenzungsprobleme nur bedingt lösen würde, da sich diese dann in den Bereich der Abgrenzung von kleineren und mittleren Geschäftskunden verschieben. Allerdings dürfte durch die Erweiterung der Privatkundenmärkte um die kleineren Unternehmen die praktische Abgrenzung einfacher fallen. So müssten z.B. Ein-Mann-Gesellschaften und Selbständige einen gewissen Geschäftsumsatz überschreiten, bevor diese zum Geschäftskundenmarkt gehören. Das macht eine enge Abgrenzung in diesem Bereich entbehrlich und die Abgrenzung insgesamt somit einfacher handhabbar.

---

[756] Vgl. Ameritech/SBC Order, aaO., Rn. 68, Fn. 146 m.w.N.; WorldCom/MCI Order, aaO., Rn. 24.

VI. Auslandsmarkt: Abgrenzung nach Zielländern

1. Die Abgrenzung nach Zielländern

Innerhalb des Marktes für Auslandstelefonate könnte wiederum sachlich nach Zielländern unterteilt werden.[757] Auslöser dieser Diskussion um Länderverbindungen als eigenständige Teilmärkte waren Anträge der DTAG zur Feststellung einer fehlenden Marktbeherrschung auf bestimmten Teilmärkten im Bereich des Sprachtelefondienstes. Diese Anträge betrafen die Auslandsverbindungen in die U.S.A.[758], nach Dänemark (im Segment Geschäftskunden)[759], und in die Türkei[760].[761] In der zweiten Jahreshälfte 2001 hat die DTAG zudem weitere Anträge auf Feststellung fehlender Marktbeherrschung für Verbindungen nach Australien[762], Japan[763] sowie in die Russische Föderation, nach Weissrussland, Kasachstan und in die Ukraine[764] gestellt. Hinter den verschiedenen Anträgen der DTAG steht das Ziel, für bestimmte Länder aus der Regulierung entlassen zu werden.

Voraussetzung für eine solche Marktabgrenzung nach Zielländern ist, dass man den Gesamtmarkt der Auslandssprachtelefonie in einzelne, nach Ländern unterscheidbare Teilmärkte untergliedern kann. Um zu dieser Schlussfolgerung zu kommen, muss eine Abgrenzung i.S.d. Bedarfsmarktkonzepts dazu führen, dass es sich bei den Verbindun-

---

[757] Vgl. z.B. RegTP, BK 2c 00/018 v. 20.2.2001 – Türkei, S. 30. Bei der sachlichen Abgrenzung geht es um das Zielland bzw. die Strecke in das Land; Räumlich kommt es in diesem Zusammenhang darauf an, ob es im Ausgangsland, also der Bundesrepublik Deutschland, homogene Wettbewerbsbedingungen hierfür gibt. Es kann also sein, sachlich Verbindungen in ein bestimmtes Zielland als eigenständigen Markt abzugrenzen, räumlich dann aber von einheitlichen Wettbewerbsbedingungen für Verbindungsleistungen in das Zielland auszugehen.

[758] Antrag vom 19.05.2000 – Az. BK 2b 00/014, RegTP, Amtsblatt Nr. 11 v. 14.6.2000, Mitteilung Nr. 346/2000.

[759] Antrag vom 07.06.2000 – Az. BK 2c 00/019, RegTP, Amtsblatt Nr. 12 v. 28.6.2000, Mitteilung Nr. 385/2000.

[760] Antrag vom 07.06.2000 – Az. BK 2c 00/018, RegTP, Amtsblatt Nr. 12 v. 28.6.2000, Mitteilung Nr. 384/2000.

[761] Vgl. hierzu RegTP, Tätigkeitsbericht 2000/2001 vom Dezember 2001, S. 98f.

[762] Mitteilung Nr. 481/2001, Amtsblatt RegTP Nr. 16 v. 22.8.2001, Az. BK 2c 01/017.

[763] Mitteilung Nr. 480/2001, Amtsblatt RegTP Nr. 16 v. 22.8.2001, Az. BK 2c 01/016.

[764] Mitteilung Nr. 642/2001, Amtsblatt RegTP Nr. 22 v. 14.11.2001, Az. BK 2c 01/012, BK 2c 01/013, BK 2c 01/014, zusammengefasst unter Az. BK 2e 01/021.

gen in das jeweilige Land tatsächlich um einen aus Sicht der Nachfrager eigenständigen Markt handelt. Die Wettbewerbsbedingungen zwischen den einzelnen Ländern/Ländergruppen müssen sich unterscheiden. Folgende Argumente werden im Einzelnen vorgebracht:

a) Argumente für die Möglichkeit der Ziellandabgrenzung

Es wird vorgeschlagen im Rahmen der Abgrenzung von Märkten für Auslandsgespräche weiter nach Zielländern zu differenzieren, da sich die Wettbewerbsverhältnisse nach Ländergruppen zum Teil deutlich unterschieden.[765] Ausserdem seien einzelne Verbindungen in die Zielländer untereinander nicht austauschbar.[766]

b) Argumente gegen die Möglichkeit der Ziellandabgrenzung

Die Abgrenzung von Zielländern als separate Märkte innerhalb des Auslandsmarktes wird mit dem Argument kritisiert, dass es hierdurch zu einer künstlichen Separierung, ja Atomisierung per se unselbständiger Märkte eines Gesamtmarktes kommen würde. Die Folge wäre eine Unzahl von Auslands- und Inlandseinzelmärkten. Eine solche Marktabgrenzung wäre nicht nur sachlich-inhaltlich absurd, sondern würde die RegTP zusätzlich vor schier unlösbare Aufgaben stellen.[767] Dem Nachfrager gehe es nicht darum, für Telefonate bestimmte Zielrouten zu definieren, sondern dass er den Markt als Ganzes betrachte, allerdings unterteilt in den jeweiligen Markt für inländische Orts- und Ferngespräche sowie Auslandsferngespräche.[768] Ein

---

[765] Vgl. Plum/Schwarz-Schilling, WIK-Diskussionsbeitrag Nr. 200, S. 64; Monopolkommission, 1. Sondergutachten TK 1999, Tz. 11; Monopolkommission, 2. Sondergutachten TK 2001, Tz. 191ff.; in ihrem 3. Sondergutachten TK 2003, Tz. 129, lehnt die Monopolkommission aber eine Abgrenzung nach Zielländern ab.

[766] Vgl. hierzu insgesamt auch: Rede von Matthias Kurth auf dem TK-Forum „Marktabgrenzung und Marktbeherrschung auf Telekommunikationsmärkten in der Diskussion" vom 27.8.2001 in Bonn, abrufbar unter http://www.regtp.de, S. 3f.; Eckpunkte, Zusammenfassung der Stellungnahmen, MMR-Beilage 7/2002, 27, 27f.

[767] Vgl. Stellungnahme der Beigeladenen 5 (Global Telecom) im Verfahren RegTP, Bk 2c 00/019 – Dänemark, S. 9; Stellungnahme der Beigeladenen 5 (MCI Worldcom) im Verfahren, RegTP, Bk 2b 00/014 v. 20.2.2001 – USA, S. 9.

[768] Ablehnend z.B.: VATM in seiner Stellungnahme v. 24.8.2001 zu dem Eckpunktepapier der RegTP, zu Eckpunkt 3; Hauptargument dieser Ansicht ist, dass der Kunde regelmässig ein Produktbündel zur Abdeckung seines Telefonbedarfs nachfragt, also eine Gesamtdienstleistung Sprachtelefonie; vgl. hierzu auch Eck-

hypothetischer Markt in ein bestimmtes Zielland (z.B. Türkeitelefonate, U.S.A.-Telefonate, Dänemark-Telefonate) werde vom Nachfrager in der Regel nicht anvisiert. Es handele sich also bei der Leistung „Auslandsferngespräch“ um eine homogene Nachfrage.[769] Die Monopolkommission bemerkt kritisch, dass die Tendenz zur Definition bilateraler Märkte zwischen zwei Staaten die Tradition aus der Zeit der Staatsmonopolbetriebe fortsetzen würde, in der die Staaten darüber entschieden, wie viele Leitungen zwischen ihren jeweiligen Ländern freigeschaltet wurden. Dieser bilateral verengte Marktbegriff passe auf die Verhältnisse einer liberalisierten Telekommunikation nicht. Eine regulatorische Festlegung bilateraler Streckenmärkte zwischen einzelnen Ländern sollte unterbleiben.[770]

2. Vorgaben des EU-Telekommunikationsrechts

Die EU-Kommission erkennt Länderpaare, d.h. Verbindungen in Zielländer, als relevante Märkte für die Zwecke der Fusionskontrolle an.[771] Nach den Vorgaben des europäischen Telekommunikations-

---

punkte, Zusammenfassung der Stellungnahmen, MMR-Beilage 7/2002, 27, 27 u. 33.
Aber: Über die Möglichkeit der Differenzierung des Auslandsmarktes in Märkte für die jeweiligen Zielländer bestehen selbst innerhalb des Lagers der Wettbewerber der DTAG unterschiedliche Auffassungen bestehen, Vgl. z.B. die Stellungnahmen der Beigeladenen im Verfahren RegTP, BK 2c 00/019 v. 20.2.2001 – Dänemark. Die Beigeladene 5 (Global Telesystems), S. 8, lehnt eine Differenzierung nach Zielländern ab. Die Beigeladene 3 (Viag Interkom) befürwortet diese, vgl. S. 13, schränkt diese Aussage später aber ein, indem sie eine solche Differenzierung nur für den Call-By-Call-Bereich für möglich hält, vgl. S. 18; vgl. auch die unterschiedlichen Stellungnahmen der Beigeladenen 5 (MCI Worldcom) und 3 (Mannesmann Arcor) im Verfahren, RegTP, BK 2b 00/014 v. 20.2.2001 – USA, S. 9 und 13.

[769] Vgl. Stellungnahme der Beigeladenen 5 (MCI Worldcom), in: RegTP, BK 2b 00/014 v. 20.2.2001 – USA, S. 9.

[770] Vgl. Monopolkommission, 2. Sondergutachten TK 2001, Tz. 159; dieselbe, 3. Sondergutachten TK 2003, Tz. 129. Diese Kritik ist aber wohl nur als allgemeiner Hinweis zu verstehen, da sie im Folgenden dann durchaus eine Abgrenzung nach Weltregionen für möglich hält, sofern es eine einheitliche Kostenstruktur gibt.

[771] Vgl. Entscheidung der Kommission v. 30.3.1999, No. IV/JV.15 – BT/AT&T, Tz. 82 und 92 (soweit ersichtlich nur auf Englisch vorhanden); in dieser Entscheidung wurde der Verkehr USA-UK als relevanter Produktmarkt angesehen. Vgl.

rechts können bestimmte Strecken, d.h. einzelne Länder- und Städteverbindungen, als gesonderte räumliche Märkte abgegrenzt werden.[772] In der EU wird die Abgrenzung nach Zielländern damit im Rahmen der räumlichen Marktabgrenzung problematisiert. Indem Märkte räumlich nach Strecken abgegrenzt werden, wird aber eine sachliche Marktabgrenzung nach Zielländern nicht ausgeschlossen. Denn nach EU-Recht besteht jede internationale Route aus zwei verschiedenen räumlich relevanten Märkten, die jeweils durch das Land bestimmt werden, von dem die Nachfrage ausgeht.[773] Dann stellt die jeweilige internationale Route, das heißt die Verbindung zwischen zwei Ländern (z.B. Deutschland – U.S.A.), den sachlich relevanten Markt dar. Auch wenn die internationale Route zwischen zwei Ländern nicht explizit als sachlicher Markt bezeichnet wird, ändert das nichts daran, dass es sich hierbei im Ergebnis um einen sachlichen Markt handelt, der räumlich aus zwei relevanten Märkten (im Beispielsfall Deutschland und die U.S.A.) besteht. Eine Abgrenzung von Zielländern als sachlich relevante Märkte ist damit auch nach EU-Recht möglich. In der Empfehlung zu relevanten Märkten und den Leitlinien zur Marktanalyse sind allerdings keine konkreten Zielländerabgrenzungen aufgeführt, so dass die nationalen Regulierungsbehörden in dieser Frage nicht beschränkt sind.[774]

3. Konkrete Teilmärkte und Entscheidungspraxis der RegTP

Nachdem die RegTP zunächst die Abgrenzung nach Zielländern im Vorleistungsbereich mit dem Argument abgelehnt hat, dass die Nachfrager in der Regel nicht individuelle – landesspezifische - Verbindungsleistungen nachfragten, sondern einen oder mehrere Netzbetreiber suchen, die ihr gesamtes auslandsbezogenes Ge-

---

bereits Teil B, S. 34. Diese Argumentation wird auch von der FCC für den U.S. amerikanischen Telekommunikationsmarkt geteilt, vgl. S. 203.

[772] Vgl. Leitlinien Marktanalyse, aaO., Rn. 61; jede internationale Route hat nach EU-Recht zwei räumlich relevante Märkte, die jeweils durch das Land bestimmt werden, von dem die Nachfrage ausgeht, vgl. BT/AT&T Zusammenschlussverfahren, No. IV/JV. 15 –BT/AT&T, vgl. Immenga, in: Immenga/Kirchner/Knieps/Kruse, S. 61.

[773] Vgl. Entscheidung der Kommission, No. IV/JV.15 – BT/AT&T, Tz. 92.

[774] Die Leitlinien zur Marktanalyse sprechen von der Möglichkeit der Abgrenzung bestimmter Strecken im Rahmen der räumlichen Marktabgrenzung, vgl. Leitlinien zur Marktanalyse, aaO., Tz. 61.

sprächsaufkommen[775] weiterleiten können – unabhängig davon in welches Land -, hat sie später für den Endkundenbereich die Möglichkeit der Ziellandabgrenzung ausdrücklich betont.[776] Im Fall der Telefonverbindungen in die Türkei grenzte sie dann auch erstmals einen eigenständigen Markt für Telefongespräche in das Zielland Türkei ab. Allerdings steht sie in späteren Entscheidungen der Möglichkeit der Ziellandabgrenzung wiederum kritisch gegenüber.[777] Im Einzelnen wurden und werden folgende Länderverbindungen als eigenständige Teilmärkte vorgeschlagen bzw. abgegrenzt:

a) Teilmarkt U.S.A.

Die RegTP hält in ihrer Entscheidung zu einem separaten Markt für Verbindungen Deutschland – U.S.A.[778] einen sachlich relevanten Markt für vermittelte Verbindungen von Deutschland in die U.S.A. im Bereich des Sprachtelefondienstes für denkbar bzw. für nicht ausgeschlossen. Eine Abgrenzung eines Teilmarktes U.S.A. ist nach Auffassung der RegTP damit grundsätzlich möglich. Allerdings hält sie die Frage des separaten Teilmarktes U.S.A. im konkret zu entscheidenden Fall für nicht entscheidungserheblich, da sie die konkrete Abgrenzung offen lässt und behauptet, dass die DTAG (Antragstellerin) selbst bei Annahme eines solchen Teilmarktes über eine marktbeherrschende Stellung verfüge.[779] Auf der Stufe der Prüfung der marktbeherrschenden Stellung kommt sie – unter Vernachlässigung der konkreten Marktabgrenzungsprüfung - zu dem Ergebnis, dass aufgrund einer wertenden Gesamtbetrachtung von einer Marktbe-

---

[775] Also einen Markt für Transitverbindungen ins Ausland, vgl. RegTP, BK 4 v. 13.12.1999, Az. BK 4e-99-019/30.4.99, MMR 2000, 316, 316 (mit Anmerkung v.d. Bussche, MMR 2000, 317ff.).

[776] Vgl. hierzu die nachfolgenden Ausführungen.

[777] So in den 2003 entschiedenen Verfahren, vgl. RegTP, BK 2c v. 26.3.2003, Az. 2c 01/016 – Japan, S. 14 und 16; RegTP, BK 2c v. 15.4.2003, Az. 01/017 – Australien, S. 14 und 15; RegTP, BK 2e v. 15.4.2003, Az. BK 2e 01/021 – Russland u.a., S. 11 und 13.

[778] Vgl. Antrag DT AG v. 7.6.2000 auf Feststellung, dass die DT AG auf dem Markt für vermittelte Verbindungen von Deutschland in die USA nicht marktbeherrschend ist, Mitteilung Nr. 385/2000, Amtsblatt RegTP Nr. 12 v. 28.6.2000, Az. BK 2b 00/014; dieser Antrag wurde von der RegTP abgelehnt, vgl. Mitteilung Nr. 125/2001, Amtsblatt RegTP Nr. 5 v. 14.3.2001.

[779] Vgl. RegTP, BK 2b 00/014 v. 20.2.2001 – USA, S. 25.

herrschung durch das zu untersuchende Unternehmen (DTAG) auszugehen sei.[780]

b) Teilmarkt Dänemark

In der Entscheidung über einen eigenständigen Markt für Verbindungen von Deutschland nach Dänemark im Segment Geschäftskunden[781] schliesst die RegTP die grundsätzliche Möglichkeit nicht aus, unter Zugrundelegung des Bedarfsmarktkonzeptes einen „denkbaren Markt für vermittelte Verbindungen von Deutschland nach Dänemark" abzugrenzen.[782] Sie erspart sich – wie in der Entscheidung zum Teilmarkt U.S.A. vom selben Tage – im konkreten Fall aber eine Entscheidung, da sie annimmt, dass unabhängig davon, ob man von einem sachlich relevanten Markt für Verbindungen von Deutschland nach Dänemark oder einem einheitlichen Markt für Auslandverbindungen ausgehe, die Antragstellerin (DTAG) jedenfalls über eine marktbeherrschende Stellung verfüge.[783]

Die RegTP ist sich des Problems bewusst, dass das Bedarfsmarktkonzept bei strikter Anwendung theoretisch dazu führt, dass jede einzelne Verbindung zu einem bestimmten Zielpunkt im Ausland bereits einen eigenen sachlich relevanten Markt darstellt, da sie nicht mit einer Verbindung zu einem andern Zielpunkt austauschbar wäre. Aus Gründen der praktischen Anwendbarkeit des Bedarfsmarktkonzeptes sei diese Art der Abgrenzung aber nicht praktikabel.[784] Es sei vielmehr erforderlich, Nachfrager, bzw. Verbindungen anhand geeigneter Kriterien zu Gruppen zusammenzufassen. Bei Auslandsverbindungen kommt insoweit auch eine Zusammenfassung derjenigen Nachfrager in Betracht, die Verbindungen in ein bestimmtes Zielland nachfragen,

---

[780] Vgl. RegTP, BK 2b 00/014 v. 20.2.2001 – USA, S. 25, 27.

[781] Vgl. Antrag DT AG v. 7.6.2000 auf Feststellung, dass die DT AG auf dem Markt für vermittelte Verbindungen von Deutschland nach Dänemark im Segment Geschäftskunden nicht marktbeherrschend ist, Mitteilung Nr. 385/2000, Amtsblatt RegTP Nr. 12 v. 28.6.2000, Az. BK 2c 00/019; dieser Antrag wurde von der RegTP abgelehnt, vgl. Mitteilung Nr. 127/2001, Amtsblatt RegTP Nr. 5 v. 14.3.2001; BK 2c 00/019 v. 20.2.2001.

[782] Vgl. RegTP, BK 2c 00/019 v. 20.2.2001 - Dänemark, S. 25.

[783] Vgl. RegTP, BK 2c 00/019 v. 20.2.2001 - Dänemark, S. 25; RegTP, BK 2b 00/014 v. 20.2.2001 – USA, S. 25.

[784] Vgl. RegTP, BK 2b 00/014 v. 20.2.2001 – USA, S. 25; RegTP, BK 2c 00/019 v. 20.2.2001 - Dänemark, S. 25.

sofern sich – z.B. auch als Folge größeren Nachfragevolumens und vielfältiger Transportkapazitäten – hier spezifische Wettbewerbsstrukturen herausgebildet hätten.[785] Die RegTP misst dabei dem Einwand, dass dies bei zukünftigen Marktbetrachtungen aufgrund der Vielzahl der Länder aus verfahrensökonomischen Gründen zu Problemen führen könnte, keine besondere Bedeutung zu.[786]

c) Teilmarkt Türkei

Wie in den am gleichen Tag gefällten Entscheidungen zu einem separaten Markt für Verbindungen in die U.S.A. bzw. Dänemark hält die Beschlusskammer 2 der RegTP in ihrer Entscheidung zu einem separaten Markt für Telefongespräche in die Türkei[787] an den getroffenen Ausführungen zur Marktabgrenzung fest. Nach dem Bedarfsmarktkonzept sei eine Unterteilung nach Zielländern möglich. Eine weitere Unterteilung innerhalb eines Ziellandes mit dem Argument, dass aufgrund des Kundenwunsches theoretisch dann sogar jede Verbindung in eine Stadt bzw. mit einem bestimmten Teilnehmer innerhalb des Ziellandes abzugrenzen wäre, wird unter Hinweis auf die Notwendigkeit der praktischen Anwendbarkeit des Bedarfsmarktkonzeptes abgelehnt.[788] Es sei aus diesem Grunde vielmehr erforderlich, Nachfrager bzw. Verbindungen anhand geeigneter Kriterien zu Gruppen zusammenzufassen. Bei Auslandsverbindungen komme insoweit eine Zusammenfassung derjenigen Nachfrager in Betracht, die Verbindungen in ein bestimmtes Zielland nachfragen, sofern sich – z.B. als Folge des entsprechenden Nachfragevolumens und vielfältiger Transportkapazitäten – dort spezifische Wettbewerbsstrukturen herausgebildet hätten.[789]

---

[785] Vgl. RegTP, BK 2b 00/014 v. 20.2.2001 – USA, S. 25; RegTP, BK 2c 00/019 v. 20.2.2001 - Dänemark, S. 25.

[786] Vgl. RegTP, BK 2c 00/019 v. 20.2.2001 - Dänemark, S. 25f.

[787] Vgl. Antrag DT AG v. 7.6.2000 auf Feststellung, dass die DT AG auf dem Markt für vermittelte Verbindungen von Deutschland in die Türkei nicht marktbeherrschend ist, Mitteilung Nr. 384/2000, Amtsblatt RegTP Nr. 12 v. 28.6.2000, Az. BK 2c 00/018; dieser Antrag wurde von der RegTP stattgegeben, allerdings mit einem Prüfungsvorbehalt, vgl. Mitteilung Nr. 126/2001, Amtsblatt RegTP Nr. 5 v. 14.3.2001 bzw. die BK-Entscheidung, RegTP, BK 2c 00/018 v. 20.2.2001.

[788] Vgl. RegTP, BK 2c 00/018 v. 20.2.2001 – Türkei, S. 29.

[789] Vgl. RegTP, BK 2c 00/018 v. 20.2.2001 – Türkei, S. 29; RegTP, BK 2b 00/014 v. 20.2.2001 – USA, S. 25; RegTP, BK 2c 00/019 v. 20.2.2001 - Dänemark, S. 25.

Im Gegensatz zu den U.S.A.- und Dänemark-Entscheidungen wird hier allerdings erstmals – und insofern bahnbrechend - das Vorliegen spezifischer Wettbewerbsstrukturen für den Telefonverkehr in die Türkei, und damit also das Vorliegen eines separaten, eigenständigen sachlich relevanten Marktes für die Zwecke der Marktbeherrschungsprüfung festgestellt. Dieser wird an einem besonders intensiven Preis- und Infrastruktur-Wettbewerb festgemacht, der sich trotz des derzeit noch relativ hohen Preisniveaus deutlich von den angrenzenden Ländern abhebe. So seien die Preise in weit höherem Masse gefallen, als bei Verbindungen in umliegende Länder. Zudem gebe es (stärkere) Bemühungen der Wettbewerber in Bezug auf den Aufbau eigener Infrastruktur in Form von Transportkapazität in die Türkei.[790] Verbindungen in die Türkei sind damit als eigenständiger Markt anzusehen.

Die Besonderheit der in dieser Entscheidung vertretenen Abgrenzung nach dem Zielland Türkei liegt vor allem darin, dass ihr – wie die Ausführungen der Beschlusskammer 2 der RegTP erkennen lassen – Testfallcharakter zukommen soll. In der Entscheidungsbegründung heißt es denn auch, dass die Entscheidung

> „auch die bewusst gesuchte Möglichkeit der praktischen Erfahrung auch als Erkenntnisquelle für spätere Grundsatzentscheidungen [biete]. Denn dann werden insbesondere auch Erfahrungen darüber vorliegen, wie die Antragstellerin mit dem ihr durch diese Entscheidung eröffneten größeren wettbewerblichen Verhaltensspielraum umgeht".[791]

Die Beschlusskammer will in diesem konkreten Beispielsfall sozusagen den bisherigen Mangel an Erfahrung mit einer solchen Ziellandmarktabgrenzung beseitigen, denn dann

> „würden Anhaltspunkte dafür vorliegen, dass die Antragstellerin wieder über eine marktbeherrschende Stellung im Sinne von § 19 GWB verfügt, wenn sie ihre Entgelte für Sprachtelefondienstverbindungen von Deutschland in die Türkei im An-

---

[790] Vgl. RegTP, BK 2c 00/018 v. 20.2.2001 – Türkei, S. 29.
[791] Vgl. RegTP, BK 2c 00/018 v. 20.2.2001 – Türkei, S. 30.

schluss an zunächst durchgeführte Tarifsenkungen wieder erhöhen sollte".[792]

Diese Begründung der Entscheidung – nicht die konkrete Abgrenzung nach Zielländern – gibt allerdings Anlass zur Kritik[793]: Die Beschlusskammer geht in dieser Entscheidung gleichsam nach dem „Trial-and-Error Prinzip" vor. Sie möchte ausprobieren, welche Auswirkungen eine solche Abgrenzung auf die Wettbewerbsstrukturen hat, also ob sich der Wettbewerb weiterhin entwickelt und ein regulatorisches Eingreifen entbehrlich macht, oder ob sich die Marktstrukturen wieder in Richtung Monopol entwickeln. Dahinter scheint die Überlegung zu stehen, dass ein solches Vorgehen relativ geringe Risiken für die gesamte Markt- und Wettbewerbsstruktur hat, da ja nur ein im Vergleich zum gesamten Auslandsmarkt relativ kleiner Teilmarkt abgegrenzt wird und diese Abgrenzung wegen des Prüfungsvorbehaltes nur vorläufig und testweise ist. Eine solche Argumentation ist bedenklich, da Unternehmen kaum das erneute unternehmerische Risiko eingehen werden, so dass sich ein einmal remonopolisierter Markt nur schwer wieder in einen Wettbewerbsmarkt entwickeln wird. Im Übrigen wird die DTAG kaum die Preise in diesem offiziell zum Testfall erklärten Markt erhöhen und sich so die Entlassung aus der Regulierung in anderen Auslandsmärkten erschweren. Die Preise würden frühestens dann angehoben werden, wenn die DTAG Wettbewerb auf mehreren Auslandszielmärkten unterbunden hat, nachdem sie zuvor aus der Regulierung für diese Märkte entlassen wurde.
Die RegTP hat die in dieser Entscheidung vertretene Marktabgrenzung nach Zielländern in nachfolgenden Entscheidungen allerdings nicht wiederholt.[794]

Die Türkei-Entscheidung unterscheidet sich abgesehen von der konkret vorgenommenen Marktabgrenzung ebenfalls auf der Stufe der Marktbeherrschung: Im Gegensatz zur U.S.A.- und Dänemarkentscheidung sei die Marktstruktur hier von zwei dominanten Anbietern geprägt und die Entwicklung der Marktanteilsabstände zwischen die-

---

[792] Vgl. RegTP, BK 2c 00/018 v. 20.2.2001 – Türkei, S. 30.
[793] Vgl. z.B. Fischer/Heun/Sörup, in: Heun, Teil 4, Rz. 87ff.
[794] Vgl. hierzu die im Anschluss, S. 201ff., ausführlich besprochenen Entscheidungen der RegTP zu den Teilmärkten Japan, Australien, Russland u.a..

sen deute eine Verringerung an.[795] Daraus folgert die Beschlusskammer 2 dann, dass die DTAG damit derzeit offensichtlich einer wettbewerblichen Kontrolle unterliegt und damit eine Einzelmarktbeherrschung ausgeschlossen werden kann. Eine kollektive Marktbeherrschung wird ebenfalls verneint, da kurzfristige Marktanteilsverschiebungen auf ein aktives Wettbewerbsverhalten beider Anbieter zueinander hinweisen, zudem im Aussenverhältnis Marktanteilsverschiebungen stattgefunden haben und der drittgrösste Anbieter einen kontinuierlichen Marktanteilszuwachs aufweist.[796]

d) Teilmarkt Japan, Teilmarkt Australien und Teilmarkt Russland, Weissrussland, Kasachstan und Ukraine

Nachdem die RegTP in der Türkei-Entscheidung die Möglichkeit der Ziellandabgrenzung konkret angewendet hat und in den vorherigen Entscheidungen zu separaten Teilmärkten in die U.S.A. und Dänemark eine solche Abgrenzung ausdrücklich als möglich angesprochen hat, schränkt sie diese in späteren Entscheidungen wieder ein. In den Verfahren wegen Feststellung des Fortfalls einer marktbeherrschenden Stellung der DTAG für vermittelte Verbindungen nach Japan[797], nach Australien[798] sowie in die Russische Föderation, nach Weissrussland, Kasachstan und die Ukraine[799] lehnt sie es in im Wesentlichen übereinstimmenden Begründungen ab, Zielländer abzugrenzen. Im Vorfeld dieser Entscheidungen hatte die RegTP eine Marktbefragung durchgeführt und hierzu an 29 Unternehmen ein Auskunftsersuchen übersandt, in dem es um die Möglichkeit der Ziellandabgrenzung ging. Aufgrund dieser - allerdings im Einzelnen nicht offengelegten - Marktbefragung gelangt die RegTP nunmehr zu dem Ergebnis, dass es nicht möglich sei, „Sprachtelefondienstverbindungen in einzelne Zielstaaten bzw. in verschiedene Städte oder Regionen der untersuchten Zielstaaten als jeweils separate sachliche

---

[795] Ein solches Vorgehen entspricht wettbewerbsrechtlichen Grundsätzen, vgl. zu den Kriterien Marktanteil und Marktanteilsabstand im Telekommunikationsrecht bereits S. 54ff.

[796] Vgl. RegTP, BK 2c 00/018 v. 20.2.2001 – Türkei, S. 31.

[797] RegTP, BK 2c 01/016 v. 26.3.2003 – Japan.

[798] RegTP, BK 2c 01/017 v. 15.4.2003 – Australien.

[799] Zusammengefasst im Verfahren und Beschluss RegTP, BK 2e 01/021 v. 15.4.2003 – Russland u.a.

Märkte abzugrenzen".[800] Dementsprechend sei auch eine Zusammenfassung von Zielländern zu Ländergruppen, die aufgrund der Homogenität der Wettbewerbsbedingungen grundsätzlich denkbar ist und „auch für die Zukunft nicht à priori ausgeschlossen werden kann", derzeit nicht möglich.[801]
In den genannten Entscheidungen trägt die RegTP zwei Hauptargumente vor, die gegen die Ziellandabgrenzung sprechen würden: Die Angebotsumstellungsflexibilität und der Gesichtspunkt der Homogenität der Wettbewerbsbedingungen.[802]
Die Berücksichtigung der Angebotsumstellungsflexibilität entspreche der Entscheidungspraxis der RegTP und stehe im Einklang mit europäischem Recht.[803] So bestehe eine sehr hohe Produktionsflexibilität der Anbieter, die weitgehend Angebote nicht für einzelne, sondern alle möglichen Zielländer vorweisen können.[804] Wenn überhaupt, so seien derzeit Spezialanbieter bezogen auf einzelne Zielstaaten eher die Ausnahme. Jeder Anbieter, der Verbindungen ins Ausland herstellt, sei in der Lage, alle Zielländer einzubeziehen. Wer beispielsweise eine Verbindung nach Frankreich anbietet, könne auch eine Verbindung nach Färöer herstellen und sein Sortiment jederzeit ausweiten.[805] In diesem Sinne sei auf das aktuelle und potentielle „Sortiment" der Anbieter abzustellen.[806] Gegen die Annahme einzelner sachlich relevanter Märkte für Verbindungsleistungen in einzelne Zielstaaten spreche ausserdem der Gesichtspunkt der Homogenität der Wettbewerbsbedingungen.[807] Es sei grundsätzlich denkbar, zum einen bei Vorliegen eines weiteren Zusammenhangs

---

800 RegTP, BK 2c v. 26.3.2003, Az. 2c 01/016 – Japan, S. 14; RegTP, BK 2c v. 15.4.2003, Az. 01/017 – Australien, S. 14; RegTP, BK 2e v. 15.4.2003, Az. BK 2e 01/021 – Russland u.a., S. 11.
801 RegTP, ebenda.
802 RegTP, BK 2c v. 26.3.2003, Az. 2c 01/016 – Japan, S. 16; RegTP, BK 2c v. 15.4.2003, Az. 01/017 – Australien, S. 16; RegTP, BK 2e v. 15.4.2003, Az. BK 2e 01/021 – Russland u.a., S. 13.
803 Vgl. hierzu bereits Teil B, S. 23ff..
804 Vgl. hierzu und zum Folgenden: RegTP, BK 2c v. 26.3.2003, Az. 2c 01/016 – Japan, S. 16; RegTP, BK 2c v. 15.4.2003, Az. 01/017 – Australien, S. 16; RegTP, BK 2e v. 15.4.2003, Az. BK 2e 01/021 – Russland u.a., S. 13.
805 So das Beispiel der RegTP, vgl. RegTP, BK 2c v. 26.3.2003, Az. 2c 01/016 – Japan, S. 16; RegTP, BK 2c v. 15.4.2003, Az. 01/017 – Australien, S. 16; RegTP, BK 2e v. 15.4.2003, Az. BK 2e 01/021 – Russland u.a., S. 13.
806 RegTP, ebenda.
807 RegTP, ebenda.

zwischen verschiedenen Ländern – insbesondere solchen, die zu demselben Wirtschaftsraum gehören - eine Gruppenbildung aufgrund homogener Preise vorzunehmen.[808] Auch wenn es derzeit für eine derartige Gruppenbildung keine hinreichenden tatsächlichen Anhaltspunkte gebe, so spreche gegen die Annahme einzelner sachlich relevanter Märkte für Verbindungsleistungen in einzelne Zielstaaten jedenfalls der Umstand, dass vor der wirksamen Implementierung von Call-by-Call und Preselection im Ortsnetz im Wesentlichen Call-by-Call und Preselection nur für Gespräche ins Ausland und für nationale Fernverbindungen tatsächlich genutzt wurden und somit die Wettbewerbsbedingungen insoweit identisch seien.[809] Letztlich sei damit auf Grundlage der vorliegenden Erkenntnisse die Definition eigenständiger sachlich relevanter Märkte für Verbindungsleistungen in einzelne Zielstaaten abzulehnen.

4. Entscheidungspraxis der FCC

Die FCC problematisiert die Frage der Ziellandabgrenzung wie das europäische Telekommunikationsrecht im Rahmen der räumlichen Marktabgrenzung.[810] Die FCC grenzt grundsätzlich jede Verbindung in ein Zielland als eigenständigen Markt ab, da die Verbindung in ein Land nicht durch eine in ein anderes Land ersetzt werden könne.[811] So hat sie z.B. im BT/MCI Order von 1997 einen Markt für abgehende Auslandsdienste auf der U.S.-U.K.-Route abgegrenzt.[812]
Nach Auffassung der FCC stellt der Markt für nationale Fernverbindungen einen einheitlichen Markt dar. Der Markt für Auslandsgespräche existiert demgegenüber räumlich in Form von separaten Gebieten und er wird von den nationalen Grenzen bestimmt. Das heißt

---

[808] RegTP, ebenda. Was unter einem „weiteren Zusammenhang" zu verstehen ist, wird allerdings nicht näher ausgeführt.
[809] RegTP, ebenda.
[810] Zur räumlichen Marktabgrenzung auf U.S. amerikanischen Telekommunikationsmärkten vgl. bereits Teil B, S. 104ff. und S. 128f.
[811] Vgl. International Competitive Carrier, aaO., Tz. 37; damals war Hauptargument für die Ziellandabgrenzung im Rahmen geographischer Marktabgrenzung, dass der Telekommunikationsanbieter einen Vertrag mit einem meist monopolistischen Anbieter in dem jeweiligen Zielland abschliessen musste bevor er Dienste anbieten konnte. Vgl. auch BT/MCI II Order, aaO., Tz. 54.
[812] Vgl. BT/MCI II Order, aaO., Tz. 54, 69: „market for outbound international services on the U.S.-U.K. route".

jedes Land stellt einen eigenen räumlich relevanten Markt dar.[813] Damit wird im U.S. amerikanischen Telekommunikationsrecht – ebenso wie im europäischen Recht – die Möglichkeit einer sachlichen Abgrenzung nach Zielländern nicht ausgeschlossen. Bei der Verbindung zwischen den räumlichen Märkten in den jeweiligen Ländern handelt es sich um einen sachlichen Markt. Daher erscheint die Formulierung, insbesondere die Bezeichnung eines Punkt-zu-Punkt-Marktes als räumlicher Markt unglücklich. Korrekter wäre es, die Abgrenzung nach Punkt-zu-Punkt-Märkten, also die Ziellandabgrenzung, als sachliche Marktabgrenzung (Produktmarkt) zu bezeichnen, da aus Sicht der Nachfrager ja gerade eine Verbindung in ein Land nicht durch eine in ein anderes Land ersetzt werden kann. Der räumliche relevante Markt ist dann das Gebiet, in dem sich der zu erreichende Kunde befindet, da bei einer signifikanten und dauerhaften Preiserhöhung durch den Monopolisten der Kunde nicht wegziehen kann. Die räumlichen Märkte mit ähnlichen Wettbewerbsbedingungen kann man dann zusammenfassen.[814]

5. Stellungnahme und Vorschlag

Zu der Frage, ob man von einem Gesamtmarkt für Auslandstelefonate auszugehen hat oder jede Auslandsverbindung in ein bestimmtes Land als eigenständigen sachlichen Markt abgrenzen kann, argumentieren Vertreter beider Ansichten mit dem Bedarfsmarktkonzept: Es kann hier argumentiert werden, dass der Kunde nicht eine einzelne Verbindung in ein bestimmtes Land nachfragt, sondern die abstrakte Möglichkeit, jederzeit mit einem Teilnehmer in einem beliebigen Land verbunden werden zu können. Es kann aber auch argumentiert werden, dass aus Sicht des Kunden jede Auslandsverbindung in ein bestimmtes Land grundsätzlich einen eigenständig abgrenzbaren Produktmarkt darstellt. Der Kunde hat im Einzelfall eine Nachfrage nach einer einzelnen Verbindung in ein bestimmtes Land, die auch nicht durch eine Verbindung in ein anderes Land substitu-

---

[813] In the Matter of International Competitive Carrier Policies, Report and Order, 102 F.C.C.2d 812, Tz. 38; Implementation of Section 254(g) NPRM, aaO., Tz.49, Fn. 116. Vgl. auch DT/VoiceStream Order, aaO., Tz. 97: „The geographic markets consist of each of the routes between the United States and other countries."

[814] Vgl. auch Fn. 757.

ierbar ist. So ist z.B. ein Gespräch in die U.S.A. nicht durch ein solches in die Türkei ersetzbar.
Es spricht jedoch einiges dafür, den Markt für Auslandsverbindungen (Auslandsmarkt) weiter nach Zielländern zu unterteilen: Diese Abgrenzung muss nach dem Bedarfsmarktkonzept möglich sein, wenn sich die Wettbewerbsbedingungen in einzelne Länder unterscheiden und dem Nachfrager damit dieses Auswahlkriterium zusteht. Dann müsste man jedoch noch einen Schritt weiter gehen und die Verbindung zu der individuellen Person im Ausland als eigenständigen Markt ansehen, der damit bei jedem Telefonat anders sein könnte.[815] Angesichts der daraus resultierenden Vielzahl von Märkten wäre es kaum möglich, Marktbeherrschung realistisch festzustellen, geschweige denn regulatorische Maßnahmen zu erlassen.[816] Daher muss hier zur Gewährleistung der Handhabbarkeit des Bedarfsmarktkonzeptes in der Praxis eine Modifizierung vorgenommen werden: Die Leistungen (Telefonverbindungen zu jedem einzelnen Anschluss in dem jeweiligen Auslandsmarkt) müssten auf einer nächst höheren Stufe (Telefonverbindungen in das jeweilige Zielland) zusammenfasst werden.[817] Für ein solches Vorgehen sprechen auch die tatsächlichen Marktverhältnisse: Bei keinem Telekommunikationsanbieter gibt es Tarife, die innerhalb eines Ziellandes differenzieren. Es gibt vielmehr nur einheitliche Tarife in einzelne Zielländer.[818]
Es ist anerkannt, dass ein Markt nicht nur produktbezogen, sondern auch wettbewerbsbezogen definiert wird[819], d.h. anstatt nur auf das Nachfragerverhalten abzustellen kann auch das tatsächliche Markt-

---

815 Man könnte auch noch einen Schritt weitergehen, und in zeitlicher Hinsicht weitere Differenzierungen vornehmen. Z.B. lässt sich unterstellen, dass der Anrufende den Angerufenen nur zu einem bestimmten Zeitpunkt erreichen will. Dann hätte man das Bedarfsmarktkonzept in Reinstform angewendet und käme zu dem Ergebnis, dass isolierte Märkte für jede einzelne Verbindung eines Anrufers zu einem bestimmten Teilnehmer zu einer bestimmten Zeit konstruierbar wären; vgl. hierzu Beese/Müller, RTKom, 2001, 83, 85.

816 Vgl. auch Beese/Müller, RTKom 2001, 83, 85; Wendland, in: BeckTKG, Vor § 33 Rn. 56.

817 Vgl. RegTP, BK 2c 00/019 v. 20.2.2001, - Dänemark, S. 25, RegTP, BK 2c 00/018 v. 20.2.2001 - Türkei, S. 28f.; RegTP, BK 2b 00/014 v. 20.2.2001 – USA, S. 25; RegTP, BK 2c 01/016 v. 26.3.2003 – Japan, S. 15.

818 Vgl. Mayen, MMR 2001, 496, 498.

819 Vgl. RegTP, BK 3b 99/001 v. 24.3.1999, abgedruckt in MMR 1999, 299, 305; Immenga, in: Immenga/Kirchner/Knieps/Kruse, S. 60; Möschel, in: Immenga/Mestmäcker, § 19 Rn. 22.

verhalten der Wettbewerber betrachtet werden; dann ist auf Wettbewerbs- und Marktverhältnisse bei den von Deutschland ausgehenden Gesprächen in einzelne Länder einzugehen.[820]
Anbieter sind in der Lage, in Bezug auf einzelne Länder unterschiedliche Marktstrategien zu verfolgen.[821] Im Ergebnis ist die Ansicht zutreffend, dass Verbindungen in einzelne Zielländer eigenständige sachliche Märkte darstellen können. Für die Bildung von Zielländern als eigenständige Märkte spricht auch die Tatsache, dass der Kunde im Rahmen des Call-by-Call-Angebots bewusst den Anbieter wählt, der für seinen Bedarf an Verbindungen in das gewünschte Land am günstigsten ist.[822] Weiter fällt auf, dass es Länder bzw. Ländergruppen gibt, die besonders häufig nachgefragt werden, was auf gewisse unabhängige Wettbewerbsbedingungen schliessen lässt. Unterstützung findet die Ziellandabgrenzung auch durch die Tatsache, dass diese auch in der EU und in den U.S.A. durchgeführt wird. In der EU und in den U.S.A. wird die Abgrenzung der Auslandsmärkte in den Telekommunikationsmärkten nach Zielländern allerdings überwiegend im Rahmen der räumlichen Abgrenzung diskutiert. Jedoch ist die Verbindungsroute (die internationale Route), die zwischen den jeweiligen räumlichen Märkten liegt, der sachlich relevante Markt. Auch wenn die internationale Route zwischen zwei Ländern nicht explizit als sachlicher Markt bezeichnet wird, ändert das nichts daran, dass es sich hierbei im Ergebnis um einen sachlichen Markt handelt, an dessen Enden zwei räumlich relevante Märkte liegen. Es ist dort aber auch möglich, bestimmte Zielländer mit ähnlichen Wettbewerbsbedingungen zu Gruppen zusammenzufassen. Die RegTP grenzt den Auslandsmarkt ebenfalls in einigen Fällen nach Zielländern ab (U.S.A., Türkei) und hält ebenfalls eine Zusammenfassung von Ländern zu Gruppen für möglich, sofern sich hier spezifische Wettbewerbsstrukturen herausgebildet haben.

---

[820] Dies umfasst z.B. die Marktstruktur (Anzahl der Wettbewerber) und das Marktverhalten, soweit diese disziplinierende Wirkung auf den Marktbeherrscher entfalten.

[821] So weist die DTAG im Verfahren, RegTP, Bk 2e v. 15.4.2003, Az. Bk 2e 01/021 – Russland u.a., S. 7, darauf hin, dass es bei einigen Anbietern ein konsequentes Zielgruppenmarketing über zielgruppenspezifische Werbung gebe.

[822] Hierzu muss allerdings einschränkend gesagt werden, dass diese Argumentation nur trägt, wenn er tatsächlich die Möglichkeit des Call-by-Call hat.

Die Abgrenzung nach Zielländern ist damit zu befürworten.[823]

VII. Marktabgrenzung nach Tarifzonen: Theorie der Tarifzone

1. Die Abgrenzung nach Tarifzonen

Es wäre denkbar, innerhalb des Marktes für Verbindungsleistungen die Gespräche nach Tarifzonen zu gruppieren, also eine Zusammenfassung von Auslandsverbindungen in eine Mehrzahl von Ländern, die eine ähnliche, homogene Kostenstruktur aufweisen.[824] Alle Verbindungen, die zu einer bestimmten Tarifzone gehören, würden dann demselben Markt angehören. Teilweise wird die Abgrenzung nach solchen Ländergruppen als Alternative zur strikten Abgrenzung nach individuellen Zielländern angesehen.[825]

Gegen eine solche Marktabgrenzung nach Tarifzonen wird vorgebracht, sie gehe von falschen Voraussetzungen aus. Der Preis tauge immer weniger als Unterscheidungsmerkmal, weil die Preise für Fern- und Auslandsgespräche heute kaum noch auseinander lägen.[826] Zudem sei die Festlegung der Tarifzone Willkür des Telekommunikationsanbieters und oftmals zwischen Wettbewerbern und der DTAG umstritten.[827]

Für eine solche Einteilung spreche dagegen insbesondere, dass Verbindungspreise für Auslandsgespräche marktüblich in Form von Ta-

---

[823] Der Preis für Verbindungen in ein bestimmtes Zielland kann dabei sogar für einige Telefonkunden mit einem hohen Gesprächsbedarf in ein bestimmtes Zielland (z.B. für den, der Verwandte bzw. seinen Hauptgeschäftspartner in einem bestimmten Land hat) zum Auswahlkriterium bei der Wahl des Telekommunikationsanbieters werden, von dem er seinen Telefonanschluss bezieht. Ausserdem wird er in seine Entscheidung miteinbeziehen, ob der Anbieter aufgrund seiner marktbeherrschenden Stellung dazu verpflichtet ist, Call-by-Call auf seinem Netz zuzulassen. Nur dann hat er nämlich die Möglichkeit, von Preisentwicklungen auf den Telekommunikationsmärkten im Wege des Call-by-Call zu profitieren bzw. überhaupt einen besonders günstigen Anbieter für seinen Telefonierbedarf auswählen zu können. Die Verpflichtung zur Betreiberauswahl (Call-by-Call) ist ein Wettbewerbsvorteil, den die marktbeherrschende DTAG z.B. gegenüber den Citynetzbetreibern hat.

[824] Vgl. Beese/Müller, RTKom 2001, 83, 87.

[825] Vgl. Stellungnahme der Beigeladenen 2 (Viag Interkom) in: RegTP, BK 2b 00/014 v. 20.2.2001 – USA, S. 11; vgl. auch Monopolkommission, 13. Hauptgutachten, 1998/1999, Tz. 29.

[826] Vgl. Beese/Müller, RTKom 2001, 83, 87f.

[827] Vgl. Beese/Müller, RTKom 2001, 83, 88.

rifzonen untergliedert werden, d.h. z.B. Verbindungen in die U.S.A. das gleiche kosten, wie Verbindungen in bestimmte andere Länder. Daher könnte ein Markt für Telefonate in eine Mehrzahl von Ländern bestehen, die alle eine gemeinsame Kostenstruktur aufweisen.[828]

2. Entscheidungspraxis der RegTP, der FCC und Vorgaben des EU-Kommunikationsrecht

Die RegTP hat sich zu dieser Abgrenzungsmöglichkeit noch nicht geäußert. Auch in der europäischen und U.S. amerikanischen Telekommunikationsrechtspraxis wird diese Möglichkeit – soweit ersichtlich – nicht diskutiert.

3. Stellungnahme und Vorschlag

Die Abgrenzung nach Tarifzonen bietet sich insbesondere als Ergänzung zu einer reinen Ziellandmarktabgrenzung an. Hierfür spricht die Tatsache, dass in den Tarifbestimmungen der meisten Anbieter, sowohl bei DTAG als auch bei ihren Wettbewerbern, bestimmte Zielländer zu Tarifzonen zusammengefasst werden.[829] Für die Länder innerhalb derselben Tarifgruppe ist dann ein einheitlicher Minutenpreis fällig. Das spricht dafür, dass es mehrere Länder gibt, die für den Anbieter dieselben Kosten verursachen. Diese unterschiedlichen Wettbewerbsbedingungen wirken sich auf die Tarife aus und der Kunde kann das zum Auswahlkriterium für sein Telefonverhalten machen. Der Kunde differenziert dabei auch gerade nach dem Zielland und dem Preis, den er für eine Verbindung in das Land seines potentiellen Gesprächspartners zahlen müsste. Das zeigt das Verhalten der Telefonkunden im Rahmen des Call-by-Call. Der Kunde überlegt sich sehr wohl, wo sich sein Gesprächspartner befindet. Befindet er sich in einem Land, das er seiner Meinung nach besonders preiswert erreichen kann, wird er diesen Gesprächspartner eher anrufen als wenn er sich in einem Land befindet, in das die Telefonverbindungen besonders teuer sind. Im Übrigen wird auch die Gesprächsdauer von dem Preis der Verbindungsleistung abhängen. Insofern bestimmen

---

[828] Vgl. Beese/Müller, RTKom 2001, 83, 87; vgl. Stellungnahme der Beigeladenen 2 (Viag Interkom) in: RegTP, BK 2b 00/014 v. 20.2.2001 – USA, S. 11.
[829] Vgl. hierzu nur die Tarifübersichten der verschiedenen Telekommunikationsanbieter im Internet, z.B. http://www.netcologne.de; http://www.dtag.de; http://www.arcor.de; http://www.isis.de; http://www.hansenet.de.

die unterschiedlichen Preise für Telefonverbindungen in diese Länder bzw. die jeweiligen Tarifgruppen das Telefonierverhalten des Kunden. Das trifft nicht nur auf Privatkunden, sondern auch auf Geschäftskunden zu, dort aber in abgeschwächter Weise, da die Telefonkosten als Transaktionskosten in der Preiskalkulation für die Produkte mit berücksichtigt werden. Das Nachfrageverhalten der Kunden kann von der RegTP gegebenenfalls durch Marktbefragungen und –untersuchungen nachgewiesen werden. Es sollte daher überlegt werden, Länder mit einer gemeinsamen Kostenstruktur nach einer Analyse der Marktsituation zu Ländergruppen zusammenzufassen, auf denen der Telefonkunde auf die gleiche Tarifsstruktur trifft.

VIII. Marktabgrenzung nach Sortimenten (Sortimentsgedanke)

1. Die Abgrenzung nach Sortimenten

Die Abgrenzung nach einem bestimmten Sortiment, also einem Produktbündel, wird im Eckpunktepapier der RegTP zur Marktabgrenzung und Marktbeherrschung[830] in Eckpunkt 9 als Möglichkeit in Betracht gezogen. Nach Eckpunkt 9 kann als Markt auch eine Gesamtheit von einzelnen Waren oder Leistungen in Betracht kommen, die einzeln durchaus unterschiedliche Bedarfszwecke erfüllen. Bei solchen Verbundangeboten mit unterschiedlichen Produkten soll die Gesamtheit von Waren oder Leistungen dann einen eigenständigen Markt bilden, wenn die Gesamtheit als solche von den Abnehmern tatsächlich nachgefragt wird (Bedarfsmarktkonzept).[831] Neben den Märkten für jeden einzelnen Dienst soll das Bündel von Diensten (Sortiment) einen eigenen Markt bilden. Hierbei geht es generell um die Möglichkeit, alle Gespräche, also z.B. Auslandsgespräche, führen zu können.[832] Der Nachfrager müsste also eine Gesamtheit von Kommunikationsdiensten nachfragen und nicht mehr nach einzelnen Produkten bzw. Diensten differenzieren.

Der Sortimentsgedanke ist ursprünglich vom Bundeskartellamt im Rahmen der Fusionskontrolle im Lebensmitteleinzelhandel entwickelt

---

[830] RegTP, Amtsblatt 4/2001 v. 28.2.2001, 555ff.

[831] Eckpunktepapier, aaO., Eckpunkt 9; vgl. Bunte, Stellungnahme zu den Eckpunkten der Regulierungsbehörde für Telekommunikation und Post zur Marktabgrenzung/Marktbeherrschung vom 20. Februar 2001, S. 3; abrufbar unter http://www.vatm.de (Bunte, Stellungnahme); Wendland, in BeckTKG, Vor § 33 Rn. 38; Mayen, MMR 2001, 496, 498.

[832] Vgl. RegTP, BK 2c 00/019 v. 20.2.2001 - Dänemark, S. 26.

worden. Das Bundeskartellamt ging davon aus, dass der Verbraucher keine einzelnen Produkte nachfrage, sondern dass Ziel seines Einkaufes der Erwerb eines Güterbündels sei.[833] Der Bundesgerichtshof hat diese Abgrenzung bestätigt und eine Abgrenzung nach einem Gesamtsortiment somit gebilligt.[834] Das bedeutet, dass im Einzelhandel nicht auf eine Vielzahl von Märkten für einzelne Warenarten abgestellt wird, wenn die Erwartung des durchschnittlichen Verbrauchers darauf gerichtet ist, in einer Einkaufstätte verschiedene Waren eines mehr oder weniger breiten Sortiments kaufen zu können.[835] Dies hat die Monopolkommission u.a. mit dem Hinweis kritisiert, dass die Güterkörbe, die die einzelnen Verbraucher nachfragen, sehr unterschiedlich seien und stark variieren je nach Alter, Geschlecht, Einkommen und Geschmack des Verbrauchers. Darüber hinaus weiche der Umfang und die Zusammensetzung des Güterkorbes, den ein Verbraucher in ein und demselben Sortimentseinzelhandelsgeschäft kauft, stark ab, je nach räumlicher Nähe konkurrierender Sortiments- und Spezialgeschäfte, der Höhe des Einkaufsvolumens (Familiengröße) und der verfügbaren Zeit (Berufstätigkeit).[836] Dieser Kritik wurde seitens der Rechtsprechung und Anwendungspraxis dadurch Rechnung getragen, dass auch solche Anbieter in den relevanten Markt miteinbezogen werden, die nur Teile des Sortiments führen, vorausgesetzt, diese stellen eine wirtschaftlich sinnvolle Bezugsalternative dar.[837] Lebensmittelmärkte gelten als einheitlicher Absatzmarkt.

Die Möglichkeit der Anwendung des Sortimentsgedanken auf die sachliche Marktabgrenzung auf Telekommunikationsmärkten, wie er in Eckpunkt 9 angesprochen ist, wird grundsätzlich bejaht.[838] In der Telekommunikation könnten im Bereich des Sprachtelefondienstes

---

[833] BKartA WuW/E BKartA 1970, 1971 – Coop; WuW/E BKartA 2114, 2115 – Coop Deutscher Supermarkt; WuW/E BKartA 2441, 2442 – Tengelmann/Gottlieb.

[834] BGH WuW/E BGH 2231, 2234 – Metro/Kaufhof.

[835] Vgl. Bunte, Stellungnahme, S. 3; Ruppelt, in: Langen/Bunte, § 19 Rn. 21; Wendland, in: BeckTKG, Vor § 33 Rn. 38.

[836] Vgl. zur Kritik im Einzelnen, Monopolkommission, 5. Hauptgutachten, 1982/1983, Tz. 661ff.; vgl. auch Ruppelt, in: Langen/Bunte, § 19 Rn. 21.

[837] Vgl. BGH WuW/E BGH 2231, 2234 – Metro/Kaufhof; BKartA, WuW/E BKartA 2441, 2442 – Tengelmann/Gottlieb; vgl. auch Ruppelt, in: Langen/Bunte, § 19 Rn. 21; Mayen, MMR 2001, 496, 498.

[838] Vgl. Eckpunkte, Zusammenfassung der Stellungnahmen, MMR-Beilage 7/2002, 27, 38.

Orts-, Fern- und Auslandsverbindungen zu einem Markt (Markt für „Telefonverbindungen“) zusammengefasst werden, wenn die Nachfrager bei der Auswahl ihrer Verbindungsleistungen bewusst keine Unterscheidung treffen.[839] In diesem Zusammenhang sei darüber hinaus auch denkbar, dass in Zukunft neben Sprachtelefon-, auch Internet- und sonstige Multimediadienstleistungen im Rahmen von Komplettangeboten nachgefragt werden.[840] Für die Abgrenzung nach dem Sortimentsgedanken kommt empirischen Erhebungen über ein entsprechendes Nachfrageverhalten besonderes Gewicht zu. Vereinzelt wird eine Abgrenzung nach Sortimenten allerdings u.a. mit dem Hinweis auf die Gefahr von Quersubventionierungen abgelehnt.[841]

2. Vorgaben des EU-Telekommunikationsrecht

Die EU-Kommission hat auch nach Sortimenten abgegrenzt. Sie hat einen Gesamtmarkt für ein Paket an sich verschiedener Leistungen zugrunde gelegt. So hat sie im Fall BT/MCI einen Markt für Mehrwertdienste und einen Markt für erweiterte Dienste, die über interne intelligente Netze laufen, abgegrenzt.[842]

3. Entscheidungspraxis der RegTP

Die RegTP hat die Möglichkeit der Abgrenzung nach Sortimenten im Telekommunikationsbereich in ihrem Eckpunktepapier zur Marktabgrenzung und Marktbeherrschung auf Telekommunikationsmärkten bejaht (Eckpunkt 9). Nach ihrer Auffassung kann es drei Konstellationen für die Marktabgrenzung im Telekommunikationssektor geben, wenn man einer Abgrenzung nach einem Sortiment zustimmt: Ers-

---

[839] Vgl. Mayen, MMR 2001, 496, 498.
[840] Vgl. Eckpunkte, aaO., Eckpunkt 9.
[841] Vgl. Eckpunkte, Zusammenfassung der Stellungnahmen, MMR-Beilage 7/2002, 27, 38: Das Quersubventionierungspotential besteht vor allem darin, dass das marktmächtige Unternehmen regulierte und nichtregulierte Leistung als Sortiment zusammenfasst. Eine ähnliche Problematik besteht auch bei Bündelprodukten. Vgl. zu diesen im Anschluss S. 213ff.; vgl. auch Mayen, MMR 2001, 496, 498.
[842] Vgl. EU-Kommission, Entscheidung, ABl. EG v. 27.8.1994, Nr. L 223, 36 – BT/MCI; ABl. EG v. 19.9.1996, Nr. L 239, 23, 24 – Atlas; ABl. EG v. 15.12.1995, Nr. C 337, 13, 14 – Phoenix. Vgl. hierzu Wendland, in: BeckTKG, Vor § 33 Rn. 39.

tens könnte nur ein Markt für einzelne Dienstleistungen abgegrenzt werden, aber kein Markt für ein Sortiment; zweitens könnte es nur einen Markt für Sortimente geben, aber keine Märkte für die Einzelleistungen; drittens könnte es eindeutig getrennte Märkte für die jeweiligen Einzelleistungen wie auch für das Sortiment geben, mit der Folge, dass einzelne Dienstleistungen sowohl den Märkten für die einzelnen Dienste als auch dem Sortimentsmarkt angehören würden. Letztere Konstellation setzt voraus, dass der Anbieter eine differenzierte Absatzstrategie verfolgt.[843] Obwohl die RegTP damit die Anwendbarkeit des Sortimentsgedankens auf Telekommunikationsmärkten bejaht, hat sie in ihrer Entscheidungspraxis noch keine Abgrenzung eines Sortiments vorgenommen.

4. Entscheidungspraxis der FCC

Die FCC hat sich mit der Frage, ob ein Sortiment von Telekommunikationsdienstleistungen einen eigenständigen Markt darstellt, bisher nicht auseinandergesetzt.

5. Stellungnahme und Vorschlag

Eine Abgrenzung nach Sortimenten sollte im Telekommunikationsbereich nicht durchgeführt werden. Ein einheitlicher Sortimentsmarkt könnte nur angenommen werden, wenn die Nachfrager bewusst keine Unterscheidungen bei den einzelnen Verbindungsleistungen treffen, sondern eine Komplettlösung wählen, hinsichtlich derer der einzelne nicht mehr nach Anbieter und Angebot bzw. Preis differenziert.[844] Für den Orts-, Fern- und Auslandsbereich kann dies aber kaum angenommen werden, da – vielleicht von einzelnen Fällen abgesehen – der Telefonkunde in der Regel über die Möglichkeit des Call-by-Call durchaus nach der einzelnen Verbindungsart differenziert und sich den entsprechend günstigsten Anbieter heraussucht. Eine Abgrenzung nach Sortimenten ist daher für den Bereich der Telekommunikation abzulehnen.

---

[843] Vgl. Eckpunktepapier, aaO., Begründung zu Eckpunkt 9.
[844] Vgl. Mayen, MMR 2001, 496, 498.

IX. Bündelproblematik: Das Produktbündel als eigenständiger sachlicher Markt?

1. Die Bündelproblematik

Mit einem Bündelprodukt bzw. Produktbündel ist die Zusammenfassung von mindestens zwei Einzelleistungen gemeint, welche zu einem Paketpreis angeboten werden.[845] Der Unterschied zum Sortiment besteht darin, dass bei einem Sortiment mehrere Einzelleistungen/-produkte in einer Gesamtauswahl lediglich bereitgestellt werden. Der Nachfrager hat die Möglichkeit, sich aus diesem Sortiment die einzelnen Produkte zu wählen, die allerdings trotzdem noch individuell bezahlt werden. Im Gegensatz dazu werden bei einem Produktbündel einzelne Produkte bzw. Dienstleistungen von der Anbieterseite zu einem Bündel zusammengefasst, von dem angenommen wird, es entspreche dem Bedarf der Nachfrager. Das Produktbündel ist somit vom Anbieter vorgegeben und der Nachfrager kann anders als beim Sortiment nicht selbst kombinieren. Die Produkte bzw. Dienstleistungen werden als Paket bezahlt und nicht individuell. Der Nachfrager kann zwar in der Regel noch die einzelnen Produkte individuell erwerben, aber zu einem höheren Preis als das Produktbündel, denn der Preis der im Bündel erworbenen Produkte oder Dienstleistungen ist niedriger als der Preis der addierten Einzelprodukte/-leistungen. Darin liegt auch die besondere Gefahr von Bündelprodukten, da sie den Wettbewerb um die Einzelleistungen beeinträchtigen bzw. vermindern. Insbesondere kleinere, neu in den Markt startende Unternehmen, die nicht über die volle Produktpalette verfügen, sind benachteiligt.[846] Das bündelnde Unternehmen bündelt in

[845] Die Monopolkommission, 2. Sondergutachten TK 2001, Tz. 189(v) und 3. Sondergutachten TK 2003, Tz. 84, definiert Bündelprodukte wie folgt: „Mit Bündelprodukten ist die Zusammenfassung von Einzelleistungen zu einem Produktbündel gemeint, welches zu einem Paketpreis angeboten wird"; Nach Schmidt/Wehmeier/Alkas, MMR 2002, 528, 528f., spricht man von „Produktbündelung [...], wenn ein Anbieter mindestens zwei verschiedene Leistungen zusammenfasst und diese in Verbindung mit spezifischen Preiselementen anbietet"; zu den verschiedenen Formen der Bündelung, vgl. Alkas, Preisbündelung auf Telekommunikationsmärkten aus regulierungsökonomischer Sicht, WIK-Diskussionsbeitrag Nr. 219, S. 2ff.; die Begriffe „Bündelprodukt" und „Produktbündel" sind insoweit bedeutungsgleich.

[846] Durch die Bündelung kommt es zu einer Sogwirkung in Bezug auf die Kundenbindung. Das wirkt für die potentiellen Wettbewerber wie eine Erhöhung der Markteintrittsbarrieren.

der Regel Leistungen auf Märkten mit unterschiedlicher Wettbewerbsintensität, um auf diese Weise ein Abwandern von Kunden zu verhindern und gegebenenfalls neue Kundengruppen erschliessen zu können.
Eine wesentliche Auswirkung kann die Produktbündelung auch auf die Frage der Marktabgrenzung haben. Zum einen kann das gebündelte Produkt als ein eigenständiger Markt angesehen werden, zum anderen können die einzelnen Leistungen jeweils individuellen Märkten zugeordnet werden. Ein eigenständiger Markt für das Produktbündel kann etwa angenommen werden, wenn der Nachfrager mit dem Produktbündel die Einzelleistungen substituiert. Dann ist die separate Betrachtung der Einzelmärkte nicht mehr ausreichend. Seit einiger Zeit wird über die regulatorische Behandlung dieser Bündelprodukte diskutiert.[847] Es geht dabei vor allem darum, wie den wettbewerbstheoretischen Gefahren von Bündelprodukten durch marktbeherrschende Anbieter begegnet werden kann. Es wird befürchtet, dass mit ihnen die Regulierung umgangen werden kann, indem vor allem regulierte und nicht regulierte Leistungen zu einem kaum noch zu prüfenden Produktbündel mit erheblicher Wettbewerbsrelevanz zu Lasten der Wettbewerber geschnürt werden können.[848] Potentiell wettbewerbswidrige Eigenschaften von Bündel- bzw. Kopplungsprodukten werden darin gesehen, dass solche Produkte tendenziell marktmachterhöhend wirken, was insbesondere bei marktbeherrschenden Anbietern aus wettbewerbsrechtlicher Perspektive problematisch sein kann.[849] Mit dem Bündelprodukt verfolgt ein Anbieter in der Regel das Ziel, Leistungen auf Märkten mit unterschiedlich hoher Wettbewerbsintensität so zusammenzufassen, dass eine Abwanderung von Kunden verhindert wird und neue Kundengruppen ge-

---

[847] Vgl. ausführlich zur Problematik von Bündelprodukten insbesondere im Hinblick auf die Internetmärkte, Koenig/Braun, K&R-Beilage 2/2002, S. 1ff.; allgemein zur Bündelproblematik, Monopolkommission, 2. Sondergutachten TK 2001, Tz. 201ff.; dieselbe, 3. Sondergutachten TK 2003, Tz. 84 u. 132ff.; Bunte/Welfens, S. 69f.; Schmidt/Wehmeier/Alkas, MMR 2002, 528ff.; Alkas, Preisbündelung auf Telekommunikationsmärkten aus regulierungsökonomischer Sicht, WIK-Diskussionsbeitrag Nr. 219.
[848] Vgl. Ernst, Zeitschrift für Verkehrswissenschaften, Heft 3, 2001, 176, 187.
[849] Vgl. hierzu Koenig/Braun, K&R, Beilage 2/2002, 1, 3; Alkas, WIK-Diskussionsbeitrag Nr. 219, S. 39ff.

wonnen werden.[850] Produktbündelung reduziert sowohl den Wettbewerb auf der Angebotsseite in jedem Marktsegment, weil die Marktzutrittskosten – wegen kombinierter sunk costs – nunmehr steigen (Markteintrittschranken werden erhöht), als auch auf der Nachfrageseite, weil für die gemeinsam als „Paketprodukt" beworbenen Leistungen eine reduzierte Nachfrageelastizität wirksam wird.[851] Die Problematik der Bündelprodukte liegt somit darin, dass hierüber bestehende Marktmacht abgesichert sowie Marktmacht von einem Markt auf einen anderen übertragen werden kann. Diese Problematik wird verschärft, wenn das Bündelprodukt aus regulierten und nicht regulierten Leistungen besteht, da die Bündelung den wahren Preis des regulierten Produktes verschleiert.[852] Die regulatorische Behandlung ist dementsprechend umstritten. In der Literatur wird gefordert, dass die Bündelprodukte nicht zu einem einheitlichen Markt zusammengefasst werden, sondern dass die Einzelmärkte selbständig abgegrenzt werden.[853] Auf diese Weise soll insbesondere die Gefahr der Übertragung von Marktmacht aus einem Markt in einen anderen Markt minimiert werden.

2. Vorgaben des EU-Telekommunikationsrechts

Im europäischen Telekommunikationsrecht wird die Problematik der Bündelprodukte zwar erkannt, eine Bewertung der Bündelung aber in

---

[850] Vgl. Monopolkommission, 2. Sondergutachten TK 2001, Tz. 189(v). A.A. Schmidt/Wehmei-er/Alkas, MMR 2002, 528, 530.

[851] Vgl. Welfens, Kommentare zum Eckpunktepapier zur sachlichen und räumlichen Marktabgrenzung von Märkten und der Feststellung einer marktbeherrschenden Stellung, REG TP (2001 Februar), zu EP 3, abrufbar unter http://www.vatm.de; vgl. auch Koenig/Braun, K&R Beilage 2/2002, 1, 3.

[852] Auf diese Weise kann es zu einer Quersubventionierung kommen; a.A. von dem Bussche, MMR 2000, 573, 576 (Anmerkung zu RegTP, BK 2 v. 27.4.2000 , Az. BK 2c 00/004 – T-ISDN-XXL), der in der Bündelung genehmigungspflichtiger und nicht genehmigungspflichtiger Leistungen keine Gefahr von Quersubventionierungen sieht, da die genehmigungspflichtigen Dienstleistungen der Regulierung unterliegen und so auf ihre Kostendeckung überprüft werden. Folglich könnten die genehmigungspflichtigen Leistungen weder Aufschläge enthalten, mit denen die anderen Dienstleistungen subventioniert werden oder Abschläge, die von den anderen Dienstleistungen ausgeglichen werden.

[853] Vgl. Bunte/Welfens, S. 69f.

den bisherigen Entscheidungen der EU-Kommission offen gelassen.[854]

3. Entscheidungspraxis der RegTP

Die RegTP befasst sich mit der Bündelungsproblematik in ihrer Entscheidungspraxis im Zusammenhang mit der Entgeltregulierung (§§ 24ff. TKG von 1996).[855] Sie ist sich der Problematik der Bündelprodukte bewusst. In ihrem Talk2Friends-Beschluss führt sie aus, dass die Koppelung von City-Verbindungen mit der Verpflichtung zur Abnahme des zu koppelnden Gutes (im zu entscheidenden Fall ein ISDN-Anschluss) aus wettbewerbsrechtlicher Sicht bedenklich sei.[856] Auch wenn die Koppelung nicht per se unzulässig sei, könne sie wettbewerbswidrig sein, wenn die Koppelung zu einer wesentlichen Beeinträchtigung des Wettbewerbs auf dem Markt dieser oder anderer Güter führt. Das kann der Fall sein, wenn kein anderer Anbieter in der Lage ist, seinen Kunden einen vergleichbaren Tarif anzubieten, die Bindung der Kunden also erhöht wird. Zudem kann Marktmacht auf z.B. bisher von Wettbewerbern erschlossene Märkte übertragen werden, um so Wettbewerber durch günstigere Tarife vom Markt zu

---

[854] Vgl. Entscheidung der EU-Kommission, Case COMP/M1439 – Telia/Telenor, Rn. 160f.: Dort wurde die Möglichkeit der fusionierten Unternehmen Telia und Telenor angesprochen, Produktbündel zu Preisen anzubieten, die von Konkurrenzunternehmen nicht unterboten werden könnten. Im Ergebnis wurde eine Bewertung allerdings offen gelassen. Vgl. auch die Entscheidung Enel/FT/Wind/Infostrada, COMP/M.2216 (nur auf Italienisch), in der die Gefahr angesprochen wurde, dass Enel durch den Zusammenschluss die Möglichkeit erhalten könnte, durch Bündelung von Strom- und Telekommunikationsdienstleistungen seine marktbeherrschende Stellung zu verstärken. Das wurde aber im Ergebnis von der Kommission nicht näher problematisiert, vgl. EU-Pressemitteilung v. 19.1.2001, IP/01/79. In anderen Entscheidungen äussert sich die Kommission zur Bündelungsproblematik im Zusammenhang mit der Auferlegung von Auflagen, vgl. EU-Kommission, Entscheidung v. 17.7.1996, ABl. EG v. 9.9.1996, Nr. L 239, 23ff. – Atlas, Tz. 29, Ziff. 5, Tz. 59f. Vgl. auch ABl. EG v. 27.8.1994, Nr. L 223, 36 – BT/MCI, Tz. 14.

[855] RegTP, BK 2 v. 10.11.2000 – Az. BK 2c-00/026, abgedruckt in MMR 2001, 197, 198 – Talk2Friends; BK 2 v. 25.9.2000, Az. BK 2c 00/022 u. BK 2c 00/023, abgedruckt in MMR 2001, 62f. – Auslandstarife bei AktivPlus; BK 3 v. 30.3.2001- Az. BK 3b-00/032, abgedruckt in MMR 2001, 472ff.; BK 2 v. 2.9.2003, Az. BK 2a 03/012 – AktivPlus xxl (neu); vgl. auch Scherer, NJW 2003, 1004, 1008.

[856] Vgl. hierzu und zu der folgenden Argumentation: RegTP, BK 2 v. 10.11.2000 – Az. BK 2c-00/026, abgedruckt in MMR 2001, 197, 199 – Talk2Friends.

verdrängen.[857] In Bezug auf die im Bereich der Bündelprodukte durchzuführende Marktabgrenzung werden die Einzelleistungen als separate Märkte analysiert.[858] Die Deutsche Telekom AG bündelte regulierte Sprachtelefondienstleistungen untereinander und mit anderen unregulierten Leistungen (Mobilfunk, Onlinedienste).[859] Der Preis von Bündelangeboten unterliegt der präventiven Entgeltkontrolle, da die regulierten Sprachtelefondienste immer Teil des Bündelproduktes sind. Somit unterliegt nach gegenwärtiger Praxis der RegTP im Falle der Bündelung regulierter und nicht regulierter Leistungen die Gesamtleistung der Regulierung.[860] Auf diese Weise sollen die wettbe-

---

[857] Also im Talk2Friends-Fall die überragende Position der DTAG im Markt für Telefonanschlüsse und Ortsverbindungen auch auf dem Markt für Fernverbindungen zu verteidigen und dort verlorene Marktanteile auf wettbewerbswidrige Weise zurückzugewinnen.

[858] Dabei hat die RegTP allerdings in ihrer Entscheidungspraxis die konkrete Marktabgrenzung für Bündelprodukte teilweise offen gelassen, da die DTAG auf allen in Betracht kommenden Märkten über eine marktbeherrschende Stellung verfüge. An der Eigenständigkeit der Einzelmärkte zweifelt sie jedoch nicht, vgl. RegTP, BK 2 v. 10.11.2000 – BK 2c-00/026, abgedruckt in MMR 2001, 197, 198 – Talk2Friends; BK 2c v. 27.4.2000, Az. BK 2c 00/004 – T-ISDN-XXL, S. 11. Zum Zeitpunkt dieser Entscheidungen war die DTAG nach Auffassung der RegTP auf allen denkbaren Märkten marktbeherrschend, so dass sie sich nicht mit der konkreten Abgrenzung beschäftigen musste. Diese Situation hat sich aber geändert, da die RegTP die DTAG auf dem Markt für Türkeigespräche nicht mehr als marktbeherrschend einstuft, vgl. bereits S. 198.

[859] Vgl. die AktivPlus Tarife („AktivPlus", „AktivPlus basis", „AktivPlus xxl", „AktivPlus xxl (neu)"), bei denen die Fern- und Ortsgespräche gegen ein zusätzliches monatliches Entgelt verbilligt werden bzw. Gespräche an bestimmten Tagen pauschal abgegolten sind. Ein weiterer Tarif ist der „Talk2Friends" Tarif, bei dem gegen ein zusätzliches monatliches Entgelt zu einer bestimmten Zeit zu einer freigeschalteten Mehrfachrufnummer zu anderen Talk2Friends-Rufnummern innerhalb der Tarifzone City des anrufenden Anschlusses ohne zusätzliches Entgelt gesprochen werden kann; der „T-ISDN xxl" Tarif, der nur für ISDN-Anschlüsse gilt, ermöglicht dem Kunden gegen ein monatliches Entgelt bestimmte Inlands- und Auslandsgespräche zu einem besonderen Tarif und insbesondere an Sonn- und Feiertagen ohne nutzungsabhängiges Entgelt zu City-, Regional- und Deutschlandverbindungen einschließlich Online-Diensten zu führen.

[860] Vgl. RegTP, BK 2 v. 20.9.2001, Az. BK 2c-01/012, abgedruckt in MMR 2002, 134f. – AktivPlus xxl; VG Köln, Urteil v. 2.5.2002, Az. 1 K 8007/98, MMR 2002, 636f.; dieser Grundsatz gilt auch für Zusammenschaltungsleistungen, vgl. RegTP, BK 4a v. 12.10.2001, Az. Bk 4a-01-026/E 03.08.01, MMR 2002, 186, 188 – EBC II. Vgl. Monopolkommission, 2. Sondergutachten TK 2001, Tz. 204; vgl.

werblichen Gefahren (Absicherung von Marktmacht, Übertragung von Marktmacht auf unregulierte Märke) beseitigt bzw. verringert werden.

4. Entscheidungspraxis der FCC

In den U.S.A. ist die Problematik der Bündelprodukte für die Marktabgrenzung im Telekommunikationsrecht bisher weniger relevant, weil es im U.S. amerikanischen Telekommunikationsmarkt mit Ausnahme der Bündelung von Telefonanschluss und Ortsgesprächen kaum Bündelungen gibt.[861] Das ist einerseits auf das durch die Regulierungspraxis der FCC eingeführte Bündelungsverbot, andererseits aber auch auf die historisch bedingte, besondere Struktur des U.S. amerikanischen Telekommunikationsmarktes zurückzuführen. Daher hat sich in den U.S.A. kein Markt für Bündelprodukte entwickeln können. Die FCC hatte also keine Gelegenheit, sich mit der Frage der Auswirkungen von Bündelprodukten auf die Marktabgrenzung auseinanderzusetzen.

Die FCC hat die Bündelung sowohl von Telekommunikationsdiensten und Endgeräten als auch von Telekommunikationsdiensten mit anderen Telekommunikationsdiensten lange Zeit untersagt, da sie befürchtete, die Telekommunikationsanbieter könnten solche Bündelung in wettbewerbswidriger Weise nutzen.[862] In den Verfahren zur

---

zu den weiteren Einzelheiten der Problematik von Bündelprodukten, Koenig/Braun, K&R-Beilage 2/2002, 1, 2ff.

[861] Im Mobilfunkbereich wurde die Bündelung von Endgeräten (customer premises equipment) und Mobilfunkdiensten zugelassen, vgl. Bundling of Cellular Customer Premises Equipment and Cellular Service, CC Docket No. 91--34, Report and Order, 7 FCC Rcd 4028, 4030-4031, Tz. 19 (Cellular Bundling Order); In the Matter of Policy and Rules Concerning the Interstate, Interexchange Marketplace; Implementation of Section 254(g) of the Communications Act of 1934, as amended; 1998 Biennial Regulatory Review - Review of Customer Premises Equipment And Enhanced Services Unbundling Rules In the Interexchange, Exchange Access And Local Exchange Markets, CC Docket No. 96--61; CC Docket No. 98-183, 16 FCC Rcd 7418 (Implementation of Section 254(g) 2001 Report and Order), Tz. 6.

[862] Vgl. In the Matter of Policy and Rules Concerning the Interstate, Interexchange Marketplace; Implementation of Section 254(g) of the Communications Act of 1934, as amended; 1998 Biennial Regulatory Review - Review of Customer Premises Equipment and Enhanced Services Unbundling Rules in the Interexchange, Exchange Access and Local Exchange Markets, CC Docket No. 96--

Implementierung von § 254(g) des Communications Act 1934 in der Fassung des TCA 1996 (Implementation of Section 254(g) Proceedings) setzte sie sich mit der Frage der regulatorischen Behandlung solcher Bündelungen auseinander, insbesondere ob solche Bündelungen zugelassen werden sollten. Schliesslich hob die FCC im Jahre 2001 einige der Beschränkungen der Bündelung auf, da sie die Komponentenmärkte nun als wettbewerbsfähig ansah.[863] Den Common Carriers wurde die Bündelung von Endgeräten (customer premises equipment) und Telekommunikationsdiensten, die seit den Computer-II-Verfahren[864] untersagt war, erlaubt. Darüber hinaus wurde klargestellt, dass infrastrukturbasierten Telekommunikationsanbietern (facilities-based carriers) die Bündelung von Mehrwertdiensten (enhanced services), Basistelekommunikationsdiensten (basic telecommunications services) und Endgeräten auch weiterhin erlaubt ist.[865]

Ein weiterer Grund für die geringe Verbreitung von Bündelprodukten ist die historische Entwicklung des U.S. amerikanischen Telekommunikationsmarktes. Zwar werden schon seit langer Zeit der Telefonanschluss und die Ortsgespräche als Bündelprodukt zu einem einheitlichen Gesamtpreis angeboten, bei dem gegen eine erhöhte monatliche Telefongebühr (um die 30 Dollar im Monat) alle Ortsgespräche abgegolten sind. Andere Bündelungen sind aber in der Vergangenheit nicht vorgekommen. Auf dem U.S. amerikanischen Telekommunikationsmarkt gab es die Ortsnetzgesellschaften (ILECs), die ausschliesslich Ortsgespräche und den Anschluss angeboten haben, und Ferngesprächsgesellschaften (Long-Distance Carrier), die ausschliesslich Fern- (interstate) und Auslandsgespräche (international

---

61; CC Docket No. 98—183, 13 FCC Rcd 21531 (Implementation of Section 254(g) FNPRM), Tz. 2.

[863] Vgl. Implementation of Section 254(g) 2001 Report and Order, aaO., Tz. 9ff.

[864] Vgl. zu den Computer Inquiries Fn. 488. Die Computer-II-Verfahren sind: Amendment of Section 64.702 of the Commission's Rules and Regulations, CC Docket No. 20828, Final Decision, 77 FCC 2d 384 (1980) (Computer II Order), recon. 84 FCC 2d 50 (1980) (Computer II Reconsideration Order), further recon., 88 FCC 2d 512 (1981), aff'd sub nom., Computer and Communications Indus. Ass'n v FCC, 693 F.2d 198 (D.C. Cir. 1982), cert. denied, 461 U.S. 938 (1983). Vgl. auch Implementation of Section 254(g) NPRM, aaO., Tz. 84ff.; Implementation of Section 254(g) FNPRM, aaO., Tz. 2ff..

[865] Allerdings mit der Einschränkung, dass diese den Wettbewerbern diskriminierungsfreien Zugang zu der zugrunde liegenden Transportleistung einräumen, vgl. Implementation of Section 254(g) 2001 Report and Order, aaO., Tz. 1, 19ff., 39.

calls) angeboten haben. Die Ortsnetzgesellschaften waren lange Zeit Monopolisten und es war ihnen untersagt, in anderen Telekommunikationsmärkten tätig zu werden. Andere Bündelungen waren daher nicht möglich. Das ändert sich allerdings in jüngerer Zeit mit den durch den Telecommunications Act von 1996 eingeführten sog. 271er-Verfahren. In ihnen wird den Ortsnetzgesellschaften der Eintritt in den Ferngesprächsmarkt gestattet, wenn sie Wettbewerb in ihren eigenen Netzen in der bereits an früherer Stelle ausführlich beschriebenen Weise nachweisen.[866] Hiervon wird, nachdem 1999 Bell Atlantic als erste Ortsnetztelefongesellschaft (RBOC) die Zulassung für das Angebot von Ferngesprächen im Bundesstaat New York erhielt, vor allem im Jahr 2002 verstärkt Gebrauch gemacht. Es wurde mittlerweile zahlreichen Ortsnetzgesellschaften gestattet, Ferngespräche anzubieten.[867] In diesem Zusammenhang kommen nun auch erste Bündelprodukte vor und die FCC erwartet, dass es zukünftig weitere Bündelungen geben wird.[868] Nach dem Willen des Gesetzgebers sollen die Ortsnetzgesellschaften in den Wettbewerbsmarkt der Ferngespräche einsteigen. Der Gesetzgeber gestattet diesen Einstieg nur bei existierendem Wettbewerb in den lokalen Märkten, so dass es grundsätzlich keine regulierungsbedürftigen Gefahren gibt. Bündelungen von Telekommunikationsdiensten stellen dann im Sinne dieser gesetzgeberischen Wertung keine grundsätzliche Gefahr dar. Daher schliesst die FCC auch die Möglichkeit, Bündelprodukte in Zukunft sachlich als separaten Markt abzugrenzen, nicht aus.[869] Es bleibt abzuwarten, wie die FCC auf diese Entwicklung in Bezug auf Marktabgrenzungsfragen in einem konkreten Fall reagieren wird[870]

---

[866] Vgl. bereits Fn. 355.

[867] Vgl. zum aktuellen Stand http://www.fcc.gov/Bureaus/Common_Carrier/in-region_applications/

[868] Vgl. Bell Atlantic/NYNEX Order, aaO., Tz. 52.

[869] Vgl. Bell Atlantic/NYNEX Order, aaO., Tz. 52; In the Matter of The Merger of MCI Communications Corporation and British Telecommunications plc, Memorandum Opinion and Order, GN Docket 96-245, FCC 97-302, 12 FCC Rcd 15351 (1997), (BT/MCI II Order), Tz. 49: "To the extent that large numbers of consumers come to expect and demand bundled product offerings, and carriers accordingly supply such offerings, the bundled product offerings may well become a separate relevant product market even if, today, such offerings are nascent or nonexistent in most markets."

[870] Die FCC hat sich mit der Frage der Bündelung verschiedener Telekommunikationsdienste bisher nicht auseinandersetzen müssen. In dem AT&T Reclassification Order wurde nur die Möglichkeit von Ferngesprächsgesellschaften wie

5. Stellungnahme und Vorschlag

Bündelprodukte und die mit diesen verbundenen wettbewerbsrechtlichen Probleme werden in Zukunft wichtiger werden. Die Anbieter werden in Anbetracht geringer werdender Preisunterschiede für Telefonverbindungen zunehmend versuchen, die Kunden an sich zu binden. Zu diesem Zweck werden sie Bündelprodukte schnüren, die den besonderen Bedürfnissen ihrer Kunden entsprechen, um sie davon abzuhalten, für jede einzelne Verbindung den individuell günstigsten Anbieter auszusuchen. Das erspart den Kunden die Kosten (einschliesslich der Zeit), die für die Wahl der günstigsten Anbieter aufgewendet werden müssen. Je mehr sich die Preise der einzelnen Anbieter angleichen werden, desto eher wird der Telefonkunde hierzu bereit sein. Vor diesem Hintergrund wird auch die Frage der richtigen Marktabgrenzung bei Bündelprodukten an Bedeutung gewinnen. Das Bündelprodukt kann dann aus der im Rahmen des Bedarfsmarktkonzeptes entscheidenden Nachfragersicht als eigenständiger sachlich relevanter Markt abzugrenzen sein. Die Abgrenzung eigenständiger Märkte für bestimmte Bündelungen von Telekommunikationsdienstleistungen wird auch von der FCC zukünftig dann für möglich gehalten, wenn die Tendenz anhält, immer neue Bündelungen anzubieten.[871] Die Einzelleistungen werden aber weiterhin noch eigenständige Märkte darstellen können, da es immer Kunden geben wird, die – aus welchen Gründen auch immer – die Einzelleistungen nachfragen werden. Aus derzeitiger Sicht sind Bündelprodukte noch nicht als eigenständige Märkte abzugrenzen, sondern es sind die Einzelleistungen/-produkte als relevante Märkte abzugrenzen.[872] Hiervon zu trennen ist die Frage, welche Auswirkungen das für die Arbeit der Regulierungsbehörde haben könnte. Wenn regulierte und nicht regulierte Produkte bzw. Dienste in einem Produktangebot gebündelt

---

AT&T diskutiert, im Falle einer Reklassifizierung als nichtdominierend Endgeräte und Dienste in wettbewerbswidriger Weise miteinander zu koppeln. Eine solche Koppelung wurde aber als nicht problematisch angesehen, da regulatorische Verpflichtungen und die Regeln der FCC eine wettbewerbswidrige Koppelung verhindern würden, vgl. AT&T Reclassification Order, aaO., Tz. 149, unter Hinweis auf die Computer Inquiries, aaO., und 47 C.F.R. § 64.702.

[871] Vgl. BT/MCI II Order, aaO., Tz. 49.

[872] Das entspricht der gegenwärtigen Rechtsauffassung: Vgl. RegTP, BK 2 v. 10.11.2000 – BK 2c-00/026, abgedruckt in MMR 2001, 197, 198 – Talk2Friends; BK 2c v. 27.4.2000, Az. BK 2c 00/004 – T-ISDN-XXL, S. 11; Bunte/Welfens, S. 69f.

werden, dann sollte es jedenfalls bei der bisherigen Regel bleiben, dass damit das gesamte Produkt der Regulierung unterfällt. Auf diese Weise ist der Anreiz für bisher marktbeherrschende Unternehmen regulierte und unregulierte Leistungen zu bündeln, um so eventuell die Regulierung zu umgehen, geringer. Eine strenge Ex-ante-Regulierung wird das betroffene Unternehmen aufgrund der damit verbundenen höheren Kosten und dem Verlust der flexiblen Marktanpassung vermeiden wollen. Bündelprodukte sind aus wettbewerblicher Sicht eher problematisch, da sie die Kosten für den Markteintritt- und austritt und damit also die Markteintritts- und –austrittsschranken erhöhen, wodurch Marktmacht abgesichert werden kann. Trotzdem wird man Bündelprodukte abgrenzen müssen, wenn diese als Ergebnis einer durch die Nachfragersicht bestimmten Marktabgrenzung feststehen. Raum für Wertungen bleibt hier dann im Ergebnis nur bei der Auswahl der Regulierungsinstrumente, mit denen versucht werden kann, die beschriebenen Gefahren zu mindern. Vergleichsweise heranziehbare Erfahrungen aus dem U.S. amerikanischen Telekommunikationsrecht sind insoweit nicht vorhanden.

Bisher wurden die verschiedenen Möglichkeiten für die Abgrenzung der sachlich relevanten Märkte dargestellt. Beträchtliche Marktmacht bzw. eine marktbeherrschende Stellung i.S.d. Wettbewerbsrechts besteht aber immer für ein bestimmtes Gebiet, also für einen räumlich relevanten Markt. Räumlich relevant ist das Gebiet, in dem die in Rede stehenden Produkte nachgefragt werden, in dem die Wettbewerbsbedingungen hinreichend homogen sind und das sich von anderen Gebieten durch spürbar unterschiedliche Wettbewerbsbedingungen unterscheidet.[873] Auch hier ist im Sinne des Bedarfsmarktkonzepts primär auf die Nachfragersicht abzustellen, gleichzeitig sind aber auch angebotsseitige Aspekte zu berücksichtigen. Es ist das Gebiet zu identifizieren, innerhalb dessen Nachfrage- und Angebotssubstitution machbar wäre.[874] Bei netzbasierten Industrien spielen

---

[873] Vgl. BVerwG v. 25.04.2001 – 6 C 7.00, RTKom 2001, 237, 241; EuGH, Urteil v. 14.2.1978, Slg. 1978, 207, 284 – United Brands; Leitlinien Marktanalyse, aaO., Rn. 56; Zur räumlichen Marktabgrenzung im europäischen bzw. deutschen Telekommunikationsrecht vgl. bereits Teil B, S. 32ff.. Zur räumlichen Marktabgrenzung im U.S. amerikanischen Telekommunikationsrecht vgl. bereits Teil B, S. 107ff. bzw. S. 129f.

[874] Vgl. Plum/Schwarz-Schilling, WIK-Diskussionsbeitrag Nr. 200, S. 60.

Transportkosten im Rahmen der räumlichen Marktabgrenzung eine untergeordnete Rolle, da dort die Überwindung von Distanz Teil der zu erbringenden Leistung ist.
Im Telekommunikationsrecht werden verschiedene Möglichkeiten für die Abgrenzung der räumlich relevanten Märkte diskutiert bzw. angewandt:

X. Marktabgrenzung nach Regionen: Regional-/Ortsbereichsmärkte als eigenständige Teilmärkte?

1. Die Abgrenzung von Regionalmärkten

In dem Eckpunktepapier der RegTP wurde die Möglichkeit diskutiert, eigenständige regionale oder örtliche Märkte abzugrenzen.[875] Die grundsätzliche Möglichkeit, als Ergebnis einer räumlichen Abgrenzung zu regionalen Märkten zu kommen, wird dabei nicht prinzipiell in Frage gestellt. Solche subnationalen Märkte sind in der deutschen und europäischen Kartellrechtspraxis anerkannt.[876] Voraussetzung für eigenständige Regionalmärkte ist, dass diese Teilmärkte dauerhaft deutlich unterschiedlichen strukturellen Wettbewerbsbedingungen im Vergleich zu anderen Regionen unterliegen.[877] Das ist deshalb in Deutschland grundsätzlich möglich, da in einigen Ballungsräumen neben der DTAG weitere sog. Citynetzcarrier tätig sind, die Teilnehmeranschlüsse und Gespräche bereitstellen. Es ist also grundsätzlich nicht ausgeschlossen, dass sich in diesen Ortsnetzbereichen im Vergleich zu anderen Ortsnetzen unterschiedliche Wettbewerbsbedingungen entwickeln, die Anlass für eine gesonderte Betrachtung geben würden.[878] Das gilt jedoch ausschliesslich dort, wo Citynetzbetreiber mit der DTAG konkurrieren.
Das Bundesverwaltungsgericht hat die Möglichkeit der regionalen Marktabgrenzung auf Telekommunikationsmärkten bestätigt, und zwar für Regionen, in denen sog. Citynetzcarrier tätig sind (im konkreten Fall ging es um Köln). Es hat ausgeführt, dass es nicht auf den gesamten nationalen Markt ankommen könne, wenn ein Wettbewer-

---

875 Vgl. Eckpunktepapier, aaO., Eckpunkt 10.
876 Vgl. bereits S. 32ff.
877 Im Eckpunktepapier, aaO., heißt es dazu im Eckpunkt 10: „Kleinere [...] Märkte können [...] etwa dann in Betracht kommen, wenn signifikant unterschiedliche Wettbewerbsbedingungen herrschen".
878 Dies wird auch von der Monopolkommission angesprochen, vgl. Monopolkommission, 1. Sondergutachten TK 1999, Tz. 11.

ber sein Tätigkeitsfeld von vorneherein auf eine Region beschränke.[879]

Die Folge einer solchen regionalen Marktabgrenzung ist die Möglichkeit, dass man nach der Prüfung, ob auf einem regional abgegrenzten Markt eine marktbeherrschende Stellung besteht, zu dem Ergebnis kommen kann, dass dort funktionsfähiger Wettbewerb besteht. Damit würde dann die Voraussetzung für die Regulierung dieses Marktes entfallen, mit der Folge, dass es eigene Ortsnetztarife gäbe und die Gleichbehandlung aller Teilnehmer im Ortsnetz entfiele.[880] Die Gegner einer regionalen Marktabgrenzung befürchten daher als Konsequenz dieser Marktabgrenzung erhebliche Standort- und Sozialprobleme und lehnen diese daher ab.[881] Gegen eine räumlich auf einzelne Regionen beschränkte Marktabgrenzung wird vor allem die Zielsetzung des TKG von 1996 vorgebracht. § 2 Abs. 2 Nr. 2 TKG von 1996 führt als Ziel die Sicherstellung eines funktionsfähigen, flächendeckenden Wettbewerbs auf. Es wird teilweise argumentiert, dass ein funktionsfähiger Wettbewerb, der nur auf Ballungsräume beschränkt ist, für die Zielsetzung des TKG nicht ausreicht.[882] Ergänzend wird gegen eine regionale Marktabgrenzung vorgebracht, dass der räumlich relevante Markt nicht enger abgegrenzt werden dürfe als das Quersubventionierungspotential des regulierten Monopolisten; die DTAG sei bundesweit tätig, unabhängig von dem Marktzutritt einzelner Unternehmen auf lokalen Märkten.[883] Dieses Argument zielt auf die Sicherstellung der Chancengleichheit auf Telekommunikationsmärkten ab, denn ein nur örtlich bzw. regional tätiges Unternehmen hätte gegen die bundesweit agierende

---

879 Vgl. BVerwG, Urteil v. 25.4.2001 - 6 C 6.00, RTKom 2001, 250.

880 Vgl. Bunte/Welfens, S. 73.

881 Vgl. Bunte/Welfens, S. 73.

882 Vgl. Stellungnahmen der Beigeladenen im Verfahren RegTP, BK 2c 00/021 v, 16.01.2002 – Regionalmarkt Berlin, S. 11; vgl. auch Eckpunkte, Zusammenfassung der Stellungnahmen, MMR-Beilage 7/2002, 27, 31 (dies ist auch die Auffassung der RegTP). Diese Argumentation ist auch auf das neue TKG übertragbar. Dort wird zwar auf den Begriff des funktionsfähigen Wettbewerbs verzichtet. An seine Stelle tritt aber das Ziel der „Förderung nachhaltig wettbewerbsorientierter Märkte“ (vgl. § 2 Abs. 2 Nr. 2 TKG). § 3 Nr. 12 TKG definiert den nachhaltig wettbewerbsorientierten Markt dann aber unter Heranziehung der allgemein anerkannten Definition des funktionsfähigen Wettbewerbs. Die Argumentation kann somit auch auf das neue TKG übertragen werden.

883 Vgl. Eckpunkte, Zusammenfassung der Stellungnahmen, MMR-Beilage 7/2002, 27, 31.

DTAG keine gleichwertigen Möglichkeiten und Mittel, um im Wettbewerb zu bestehen.

2. Vorgaben des EU-Telekommunikationsrechts

Das EU-Telekommunikationsrecht hält im Rahmen der räumlichen Marktabgrenzung die lokale bzw. regionale Marktabgrenzung für möglich.[884] Die Empfehlung zu relevanten Märkten, die die nationalen Regulierungsbehörden im Rahmen der Festlegung von Märkten zu berücksichtigen haben, enthält diesbezüglich keine Vorgaben, so dass die RegTP in der Festlegung regionaler Märkte frei ist. Der Entscheidungsspielraum der RegTP ist für den Bereich der räumlichen Marktabgrenzung nicht so stark beschränkt wie für die sachliche Marktabgrenzung.[885]

3. Entscheidungspraxis der RegTP

Die RegTP musste sich in ihrer Entscheidungspraxis erstmals mit der Frage der Möglichkeit regionaler räumlicher Marktabgrenzungen im Telekommunikationsbereich aufgrund eines Antrages der DTAG auseinandersetzen, in dem sie aus der Regulierung für Anschlüsse und die über diese vermittelten nationalen und internationalen Verbindungen bei Geschäftskunden auf einem „Regionalmarkt" Berlin entlassen werden wollte.[886] Im Ergebnis wurde dieser Antrag von der RegTP abgelehnt.[887] Gegenstand dieses Verfahrens war einerseits die Frage, ob eine Differenzierung der Märkte nach Kundengruppen (Geschäfts-/Privatkunden) möglich ist, und andererseits, ob es einen Regionalmarkt Berlin gibt.
Hinsichtlich der Frage, ob ein Regionalmarkt Berlin räumlich abzugrenzen ist[888], differenziert die RegTP zunächst die sachlichen Märkte Teilnehmeranschlüsse und Ortsverbindungen, nationale Fernverbindungen, Auslandsverbindungen. Für diese untersucht sie

---

[884] Vgl. Leitlinien zur Marktanalyse, aaO., Tz. 60; vgl. bereits S. 34f.
[885] Vgl. Teil B, S. 64f.; Leitlinien Marktanalyse, aaO., Rn. 36.
[886] Vgl. Antrag der DTAG, RegTP, Amtsblatt Nr. 14 v. 26.7.2000, Mitteilung Nr. 441/2000; Entscheidung der RegTP: RegTP, BK 2c 00/021 v. 16.01.2002 – Regionalmarkt Berlin.
[887] RegTP, BK 2c 00/021 v, 16.01.2002 – Regionalmarkt Berlin, S. 18.
[888] Zu der Frage der Abgrenzung separater Geschäfts- und Privatkundenmärkte vgl. bereits S. 183ff.

die räumliche Struktur. Sie kommt zu dem Ergebnis, dass hinsichtlich eines „denkbaren Marktes für Teilnehmeranschlüsse und Ortsverbindungen derzeit kein räumlicher Bezugsmarkt Berlin erkennbar" sei.[889] Hierfür stellt sie zunächst fest, dass kleinere Märkte, die nur einen Teil des Bundesgebietes umfassen, im Allgemeinen immer dann anzunehmen seien, wenn aus der Sicht des Durchschnittsverbrauchers objektive Hemmnisse bestehen, welche die Bedarfsdeckung ausserhalb eines bestimmten Gebietes nicht sinnvoll erscheinen lassen. Dies entspricht der wettbewerbsrechtlichen Praxis.[890] Solche objektiven Hemmnisse sieht die RegTP bei Teilnehmeranschlüssen und Ortsverbindungen und begründet das damit, dass der Teilnehmeranschluß in örtlicher Hinsicht an die Wohnung gebunden und insofern aus Sicht des Kunden nicht beliebig austauschbar sei.[891] Für Ortsverbindungen sei der Kunde an das jeweilige Ortsnetz gebunden, da er seine Nachfrage nach Ortsverbindungen in seinem Ortsnetz nicht durch Ortsverbindungen in einem anderen Ortsnetz substituieren könne. Der Nachfrager bekomme beide Produkte nur in seinem am Wohnort befindlichen Teilnehmernetz, so dass hier der räumlich relevante Markt der räumlichen Ausdehnung des jeweiligen Ortsnetzes entsprechen würde.[892]
Im Ergebnis wird die Annahme eines auf den Ortsnetzbereich Berlin beschränkten räumlichen Teilmarktes für Teilnehmeranschlüsse und Ortsverbindungen mit der Begründung abgelehnt, dass sich „derzeit in Berlin gegenüber dem übrigen Bundesgebiet keine signifikant unterschiedliche[n] Wettbewerbsbedingungen feststellen" liessen.[893] Unterschiedliche Wettbewerbsbedingungen wären dann gegeben, wenn sich die Anbieter in Berlin zu einer gegenüber anderen benachbarten Regionen deutlich unterscheidenden Absatzstrategie (Produkt-, Preis oder Rabattdifferenzierung) veranlasst sehen würden.[894] Eine solche unterschiedliche, speziell auf Berlin zugeschnittene Absatzstrategie sei aber nicht zu erkennen.

---

[889] Vgl. hierzu RegTP, BK 2c 00/021 v, 16.01.2002 – Regionalmarkt Berlin, S. 18.
[890] Vgl. bereits Teil B, S. 35f.; vgl. BGH WuW/E BGH 3037, 3042 – Raiffeisen; Ruppelt, in: Langen/Bunte, § 19 Rn. 27; Wendland, in: BeckTKG, Vor § 33 Rn. 47.
[891] Vgl. RegTP, BK 2c 00/021 v, 16.01.2002 – Regionalmarkt Berlin, S. 18.
[892] Vgl. RegTP, BK 2c 00/021 v, 16.01.2002 – Regionalmarkt Berlin, S. 18.
[893] RegTP, BK 2c 00/021 v, 16.01.2002 – Regionalmarkt Berlin, S. 18.
[894] RegTP, BK 2c 00/021 v, 16.01.2002 – Regionalmarkt Berlin; vgl. auch Wendland, in: BeckTKG, Vor § 33 Rn. 47.

Zudem seien die Marktanteile der Wettbewerber nicht so erheblich, dass die unterschiedliche Anzahl der Wettbewerber die bundesweite Homogenität und damit den bundesweiten Markt in Frage stellen könnte.[895]
Die RegTP verneint einen gesonderten regionalen Markt Berlin auch für die sachlich denkbaren Märkte für nationale und internationale Fernverbindungen, da deutlich unterschiedliche Wettbewerbsbedingungen zwischen Berlin und benachbarten Regionen nicht ersichtlich seien.[896]
Zusammenfassend ist festzustellen, dass die RegTP in der Berlin-Entscheidung zu dem Ergebnis kommt, dass für die Märkte der Teilnehmeranschlüsse und Ortsgespräche des Endkundenmarktes eine regionale Marktabgrenzung nicht ausgeschlossen ist, alle anderen Märkte (z.B. Inlands-, Fern-, Auslandsverbindungen) jedoch national abgegrenzt werden. Nach der Entscheidungspraxis der RegTP ist das Vorliegen regionaler Märkte damit abgelehnt worden. Die Möglichkeit regionale Märkte festzustellen ist zwar nicht ausgeschlossen, doch geht die RegTP derzeit von einem bundesweiten Markt aus.[897]

4. Entscheidungspraxis der FCC

Die FCC hat auch lokale Märkte abgegrenzt, was sie bereits im AT&T/TCG Order von 1998 als möglich bezeichnet hat.[898] Im WorldCom/MCI Order grenzt sie unter Berufung auf das AT&T/TCG Order z.B. Ortsnetzbereiche (local areas) als eigenständige räumliche Märkte ab, da Kunden, die mit ihrem Ortsnetzdienstleistungsangebot (local exchange service) nicht zufrieden sind, dieses nicht durch das Ortsnetzdienstleistungsangebot in einem anderen Ortsnetzbereich ersetzen können.[899]

---

[895] Vgl. RegTP, BK 2c 00/021 v, 16.01.2002 – Regionalmarkt Berlin, S. 19; dies findet die Bestätigung in der im vorgenannten Beschluss wiedergegebenen Stellungnahme des BKartA, vgl. S. 14.
[896] Vgl. RegTP, BK 2c 00/021 v, 16.01.2002 – Regionalmarkt Berlin, S. 19f.
[897] Vgl. auch Stellungnahme der RegTP zum Entwurf einer Empfehlung der EU-Kommission über relevante Produkt- und Dienstmärkte des elektronischen Kommunikationssektors, MMR-Beilage 1/2003, 34, 39.
[898] Vgl. AT&T/Comcast Order, aaO., Tz. 90; AT&T/TCG Order, aaO., Tz. 21; AOL/Time Warner Order, aaO., Tz. 74; LEC Broadband NPRM, aaO., Tz. 27.
[899] Es sei denn, die Kunden ziehen um. Das ist aber nicht zu erwarten. Weitere Kriterien für die Abgrenzung solcher lokalen Märkte werden nicht genannt. Vgl. WorldCom/MCI Order, aaO., Tz. 166: "[...] We affirm that local areas constitute

Auf der Ebene des nationalen Telefonverkehrs ist eine Betrachtung von Gebieten möglich, die über den eigentlichen Ortsbereich hinausgehen (sog. Metropolitan Areas).[900]
Mobilfunkmärkte werden von der FCC grundsätzlich regional abgegrenzt, da die Lizenzen für den Betrieb eines Mobilfunknetzes nicht national, sondern für bestimmte räumliche Gebiete vergeben werden.[901] Räumliche Gebiete können dann aber zu regionalen oder auch grösseren Märkten zusammengefasst werden.

5. Stellungnahme und Vorschlag

Wie die Untersuchung gezeigt hat, ist die Abgrenzung subnationaler räumlicher Märkte im Telekommunikationsrecht in Deutschland, der EU und den U.S.A. im Ergebnis anerkannt. Es kann also räumlich nach Regionen oder Ortsnetzbereichen abgegrenzt werden.
In der Regulierungspraxis in Deutschland ist eine solche Abgrenzung im Grundsatz anerkannt. Es stellt sich allein das Problem nach dem richtigen Zeitpunkt, ab wann eine solche Abgrenzung möglich ist. Es wird befürchtet, dass eine zu frühe Abgrenzung von Ortsnetzbereichen den in diesen Ortsnetzbereichen vor allem durch die Citynetzcarrier entstandenen Wettbewerb gefährden könnte. Diese Gefahr ist auch realistisch, stehen sich doch auf der einen Seite die relativ kleinen, in der Regel von den lokalen Versorgern mit Kapital ausgestatteten Citynetzcarrier und auf der anderen Seite die DTAG als Europas grösster Telekommunikationsanbieter gegenüber. Dass es hier ungleiche Kräfteverhältnisse gibt, ist offensichtlich. Trotzdem ist nach dem Bedarfsmarktkonzept zu untersuchen, ob es aus Nachfragersicht aufgrund von im Vergleich zum übrigen Bundesgebiet unterschiedlichen Wettbewerbsbedingungen eigenständige lokale Märkte gibt. Dazu sind die Alternativen des Verbrauchers in seinem lokalen Bereich zu untersuchen, da er mit seinem Anschluss kaum den Orts-

---

separate geographic markets, because people dissatisfied with their local exchange service cannot substitute a local exchange service from a different area. Consumers of local services in St. Louis, Missouri, for example, cannot substitute the local services offered by carriers in New York City, New York". Vgl. auch AT&T/TCG Order, aaO., Tz. 21.

900 Solche Überlegungen wurden z.B. für die Metropolitan Area New York, die auch Teile von New Jersey umfasst und damit über die LATA für New York City hinausgeht, angestellt, vgl. Bell Atlantic/NYNEX Order, aaO., Tz. 56.

901 Vgl. z.B. DT/VoiceStream Order, aaO., Tz. 81; 47 C.F.R. § 22.909.

netzbereich verlassen und in ein Gebiet ziehen wird, in dem er bessere Alternativen für seinen Bedarf an Telekommunikationsdienstleistungen vorfindet. Solche unterschiedliche Wettbewerbsbedingungen können z.B. in den Ortsnetzbereichen von Köln und Berlin bejaht werden, da die Zahl der alternativen Teilnehmernetzbetreiber besonders hoch ist[902] und diese mittlerweile Marktanteile haben, die über den bundesweiten Durchschnitt von 4,4% im Jahre 2002 hinausgehen.[903] Insofern bestehen an der Entscheidung der RegTP zur Abgrenzung eines räumlichen Marktes Berlin Zweifel. Hiervon ist die Frage des Vorliegens einer marktbeherrschenden Stellung zu unterscheiden. Auch wenn man diese Ortsnetzbereiche als eigenständige räumliche Märkte abgrenzt, so hat die DTAG dort insbesondere aufgrund ihres sehr hohen Marktanteils eine marktbeherrschende Stellung. Im Ergebnis ist der Entscheidung der RegTP zum Regionalmarkt Berlin zuzustimmen. Das ergibt sich aus der im Rahmen der Marktanalyse anzustellenden Gesamtbetrachtung der relevanten Kriterien einschliesslich der Bewertung der Funktionsfähigkeit des Wettbewerbs.

Unterstützung findet diese Argumentation in der Regulierungspraxis der FCC. Zwar kommt sie im Ergebnis oft zu einer nationalen Marktabgrenzung. Doch grenzt sie grundsätzlich jeden Punkt-zu-Punkt Markt als einen eigenständigen räumlich relevanten Markt ab. Da jedoch der Verbraucher ähnliche Auswahlmöglichkeiten besitzt, mit anderen Worten sich die Wettbewerbsbedingungen auf diesen Punkt-

---

902 Nach Angaben der RegTP waren zum Zeitpunkt der Entscheidung über einen Regionalmarkt in Berlin 36 Anbieter von Teilnehmeranschlüssen und 64 Anbieter von Ortsverbindungen tätig und damit insgesamt mehr als in anderen Regionen, vgl. RegTP News, 01/2002, S. 7.

903 Vgl. zur Wettbewerbsentwicklung im Ortsnetz die Jahresberichte der RegTP: RegTP, Jahresbericht 2001, S. 171; RegTP, Jahresbericht 2002, S. 18. In Berlin hatten die Wettbewerber im Jahre 2000 als das für die Entscheidung zum Regionalmarkt Berlin maßgebliche Referenzjahr einen Marktanteil von lediglich zwei Prozent; in Köln betrug ihr Marktanteil 16 Prozent, vgl. RegTP, BK 2c 00/021 v. 16.1.2002 – Regionalmarkt Berlin, S. 19; RegTP, Ortsnetzwettbewerb 2000, S. 44. Die Marktanteile der Wettbewerber der DTAG im Bereich der Telefonkanäle/Festnetzanschlüsse haben sich zwischenzeitlich aber weiter erhöht. Diese betrugen für das Jahr 2002 in Köln 21 Prozent (Hamburg: 12 Prozent; Oldenburg 23 Prozent), vgl. RegTP, Jahresbericht 2002, S. 19. Insofern könnte mittlerweile von unterschiedlichen Wettbewerbsbedingungen in diesen Städten im Vergleich zu den benachbarten Regionen gesprochen werden.

zu-Punkt Märkten in der Regel nicht unterscheiden, werden diese zumindest für den Ferngesprächsmarkt zu nationalen Märkten zusammengefasst. Damit ist eine regionale Marktabgrenzung aber nicht ausgeschlossen. Im Mobilfunkbereich hat die FCC regionale Märkte abgegrenzt. Auf den Ortsnetzmärkten (Anschluss und Ortsgespräche) kann ein separater räumlicher Markt dort abgegrenzt werden, wo die Verbraucher auf unterschiedliche wettbewerbliche Alternativen treffen. Das entspricht auch der Argumentation der RegTP in ihrer Entscheidung zu einem Regionalmarkt Berlin. Möglichen Gefahren, die aus einer zu engen Marktabgrenzung resultieren können, können auf der Stufe der Ermittlung des Beherrschungsgrades im Rahmen der Gesamtbetrachtung begegnet werden.
Das eher gesellschaftspolitische Argument, dass es als Konsequenz einer regionalen Marktabgrenzung zu erheblichen Standort- und Sozialproblemen kommen könnte, kann nicht gegen die Konsequenz des richtig angewandten Marktmachtkonzeptes vorgebracht werden. Mit dem Marktmachtkonzept wird nur die Marktsituation analysiert. Es kann nicht eventuell politisch gewünschte Korrekturen berücksichtigen bzw. antezipieren. Im Übrigen bedeutet eine regionale Marktabgrenzung nicht die völlige Einstellung von Regulierung, da zum einen die Marktabgrenzung nur ein Teil der Marktbeherrschungsprüfung ist und zum anderen die Ex-post-Missbrauchsaufsicht immer anwendbar bleibt.

XI. Maximale räumliche Marktabgrenzung im Telekommunikationsrecht

1. Der maximale Umfang des räumlichen Telekommunikationsmarktes

Wie bereits angesprochen wurde, ist der maximale Umfang des räumlich relevanten Marktes im deutschen Wettbewerbsrecht umstritten.[904] Es geht im Rahmen der Diskussion um die maximale Grösse des räumlichen Marktes vor allem darum, innerhalb welches Prüfungsschrittes der zweistufigen Marktmachtprüfung – im Rahmen der Abgrenzung von Märkten oder erst später im Rahmen der Gesamtbetrachtung – der Wettbewerb auf ausländischen Märkten zu berücksichtigen ist, soweit er sich nicht durch aktuelle Im- oder Exporte auf dem heimischen Markt niederschlägt. Denn § 19 Abs. 2 S.1

---

[904] Vgl. bereits S. 35f.

Nr. 2 GWB erkennt ausdrücklich an, dass ausserhalb des Geltungsbereichs liegende Umstände zu berücksichtigen sind.[905]
Das europäische Wettbewerbsrecht kennt hingegen keine Begrenzung der maximalen Grösse des räumlichen Marktes und stellt auf die ökonomischen Realitäten der Märkte ab.[906]
Auf Telekommunikationsmärkten kann es aufgrund der zunehmenden Internationalisierung sowohl der Anbieter wie auch der Nachfrager (insbesondere multinationale Unternehmen) erforderlich sein, Märkte räumlich abzugrenzen, die über das entsprechende Staatsgebiet hinausgehen. Die Frage des maximalen Umfanges des räumlich relevanten Marktes ist also für die Telekommunikationsmärkte von besonderer Relevanz. Im deutschen Wettbewerbsrecht ist umstritten, ob der räumliche Markt grösser als das Bundesgebiet sein kann oder ob die staatliche Grenze auch die Marktabgrenzung beschränkt. Der BGH[907] hat unter Berufung auf die bereits vom Kammergericht[908] hierzu gemachten Ausführungen in seinem sog. Backofenmarktbeschluss entschieden, dass der „räumlich relevante Markt im Sinne der Zusammenschlußkontrolle allenfalls so groß sein [kann] wie das Bundesgebiet".[909] Dieser Ansicht folgte auch das Bundeskartellamt.[910] Die herrschende Meinung beschränkt somit den räum-

---

[905] Vgl. das in § 19 Abs. 2 S. 1 Nr. 2 GWB aufgeführte Kriterium „Berücksichtigung des tatsächlichen oder potentiellen Wettbewerbs durch innerhalb oder ausserhalb des Geltungsbereiches dieses Gesetzes ansässige Unternehmen". Die Kriterien des § 19 Abs. 2 GWB gelten auch nach Umsetzung des EU-Kommunikationsrechts in das deutsche Recht. Vgl. hierzu S. 54ff..

[906] Vgl. bereits Teil B, S. 34.

[907] Seit BGH NJW 1996, 595, 597 – Backofenmarkt (= BGH WuW/E BGH 3026; = BGH, JZ 1996, 1022), dort auch weitere Nachweise zum Meinungsstand; zuvor noch offen gelassen in BGH WuW/E BGH 2731, 2734 – Inlandstochter; vgl. Stamm, S 166.

[908] Das Kammergericht ging ursprünglich davon aus, dass der Geltungsbereich des GWB grundsätzlich auf das Bundesgebiet zu beschränken sei. Etwas anderes könne allenfalls dann gelten, wenn die Nachfrager ihren „Bedarf tatsächlich in nennenswertem Umfang grenzüberschreitend deckten […]", vgl. KG WuW/E OLG 5549, 5555 – Fresenius/Schiwa; vgl. auch Schwalba, S. 133.

[909] BGH NJW 1996, 595, 597 – Backofenmarkt m.w.N.; kritisch hierzu z.B. Paschke, ZHR 160 (1996), 673ff.; vgl. auch KG WuW/E OLG 4865, 4880fff.; KG WuW/E OLG 4537, 4541.

[910] Als Beispiel wird in diesem Zusammenhang der viel zitierte Ausspruch des damaligen Präsidenten des Bundeskartellamts angeführt, der die Praxis des Bundeskartellamtes für die der Fusionskontrolle zugrundeliegende Marktbetrachtung mit den Worten "[U]nsere Kanonen schießen eben […] nur bis Aachen"

lich relevanten Markt auf den Geltungsbereich des GWB und damit auf das Staatsgebiet der Bundesrepublik als maximale Größe.[911] Diese Beschränkung des räumlichen Marktes auf das Bundesgebiet wird zunehmend bestritten.[912] Die technische Entwicklung und die Globalisierung hätten eine Ausweitung der Märkte bewirkt.[913] Ein Teil der Literatur stellt deshalb stets auf das tatsächliche Absatzgebiet der beteiligten Unternehmen ab, da es allein um die funktionelle Austauschbarkeit geht. Sie orientiert sich im Rahmen der räumlichen Marktabgrenzung damit an ökonomischen Kriterien. Das könne aufgrund der zunehmenden Internationalisierung der Märkte bei grossen Unternehmen zu einem Weltmarkt oder kleineren, inklusive grenzüberschreitenden Absatzgebieten führen.[914] Ein durch die Interpretation des Bundesgerichtshofes rechtlich auf das Inland begrenzter Markt stehe im Widerspruch zu den tatsächlichen Marktverhältnissen.[915] Das Bundeskartellamt nimmt mittlerweile an, dass der räumlich relevante Markt ökonomisch gesehen grösser sein kann als dass Gebiet der Bundesrepublik; es grenzt also aus ökonomischer Sicht grenzüberschreitende Märkte ab.[916] Allerdings will es für die Anwendbarkeit des GWB als räumlich relevanten Markt nur das Gebiet der Bundesrepublik zugrunde legen.[917] Das Bundesverwaltungsgericht hat sich zur Frage der maximalen Ausdehnung des räumlich re-

---

in geographischer Hinsicht auf das Inland beschränkte, vgl. Kartte, FS Pfeiffer, 531, 531; van Arnheim, S. 1.

911 Allerdings sollen ausländische Einflüsse nicht aussen vor bleiben, sondern später im Rahmen der Gesamtbetrachtung berücksichtigt werden. Vgl. van Arnheim, S. 1; Ruppelt, in: Langen/Bunte, § 19 Rn. 26.

912 Vgl. Nachweise bei BGH NJW 1996, 595, 597; vgl. auch Monopolkommission, Hauptgutachten 1980/81, Rn. 518; Klaue, FS Quack 1991, 625, 627 u. 629; Paschke, ZHR 160 (1996), 673, 674ff.; Dreher, JZ 1996, 1025, 1025f.; Lange, BB 1996, 1997, 2001; Bunte, Kartellrecht, S 192.

913 Vgl. Bunte, Kartellrecht, S. 192.

914 Vgl. Paschke, ZHR 160 (1996), 673, 673; vgl. van Arnheim, S. V; Dreher, JZ 1991, 1025, 1025.

915 So Dreher, JZ 1996, 1025, 1025; vgl. van Arnheim, S. V; Paschke, ZHR 160 (1996), 673, 677.

916 Vgl. BKartA v. 14.7.2000, WuW/E DE-V 331, 332 – Flowserve/Ingersoll-Dresser; BKartA, Tätigkeitsbericht 1999/2000, S. 20f.

917 BKartA, Tätigkeitsbericht 1999/2000, S. 20f.; BKartA v. 14.7.2000, WuW/E DE-V 331, 332 – Flowserve/Ingersoll-Dresser: „Für die formale und materielle Anwendung des GWB ist als räumlich relevanter Markt nur das Gebiet der Bundesrepublik zugrunde legen."; vgl. auch Bunte, Kartellrecht, S. 192.

levanten Telekommunikationsmarktes nicht eindeutig geäußert, in seiner Entscheidungspraxis allerdings ohne nähere Begründung das Bundesgebiet als maximalen räumlich relevanten Marktes zugrunde gelegt.[918]

2. Vorgaben des EU-Telekommunikationsrechts

Eine Beschränkung des räumlich relevanten Marktes auf das Gebiet der Bundesrepublik Deutschland steht allerdings im Widerspruch zu den Vorgaben des europäischen Wettbewerbs- und Telekommunikationsrechts.[919] Insbesondere die Leitlinien zur Marktanalyse sehen die Möglichkeit vor, räumliche Märkte abzugrenzen, die über ein Staatsgebiet hinausgehen.[920]

3. Entscheidungspraxis der RegTP

Die RegTP hat bisher meist ohne nähere Begründung als maximalen räumlichen Markt immer nur das Gebiet der Bundesrepublik Deutschland abgegrenzt.[921] In ihrem Eckpunktepapier zur sachlichen und räumlichen Marktabgrenzung hat sie sich der Auffassung des Bundesgerichtshofes angeschlossen und festgestellt, dass der räumlich relevante Markt nicht über das Gebiet der Bundesrepublik hinausgeht, weil es Zweck des TKG und des GWB sei, den Wettbewerb auf dem inländischen Markt zu fördern. Auch seien die Ermittlungsbefugnisse der RegTP im Ausland eng begrenzt, so dass die Ermittlung der massgeblichen Tatsachen in vielen Fällen nicht möglich wäre.[922]

4. Entscheidungspraxis der FCC

Soweit ersichtlich, hat die FCC die Frage der maximalen räumlichen Ausdehnung bisher nicht problematisiert. Da sie aber bei der telekommunikationsrechtlichen Marktabgrenzung den wettbewerbs-

---

918 BVerwG, Urteil v. 25.04.01, 6 C 7.00, RTKom 2001, 237, 242.

919 Vgl. bereits Teil B, S. 34.

920 Leitlinien zur Marktanalyse, aaO., Rn. 60 und 122.

921 Und zwar bereits schon bevor sich das Bundesverwaltungsgericht für das Telekommunikationsrecht der Rechtsprechung des Bundesgerichtshofes angeschlossen hat, vgl. z.B. RegTP, BK 4 v. 13.12.1999, Az. BK 4e-99-019/30.4.99, MMR 2000, 316ff. Kritisch hierzu v.d. Bussche, MMR 2000, 317, 318f.

922 Vgl. RegTP, Eckpunktepapier, aaO., Begründung zu Eckpunkt 10.

rechtlichen Grundsätzen folgt, nach denen ein räumlicher Markt in seinem Umfang auch internationale Dimensionen haben kann[923], dürfte sie einer Abgrenzung von räumlichen Märkten, die über das Gebiet der U.S.A. hinausgehen, nicht grundsätzlich abgeneigt sein. Das gilt insbesondere für die Internet- und Mobilfunkmärkte. Für den Mobilfunkmarkt hat sie im DT/VoiceStream Order auch geprüft, ob es einen Markt für globale Mobilfunkdienste gibt. Das hat sie in dem konkreten Fall zwar noch mangels Beweisen verneint, aber für die Zukunft nicht ausgeschlossen.[924]

5. Stellungnahme und Vorschlag

Der räumliche Markt kann im deutschen Telekommunikationsrecht nicht auf das Bundesgebiet beschränkt werden. Es sind vielmehr auch supranationale bzw. grenzüberschreitende Telekommunikationsmärkte abzugrenzen.

Der Bundesgerichtshof stützt seine gegenteilige Auffassung im Wesentlichen darauf, dass Zweck des GWB sei, den Wettbewerb auf dem inländischen Markt, also im Geltungsbereich des Gesetzes, zu schützen. Dies bedeute jedoch nicht, dass ausländische Einflüsse bei der Marktbeherrschungsprüfung aussen vor blieben. Vielmehr seien diese im Rahmen der notwendigen Gesamtbetrachtung auf der Stufe der Feststellung der Marktmacht zu prüfen. Zudem hätten deutsche Behörden nur eine eingeschränkte Ermittlungsbefugnis im Ausland.[925] Diese Argumentation überzeugt jedoch nicht. Die Frage des Geltungsbereichs des deutschen Kartellgesetzes darf nicht mit dem

---

[923] Vgl. von Kalinowski/Sullivan/McGuirl, § 24.03[3] m.w.N. in Fn. 56ff.; z.B. U.S. v. Eastman Kodak Co, 63 F.3d 95, 103 (2nd Cir. 1995). Allerdings ist die Frage, ob der räumliche Markt zum Zwecke der Fusionskontrolle (Section 7 Clayton Act) auch über die Grenzen der U.S.A. hinausgehen kann, auch in den U.S.A. umstritten, vgl. von Kalinowski/Sullivan/McGuirl, § 24.03[3].

[924] Vgl. DT/VoiceStream Order, aaO., Tz. 104ff.: „We decline to define a global wireless services market at this time because we do not have evidence that such a market yet exists. While there is some evidence that markets for U.S. international roaming services as well as international roaming services in foreign countries are developing, we are not yet aware that customers are demanding a complete seamless wireless service."

[925] BGH NJW 1996, 595, 597.

völkerrechtlichen Territorialitätsprinzip verwechselt werden.[926] Eine Ausdehnung des räumlich relevanten Marktes über das Staatsgebiet hinaus würde das Territorialitätsprinzip nicht verletzten, solange die ergriffenen Maßnahmen auf das nationale Territorium beschränkt bleiben.[927] Legt man bei der räumlichen Marktabgrenzung einen grösseren Markt als die Bundesrepublik Deutschland zugrunde, so führt das nicht zu einer Ausweitung des Anwendungsbereiches des GWB.[928] Die Marktabgrenzung erfolgt unter Zugrundelegung des Bedarfsmarktkonzepts. Wenn nach diesem aber feststeht, dass die Nachfrage grenzüberschreitend auftritt, so muss das aus ökonomischer Sicht auch bei der räumlichen Marktabgrenzung berücksichtigt werden und nicht erst auf der Stufe der Feststellung von Marktmacht. Denn es wirkt sich unterschiedlich aus, ob eine marktbeherrschende Stellung im Rahmen eines globalen räumlichen Marktes überprüft wird, oder ob im Rahmen einer räumlich auf den inländischen Markt beschränkten Überprüfung die Wirkung von Auslandswettbewerb lediglich mit einfliesst. Im Extremfall kann ein Unternehmen, das auf einem nationalen Markt mit 100% Marktanteilen marktbeherrschend ist, bei globaler Marktabgrenzung nur eine untergeordnete Rolle im Wettbewerb spielen.[929] Im Übrigen geht eine auf das Bundesgebiet beschränkte Abgrenzung an den Realitäten der heutigen globalen Wirtschaftstätigkeit von Unternehmen vorbei, für die es keine räumlichen Märkte mehr gibt, die sich an staatlichen Ländergrenzen orientieren.[930] Gerade für die neuen Informationstechnologien wird deutlich, dass diese nicht an nationalen Grenzen halt machen. So sind z.B. die im Markt aktiven Telekommunikationsunternehmen regelmässig internationale Anbieter von Telekommunikationsdienstleistungen für die es einen Weltmarkt oder zumindest einen europäischen Markt gibt. Ausserdem fragen insbesondere grössere Unternehmen regelmässig Telekommunikationsdienstleistungen nach, die die verschiedenen Konzernteile in verschiedenen Ländern miteinan-

---

[926] Vgl. Klaue, FS Quack 1991, 625, 629: „Dieses Prinzip regelt nur die Frage der Rechtsunterworfenheit bei der Anwendung innerstaatlicher Gesetze"; in diesem Sinne auch Lange, BB 1996, 1999.

[927] Vgl. OECD Expertenausschuss für wettbewerbsbeschränkende Praktiken, in: FIW-Dokumentation, Heft 2, Marktmacht und Recht, S. 36.

[928] Vgl. Lange, BB 1996, 1997, 1999; Schwalba, S. 136.

[929] Vgl. v. d. Bussche, MMR 2000, 317, 319.

[930] Vgl. Klaue, FS Quack, 1991, 625, 625; ähnlich Paschke, ZHR 160 (1996), 673, 674.

der verbinden. Diese Nachfragersicht ist nach dem auch für die räumliche Marktabgrenzung geltenden Bedarfsmarktkonzept zu berücksichtigen. Gestützt wird diese Sichtweise auch durch die Begründung zum Regierungsentwurf zur 6. GWB-Novelle zur Einführung des Merkmals „der tatsächliche oder potentielle Wettbewerb durch innerhalb oder ausserhalb des Geltungsbereichs des Gesetzes ansässige Unternehmen".[931] Dort heißt es, dass die Aussage des Bundesgerichtshofes, dass der räumlich relevante Markt nach dem GWB allenfalls so groß sei wie das Bundesgebiet, „möglicherweise mißverständlich" sei.[932] Deswegen solle durch die Prüfung der Marktbeherrschung klargestellt werden, „dass bei der Prüfung der Marktbeherrschung [...] die Wettbewerbsverhältnisse auf dem ökonomisch relevanten Markt berücksichtigt werden müssen".[933] Hierin kommt der klare Wille des Gesetzgebers zum Ausdruck, auch bei der räumlichen Marktabgrenzung von dem ökonomischen Markt auszugehen, der grösser sein kann, als das Bundesgebiet.[934] Auch dürfte sich dieser Trend gerade durch die Angleichung der Vorschriften in Europa durchsetzen. Es ist zu erwarten, dass es zu weiteren Zusammenschlüssen von Telekommunikationsunternehmen kommen wird und es bei dem durch die Rechtsangleichung geförderten Wegfall regulatorisch unterschiedlicher Marktschranken auch zunehmend zu transnationalen Märkten kommen wird. Auch das U.S. amerikanische Telekommunikationsrecht erkennt wie das Antitrust-Recht Märkte an, die über die nationalen Grenzen hinausgehen. Das deutsche Recht wird sich den Marktrealitäten insofern nicht verschliessen können. Der Hinweis darauf, der Geltungsbereich des TKG bzw. GWB sei auf das Inland beschränkt, kann jedenfalls die (räumliche) Marktabgrenzung nicht einschränken.

Das wichtigstes Argument für die Möglichkeit einer uneingeschränkten räumlichen Marktabgrenzung auf Telekommunikationsmärkten sind schliesslich die eindeutigen Vorgaben des EU-Rechts, das länderübergreifende Märkte abgrenzt. Dem können sich auch die RegTP und die deutschen Gerichte nicht verschliessen, so dass zumindest im Telekommunikationsrecht zukünftig auch Märkte abgegrenzt wer-

---

[931] BR-Drs. 852/97, S. 37.

[932] Vgl. BR-Drs. 852/97, S. 37; Bechtold, § 19 Rn. 34; Möschel, in: Immenga/Mestmäcker, § 19 Rn. 71.

[933] So Bechtold, § 19 Rn. 34 (Hervorhebung nicht im Original); vgl. Möschel, in: Immenga/Mestmäcker, § 19 Rn. 71.

[934] So Bechtold, § 19 Rn. 34.

den können, die über das Bundesgebiet bzw. den Geltungsbereich des GWB und TKG hinausgehen.

XII. Technische Entwicklungen, die Marktabgrenzungen im Telekommunikationssektor zukünftig verändern können

Einige technische Entwicklungen können die Marktabgrenzung im Telekommunikationssektor in Zukunft beeinflussen. Auf diese wird im Folgenden eingegangen:

1. Powerline-Technik

Die Powerline-Technik[935] könnte in Zukunft eventuell ein Substitut zum Sprachtelekommunikationsmarkt und zum Datenkommunikationsmarkt (Internet) darstellen. Derzeit bereitet sie allerdings erhebliche technische Probleme, die vor allem darin begründet liegen, dass Stromnetze darauf ausgelegt sind, Wechselspannungen von mindestens 220 Volt zu liefern.[936] Die hohe Spannung verursacht elektrische Störungen, welche die Übertragung von Telekommunikationsdiensten erschweren.[937] Insbesondere im Ortsnetz verursacht das Ein- und Ausschalten von Elektrogeräten Störungen, die sich auf die störungsanfällige Sprachtelefonie auswirken.[938] Insgesamt kann die Powerline-Technik die Marktmacht derzeit nicht disziplinieren. Die Energieversorgungsunternehmen haben ihre Forschungsbemühungen bis auf einige Pilotprojekte hierzu stark reduziert und aus ihrem Produktportfolio weitgehend gestrichen.[939]

Auf europäischer Ebene haben Beratungen begonnen, die das Potential der Powerline-Technik erforschen sollen. In einem Arbeitsdokument zur Powerline-Technik stellt die Kommission fest, dass diese

---

[935] Vgl. zum Substitutionspotential dieser Technik die Darstellung bei Schulz, S. 94f.; vgl. zur technischen Darstellung, TMR 2002, 207 (Glossar, Powerline-Communication, Powerline-Transmission); Kleine, Elektor 2003, S. 38ff.; ders., Elektor 2003, S. 76ff..

[936] Vgl. Schulz, S. 95.

[937] Schulz, S. 95.

[938] Vgl. Schulz, S. 95.

[939] Vgl. zur Powerline-Technik und zu den Forschungen hierzu: http://www.teltarif.de/i/ powerline.html; http://www.teltarif.de/i/p-anbieter.html; http://www.websocket.de/technik.html; http://www.powerline-plc.info/index.html; Funkschau 2001, S. 52ff.

Technik das Potential hat, als eine alternative Breitbandinfrastruktur mit der Festnetzsprachtelefonie im Ortsnetz und den Kabelnetzen zu konkurrieren.[940]

Auch in den U.S.A. wird derzeit untersucht, inwieweit sich die Powerline-Technik zukünftig als alternative Plattform für Internet und Breitbanddienste eignet.[941]
Die Powerline-Technik kann sich also bei Lösung der technischen Probleme in Zukunft zu einem Substitut zum Sprachtelekommunikationsmarkt und zum Datenkommunikationsmarkt (Internet) entwickeln. Ihr Substitutionspotential kann daher zukünftige Marktabgrenzungen auch auf Telekommunikationsmärkten beeinflussen.

2. Internettelefonie

Die Internettelefonie könnte bei einer zunehmenden Verbreitung von Breitbandinternetzugängen zukünftig ein Substitut für die Festnetzsprachtelefonie sein. So sind bereits erste Angebote für Internettelefonie auf dem Markt bzw. angekündigt.[942]

Die EU-Kommission sah in der Internetsprachtelefonie lange Zeit keinen Sprachtelefondienst, da sie die Kriterien der Definition von

---

[940] Vgl. Radio Spectrum Committee, Working Document on Broadband communications through powerlines, 3.6.2003, COCOM03-32 (PLC-Working Document), S. 1: „Powerline Communication (PLC) systems have the potential to provide an alternative broadband infrastructure competing with local fixed telephony and cable networks." Am 16.10.2003 fand hierzu auch ein Workshop der EU-Kommission statt, vgl.: http://europa.eu.int/comm/enterprise/electr_equipment/emc/ plcworkshop.htm.

[941] Vgl. FCC-Press Release, 23.4.2003, FCC Begins Inquiry Regarding Broadband over Powerline (BPL), FCC 03-100, ET-Docket No.03-104; Federal Register, 2003, Vol. 68, S. 28182ff.; FCC-News, 12.02.2004, FCC Proposes Rules for Broadband Over Power Lines to Promote Broadband Service to Underserved Areas and Increase Competition, FCC 04-29, ET-Docket No. 04-37; In the Matter of Carrier Current Systems, including Broadband over Power Line Systems Amendment of Part 15 regarding new requirements and measurement guidelines for Access Broadband over Power Line Systems, Notice of Proposed Rulemaking, FCC 04-29, ET Docket Nos. 03-104 und 04-37, adopted Feb. 12, 2004 (IP Enabled Services NPRM).

[942] Vgl. FAZ v. 26.01.2004, „Die Internet-Telefonie kommt zurück"; FAZ v. 23.02.2004, „Freenet bringt die Internet-Telefonie zu Tiefpreisen"; Handelsblatt v. 24.02.2004, „Internet-Telefonie vor dem Durchbruch".

Sprachtelefondienst nach der Diensterichtlinie[943] im Falle der Internetsprachtelefonie als nicht erfüllt ansah.[944] Eine Substitution zu Festnetzsprachtelefondiensten kam daher nicht in Betracht. Mittlerweile hält es die EU-Kommission aber für möglich, dass Internetsprachtelefondienste und Festnetzsprachtelefondienste austauschbar werden. So führt sie in den Leitlinien zur Marktanalyse aus, dass ein paketvermitteltes Netz wie das Internet „z.B. in Konkurrenz zu den herkömmlichen Sprachtelefondiensten zur Übertragung digitaler Sprachsignale" verwendet werden könne.[945] Folglich kann die Internetsprachtelefonie zukünftig bei der Abgrenzung von Märkten zu berücksichtigen sein.

Die Möglichkeit einer Substitution der Festnetzsprachtelefonie und Internettelefonie wird insbesondere auch in den U.S.A. seit einiger Zeit diskutiert.[946] Dort bietet der Anbieter Vonage Privatkunden und kleineren Unternehmen mit schnellen Internetzugängen gegen eine monatliche Gebühr von 35 U.S. Dollar Telefondienste (Ortsgespräche

---

[943] Richtlinie 90/388/EWG, ABl. EG v. 24.7.1990, Nr. L 192, S. 10ff., zuletzt geändert durch die Richtlinie 1999/64/EG, ABl. EG v. 10.7.1999, Nr. L 175, S. 39, nicht mehr rechtskräftig. Danach mussten vier Kriterien vorliegen, die einen Sprachtelefondienst ausmachten: Der Sprachtelefondienst musste als solcher kommerziell bereitgestellt werden; er musste für die Öffentlichkeit bestimmt sein; die Internet-Sprachtelefondienste mussten zwischen Netzabschlusspunkten des öffentlichen vermittelten Fernsprechnetzes bereitgestellt werden und durch den Dienst musste Sprache in Echtzeit direkt übertragen und vermittelt werden und zwar mit der gleichen Zuverlässigkeit und Sprachqualität, wie sie öffentliche vermittelte Fernsprechnetze bieten.

[944] Vgl. Mitteilung der Kommission, Status der Sprachübermittlung im Internet nach Maßgabe des Gemeinschaftsrechts und insbesondere der Richtlinie 90/388/EWG, Ergänzung zur Mitteilung der Kommission an das Europäische Parlament und den Rat über den Stand der Umsetzung der Richtlinie 90/388/EWG über den Wettbewerb auf dem Markt für Telekommunikationsdienste, ABl. EG v. 22.12.2000, Nr. C 369, S. 3ff. (Mitteilung zur Sprachübermittlung im Internet).

[945] Vgl. Leitlinien zur Marktanalyse, aaO., Tz. 47. Vgl. auch eine Studie zur Internettelefonie „IP Voice and Associated Convergent Services", abrufbar unter http://europa.eu.int/information_society//topics/ecomm/doc/useful_information/library/studies_ext_consult/ip_voice/401_28_ip_voice_and_associated_convergent_services.pdf.

[946] Vgl. den als sog. Stevens Report bekannt gewordenen Bericht der FCC zu Universaldienstleistungen, In the Matter of Federal-State Joint Board on Universal Service, Report to Congress, April 10, 1998, FCC 98-67 (Stevens Report).

und Inlandsgespräche) über das Internet an (sog. Voice-over-Internet Protocoll (VoIP)).[947] Durch dieses Angebot wurde eine öffentliche Diskussion darüber ausgelöst, ob und wie solche Anbieter zu regulieren sind, d.h. ob solche VoIP-Dienste als Telefondienste (telecommunications services) oder als Mehrwert-/Datendienste (information services) einzuordnen sind.[948] Nur wenn VoIP-Dienste als Telefondienste eingeordnet werden, unterliegen sie der Regulierung.

Aufgrund einer Beschwerde des Minnesota Department of Commerce (MDOC) entschied die Minnesota Public Utilities Commission (MPUC), dass es sich bei den von Vonage angebotenen Internettelefondiensten um Telekommunikationsdienste handelt.[949]

Diese Entscheidung wurde jedoch von einem Bundesgericht (U.S. District Court of Minnesota) aufgehoben.[950] Darin werden Internetsprachtelefondienste (VoIP) als Informationsdienst eingeordnet, die damit nach Bundesrecht vor Regulierung zu schützen sind. Die Entscheidung wird aber von der MPUC mit Rechtsmitteln angegangen. Die FCC deutet an, dass VoIP-Dienste nicht reguliert werden sollen.[951]

---

[947] Mit einem speziellen Gerät, das zwischen dem Telefonanschluss und einem normalen Telefonapparat platziert wird, können Telefongespräche dann weltweit über das Internet geführt werden. Vgl. hierzu die Webseite von Vonage, http://www.vonage.com.

[948] Vgl. z.B. die FCC Webseite: http://www.fcc.gov/voip/.

[949] Vonage wurde deshalb aufgegeben, die für das Angebot von Telekommunikationsdiensten nach dem Recht des Bundesstaates Minnesota erforderliche Genehmigung für das Anbieten von Telekommunikationsdiensten (Certificate of Authority) zu beantragen, einen adäquaten Notruf Dienst (911-Service) sicherzustellen und die dafür erforderlichen Gebühren zu bezahlen. Vgl. In the Matter of the Complaint of the Minnesota Department of Commerce Against Vonage Holding Corp Regarding Lack of Authority to Operate in Minnesota, Order Finding Jurisdiction and Requiring Compliance, Docket No. P-6214/C-03-108, 11.9.2003 (MPUC Vonage Entscheidung), abrufbar unter http://www.puc.state.mn.us/docs/orders/03-0108.pdf.

[950] Vgl. Vonage Holdings Corporation v. The Minnesota Public Utilities Commmission, Memorandum and Order, Civil No. 03-5287 (MJD/JGL), 16.10.2003 (Vonage v. MPUC), abrufbar unter http://www.nysd.uscourts.gov/courtweb/pdf/D08MNXC/03-08475.pdf.

[951] Vgl. Opening Remarks of FCC Chairmen Powel at the FCC Forum on VoIP, 1.12.2003, abrufbar unter http://www.fcc.gov/voip. Mittlerweile gibt es erste Entscheidungen hierzu, vgl. In the Matter of Petition for Declaratory Ruling that pulver.com's Free World Dialup is Neither Telecommunications Nor a Telecommu-

Es besteht die Möglichkeit, dass die Internettelefonie bei zunehmender Verbreitung die Marktabgrenzung im deutschen, europäischen und U.S. amerikanischen Telekommunikationsrecht in der Zukunft beeinflusst. Sie könnte dann mit der Festnetzsprachtelefonie austauschbar sein.

---

nications Service, Memorandum Opinion and Order, FCC 04-27, WC Docket No. 03-45, adopted Feb. 12, 2004.

D. Zusammenfassung und Schlussbetrachtung

Gegenstand der vorliegenden Arbeit ist das Konzept der Ermittlung von Marktmacht im europäischen bzw. deutschen Telekommunikationsrecht im Vergleich zum U.S. amerikanischen Telekommunikationsrecht.

In diesem abschließenden Teil der Arbeit werden die bisher gewonnenen Erkenntnisse und Vorschläge für die zukünftige Ermittlung von Marktmacht auf Telekommunikationsmärkten in Deutschland zusammengefasst. Diese Vorschläge werden noch durch Anregungen für die Regulierungspraxis ergänzt, wie die speziellen Vorgaben der Empfehlung der EU-Kommission zu relevanten Märkten im Rahmen der nationalen Marktabgrenzung (Marktdefinition) umgesetzt werden sollten. Es hat sich gezeigt, dass das Telekommunikationsrecht in Deutschland und besonders die Ermittlung von Marktmacht auf Telekommunikationsmärkten sehr stark von europäischen Vorgaben bestimmt wird (S. 8ff.). Das gilt in besonderem Maße für die Abgrenzung der sachlichen Telekommunikationsmärkte. Die Empfehlung der EU-Kommission zu relevanten Märkten und die Leitlinien der EU Kommission zur Marktanalyse enthalten detaillierte Regelungen hierzu (S. 38ff.). Die dargestellten Erfahrungen der Regulierungspraxis der FCC bei der Ermittlung von Marktmacht (S. 145ff.) können für die deutsche bzw. europäische Regulierungspraxis hilfreich sein.

Die Marktmachtprüfung ist im europäischen und deutschen Telekommunikationsrecht von besonderer Relevanz, da der Erlass von Ex-ante-Regulierungsmaßnahmen von der Feststellung beträchtlicher Marktmacht (Art. 14 RahmenRL bzw. § 11 TKG-E) abhängt (S. 13ff.; S. 76ff.). Auch im U.S. amerikanischen Telekommunikationsrecht ist die Marktmachtprüfung Voraussetzung für die sektorspezifischen Maßnahmen nach den Grundsätzen der Dominant Carrier Regulierung (S. 119ff.). Die Dominant Carrier Regulierung dient wie die Regulierung von Unternehmen mit beträchtlicher Marktmacht im europäischen und deutschen Kommunikationsrecht der Schaffung von Wettbewerb auf den Telekommunikationsmärkten. In den U.S.A. steht insbesondere die Schaffung von Wettbewerb auf den lokalen Telekommunikationsmärkten im Mittelpunkt, nachdem der Wettbewerb in den anderen Bereichen der Telekommunikation bereits vor längerer Zeit erreicht wurde. Darüber hinaus hat die Marktmachtprüfung im U.S. amerikanischen Telekommunikationsrecht eine weitergehende Bedeutung, da sich die FCC auch im Rahmen von Fusionen unter Beteiligung von Telekommunikationsunternehmen mit der Marktbeherrschungsfrage auseinander setzen muss (S. 95ff.). Die FCC muss bei Fusionen prüfen, ob die Fusion nachteilige Auswirkungen auf den Wettbewerb auf Telekommunikationsmärkten hätte, was immer dann der Fall ist, wenn durch sie die Marktmacht des fusionierten Unternehmen begründet oder verstärkt wird. Eine solche Prüfungskompetenz für Fusionen hat die RegTP nicht. Im Ergebnis sind die Prüfungsschritte der FCC zur Ermittlung von Marktmacht in diesen Kompetenzbereichen aber im Wesentlichen gleich (S. 138ff.).

Die Untersuchung der Frage, wie die Marktabgrenzung (Marktdefinition) und im Anschluss daran die Ermittlung des Beherrschungsgrades (Marktanalyse) im europäischen bzw. deutschen und U.S. amerikanischen Telekommunikationsrecht erfolgt, hat ergeben, dass die abstrakten Grundsätze, nach denen in diesen Rechtsordnungen die Marktmacht ermittelt wird, im Wesentlichen übereinstimmen (S. 140f.): So sind in allen drei Rechtsordnungen die Grundsätze des Wettbewerbsrechts auch auf Telekommunikationsmärkten anwendbar. Sie bilden das Fundament für die Abgrenzung von Märkten und die Ermittlung des Beherrschungsgrades (beträchtliche Marktmacht, dominance) auf Telekommunikationsmärkten. Es ist im Übrigen die Tendenz zu beobachten, das sektorspezifische Telekommunikationsrecht durch die Anwendung des Wettbewerbsrechts zu ersetzen. Dafür muss die wettbewerbliche Situation der Telekommunikationsmärkte mit Hilfe der Marktmachtprüfung analysiert werden. Auf der Grundlage des Marktmachtkonzepts des allgemeinen Wettbewerbsrechts ist folglich auch im Telekommunikationsrecht die Marktmacht zweistufig zu ermitteln. Zunächst sind die relevanten Märkte in sachlicher und räumlicher Hinsicht abzugrenzen, anschliessend ist der Beherrschungsgrad auf den zuvor abgegrenzten Märkten zu ermitteln (S. 128ff.).

Die Untersuchung hat in Bezug auf die Behandlung von Marktabgrenzung auf Telekommunikationsmärkten ergeben, dass die Grundsätze, nach denen die Märkte abzugrenzen sind (Teil B, S. 5ff.) ebenfalls im Wesentlichen übereinstimmen (S. 23ff., 102ff., 128ff., 140ff.): Die relevanten Märkte sind mit Hilfe des Bedarfsmarkt-

konzepts abzugrenzen. Danach ist die funktionelle Austauschbarkeit der Produkte bzw. Dienstleistungen zu bestimmen. Bei Vorliegen von Austauschbarkeit gehören die Produkte bzw. Dienstleistungen zu demselben Markt. Auf diese Weise sollen Märkte ermittelt werden, die den tatsächlichen Marktverhältnissen möglichst genau entsprechen. Das kann auf den dynamischen, jungen Telekommunikationsmärkten aber oft durchaus schwierig sein, weil sich diese viel schneller verändern, als die klassischen Wirtschaftssektoren. Das Bedarfsmarktkonzept wird dabei ergänzt durch den hypothetischen Monopolistentest (SSNIP-Test (S. 30ff.)), der auch in Deutschland von der RegTP für die sachliche und räumliche Abgrenzung der Telekommunikationsmärkte vorgeschlagen wird (S. 31). Der SSNIP-Test bestimmt die Nachfrage- bzw. Angebotssubstitution bei Preiserhöhungen anhand einer prozentualen Richtgrösse. Dadurch wird eine genauere Abbildung des Marktgeschehens ermöglicht.
Ein Unterschied zwischen dem europäischen bzw. deutschen und dem U.S. amerikanischen System der Marktmachtprüfung besteht bei der Frage, auf welcher Prüfungsstufe im Rahmen des Marktmachtkonzepts die Angebotssubstitutionsmöglichkeiten zu berücksichtigen sind. Das U.S. amerikanische Telekommunikationsrecht bzw. die Anwendungspraxis der FCC folgt dem Antitrust-Ansatz der 1992er Horizontal Merger Guidelines (S. 104ff.) und verschiebt formal die Berücksichtigung von angebotsseitigen Aspekten auf die Stufe der Ermittlung der Marktmacht (assessment of market power) (S. 114ff. 133ff.). Das heißt, die Angebotssubstitutionsmöglichkeiten werden nicht bereits auf der Stufe der Marktabgrenzung berücksichtigt. Als Folge müsste die Marktabgrenzung an sich enger sein als im deutschen bzw. europäischen Telekommunikationsrecht, da in den U.S.A. der potentielle Wettbewerb erst auf der Stufe der Feststellung von Marktmacht berücksichtigt wird (S. 140ff.). Tatsächlich ist eine solche engere Marktabgrenzung aber nicht eindeutig zu erkennen. Das zeigt die in der Regulierungspraxis der FCC vorgenommene Marktabgrenzung, die zu vergleichbaren Märkten wie in Deutschland und der EU führt (S. 145ff.).

Als ein Ergebnis der Untersuchung ist festzuhalten, dass die in der FCC-Praxis der Marktabgrenzung ermittelten Märkte sich nicht wesentlich von den Märkten unterscheiden, die in der europäischen bzw. deutschen Regulierungspraxis ermittelt werden. Trotzdem werden in einigen Bereichen andere Marktabgrenzungen praktiziert.

Diese können auf die deutsche Regulierungspraxis übertragen werden. Darauf wird in der nachfolgenden Zusammenfassung der konkreten Marktabgrenzungen noch einmal Bezug genommen.

Die Abgrenzungen des sachlichen Telekommunikationsmarktes sind durch die detaillierten Vorgaben des EU-Kommunikationsrechtrahmens weitgehend festgelegt. Die RegTP hat zukünftig nur noch geringen Entscheidungsspielraum bei der Festlegung der konkreten sachlichen Telekommunikationsmärkte. Der sachliche Telekommunikationsmarkt lässt sich in der Grobeinteilung in einen Vorleistungs- und einen Endkundenmarkt unterteilen. Diese Einteilung ist im europäischen (S. 147), deutschen (S. 147) und U.S. amerikanischen (S. 147) Telekommunikationsrecht anerkannt.

Der Vorleistungsmarkt, auf dem Nachfrager die jeweiligen Telekommunikationsanbieter sind, ist in einen Zugangs-, Zusammenschaltungs- und Mietleitungsmarkt zu unterteilen (S. 146ff.): Beim Zugangsmarkt (S. 149ff.) geht es um den Zugang zu einer oder mehreren vor- oder nachgelagerten Einrichtungen, die für die Erbringung von Telekommunikationsdienstleistungen erforderlich sind. Die wichtigste Form des Zugangs ist der Zugang zur Teilnehmeranschlussleitung (S. 149).
Die Empfehlung zu relevanten Märkten grenzt zwei Zugangsmärkte ab, die der Ex-ante-Regulierung unterliegen können: Zum einen wird ein Markt für den entbündelten Zugang zur Teilnehmeranschlussleitung (entbündelten Großkunden-Zugang (einschließlich des gemeinsamen Zugangs) zu Drahtleitungen und Teilleitungen für die Erbringung von Breitband- und Sprachdiensten, Markt Nr. 11)[952] abgegrenzt. Zum anderen wird ein Markt für den Breitbandzugang für Großkunden (Markt Nr. 12) abgegrenzt. Dieser wird als eigenständiger Markt in die Empfehlung zu relevanten Märkten aufgenommen, weil alternative Zugangsinfrastrukturen (Kabel-, Glasfaser-, Satelliten- und drahtlose Netze) nicht hinreichend verfügbar sind.[953] Diese Märkte sind zukünftig von der RegTP abzugrenzen.
Der Zusammenschaltungsmarkt (S. 151ff.) besteht aus einem Markt für die Zusammenschaltung von Festnetzen mit anderen Festnetzen,

---

[952] Die in Klammern angegebenen Nummern beziehen sich auf die Märkte der Empfehlung zu relevanten Märkten, aaO..
[953] Vgl. Anmerkungen zur Empfehlung, aaO., S. 25.

wobei zwischen den Leistungen Zuführung, Transit und Terminierung zu unterscheiden ist, und aus einem Markt für die Zusammenschaltung von Festnetzen mit Mobilfunknetzen. Dabei stellt die Zusammenschaltung von Festnetzen mit jedem einzelnen Mobilfunknetz einen eigenständigen Markt dar, weil der Telekommunikationsanbieter als Nachfrager von Zusammenschaltungsleistungen den Anruf seines Kunden an einen Kunden in dem jeweils nachgefragten Mobilfunknetz zustellen muss. Der Telekommunikationsanbieter muss die Zusammenschaltung mit dem jeweils nachgefragten Mobilfunknetz ermöglichen und kann die Zusammenschaltung nicht durch die Zusammenschaltung mit einem anderen Mobilfunknetz ersetzen. Diese Argumentation wird auch von der EU-Kommission geteilt (S. 155). Für die Abgrenzung der Zusammenschaltungsmärkte kann die Entscheidungspraxis der FCC nur teilweise, nämlich insoweit herangezogen werden, als die FCC lediglich die Märkte für Zuführung (originating access) und Terminierung (terminating access) unterscheidet. Im Übrigen unterteilt sie aufgrund des geltenden Zusammenschaltungsregimes mit einheitlichen Preisen für die Zusammenschaltung die Zusammenschaltungsmärkte nicht weiter nach dem jeweiligen Netz (S. 159ff.).

Die Märkte für die Zusammenschaltung von Festnetzen mit anderen Festnetzen (Zuführung, Transit, Terminierung) werden auch in der Empfehlung zu relevanten Märkten zum Zwecke der Ex-ante-Regulierung abgegrenzt (Verbindungsaufbau im öffentlichen Telefonnetz an festen Standorten, Markt Nr. 8; Transitdienste im öffentlichen Festtelefonnetz, Markt Nr. 10; Anrufzustellung in einzelnen öffentlichen Telefonnetzen an festen Standorten, Markt Nr. 9). Da die RegTP diese Zusammenschaltungsmärkte auch bisher unterschieden hat (S. 151ff.), ist eine Änderung ihrer Regulierungspraxis für den Bereich der Zusammenschaltung von Festnetzen mit Festnetzen nicht erforderlich.

Der Markt für die Zusammenschaltung von Festnetzen und Mobilfunknetzen wird in der Empfehlung zu relevanten Märkten in zwei Märkte unterteilt: Einen einheitlichen Markt für den Zugang und Verbindungsaufbau in öffentlichen Mobiltelefonnetzen (Markt Nr. 15) und einen Markt für die Anrufzustellung in einzelnen Mobiltelefonnetzen (Markt Nr. 16). Die Empfehlung zu relevanten Märkten fasst Netzzugang und Verbindungsaufbau im Mobilfunknetz zu einem Markt zusammen, da beide Dienste in der Regel von ein und demselben

Netzbetreiber bereitgestellt werden. Eine separate Abgrenzung dieser Märkte ist dadurch für die Zukunft nicht ausgeschlossen.[954]
Die RegTP sollte aufgrund dieser Festlegung der Zusammenschaltungsmärkte in der Empfehlung zu relevanten Märkten eine Änderung ihrer bisherigen Regulierungspraxis vornehmen. Sie sollte separate Märkte für die Terminierung in jedes einzelne Mobilfunknetz abgrenzen. Für diese müsste sie dann die Notwendigkeit von Ex-ante-Regulierungsmaßnahmen prüfen.
Der Mietleitungsmarkt lässt sich nach Art der Nutzer und nach der Übertragungskapazität abgrenzen (S. 156ff.).
Die Empfehlung zu relevanten Märkten grenzt für die Zwecke der Ex-ante-Regulierung die Mietleitungsmärkte des Vorleistungsmarktes nach Abschluss- und (Fern-)Übertragungssegmenten ab: Diese Unterscheidung eines Marktes für das Abschluss-Segment von Mietleitungen für Großkunden (Markt Nr. 13) und eines Marktes für das Fernübertragungs-Segment von Mietleitungen für Großkunden (Markt Nr. 14) hat die RegTP bisher nicht vorgenommen (S. 156ff.). Sie sollte daher ihre Marktabgrenzung anpassen. Was als Abschlusssegment zu betrachten ist, richtet sich nach der spezifischen Netztopologie der Mitgliedsstaaten und wird von der zuständigen nationalen Regulierungsbehörde entschieden.[955] Die RegTP hat hierzu in ihren Fragebögen zur Vorbereitung von Marktdefinitions- und –analyseverfahren das Abschlusssegment definiert als die Abschlusseinrichtung vom Anschluss des Nachfragers bis zum ersten Netzknoten des Netzes des von einem Telekommunikationsanbieter vertretenen Unternehmens, an dem ein Anschluss einer Mietleitung eines anderen Unternehmens möglich ist.[956] Die Fernübertragungssegmente sind die Mietleitungen, die zwischen den einzelnen Abschlusssegmenten verlaufen.[957] Beide Mietleitungsmärkte lassen sich

---

[954] Die Abgrenzung eines separaten Marktes für den Zugang und eines Marktes für die Zuführung in einzelne Mobilfunknetze ist denkbar, wenn die fallweise Betreiberauswahl auch bei Mobilfunknetzen eingeführt würde. Vgl. Anmerkungen zur Empfehlung, aaO., S. 30.
[955] Vgl. Anmerkungen zur Empfehlung, aaO., S. 28.
[956] Vgl. Veröffentlichung von Fragebögen zur Vorbereitung von Marktdefinitions- und –analyseverfahren im Sinne von Art. 14 bis 16 der Rahmenrichtlinie, veröffentlicht unter http://www.regtp.de/imperia/md/content/aktuelles/fb.pdf. (Fragebögen zur Vorbereitung von Marktdefinitions- und –analyseverfahren), S. 12.
[957] Vgl. Fragebögen zur Vorbereitung von Marktdefinitions- und –analyseverfahren, aaO., S. 13.

weiter in Mietleitungen hoher und niedriger Kapazität aufgliedern. Die RegTP kann daher an ihrer bisherigen Abgrenzung von Mietleitungsmärkten nach dem Kriterium der Kapazität festhalten und analoge und digitale Mietleitungen unterscheiden (S. 156ff.).

Die Empfehlung zu relevanten Märkten führt als weitere Vorleistungsmärkte, die zukünftig der Ex-ante-Regulierung unterliegen können, einen nationalen Großkundenmarkt für Auslandsroaming in öffentlichen Mobiltelefonnetzen (Markt 17) und einen Markt für Rundfunkübertragungsdienste zur Bereitstellung von Sendeinhalten für Endnutzer (Markt 18) auf. Auslandsroaming ist das Angebot von Zugang und Kapazität (in Form von Übertragungszeit) an ausländische Mobilfunknetzbetreiber.[958] Roaming wird von ausländischen Mobilfunknetzbetreibern bei inländischen Mobilfunknetzbetreibern nachgefragt, damit der ausländische Mobilfunknetzbetreiber seinen Kunden einen grenzüberschreitenden Dienst anbieten kann. Der Kunde eines ausländischen Mobilfunkanbieters kann so Anrufe tätigen und unter seiner Mobiltelefonnummer erhalten, wenn er sich im Netze eines ausländischen Betreibers (Gastnetz) befindet. Da die RegTP diesen Markt bisher nicht abgegrenzt hat, sollte sie ihn in Zukunft abgrenzen. Sie müsste dann prüfen, ob er einer Ex-ante-Regulierung zu unterziehen ist.
Der Markt für Rundfunkübertragungsdienste betrifft die für die Rundfunkdienste erforderlichen Netze und zugehörige Einrichtungen, aber nicht deren Inhalte.

Der Markt für den Teilnehmeranschluss und der Markt für Telefonverbindungen (S. 165ff.) sind als separate Endkundenmärkte abzugrenzen, weil der Teilnehmeranschluss und die Telefonverbindungen nicht substituierbar sind (wobei der Markt für Telefonverbindungen noch weiter zu unterteilen ist). Der Endkunde benötigt den Teilnehmeranschluss, um überhaupt Telefongespräche (Telefonverbindungen) führen zu können.
Der Endkundenmarkt ist in weitere Märkte zu unterteilen. So sind separate Märkte für Festnetz, Mobilfunk und Breitbandkabel abzugrenzen, da zwischen diesen keine bzw. wie im Fall von Festnetz und Mobilfunk nur eine sehr geringe Substitution stattfindet (S. 168ff.).

---

[958] Vgl. Fragebögen zur Vorbereitung von Marktdefinitions- und –analyseverfahren, aaO., S. 20; Anmerkungen zur Empfehlung, aaO., S. 31.

Diese übereinstimmende Beurteilung findet sich im europäischen und deutschen Kommunikationsrecht (S. 173f) und in der Regulierungspraxis FCC (S. 175). Durch zukünftige technische Entwicklungen kann es aber zu einer Verschmelzung der bisher getrennten Märkte kommen, wodurch ein einheitlicher Markt entstehen kann.

Bei Überwindung der technischen Probleme können die Powerline-Technik und die Internettelefonie mit den Produkten der Festnetzsprachtelefonie und dem Breitbandkabel austauschbar sein und insofern die Marktabgrenzung in diesen Bereichen zukünftig verändern (S. 237ff.).

Innerhalb des Festnetzmarktes sind weitere separate Märkte abzugrenzen: Nach dem Entfernungsbereich sind Orts-, Fern- und Auslandsverbindungen eigenständige Märkte (S. 178ff.). Diese Abgrenzung steht im Einklang mit dem europäischen Telekommunikationsrecht (S. 180) und wird in den U.S.A. schon lange praktiziert (S. 181). Die Auffassung, nach der ein einheitlicher Markt für Telefongespräche abzugrenzen ist (S. 179), ist abzulehnen, weil der Nachfrager (Kunde), auf den es nach dem Bedarfsmarktkonzept ankommt, in seinem Telefonierverhalten nach Entfernungsbereichen differenziert. Die Empfehlung zu relevanten Märkten grenzt den Markt für Telefonverbindungen im Festnetz ebenfalls nach Entfernungsbereichen ab. Danach soll die Anwendbarkeit der Ex-ante-Regulierung für Orts- und/oder Inlandsverbindungen (Märkte Nr. 3 und 5) und für Auslandstelefonverbindungen (Märkte Nr. 4 und 6) geprüft werden, wobei diese Märkte jeweils zusätzlich nach Kundengruppen in einen Privatkunden- und einen Geschäftskundenmarkt zu unterteilen sind. Die RegTP kann hiernach an ihrer bisherigen Regulierungspraxis festhalten und den Markt für Telefonverbindungen nach Entfernungsbereichen abgrenzen (S. 180). Aufgrund der Formulierung „Orts- und/oder Inlandstelefonverbindungen“ kann sie Orts- und Inlandsverbindungen als separate Märkte abgrenzen oder zu einem einheitlichen Markt zusammenfassen. Die RegTP sollte aber beide Märkte separat abgrenzen. Das ist nach europäischem Recht möglich (S. 180) und aus Nachfragersicht erforderlich, denn für den Nachfrager sind Ortsverbindungen und Inlandsverbindungen aufgrund der unterschiedlichen Preise nicht austauschbar.

Bei einer Abgrenzung nach Kundengruppen sind der Geschäftskunden- und der Privatkundenmarkt jeweils eigenständige Märkte, weil Geschäftskunden einen anderen Bedarf an Telefondienstleistungen haben als Privatkunden (S. 183ff.). Die Schwierigkeiten bei der Einordnung eines Kunden als Geschäfts- oder Privatkunde können im Rahmen einer Gesamtbetrachtung verschiedener Kriterien (Anschlussart, Umsatz, gewähltes Tarifpaket, Rechtsform, Vorsteuerabzugsfähigkeit) gelöst werden. Das entspricht den europäischen Vorgaben (S. 187). In diesem Zusammenhang sollte die in den U.S.A. praktizierte gröbere Einteilung in einen Privatkundenmarkt (mass market), der sowohl Privatkunden (residential customers) als auch kleinere Geschäftskunden (smaller business customers) umfasst, und einen Markt für grössere Geschäftskunden (larger business customers) (S. 189f) übernommen werden, um Abgrenzungsschwierigkeiten im Grenzbereich zu verringern. Diese Abgrenzung steht im Einklang mit dem europäischen Kommunikationsrecht, das eine Abgrenzung von Privat- und Geschäftskundenmärkten vorsieht, jedoch die Einzelheiten der Abgrenzung von Privat- und Geschäftskunden den nationalen Regulierungsbehörden überlässt.
Die Empfehlung zu relevanten Märkten grenzt einige separate Privat- und Geschäftskundenmärkte ab (Märkte 1 bis 6), die für eine Ex-ante-Regulierung in Betracht kommen können. Es werden ein Markt für den Teilnehmeranschluss (Zugang zum öffentlichen Telefonnetz an festen Standorten, Märkte Nr. 1 und 2) und ein Markt für öffentliche Telefonverbindungen (Orts-, Inlands-, Auslandsgespräche) an festen Standorten (Märkte Nr. 3 bis 6) abgegrenzt, die jeweils nach Kundengruppen (Privatkunden, andere Kunden) unterteilt werden. Auch aus der Entscheidungspraxis der Kommission und der europäischen Gerichte ist eine solche Unterteilung bekannt (S. 187). Das europäische Recht steht dabei einer Übernahme der in den U.S.A. praktizierten Einteilung dieses Marktes in einen Privatkundenmarkt aus Privatkunden und kleineren Geschäftskunden und einen Markt für grössere Geschäftskunden nicht entgegen.
Die RegTP sollte daher ihre bisherige Regulierungspraxis ändern. Sie sollte in Übereinstimmung mit dem europäischen Recht Märkte zukünftig nach Privat- und Geschäftskunden abgrenzen. Für die in der Empfehlung zu relevanten Märkten aufgeführten Endkundenmärkte sollte sie nach Privat- und Geschäftskunden abgrenzen. Dabei sollte sie für die Einordnung von Privat- und Geschäftskunden auf die in den U.S.A. verwandte Einteilung zurückgreifen.

Innerhalb des Marktes für Auslandsverbindungen (Auslandsmarkt) sollte an der Möglichkeit der Abgrenzung nach Zielländern (S. 192ff.) festgehalten werden. Die Verbindung in ein Land kann nicht durch die in ein anderes Land ersetzt werden. Der Telefonkunde als Nachfrager richtet sein Telefonierverhalten danach aus, wie hoch der Preis für die Verbindung in ein bestimmtes Land ist. Wenn sich die Wettbewerbsbedingungen für Verbindungen in einzelne Länder unterscheiden, kann der Telefonkunde als Nachfrager differenzieren. In diesem Zusammenhang bietet es sich aber für die Abgrenzung an, Länder mit ähnlichen Wettbewerbsbedingungen zusammenzufassen. Das kann durch die Abgrenzung von Telekommunikationsmärkten nach Tarifzonen geschehen (S. 207). Hierfür spricht die Tatsache, dass bereits in den Tarifbestimmungen der meisten Anbieter, sowohl bei der DTAG als auch bei ihren Wettbewerbern, bestimmte Zielländer zu Tarifzonen zusammengefasst werden. Das spricht für unterschiedliche Wettbewerbsbedingungen für eine Gruppe von Zielländern in derselben Tarifzone im Vergleich zu einer Gruppe von Zielländern in anderen Tarifzonen. Das europäische Telekommunikationsrecht und die FCC diskutieren die Abgrenzung nach Zielländern im Rahmen der räumlichen Marktabgrenzung (S. 194f). Indem dort die Märkte räumlich nach Strecken bzw. Routen abgegrenzt werden, wird aber eine Abgrenzung nach Zielländern im Rahmen der sachlichen Marktabgrenzung nicht ausgeschlossen (S. 194; S. 203). Im europäischen und U.S. amerikanischen Recht besteht jede internationale Route aus zwei verschiedenen räumlich relevanten Märkten, die jeweils durch das Land bestimmt werden, von dem die Nachfrage ausgeht (S. 194ff.; 203ff.). Dann ist die Verbindungsroute (die internationale Route), die zwischen den jeweiligen räumlichen Märkten liegt, der sachlich relevante Markt. Auch wenn die internationale Route zwischen zwei Ländern nicht explizit als sachlicher Markt bezeichnet wird, ändert das nichts daran, dass es sich hierbei im Ergebnis um einen sachlichen Markt handelt, an dessen Enden zwei räumlich relevante Märkte liegen. Eine Abgrenzung von Zielländern als sachlich relevante Märkte ist damit auch nach europäischem und U.S. amerikanischem Telekommunikationsrecht möglich.

Wenn die RegTP zukünftig Zielländer als sachlich relevante Märkte zum Zwecke der Ex-ante-Regulierung abgrenzen will, so muss sie, da Zielländer nicht in der Empfehlung zu relevanten Märkten genannt sind, diese der EU-Kommission anzeigen und das Verfahren nach Art. 7 der Rahmenrichtlinie beachten (S. 44ff.).

Eine Abgrenzung nach Sortimenten, z.B. eine Zusammenfassung aller Orts-, Fern- und Auslandsverbindungen zu einem Markt für „Telefonverbindungen“, ist für den Telekommunikationsmarkt derzeit abzulehnen, da der Kunde heute – das zeigt die Akzeptanz von Call-by-Call – nach einzelnen Verbindungsarten und nicht nach einem Sortimentsangebot differenziert (S. 209ff.). Zwar wurden von der EU-Kommission vereinzelt Abgrenzungen nach einem Sortiment vorgenommen. Der EU-Kommunikationsrechtsrahmen, insbesondere die Empfehlung zu relevanten Märkten enthält hierzu aber keine verbindlichen Vorgaben. Erfahrungen der FCC in diesem Bereich können nicht herangezogen werden, da sie sich mit dieser Frage bisher nicht auseinandergesetzt hat.

Die Abgrenzung nach Bündelprodukten (S. 213ff.) muss bei entsprechender Nachfrage der Kunden möglich sein. Bündelprodukte werden in Zukunft an Bedeutung gewinnen. Die Anbieter werden in Anbetracht sinkender Preise zunehmend versuchen, Kunden zu binden. Zu diesem Zweck werden sie Bündelprodukte schnüren, die den besonderen Bedürfnissen ihrer Kunden entsprechen, um sie von der Auswahl des individuell günstigeren Tarifs für eine bestimmte Leistung abzuhalten. Vergleichsweise heranziehbare Erfahrungen aus den U.S.A. liegen nicht vor, weil diese Abgrenzung dort derzeit nicht praktiziert wird. Die FCC geht jedoch davon aus, dass es vermehrt zu Bündelungen kommen wird, da einer zunehmenden Anzahl von lokalen Telefongesellschaften (ILECs) das Anbieten von Ferngesprächen erlaubt wird (271er-Verfahren). In diesem Fall könnten Märkte dann nach Bündelprodukten abzugrenzen sein (S. 218ff.).
Bei der Abgrenzung von Bündelprodukten als separate Märkte zum Zwecke der Ex-ante-Regulierung müsste die RegTP das Verfahren nach Art. 7 der Rahmenrichtlinie beachten (S. 44ff.), da die Empfehlung zu relevanten Märkten keine separaten Märkte von Bündelprodukten aufführt.
Im Rahmen der räumlichen Marktabgrenzung auf Telekommunikationsmärkten (S. 32ff.) hat die RegTP nach dem EU-Kommunikationsrecht einen grösseren Entscheidungsspielraum als bei der Frage der sachlichen Marktabgrenzung (S. 63f). Der räumlich relevante Markt im Telekommunikationsrecht sollte in seinem Umfang auch Märkte

umfassen, die über das Bundesgebiet hinausgehen (S. 230ff.). Zum einen sieht das europäische Telekommunikationsrecht ausdrücklich länderübergreifende Märkte vor (S. 34). Zum anderen entsprechen diese in einigen Märkten, insbesondere in den Geschäftskundenmärkten, ökonomischer Realität. Dieses Argument wird auch von der FCC geteilt, die die Abgrenzung von Märkten, die über das U.S. Gebiet hinausgehen, für möglich und insbesondere auf den Internetmärkten für erforderlich hält (S. 233). Auch dürfte sich dieser Trend gerade durch die Angleichung der Rechtsnormen des Telekommunikationsrechts in Europa durchsetzen. Der räumlich relevante Markt kann auch subnationale Märkte umfassen (S. 35ff., S. 223ff.), d.h. eine Abgrenzung des sachlich relevanten Marktes ist räumlich nach Regionen oder Ortsnetzbereichen möglich, auch wenn sie derzeit in der deutschen Regulierungspraxis noch nicht vorkommt. Die FCC grenzt jedenfalls lokale Telekommunikationsmärkte ab (S. 227).

Nach dem Ergebnis des Rechtsvergleichs dieser Arbeit zwischen der EU, Deutschland und den U.S.A. ist in Bezug auf die zweite Stufe der Marktmachtprüfung, der Ermittlung des Beherrschungsgrades, im Telekommunikationsrecht ebenfalls eine weitgehende Ähnlichkeit der Prüfungsschritte festzustellen (S. 140ff.). So werden die Kriterien, die in einer Gesamtbetrachtung analysiert werden, in allen Rechtsordnungen gleichermassen herangezogen (S. 51ff., 54ff., 114ff., 133ff.). Anhand der Kriterien des § 19 Abs. 2 S. 1 Nr. 2 GWB (Marktanteil, Finanzkraft, Zugang zu Absatz- und Beschaffungsmärkten, Marktzutrittsschranken, potentieller Wettbewerb) ist der Beherrschungsgrad auf dem relevanten Markt festzustellen. Diese Kriterien stehen im Einklang mit dem europäischen Recht. Sie werden dort zwar nicht ausdrücklich in einer gesetzlichen Vorschrift auflistet. Die europäische Rechtsprechung und die EU-Kommission haben gleichartige Kriterien in ihrer Entscheidungspraxis entwickelt (S. 51ff.). Sie können daher auch nach Umsetzung des EU-Kommunikationsrechts herangezogen werden.
In der U.S. amerikanischen Marktmachtprüfung wird bei der Ermittlung des Beherrschungsgrades auch der Aspekt der Angebotssubstitution geprüft. Indem so die Märkte ausschliesslich nach dem Bedarfsmarktkonzept aus Nachfragersicht bestimmt werden und alle anderen Abwägungsfragen auf die zweite Stufe der Marktmachtprüfung verschoben werden (S. 114ff.), wird in den U.S.A. die Marktabgrenzung von Abwägungsentscheidungen freigehalten. Das U.S.

amerikanische Telekommunikationsrecht ermittelt die beherrschende Stellung (dominant position bzw. market power) hauptsächlich anhand der Kriterien Marktanteil, Marktkonzentration und Angebotssubstitution (potentieller Wettbewerb). Aber auch andere Kriterien sind nicht von der Berücksichtigung im Rahmen der Gesamtbewertung ausgeschlossen. Die Abwägungen, die im Rahmen der konkreten Entscheidungspraxis der FCC vor allem in den Verfahren zur Reklassifizierung von AT&T als nicht (mehr) marktbeherrschenden Telekommunikationsanbieter vorgenommen wurden, stimmen weitgehend mit denen der deutschen und europäischen Regulierungspraxis überein, wenn sie auch im Abwägungsergebnis abweichen können. So hat sich die FCC in ihrer Einzelfallpraxis nicht immer an ihre insbesondere in den Competitive Common Carrier Verfahren aufgestellten detaillierten Grundsätze zur Marktabgrenzung gehalten. Das wird insbesondere in den Entscheidungen zur Reklassifizierung von AT&T als nicht-marktbeherrschender Anbieter für den nationalen und internationalen Fernverkehr deutlich. In diesen Entscheidungen bestätigte die FCC zwar die Grundsätze zur Marktabgrenzung, zog sich aber bei deren Anwendung im Rahmen der Abwägung auf eine Gesamtbetrachtung zurück, obwohl es Märkte gab, auf denen AT&T auch weiterhin marktbeherrschend war. Diese Märkte wurden aufgrund ihrer geringfügigen Bedeutung aber vernachlässigt (S. 129f, 135f). Das macht die Vorhersehbarkeit von Marktmachtentscheidungen in den U.S.A. im Einzelfall durchaus unsicher. In der deutschen und europäischen Regulierungspraxis ist eine solche Aufhebung des Marktbeherrschungsstatus bisher nur äusserst selten erfolgt (z.B. in der Türkei-Entscheidung der RegTP).

Der Prüfungsablauf im Rahmen des Konzeptes des europäischen Kommunikationsrechts zur Ermittlung beträchtlicher Marktmacht unterscheidet sich inhaltlich nicht wesentlich von dem Prüfungsablauf zur Ermittlung der marktbeherrschenden Stellung im bisherigen deutschen Telekommunikationsrecht (S. 21ff.; S. 65ff.). Allerdings ändert sich das Verfahren zur Ermittlung der beträchtlichen Marktmacht eines Unternehmens erheblich. War die Ermittlung der marktbeherrschenden Stellung im bisherigen deutschen Telekommunikationsrecht ausschliesslich eine nationale Angelegenheit, so hat die EU-Kommission zukünftig bei der Ermittlung der beträchtlichen Marktmacht erhebliche Kontroll- und Mitspracherechte (S. 44ff.). Diese bleiben auch nach Umsetzung des EU-Kommunikationsrechts in das deutsche Recht erhalten. Die mit dem am 26.06.2004 in Kraft getrenenen TKG durchgeführte Umsetzung des europäischen Konzeptes zur Ermittlung von beträchtlicher Marktmacht ist im Wesentlichen richtlinienkonform (S. 70ff.). In einigen Bereichen (z.B. Einführung des zusätzlichen Kriteriums des funktionsfähigen Wettbewerbs auf der Marktdefinitionsstufe; Einführung des Begriffes des Beurteilungsspielraums auf der Tatbestandsseite, vgl. S. 72ff.; S. 74ff.) bestehen jedoch erhebliche Zweifel an der Richtlinienkonformität der beabsichtigten Regelungen, die im weiteren Gesetzgebungsverfahren beseitigt werden sollten.

Im Ergebnis sollte die Abgrenzung von Telekommunikationsmärkten (Marktdefinition) von Wertungen freigehalten werden. Märkte sind allein durch die Anwendung des Bedarfsmarktkonzeptes abzugrenzen, ohne bereits auf der Stufe der Marktabgrenzung auf die Frage ihrer Regulierungsbedürftigkeit einzugehen. Die im U.S. amerikanischen Telekommunikationsrecht zu einigen Anwendungsfällen entwickelten Marktabgrenzungen können hierbei durch die EU-Kommission bzw. die RegTP übernommen werden. Telekommunikationsspezifische Wertungen wie z.B. die eines funktionsfähigen Wettbewerbs können auf der Stufe der Marktanalyse im Rahmen der Abwägung der Kriterien zur Feststellung beträchtlicher Marktmacht berücksichtigt werden. Bei dieser Abwägung handelt es sich um Entscheidungen mit wertendem Inhalt. Dieses Ergebnis wird auch durch die Erkenntnisse aus dem Rechtsvergleich zu den U.S.A. gestützt, da auch die U.S. amerikanische Rechtsanwendungspraxis Wertungen überwiegend auf die Stufe der Marktanalyse verschiebt. Die Kriterien zur Feststellung beträchtlicher Marktmacht werden in der bisherigen Regulierungspraxis auf der zweiten Stufe der Marktmachtprüfung analysiert. Sie können auch nach Anpassung des deutschen Telekommunikationsrechts an das EU-Kommunikationsrecht beibehalten werden. Darüber hinaus können eventuelle Besonderheiten des untersuchten Telekommunikationsmarktes nach Durchführung der Marktdefinition und Marktanalyse berücksichtigt werden, wenn die RegTP entsprechend den Vorgaben des EU-Kommunikationsrechts über die konkret aufzuerlegende Verpflichtung entscheidet.

FSC
www.fsc.org
MIX
Papier | Fördert
gute Waldnutzung
FSC® C083411

Kolibri 360 GmbH
Ferdinand-Jühlke-Straße 7
99095 Erfurt, Deutschland
produktsicherheit@kolibri360.de

Druck:
CPI Druckdienstleistungen GmbH
im Auftrag der
Kolibri 360 GmbH
Ferdinand-Jühlke-Str. 7
99095 Erfurt